Mosaik
bei GOLDMANN

Buch

Superlearning erhöht die Merkfähigkeit und die geistige Flexibilität, die jeder heute braucht, um das Leben erfolgreich zu meistern. Die hier vorgestellten Methoden und viele praktische Übungen führen nicht nur zu einer enormen Steigerung der Konzentrationsfähigkeit, sondern auch zu Streßabbau, seelischem und körperlichem Wohlbefinden und damit zu mehr Selbstbewußtsein.

Autorinnen

Sheila Ostrander und Lynn Schroeder gelten bereits seit zwei Jahrzehnten als das erfolgreiche Autorengespann auf dem Gebiet der Lernpsychologie und Gedächtnisforschung.

Von *Sheila Ostrander und Lynn Schroeder*
ist bei Goldmann außerdem erschienen:

SuperMemory (13746)

SHEILA OSTRANDER
LYNN SCHROEDER

Fitness für den Kopf mit Superlearning

Optimal denken, lernen und erinnern
Mit vielen praktischen Übungen

Aus dem Englischen von Helga Künzel

bei GOLDMANN

Umwelthinweis:
Alle bedruckten Materialien dieses Taschenbuches
sind chlorfrei und umweltschonend.

Vollständige Taschenbuchausgabe April 1999
Wilhelm Goldmann Verlag, München
in der Verlagsgruppe Bertelsmann GmbH
© 1996 der deutschsprachigen Rechte
beim Scherz Verlag Bern, München, Wien
© 1994 by Sheila Ostrander, Lynn Schroeder
and Nancy Ostrander
Originaltitel: Superlearning 2000
Originalverlag: Delacorte Press, N.Y.
Umschlaggestaltung: Design Team München
unter Verwendung folgender Abbildungen:
Umschlag: Stock Market, Mayren J. Dorf
Umschlaginnenseiten: SIS/ZEFA, Amanda Schaffer
Druck: Presse-Druck, Augsburg
Verlagsnummer: 16160
Kö · Herstellung: Max Widmaier
Made in Germany
ISBN 3-442-16160-6

1 3 5 7 9 10 8 6 4 2

Inhalt

Wie funktioniert und was bewirkt Superlearning?   11

ERSTER TEIL
Wie weit können Sie kommen, wie schnell können Sie vorgehen?   13

1 Ein neuer Weg des Lernens   15
»Wir müssen lernen, wie man lernt.« · Ein besserer bulgarischer Weg? · Vieles kann man ganz allein schaffen · Vorsintflutliches Lernen führt nicht zu raschem Erfolg · »Eine höchst reale Veränderung in der Psyche«

2 Supermemory – das optimale Gedächtnis?   31
Globales Lernen · Eine stille Revolution · Nicht stehenbleiben, nicht steckenbleiben

3 Der richtige Zustand – das richtige Material   44
Wie sieht eine Erinnerung aus? · Der beste Zustand, in dem man leben sollte · Lernen wie die Kinder · Die wichtige Rolle des Selbstvertrauens · Warum Aberglauben sich lohnt · Stehe auf und leuchte!

4 Lernen mit dem unterschwelligen Gedächtnis   59
Gemischte Botschaften · Die Herstellung von Tonbändern für Gespräche mit dem Unterbewußten

5 Freundschaft schließen mit dem eigenen Körper   68
Unverzichtbar: Autogenes Training · Streßvernichtung in sieben Minuten · Aktivierung der Chi'i-Energie · Neue Motivation gegen inneren Druck

Inhalt

6 Die Superlearning-Musik — 85
Das Geheimnis von Supermemory · Die altindische Komponente · Das »aktive« Konzert der Bulgaren

7 Hinwendung zum Barock — 95
Tausche Rockmusik gegen Barockmusik · Zeitgenössische Komponisten liefern Superlearning-Musik · »Turning Sound«: Sophrologie-Musik · Auf den Rhythmus kommt es an · 3-D-Schall · Neuroakustik · Eine neue Oktave der Möglichkeiten

8 Geheimzutaten in der Musik — 110
Tonarten, die den Geistkörper fördern · Klänge, die das Gehirn mit Energie versorgen · Die Kraft der Hochfrequenztöne · Älteste Erinnerungen

9 Das Wunder der Schalltherapie — 124
»Musikarzt für künftige Zeiten« · Die Arbeit von Pat Joudry · Musik als Zeitexpander und Zeitsparer

10 Das Rüstzeug für Veränderung — 140
Bürokratie des Geistes · Selbstkontrolle und Selbstbestätigung · Was »sein wird«, das »ist« nicht

11 Feuerwerke in Aktion — 147
Superlearning als Mainstream · Schreiten Sie zur Selbsthilfe

12 Die Lern-Sinne — 158
Lernen mit Hilfe von Game-Shows · Lernen als Kunst · Das Erzeugen »geistiger Landkarten« (Mind Mapping) · Die wunderbaren Gedächtnispaläste · »Ich sehe einfach nichts in meinem Geist« · Fließende Bilder

13 Machen Sie sich eine Vorstellung von sich selbst — 176
Talent durch »künstliche Reinkarnation« · Das Gedächtnis der Natur · Multisensorisches Imaginieren

14 Blockierungen beim Lernen, bei Veränderungen im Leben — 187
Toxische Metaphern · Blockadebrechen will gelernt sein · Emotionale heiße Drähte · Es ist auch wichtig zu versagen · Was für eine Art Feuer haben Sie im Leib? · Üben Sie sich in Verzeihen

Inhalt 7

15 Gehirne sind für Herausforderungen geschaffen 202
Wie sich das Gehirn »aufpumpen« läßt · Das Phänomen der
multiplen Persönlichkeit · Die optimale Atemtechnik ·
Stärken Sie Ihr Gehirn – unter Wasser

16 Die High-Tech-Revolution im Bereich der Geisteskraft 214
Was ein Super-Sofa vermag · Abhilfen bei »Gedächtnisverschmutzung« · Biobatterie – ein Jungbrunnen für Körper und Geist ·
Virtuelle Realität – die Technologie der »Künstlichen Welten« ·
Um 100 Prozent besser lernen mit dem Mindscope · Geistige
Fitneßgeräte

17 Eine Fremdsprache in einem Monat? 232
Spitzenmanager und Fließbandarbeiter wieder »auf der Schulbank« · Das Geheimnis der Beschleunigung · Esperanto, eine
Sprache mit Zukunft?

18 Superlernen als Hochleistungs- und Wochenendsport 243
Sophrologie und Supersport · Ein Weg zu »transzendentaler Expansion der Persönlichkeit«

19 Alte Gehirne, neue Tricks 252
Reklame für Hirnfitneß-Zentren · Nicht resignieren – sich engagieren

20 Lernen als Chaostherapie 258
»Amerikas Chance wird aus dem Volk kommen« · Endorphingetriebenes Lernen · Evolution funktioniert nicht länger »automatisch«

ZWEITER TEIL
Wie man Superlearning optimal anwendet 269

21 Das Vier-Schritte-Programm 271
Auflösung von Streß · Visuelle Vorstellungen zur Beruhigung
des Geistes · Erinnerung an Lernen mit Freude · Rhythmisches
Atmen · Superlearning-Gedächtniskonzert

Inhalt

22 Anfertigung eines eigenen Superlearning-Programms — 283
Rhythmisierung des Lernmaterials · Intonationen · Menge des Lernstoffs pro Sitzung · Zwölf-Sekunden-Zyklus · Aufnahme des Programms auf Band · Dramatische Präsentation · Vorteile von Programm-Kombinationen · Superlearning-Musik in der Praxis · Für Superlearning geeignete Musikstücke · Musik für das »aktive« klassische Superlearning-Konzert · Hochfrequenzmusik zur Aufladung des Gehirns und zur Steigerung der Vitalität

23 Superlernen von Fremdsprachen – das Know-how — 296
Wie Sie Ihr Fremdsprachenmaterial ordnen und auf Band aufnehmen können · Wie Sie Ihre Superlearning-Bänder zum Fremdsprachenlernen verwenden · Das originale suggestopädische Programm zum Erlernen einer Sprache binnen eines Monats · Einige westliche Varianten des originalen Superlearning · Schalltherapie beim Sprachenlernen · John Wades »Super Study« · Neurolinguistisches Programmieren und »Teds Tränen« · Britische Beschleunigung · Französische Beschleunigung

24 Betreuung Ihres Kindes von der Vorschule bis zur höheren Schule — 312
Kleine Kinder lernen lieber als große · Lernen schon im Mutterleib · »Coachen« von Schulkindern · Hausaufgaben

25 Superlearning in den Naturwissenschaften, in der Datenverarbeitung und High-Tech — 324
Textlegierungen und Chemie-Songs · Visualisierungen und dramatische Szenarios, um den Kosmos zu begreifen · Expreßverfahren zur Beherrschung des Computers

26 Superlearning im Geschäftsleben — 333
Die Möglichkeiten der »lernenden Unternehmen« · Mustergültige Trainingsmethoden in Deutschland und den USA

27 Superlearning, um schneller zu lesen, zu rechnen und zu verstehen — 339
Ein Superlearning-Leseprogramm · PhotoLesen · Superlernen von Mathematik · Die Beschleunigte Einführungsmethode · Umgekehrter Unterricht

Inhalt 9

28 Bahnbrechende Lernmethoden für Behinderte   347
Schalltherapie bei Legasthenie · Was tun bei Aufmerksamkeitsdefizit? · Dr. Tomatis' Schallgeburtsprogramm für Autisten · Signatur-Schall gegen verschiedene Behinderungen · Ohrakupunktur: Theorie und Praxis · Superlearning bei Lernunfähigkeit · Erfolgreiche Lernhilfen für Blinde und Körperbehinderte

DRITTER TEIL
Übungen   359

29 Streßkontrolle – Kraftgewinn   361
Geisteskraft durch bewußtes Atmen · Blaugoldene Energieatmung · Schallbad · Kraftdusche zur Reinigung und Konditionierung · Progressive Entspannung · Scannen und entspannen · Autogenes Training · Fernöstliche Methoden zur Energieaufladung

30 Geführte visuelle Vorstellungen   374
Erzeugung vergangener, gegenwärtiger und zukünftiger Erinnerungen · Direkte Kontaktaufnahme zum Unterbewußten · Videos von Ihrem geistigen Zentrum · Beseitigung einer Innenweltverschmutzung · Das mögliche Ich... JETZT · Geistes-Designs: ein Konzentrationsmuster

ANHANG

Adressen von Institutionen, Superlearning-Zentren, Lieferanten von Lernmaterial, Lehrern, Therapeuten   397

Literaturverzeichnis   401

Personen- und Sachregister   405

Wie funktioniert und was bewirkt Superlearning?

Die anschließend behandelten grundlegenden Verfahren von Superlearning beschleunigen das Lernen beträchtlich und steigern die Leistung. Es sind Methoden, die Ihnen helfen können, notwendige Veränderungen und Anpassungen in Ihrem Leben selbst zu vollziehen.

- Versetzen Sie sich für das, was Sie tun, in den bestmöglichen streßfreien Zustand.
- Nehmen Sie Informationen in gemessenem, rhythmischem Tempo auf.
- Verwenden Sie Musik, um Ihr Gedächtnis zu erweitern, dem Geist Energie zuzuführen und eine Verbindung zum Unterbewußtsein herzustellen.
- Setzen Sie Ihr *ganzes* Gehirn, *alle* Ihre Sinne, Ihre Gefühle und Ihre Phantasien ein, um Spitzenleistungen zu erreichen.
- Werden Sie sich eventueller Blockierungen gegen das Lernen und gegen Veränderungen bewußt, und schwemmen Sie sie dann weg.

Selbstverständlich ist es kaum möglich, die beschriebenen Übungen und Verfahren allesamt anzuwenden. Der Grundgedanke dieses Buches ist es, Ihnen die Möglichkeit der besten Wahl zu geben. Sie brauchen sich nicht besonders anzustrengen, um die grundlegenden Superlearning-Formeln mit Leben zu erfüllen. Superlearning erfordert in erster Linie ein neues Gefühl für Ihr Selbst und seine Chancen, eine neue Perspektive: den Blickwinkel des 21. Jahrhunderts.

ERSTER TEIL

Wie weit können Sie kommen, wie schnell können Sie vorgehen?

I
Ein neuer Weg des Lernens

»Wenn das einzige Werkzeug, das Sie besitzen, ein Hammer ist, sieht jedes Problem wie ein Nagel aus«, konstatierte Abraham Maslow, der Vater der humanistischen Psychologie. Es ist an der Zeit, nach den vorhandenen neuen Werkzeugen zu greifen und aufzuhören, immer wieder dieselben alten Lösungen breitzuhämmern. Es ist an der Zeit, das vorsintflutliche Lernen aufzugeben, speziell an der Zeit, sich auf eine seltsame, rund um die Welt erklingende Melodie einzustimmen, auf eine spezielle Musik, die den Menschen hilft, schneller zu lernen, als sie je zu träumen wagten, und ihre Fähigkeiten mit einer Selbstverständlichkeit zu verbessern, die sie bisher nicht für möglich hielten.

In Herrenberg bei Stuttgart schließen IBM-Angestellte mittleren Alters die Augen und seufzen erleichtert auf, als beruhigende Vivaldi-Klänge erklingen. Halb um die Erdkugel herum, auf der St.-Lawrence-Insel in der zugefrorenen Beringstraße, wo Vivaldis »Winter« das ganze Jahr über Saison hat, schließt eine Gruppe lebhafter Eskimo-Teenager bei diesem letzten Satz der *Vier Jahreszeiten* die Augen, um zwischen Walfangfahrten den täglichen Unterricht zu absolvieren. Im US-Bundesstaat Indiana schaltet eine gescheite Schülerin der sechsten Klasse ebenfalls Vivaldi-Musik ein. Dann kontrolliert sie die von ihr erstellten Vergleichstabellen, um zu prüfen, in welcher Weise die Musik die Testergebnisse ihrer Klassenkameraden beeinflußt hat. In Montreal spürt ein angehender Champion, wie sich bei der wundervollen Musik sein Körper entspannt, während ihm realistische Bilder eines harten Karatekampfs durch den Kopf ziehen.

Würden Sie gern *ohne Streß* fünfmal schneller lernen und sich das Gelernte auch wirklich merken? Das können Sie! Genau dies tun jene Menschen, die sich einer speziellen Musik hingeben. Sie wenden eine neue Lernmethode an, die man Superlearning nennt. Sie bedienen sich ihrer, um die grenzenlosen Möglichkeiten zu erschließen, die nach der Überzeugung vieler Experten in jedem von uns brachliegen. »Ich wußte nicht, daß Lernen soviel Spaß machen kann!« rief einer der Herrenberger IBM-Angestellten. Aus seinen Worten klang die enthusiastische Heiterkeit, die oft einsetzt, wenn das Lernen rascher geht und ungeahnte Talente ans Licht kommen.

Die Fähigkeit, Fakten, Zahlen und technische Daten bis zu fünfmal schneller aufzunehmen als zuvor, kann Ihnen helfen, auf den Schnellweg zu mehr Lebenserfolg und höherem Einkommen zu gelangen. Das Verfahren spart erwiesenermaßen eine Menge Zeit und Geld bei beruflicher Schulung oder Umschulung und beim Erlernen von Sprachen und anderem Wissen. So lautet ein Teil der guten Nachricht, die viel zu wenig propagiert wird. Dieser Teil ist jedoch nur die eine Hälfte der Geschichte.

Für uns alle hat noch etwas anderes große Bedeutung: Wir haben nicht mehr bloß die Wahl, uns für oder gegen eine Veränderung unseres Lebens zu entscheiden. Unsere Chance besteht jetzt darin, Urheber der Veränderung und nicht ihr Opfer zu werden. Wir müssen flexibler sein denn je, müssen klarer wissen, wie man eine Veränderung ohne zermürbenden Kampf vollzieht. Besser als je zuvor müssen wir die uns innewohnenden Fähigkeiten zum Einsatz bringen – jene angeblich 90 bis 95 Prozent unseres Potentials, mit dem die meisten heute Lebenden noch gar nicht Kontakt aufgenommen haben. Schon vor hundert Jahren hat der große amerikanische Psychologe William James ausgerechnet, daß wir lediglich fünf Prozent unserer angeborenen Veranlagung nutzen.

»Es sind eher drei Prozent. Nur wenige von uns nutzen überhaupt die fünf Prozent ihres Leistungsvermögens«, vermutet Dr. Raymond Abrezol, ein bekannter Schweizer Vertreter der Sophrologie, also der »Wissenschaft des harmonischen Bewußtseins«, der übrigens auch viele erfolgreiche Olympiateilnehmer trainiert hat.

Wie weit könnten wir kommen? »Die grundlegende, schöpferische Tätigkeit des Gehirns kann, für alle praktischen Zwecke, grenzenlos von Nutzen sein«, behauptet der Pädagoge George Leonard. Das klingt sehr gut, enorm vielversprechend. Was aber sollen wir tun? Wie sollen wir es anstellen, aufzuwachen und nicht jeden Morgen den gleichen altbekannten Menschen im Spiegel zu sehen, unsere Arbeiten nicht im gewohnten Geleise zu verrichten? Hier einige Aussagen von Menschen, die einen Weg gefunden haben, ein größeres Potential ihres Geistes zum Leben zu erwecken:

»Neben der gesteigerten Lernfähigkeit, die mir Superlearning verschaffte, war dieses Verfahren der Auslöser tiefer und äußerst vorteilhafter Veränderungen meiner Persönlichkeit«, schrieb der Neurologe Christian Drapeau aus Montreal.

Die ebenfalls aus Kanada stammende renommierte Schriftstellerin Robina Salter sagte kurz und bündig: »Superlearning rief in meinem Leben sozusagen einen Paradigmawechsel hervor.«

»Immer wieder erklären Lehrer, Trainer und Lernende, daß die Kurse ihr Leben verändert haben«, berichtete uns Gail Heidenhain, die Leiterin von Delphin, eines mit neuen Lerntechniken arbeitenden deutschen Schulungsinstituts, das Firmen auf ihrem Weg zum »lernenden Unternehmen« unterstützt. »Für diesen Weg ist der ganzheitliche Ansatz besonders wichtig und besonders effektiv. Die Methode sichert ein Lernen, das schnell verinnerlicht wird und das Gelernte dauerhaft einprägt. Es sagt sich leicht, jeder Mensch besitzt viele verborgene Fähigkeiten, aber es ist etwas anderes und wesentlich Erstaunlicheres, tatsächlich festzustellen, daß *ich* über ein Potential verfüge, von dessen Vorhandensein ich bisher nicht einmal geträumt habe. Nur durch diese Erkenntnis wird die Theorie lebendig.«

»Nach dreißig Jahren des Unterrichts *wußte* ich, daß es eine bessere Methode geben mußte«, erklärte der kalifornische Lehrer Bruce Tickell Taylor. »Superlearning hat mein Leben und auch das meiner Schüler zum Besseren gewendet.«

Dr. Majumi Mori, eine innovative japanische Erzieherin, bekam aus ihrer Klasse für beschleunigtes Lernen folgende Kommentare: »Mir war, als hätte ich als menschliches Wesen etwas sehr Tiefes und Wichtiges erfahren«, schrieb ein Schüler. Ein anderer meinte perplex: »Wer hätte je gedacht, daß man in Unterrichtsstunden eines Fachs wie englische Konversation so tief ergriffen werden könnte!«

Von Yokohama über New York bis Heidelberg regt sich etwas; die Menschen beginnen ihre Möglichkeiten zu erspüren. Die meisten sind überrascht, wie einfach es ist, neue Talente zu entwickeln – wenn man erst einmal den Weg dazu kennt. Eine Ausnahme bildet ein junger Mann. Für ihn wurde das leidenschaftliche Verlangen, die in seinem Inneren aufsteigenden Träume zu verwirklichen, zu einer Herausforderung, bei der es um Tod oder Leben ging.

Am Abend des 10. September 1976 watete der bulgarische Lehrer Iwan Barsakow, der in Nordjugoslawien Urlaub machte, vom

Strand in das bewegte Adriatische Meer und begann zu schwimmen. Sein Ziel war Amerika. Die erste Station sollte die knapp zwölf Kilometer entfernte italienische Küste jenseits der von Haien verunsicherten offenen See sein. Barsakow war kein Rekordschwimmer, nur ein guter – wenn er nicht gerade gegen das Asthma kämpfte, dieses in Bulgarien häufige Leiden, zu dessen Linderung man dort nur selten die notwendigen Medikamente bekam. Eines gereichte Barsakow jedoch zum Vorteil: Er war von dem bulgarischen Arzt Georgi Losanow in der neuen Art des Lernens geschult worden, eben jener Methode, die zur Pfahlwurzel aller westlichen Superlearning-Systeme werden sollte.

»Ich kannte die Grundregeln der mentalen Methodik«, sagt Barsakow. Er benutzte seine Kenntnisse dazu, sich zu entspannen und auch dann weiterzuschwimmen, als ihn die Kälte des Wassers zu lähmen drohte. Und er bediente sich ihrer, um zwei einsetzende Asthmaanfälle abzublocken. Während er Zug um Zug schwamm, weiter als je zuvor in seinem Leben, »mußte ich die mentale Methodik anwenden, um die Gedanken an den Tod abzuwehren. Bei einer früheren Gelegenheit wäre ich fast im Meer ertrunken. Jahre zuvor hatte ich versucht, schwimmend in die Türkei zu fliehen, aber die Kälte hatte mich gezwungen umzukehren.«

»Schwimm, Iwan, schwimm nach Amerika – einen Zug um den andern!« Gerade, als ihm bewußt wurde, daß er erst ein Drittel der Strecke hinter sich gebracht hatte, vernahm er seltsame Geräusche. »Ich dachte, die Jugoslawen würden von einem Schiff aus irgend etwas in die See kippen – dann veränderte sich plötzlich das Wasser um mich herum. Es schien zu kochen. Später erfuhr ich, daß zu diesem Zeitpunkt das heftige Erdbeben in der Gegend von Triest stattgefunden hatte.« Iwan schwamm unbeirrt weiter. Er schaffte es, nach Italien und dort in ein Flüchtlingslager zu kommen – eines von der Sorte, wo es für fünfhundert Menschen nur eine einzige Dusche gab.

Heute leitet Barsakow mit seiner amerikanischen Frau Pamela Rand, ebenfalls einer innovativen Lehrerin, in San Francisco das Unternehmen OptimaLearning-Systems. Er entwickelte die Grundregeln der mentalen Methodik zu ausgereiften Systemen, mittels derer nahezu jeder das Optimum geistiger Leistungssteigerung erreichen kann. 1992 schloß sich der Kreis, dessen Vollendung man eigentlich für unmöglich gehalten hatte: Barsakow wurde gebeten, seine Sachkenntnis in Bulgarien einzusetzen, um seinen Landsleuten zu helfen, die Turbulenzen beim Überwechseln vom Polizeistaat mit Zwangswirtschaft zur Demokratie und freien Marktwirtschaft zu meistern.

Was hatte Barsakow veranlaßt, sich den nachtschwarzen Adriawogen auf Gedeih und Verderb auszuliefern? »Punkt eins war der Wunsch, frei zu sein von dem bedrückenden kommunistischen Joch«, erzählte er uns. Dann führte er einen weiteren, »nicht weniger wichtigen« Grund an:

»Ich hatte das Privileg, an Dr. Losanows experimentellem Pädagogikprogramm mitzuarbeiten, und ich wußte, daß es sich erst im Anfangsstadium befand. Es war uns zwar schon gelungen, das Lernen von Fremdsprachen zu beschleunigen und die Gedächtniskapazität zu vergrößern, doch ich hatte das sichere Gefühl, daß noch mehr möglich war, viel mehr. Und genau das ist es, was die Leser ihres ersten Superlearning-Buches so fesselte: Ihr Gespür für das enorme Potential des Menschen, die Erweckung seiner ungenutzten Fähigkeiten.[1] Ich wußte, daß wir mit unserer Methode eine tiefe Quelle im Innern eines jeden zum Fließen bringen konnten. Geschehen konnte das jedoch nur im Westen, in Amerika.«

»Wir müssen lernen, wie man lernt«

Seit geraumer Zeit erklingt ein weltweiter Weckruf. Bill Clinton verbreitete ihn als Präsidentschaftskandidat während seiner Fernsehdebatten, als er sagte: »Immer wieder das gleiche zu tun und dabei ein anderes Resultat zu erwarten, ist eine Form von Irrsinn.« Diese treffende Feststellung stammt von Tony Roberts, einem Coach für Persönlichkeitsentfaltung. Und Clintons Gegenkandidat H. Ross Perot machte geradezu Werbung für uns, denn er forderte wiederholt mit Nachdruck: »Wir müssen lernen, *wie* man lernt.« So lautet die Superlearning-Parole seit jeher.

Mittags an dem kalten, klaren Tag der Amtseinführung des zweiundzwanzigsten Präsidenten der Vereinigten Staaten sagte die Künstlerin und Schriftstellerin Maya Angelou: »Der Horizont neigt sich vor und bietet Ihnen Raum, neue Schritte zur Veränderung hin zu machen.« Sie schaute auf die lauschenden Frauen, Männer und

---

[1] Ostrander/Schroeder: *Superlearning*, Scherz Verlag, Bern 1979; Neuausgabe 1981 unter dem Titel *Leichter lernen ohne Streß – Superlearning*.

Kinder, die sich auf der Capitol Mall drängten. Dann blickte sie über das weite Land, und der lange Trommelwirbel der Geschichte erklang hinter den Menschen. »Laßt den amerikanischen Traum wiedererstehen«, appellierte Angelou. »Wacht endlich auf, sagt ›Guten Morgen‹!«

In diesem Jahrzehnt, das vielleicht einmals als »Do-it-yourself-Dekade« bezeichnet wird, müssen Sie selbst zu sich »Guten Morgen« sagen. Unsere Establishments, die sich auf den alten Status quo stützen, werden es nicht für Sie tun. Das ist vielleicht der Grund, warum wir unserer Führer so schnell müde werden. Sie haben trotz gegenteiliger Versprechungen keineswegs alles in Ordnung gebracht. Weil Veränderungen einschlagen wie eine Schocktherapie, weiß niemand so recht, wie die Dinge wieder ins Lot kommen sollen. Immer klarer zeichnet sich jedoch ab, daß wir, wenn wir vorwärtskommen wollen, nicht länger über Lösungen und Möglichkeiten nur schwatzen dürfen, sondern schnellstens anfangen müssen, uns zu jenen vollendeteren Menschen zu entwickeln, die wir werden könnten.

Das Know-how, das Sie auf den richtigen Weg bringt, nimmt ständig zu. Wesentliche Elemente dieses Wissens werden Sie im Superlearning finden. Sie werden auch erfahren, daß es keine Rolle spielt, wo Sie im Leben stehen, ob Sie alt oder jung sind oder was Ihnen Schule und Bildung bisher vermittelt haben. Das Angenehme ist, daß Sie endlich tief Luft holen und sich entspannen können. Statt Sie unter wachsenden Druck zu setzen bei Ihrem Bestreben, aktiv zu sein, zu lernen, Leistung zu bringen und sich zu bewähren, baut Superlearning den Streß ab. Sie können lernen, wie man auf dem Umweg über das Vergnügen lernt.

Das klingt zu schön, um wahr zu sein? Dachten wir zunächst auch.

Ein besserer bulgarischer Weg?

Ende der sechziger Jahre, in der schlimmen alten Zeit Osteuropas, erhielten wir überraschend eine Einladung zur ersten (und letzten) gesamtsowjetischen Parapsychologie-Konferenz in Moskau, und schneller als erwartet befanden wir uns auf einer wechselvollen dreimonatigen Abenteuerreise, auf der wir an die anscheinend fundierten Resultate von wissenschaftlichen Untersuchungen in mehreren Ostblockstaaten über die Reichweite des menschlichen Potentials heranzukommen versuchten. Einiges davon schien bißchen zu weit zu gehen. »Bulgarischer Durchbruch zum Supergedächtnis!«, »Arbeiter lernen in einer Sitzung fünfhundert fremdsprachliche Wörter und verbessern gleichzeitig ihre Gesundheit!« So lauteten Schlagzeilen der kommunistischen Presseorgane. Sogar die distinguierte alte *Prawda* ließ sich von der Begeisterung erfassen und verkündete: »Man kann eine Fremdsprache binnen eines Monats lernen!« Das konnte doch nur Propaganda sein.

Als wir Dr. Georgi Losanow in seinem sonnigen Büro des vom Staat finanzierten Instituts für Suggestologie in Sofia gegenübersaßen, wußten wir, daß wir mit dem einzigen Psychiater Bulgariens sprachen, mit dem führenden Parapsychologen des Landes und dem geistigen Vater der *Suggestologie*. Letztere war eine provisorische Zusammenstellung jener Techniken, mit denen Losanow offenbar Wunderheilungen kranker und psychisch gestörter Menschen vollbrachte – und das Aufblühen der alternativen Medizin um Jahrzehnte vorwegnahm. Losanow hatte eine neue Krankheit entdeckt, das »didaktogene Syndrom«, ein durch schlechte Lernmethoden verursachtes Leiden, und sich vorgenommen, es mittels *Suggestopädie* zu heilen. Sein Ziel war es, wie er sagte, »die größten Schätze zu erschließen, die ein Land besitzt: die unangezapften Reichtümer des menschlichen Geistes«.

Wenn die Untersuchungsergebnisse stimmten, die uns Losanow und seine Mitarbeiter vorlegten, war das kleine Bulgarien drauf und dran, in bezug auf geistige Schätze das zu werden, was die arabischen Emirate in bezug auf den Bodenschatz Öl sind.[1] Losanow erwies sich als charmanter Mann mit einem herzlichen, ansteckenden Lächeln und einem nachgerade elektrischen Haarschopf, der ihn so aussehen ließ, wie man sich ein typisches Genie vorstellt. Trotzdem kauften wir ihm das meiste des »bulgarischen Durchbruchs« nicht ab, begannen uns nur zu fragen: »Was wäre, wenn...?« Wir erkannten, wie später Barsakow, daß sich im hinterwäldlerischen Bulgarien, wenn auch nur die Hälfte der kühnen, atemberaubenden Behauptungen zutraf, eine phantastische Entwicklung im Hinblick auf den Fortschritt der Menschheit anbahnte.

---

[1] Die verblüffende Geschichte von Losanows bahnbrechender Arbeit und die Geschichte jener mutigen Lehrkräfte, die das System im Westen bekanntmachten, finden Sie in *Leichter lernen ohne Streß – Superlearning*, vgl. Fußnote auf Seite 19.

Lediglich fünf Seiten widmeten wir seinerzeit, als wir über unsere Odyssee durch den Ostblock berichteten, Losanows Lehr- und Arbeitsmethode.[1] Sie trugen uns Anfragen von überallher ein, sogar vom Washingtoner Pentagon-Institut für Verteidigungsanalyse. Westliche Gedächtnis-Fans eilten nach Sofia, und ein paar fortschrittliche Lehrkräfte begannen mit dem schwierigen Unterfangen, das bulgarische Lernprogramm an nordamerikanische Gegebenheiten anzupassen.

Ein wirklich effektives neues System zum Lernen, zur Ausweitung und Stärkung des Gedächtnisses sowie zur Leistungssteigerung entstand in Des Moines, Toronto und Atlanta. Gegen Ende der siebziger Jahre gründete der Psychologe Donald Schuster von der Universität von Iowa in Ames die Society for Accelerative Learning and Teaching (SALT, Gesellschaft für beschleunigtes Lernen und Lehren).[2] Außerhalb der etablierten Wege waren damals nur wenige Fachleute tätig. Wir trugen alles zusammen, was uns im Lernen weiterzuführen schien und halbwegs »bewiesen« war, und wir erfanden etwas, das vorderhand noch nicht »bewiesen« war: ein Do-it-yourself-System, das jedermann zugängliche Superlearning. Zweck des Unterfangens: *beschleunigendes* oder *beschleunigtes Lernen*.

Superlearning basiert auf Losanows Erkenntnissen und seinen Quellen, sowohl alten wie Raja-Yoga als auch zeitgenössischen wie der sowjetischen bzw. russischen Forschung, die oft völlig andere Richtungen einschlägt als die westliche. Glück hatten wir bei unserer Arbeit allerdings auch. Wir stießen auf eine weitere »ologie«, die Sophrologie oder »Wissenschaft des harmonischen Bewußtseins«, die eine Vielzahl an Wegen zu hervorragender Leistung bietet – Wege, die in Amerika noch weitgehend unbekannt sind. Entwickelt wurde die Sophrologie von Professor Alfonso Caycedo, einem spanischen Arzt, der ein ebenso großer Neuerer war wie Losanow. Wenn Sie sich für das Heilen interessieren, sollten Sie vielleicht wissen, daß mehr als zweitausend europäische Ärzte die Sophrologie anwenden, um ihren Patienten das Know-how zu vermitteln, wie sie selbst zu ihrer Heilung beitragen können. Wenn Sie ein Sportler

---

[1] Vgl. Ostrander/Schroeder: *Psi. Die wissenschaftliche Erforschung und praktische Nutzung übersinnlicher Kräfte des Geistes und der Seele im Ostblock,* Bern 1970.

[2] Mittlerweile gibt es Fachverbände in einem guten Dutzend Länder, darunter die internationale Society for Effective Affective Learning (SEAL, Gesellschaft für effektives gefühlsbetontes Lernen) in England.

sind, möchten Sie vielleicht erfahren, wie die Sophrologie Hunderte von olympischen Medaillengewinnern mit zusätzlicher Energie versah.

Heute, wo wir dem 21. Jahrhundert zustreben, sind wir nicht mehr Geist *und* Körper; wir sind Geistkörper. Fast 80 Prozent dessen, was über die Funktionsweise dieses einheitlichen Organismus bekannt ist, kam erst ans Licht, seit die Menschen mit Superlearning begannen; es bescherte eine Menge Erkenntnisse darüber, wie man diesen Organismus noch effektiver machen kann. Und es gibt eine Fülle neuer, oft verblüffender Wege und technischer Mittel, schlafendes Potential zu aktivieren: Hochfrequenzschall und andere bahnbrechende psychoakustische Methoden, Superernährung, interaktives Fernsehen, »dynamisches« Gedächtnis, Mind-Maschinen, Unterwasserkontemplation...

Wenn Sie Ihre Möglichkeiten voll erschließen wollen, wird Ihnen die Erkenntnis helfen, daß die beschleunigte Methode in erster Linie eine *neue Perspektive* ist, die einen *Kernsatz von Techniken* enthält, aus denen Sie wählen, die Sie neu ordnen, so verdichten oder ausweiten können, daß sie sich für Sie optimal eignen. Das ist der Grund, warum diese Methode an völlig verschiedenen Orten zum Erfolg führt: im Geschäftsleben und beim Militär, in Kindergärten, Colleges und Gesundheitszentren. Das ist der Grund, warum Superlearning bei den verschiedensten – um nicht zu sagen, bei allen – Menschen funktioniert.

Vieles kann man ganz allein schaffen

Kann man das Lernen tatsächlich selbst beschleunigen? Nach dreizehn Jahren positiven Feedbacks können wir mit einem klaren Ja antworten. Unter all den Menschen, die uns von ihren Erfolgen mit dem Do-it-yourself-Verfahren berichteten, ist einer besonders zu erwähnen, der kanadische Neurologe Christian Drapeau, denn seine Geschichte ist so etwas wie der wahrgewordene Traum eines Schriftstellers. Drapeau, der betonte, daß er normalerweise nicht so offen über seine Leistungen spreche, war bereit, uns mitzuteilen, was er »ganz allein« geschafft hatte.

Im Jahre 1980 stieß Drapeau, damals ein schüchterner Fünfzehnjähriger mit nur wenigen Freunden, in einer Montrealer Buchhandlung auf die französische Ausgabe von *Superlearning*. »Ich interessierte mich seit jeher für die phantastischen Fähigkeiten des Gehirns. Schon immer, soweit ich mich zurückerinnern kann, hatte ich die Gewißheit, daß der Mensch das Potential besitzt, alles zu machen, was er will, und daß seine Grenzen diejenigen sind, die er sich selbst zu setzen beschließt.« Für einen Teenager war das Buch jedoch ziemlich teuer. »Nachdem ich eine Woche lang jeden Tag hingegangen war, um ein bißchen darin zu lesen, kaufte ich es.«

Bei der praktischen Nutzung seiner »Kapitalanlage« ging es für Drapeau offenbar um eine Frage des Überlebens. »In der High-School war ich furchtbar unsicher, wenn ich frei sprechen oder vor der Klasse reden sollte. Ich ließ mich von jedermann leicht einschüchtern.« Er wandte als erstes die Entspannungsübungen und mentalen Wiederholungstechniken von Superlearning an. Sie funktionierten. Im Laufe eines Sommers erlangte er »eine Art Selbstbeherrschung« und wurde zu einem extrovertierten jungen Mann. Heute ist Drapeau gefragt als Redner bei Konferenzen und als Gast bei Rundfunksendungen.

In der High-School begann er mit Taekwondo, der koreanischen Abart des Karate. Hartes Training trug ihm den braunen Gürtel ein. »Kurz vor dem Erringen des schwarzen Gürtels bekam ich das intensive Üben satt.« Zu der Zeit erfuhr Drapeau, daß die Nordamerikaspiele, bei denen auch Taekwondo auf dem Programm stand, 1981 in der Nachbarprovinz Ontario stattfinden würden. »Dies sah ich als Chance für eine interessante Herausforderung an. Ich hörte mit dem physischen Training auf und trainierte statt dessen jeden Tag mental nach den Superlearning-Methoden.« Der sechzehnjährige Drapeau traf voller Selbstvertrauen bei den Spielen in Kitchener/Ontario ein.

»Obwohl ich in einer Gruppe der Schwarzgürtel kämpfte, gegen Leute, die viel älter und in der Gewichtsklasse *über* der meinen waren, gewann ich den Wettbewerb.«

Im College konnte Drapeau dank Superlearning – der Anwendung von spezieller Barockmusik, Suggestion und Entspannung – einen großen Teil seiner Energie für die Komposition einer Rock-Oper einsetzen, statt naturwissenschaftliche Texte zu büffeln. »Es blieb gar nicht viel Zeit zum Lernen, und ich wandte für die Repetition vor Examen selten mehr als eine Stunde auf. Trotzdem schloß ich in Naturwissenschaften mit 87 Prozent der Maximalleistung ab.«

Danach war er einer von nur sechs Studenten aus Quebec, die zum neurophysiologischen Programm der McGill-Universität in Montreal zugelassen wurden.

Nach dem Studienabschluß widmete sich Drapeau am Neurologischen Institut von Montreal der Gedächtnisforschung und arbeitete in seiner Freizeit Tonbandkurse aus, mit deren Hilfe Freunde von ihm dann in beschleunigtem Tempo lernten. Sein besonderer Ehrgeiz war, für Kinder Verfahren zu schaffen, die ihnen zu Selbstvertrauen verhalfen und ihnen leichtes Lernen ermöglichten. In sechs Privatschulen richtete er experimentelle Klassen für beschleunigtes Lernen ein.

»Die Superlearning-Methode ist es, der ich meine Karriere zu verdanken habe«, bekannte Drapeau. »Ich war nordamerikanischer Taekwondo-Meister. Ich habe meinen Magister in Neurologie und Neurochirurgie, habe Musikwerke komponiert, ein Buch über Philosophie veröffentlicht und ein weiteres über Ernährung geschrieben. Ich arbeite in der medizinischen Forschung und führe außerdem eine Untersuchung über die Auswirkungen religiöser Überzeugungen durch. Ich bin jetzt siebenundzwanzig Jahre alt.«

Die Superlearning-Techniken, mit deren Hilfe Drapeau sein »großes Werk« durchführte, werden später ausführlich erörtert. An dieser Stelle ging es nur darum, aufzuzeigen, daß jeder die Methode selbst anwenden kann. Bei vielen der Techniken *müssen* Sie sogar alles selbst tun.

Vorsintflutliches Lernen führt nicht zu raschem Erfolg

»Ein Lehrer von 1890 könnte aus einem Gemälde von Winslow Homer steigen und sich in einem Klassenzimmer von 1990 sofort zu Hause fühlen«, behauptete Ellen Dempsey, die Präsidentin des Verbandes Teachers Network. »Welcher andere Tätigkeitsbereich hat in hundert Jahren so wenig Veränderungen erfahren?«

Unterrichtet wird in der Regel immer noch wie anno dazumal. Dr. Win Wenger, Direktor von Project Renaissance in Maryland, konstatiert: »Angesichts des heutigen Bildungsstandes könnte praktisch *jedes* neue System, das einigermaßen funktioniert, schon als beschleunigt bezeichnet werden.« Bei seiner beschleunigten Schulung fordert Wenger leitende Angestellte oft auf, sich vorzustellen, sie würden neue Köpfe über ihre alten stülpen. Ein neuer Kopf, eine neue Perspektive, das wird aus unseren Schülern das Beste hervorholen, versichert er, nicht aber der bürokratische Standardruf: »Mehr Geld für die Ausbildung!« Daß Geld kein magisches Allheilmittel ist, zeigt sich besonders deutlich in einem Staat wie New York, der pro Schüler weit mehr Geld ausgibt, als der Landesdurchschnitt beträgt. Trotzdem versagen Zehntausende New Yorker Jugendlicher in ihrer schulischen und beruflichen Ausbildungszeit. Diese Katastrophe betrifft jedoch nicht nur Jugendliche. Bis vor einigen Jahrzehnten konnte eine Gesellschaft gedeihen und blühen, in der die meisten Arbeiter nichts brauchten als einen starken Rücken und geschickte Hände. Selbst wenn wir die alten Lernsysteme weiterhin gut anwenden, werden jene, die an diesem vorsintflutlichen Lernen festhalten, auf den neuen Informationsautobahnen an die Bankette gedrängt oder gar überfahren. Denn die alte Lernweise fruchtet nicht mehr bei den Lohnempfängern des 21. Jahrhunderts. »Die Leute können nicht mehr zu automatisch laufenden Rädchen ausgebildet werden«, sagte Arbeitsminister Robert Reich warnend. »Die künftige Wirtschaft wird sich auf Arbeiter stützen müssen, die fähig sind, schnell Neues zu lernen.« Nur wer sich auf Schnelligkeit umstellt, wird in den Genuß der neuen Reichtümer kommen, die uns die rigorosen Veränderungen bescheren werden. Es sind Reichtümer, deren Art und Ausmaße wir genausowenig voraussehen können, wie vorindustrielle Menschen voraussehen konnten, welche gewaltige Ausweitung ihr Horizont in Bälde erfahren sollte.

»Die Vereinigten Staaten haben eine Arbeiterschaft wie Staaten der dritten Welt«, hieß es in einem Bericht über das Defizit der Amerikaner an Fachkenntnissen im Vergleich zu Deutschland. 30 Prozent der amerikanischen Kinder verlassen vorzeitig die Schule. In Kanada liegt die Versagerzahl ebenfalls bei 30 Prozent, obwohl das Land jährlich 44 Millionen Dollar für die Erziehung ausgibt, die zweithöchste Summe auf der Erde. Es ist an der Zeit, daß man sich nicht einfach neu ausrüstet, sondern daß man umdenkt – und sich umsieht.

Deutschland zieht offensichtlich jetzt schon eine Arbeiterschaft für das 21. Jahrhundert heran. Die Deutschen arbeiten mit mehr Intelligenz und verfügen über qualitative Fähigkeiten, die relativ hohe

Löhne und großzügigen Urlaub rechtfertigen. Worin liegt ihr Geheimnis? Teilweise in dem bemerkenswerten Fortbildungsnetz der Industrie, das sich über das ganze Land erstreckt und eine Weiterbildung auf vielen Fachgebieten ermöglicht, von der Automatisierung am Arbeitsplatz bis zum Lernen von Fremdsprachen. Ein zweites Geheimnis: Viele deutsche Ausbildungszentren wenden seit Jahren Superlearning-Techniken an. Die Schulung alten Stils, so hatten die meisten erkannt, verträgt sich nicht mit High-Tech. Hatten die Arbeitnehmer auf die alte Weise endlich den Umgang mit einem neuen System gelernt, war bereits ein noch neueres System erfunden. Selbst die Ausbildenden konnten mit diesem Tempo nicht Schritt halten. Superlearning sprang hier in die Bresche, vor allem dank des Lehrers Hartmut Wagner.

Wagner betrachtete Superlearning anfangs skeptisch, fühlte sich jedoch herausgefordert und beschloß zu prüfen, ob die neue Methode Hand und Fuß hatte. Heute ist er Leiter des SKILL-Trainingsinstituts in der Nähe von Heidelberg und hat acht Mitarbeiter, die inzwischen mehr als tausend Schulungskräfte ausgebildet haben und ständig künftige Führungskräfte trainieren, unter anderem jene begeisterten IBM-Leute, die in Herrenberg den Vivaldi-Klängen lauschten. Siemens, Audi, Philips, Rank-Xerox, Opel – die Großunternehmen lassen sich von der »beschleunigten Welle« in Deutschland mitreißen, weil sie doppelten Gewinn bringt: Bessere Leistungen bei höherem Tempo und, wie Ihnen Schulungsteilnehmer bestätigen werden, bessere physische und psychische Gesundheit.

Wenn die Aneignung von Superlearning-Know-how eine Ausrüstung für das Überleben in der Firma darstellt, ist sie für die meisten von uns zwingend notwendig. Im nächsten Jahrtausend wird laut verschiedener Vorhersagen die größte Arbeitnehmer-Kategorie »kenntnisreiche Arbeiter« umfassen: Techniker, Servicespezialisten und Unternehmer, die zunehmend in kleinen Teams oder selbständig bzw. freiberuflich arbeiten. Eine Voraussetzung für Erfolg, erklärt Ronnie Sandroff in der Zeitschrift *Working Women,* ist die Fähigkeit, »sich in flexible Künstler zu verwandeln, die eine schnelle Kehrtwendung machen, überholte Erkenntnisse und Fehlschläge abschütteln und sich selbst immer wieder neu erfinden können, um jene neuen Aufgaben zu übernehmen, die plötzlich an die Stelle der alten treten.« Dies hört sich interessant an, wenn man das nötige

Wissen hat, und erschreckend, wenn man es nicht hat. Wie können wir unseren Kindern und zugleich uns selbst die Flexibilität beibringen, die man braucht, um Erfolg zu haben? Ein Weg dazu ist der Perspektivenwandel, den Dr. Charles Adamson vornahm.

Adamson ist ein Amerikaner, der unter japanischen Kollegen in einer Art Hochdruckkessel arbeitete. Er wandte sich Superlearning voll Begeisterung und Lust zu. Als seine konservativen Kollegen am Shizouka-Institut für Wissenschaft und Technik Wind davon bekamen, was in Adamsons Unterrichtsraum vorging, meinten sie naserümpfend: »Das bezeichnen wir nicht als Lehren.«

»Und ich mußte ihnen recht geben«, sagte Adamson. »Es gab kein Lehren mehr in meinen Klassen, sondern nur noch Lernen.«

Aus harter Erfahrung meinen die meisten von uns, Bildung bedeute, etwas in sich hineinzustopfen, als stopfe man sich mit Wurst oder Gänsebraten voll. Das ist der Grund, warum wir die Aussicht auf lebenslanges Lernen mit einer Begeisterung betrachten, die etwa jener beim Steuernzahlen entspricht. Die wörtliche Bedeutung von *Erziehung* ist jedoch »Herauszuziehen aus«. Dafür sind die Superlearning-Systeme angelegt: für das Herausziehen eines Schatzes an angeborenem Talent und des großen Wissensvorrats, den Sie bereits besitzen, auch wenn Sie es vielleicht nicht glauben. Superlearning ist keineswegs eine völlig neue Idee, sondern die Wiedergeburt einer sehr alten. Auf dem Weg zu dem Ruhm, den Griechenland in der Antike später erlangen sollte, gingen der archetypische Lehrer Sokrates, sein bester Schüler Platon und Zehntausende anderer Bürger Athens nach dem Prinzip vor, daß uns allen Genie angeboren sei und wir alle mit dem »unendlichen Wissen« in Verbindung stünden. Sie setzten ihr Leben ein, um dieses Genie ans Licht zu holen, es herauszuziehen, denn sie kannten ein Geheimnis: Es ist leicht, Menschen an lebenslanges Lernen zu gewöhnen, wenn sie dieses Lernen als gleichbedeutend mit Abenteuer und Entdeckerfreude erkannt haben. (Die Elite vieler alter Kulturen kannte dieses Geheimnis. Und Losanow schöpfte einige seiner besten Ideen aus diesen Kulturen.) Um die Zukunft so gestalten zu können, daß sie unseren Herzenswünschen besser entspricht, müssen wir das Lernen von neuem in uns aufnehmen und es wieder als einen natürlichen Vorgang empfinden, der ständig weitergeht, so faszinierend und grenzenlos ist wie das Leben selbst.

»Eine höchst reale Veränderung in der Psyche«

Wenn Sie jetzt Ihre Flügel ausbreiten wollen, haben Sie den günstigsten Augenblick in der Geschichte gewählt. Sie müssen kein Eingeweihter in einer Geheimgesellschaft mehr werden, die sich als Hüterin der immerwährenden Weisheit betrachtet. Heute tun sich ständig neue Möglichkeiten zur Entfaltung von Fähigkeiten auf.

»Inmitten all dieses äußeren und inneren Chaos, hervorgerufen durch die ständig steigende Informationsflut, findet eine höchst reale Veränderung in der Psyche statt«, erklärt die C.-G.-Jung-Psychologin Marian Woodman. Ihre Patienten »stellen fest, daß in ihren Körpern eine neue Energie freigesetzt wird«, und diese findet Ausdruck in dem Wunsch: »Wir wollen unsere innere Freiheit!«

Als gute Jungianerin, die sie ist, bekommt Woodman auch zu hören: »Wir möchten frei sein von der alten Mutter und dem alten Vater.« Damit sind nicht die Eltern der betreffenden Personen gemeint, sondern zwei gewaltige Komplexe im kollektiven Geist. Wir werden uns zunehmend der alten Mutter abstumpfender Sicherheit bewußt, die uns an unserem Platz halten will, und des alten Vaters von Recht und Tradition, der unser Leben in veralteten Schemata festhält. Diese beiden bilden ein Duo, das sagt: »Du wirst dich nicht ändern, Kind!« Jetzt werden sie doch widerlegt und verlieren an Einfluß, glaubt Woodman. Sie bemerkt, daß neue Energie die Menschen immer öfter zu dem Ausruf veranlaßt: »Ich will selbst die Verantwortung für mein Leben und mein Lernen übernehmen!« Vielleicht sind wir endlich so weit herangereift, daß es an der Zeit ist, unser Zuhause zu verlassen und uns in unseren größer gewordenen Raum zu begeben.

Das von Woodman angesprochene Chaos in unserer Welt und in uns selbst ist angsterregend. Gleichzeitig kann es auch eine einmalige Jahrtausendchance sein. Wenn Strukturen zusammenbrechen, werden Möglichkeiten freigesetzt, und neue Türen tun sich auf. Die beschleunigten Lernsysteme sind kein Allheilmittel, erscheinen aber zweifellos als Bestandteil vieler Lösungen. Superlearning ist auch keine Wunderpille für »Auserwählte«, selbst wenn es gelegentlich so scheint. Es wird Ihnen schnelleres Lernen ermöglichen und Ihr Gedächtnis ungeheuer stärken. Beschleunigtes Lernen hat bei fast jedem Menschen diese »Zauberwirkung«. Im besten Fall ist die Methode jedoch ein globales Lernen, ein Paß zur ganzen Welt. Sie öffnet Ihnen den Weg zu dem, was Abraham Maslow Selbstverwirklichung nennt, was andere als Ganzheit bezeichnen, was für die Busineß-Psychologin Marsha Sinetar »der Geist des 21. Jahrhunderts« ist. Auf dieser sicheren Route läßt sich ein Ausweg aus dem Chaos finden. Aldous Huxley wußte: »Es gibt nur einen Winkel im Universum, in dem du gewiß sein kannst, dich zu vervollkommnen, und das ist dein eigener.« Warum aber soll man in seinem Winkel sitzen bleiben, wenn man sich das Know-how aneignen kann, um eine ganze Galaxie von Möglichkeiten zu erschließen, die gleich hinter dem Horizont liegen?

2
Supermemory – das optimale Gedächtnis?

Wie schnell können Sie lernen? Eine Geschwindigkeitsbeschränkung gibt es dabei offenbar nicht. Im Augenblick registrieren Menschen aller Schichten und Bildungsgrade – Drittkläßler in Alaska, philippinische Nonnen, Flugelektroniktechniker in aller Welt –, daß sie sich entspannen und den Stoff, den sie beherrschen müssen, zwei- bis fünfmal schneller durchgehen können als früher. Gelegentlich rasen einige sogar zehnmal so schnell durch und erinnern sich dennoch an das Gelernte.

Die direkteste, eleganteste Anwendung von Superlearning, die sich zudem als unendlich erfolgreich erweist, besteht darin, daß man sich zurücklehnt und Fakten, Zahlen oder Sprachen rasch lernt – in jedem Alter. Überlegen Sie einmal, wie Sie sich fühlen würden, wenn Sie die für Sie notwendigen soliden Kenntnisse über ein Thema ohne großen Zeitaufwand erlangen könnten. Oder welchen Spaß es Ihnen machen würde, etwas, das Sie schon lange wissen wollten, endlich geistig in den Griff zu bekommen. Wie würden Sie beispielsweise das Lernen von naturwissenschaftlichen Themen oder Mathematik beschleunigen? Sie können vorgehen wie die Studenten in Japan, oder Sie können es zu Hause allein tun wie Brian Hamilton in den Vereinigten Staaten.

In einem großen Vorlesungssaal der Universität von Tokai in Japan saßen vierhundert Maschinenbaustudenten und atmeten im Takt. Eine leise Melodie erklang im Tempo ihres leichten Ein- und Ausatmens, während ihr Professor den Lehrstoff des Tages in einem ungewöhnlichen Rhythmus vortrug. Er ging nach seinem eigenen Lehrbuch *Elektrizität und Magnetismus* vor. Schließlich legte Professor Hideo Seki seine Unterrichtsnotizen weg, die Lichter verdunkelten sich, und auf einer großen Projektionsleinwand erschienen Diagramme in leuchtenden Farben und wechselten in präzisem Rhythmus. Leise Musik erklang, erst Bachs *Largo in d-Moll*, dann Vivaldis *Vier Jahreszeiten*. Kein Wort fiel. Als das letzte

Dia verblaßte, ließen vierhundert Studenten die Schultern nach vorn sinken, ihre Gliedmaßen wurden schlaff und schwer, und die Augen fielen ihnen zu, während sie der speziellen Barockmusik lauschten. Von einer Stelle warmen Wohlbefindens in ihrem Inneren aus hörten sie ihren Professor die gleiche Lektion noch einmal wiederholen, und wieder im langsamen, stetigen Rhythmus der Musik.

Dr. Hideo Seki ist ein weiser alter Herr in den Achtzigern mit funkelnden Augen und verschmitztem Lächeln. Er lud uns zu einer Vortragsreise durch Japan von ganz oben nach ganz unten ein. Auf dieser Reise redeten wir fast ununterbrochen. Wir lernten seine Kollegen kennen, führende Industrielle und Akademiker. Die amerikanische Regierung hatte die Herren und auch Seki nach dem Ende des Zweiten Weltkriegs als herausragend genug angesehen, um sie für einige Jahre an die besten amerikanischen Universitäten zu verpflanzen. Seki, ein Spezialist für Maschinenbau und Informatik, erkannte später als einer der ersten die vielversprechenden Möglichkeiten von Superlearning. Er führte in seiner Heimat erste Tests damit durch, schrieb die ersten japanischen Bücher über die Fähigkeit zu beschleunigtem Lernen und »zur Erschließung höherer Oktaven der menschlichen Natur«.

Am Ende des Semesters an der Universität von Tokai ergab Sekis offizieller Arbeitsbericht, daß »die Zahl der Studenten, die gute Zensuren erzielten, dramatisch stieg, während die Zahl der schlechten Zensuren abnahm«. Seki bewies, daß sogar sehr große Gruppen superlernen können.

Der New Yorker Brian Hamilton bewies, daß Superlearning auch bei jemandem, der allein in seiner Wohnung sitzt, großartig funktioniert. Zehn Jahre waren vergangen, seit Hamilton seinen Magister in Sozialfürsorge gemacht hatte und Therapeut geworden war. Jetzt drückte er wieder die Schulbank, er absolvierte einen harten Vorklinikerkurs an der Columbia-Universität. »Ich fühlte mich ein bißchen eingerostet, einigermaßen aus dem Lernrhythmus«, räumte Hamilton ein. »Ich bekam mittelmäßige Beurteilungen, wollte aber bessere Noten. Zwei Wochen vor den Prüfungen in der Semestermitte fiel mir das *Superlearning*-Buch, das ich gekauft, aber nie gelesen hatte, buchstäblich aus dem Regal vor die Füße. Ich ging es in einer einzigen Nacht durch und dachte, warum nicht?« Hamilton fertigte mehrere Trigonometrie-Tonbänder an, wobei er sich auf

»Gleichheiten« konzentrierte, etwas, das er für sein Examen unbedingt beherrschen mußte.[1]

Am Beginn seiner Lernsitzungen verwandte Hamilton einige Minuten darauf, sich in den »optimalen Zustand« zum Lernen von Fakten und Zahlen zu bringen. Er entspannte seinen Körper, bis er tiefes Wohlbehagen empfand, beruhigte und konzentrierte seinen Geist mittels des Imaginationsverfahrens, das alle Sinne einbezog; dann gab er sich ein paar positive Suggestionen. So vorbereitet, schaltete er sein Tonbandgerät ein und vernahm Informationen, die in einem bestimmten Rhythmus auf ihn einströmten. Vier Sekunden Daten, vier Sekunden Stille, vier Sekunden Daten, vier Sekunden Stille. Er atmete synchron mit diesem Rhythmus, hielt den Atem an, wenn etwas gesagt wurde, und atmete während der Pausen ruhig ein und aus. Die Informationen wurden, zusätzlich zur Rhythmisierung, in drei verschiedenen Intonationen gesprochen – normal; leise und eindringlich; laut und befehlend –, die immer wieder zyklisch aufeinanderfolgten. War das Band durchgelaufen, legte Hamilton das Manuskript weg, in dem er mitgelesen hatte, und schaltete ein Band mit Superlearning-Musik ein.

Er streckte sich aus und schloß die Augen. Dann hörte er sich die gleiche Lektion, die diesmal mit einer spezifischen Barockmusik von 60 Schlägen pro Minute untermalt wurde, noch einmal an. Während ihn die beruhigenden Streicherklänge umfluteten, ließ Hamilton seinen Geist schwerelos zwischen der Trigonometrie und den streng strukturierten Harmonien Bachs schweben. Und das war's auch schon.

Versetzen Sie sich für alles, was Sie tun, in den richtigen geistigen und körperlichen Zustand. Nehmen Sie Daten in suggestiver, streng rhythmischer Weise auf, untermalt von ausgewählter, ganz spezifischer Musik.

Dies sind die Grundelemente von Superlearning, die einen großen Teil der spektakulären Beschleunigung bewirken. Manche Menschen entspannen sich einfach und lauschen einer ihnen angenehmen Musik, während sie Daten und Informationen lesen oder hören. Auch damit erzielt man gute Erfolge, wahrscheinlich aber muß man sich dem speziellen Rhythmus des Systems überlassen, um

---

[1] Genaue, schrittweise Anleitungen zur Herstellung eines Superlearning-Programms finden Sie in Kapitel 22, Seite 283 ff.

das Supermemory oder optimale Gedächtnis zur Entfaltung bringen zu können.[1]

Als wir mit Supermemory erstmals ernsthaft konfrontiert wurden – also nicht in Werbeanzeigen diverser Sensationsblätter –, kam es unter dem wissenschaftlichen Namen *Hypermnesie* daher. Hypermnesie, das faszinierende Gegenteil von Amnesie (Gedächtnisschwund), war die große Attraktion bei Losanows Durchbruch auf dem Gedächtnissektor in den kommunistischen Ländern. Seit Jahren machten die Sowjets Jagd auf dieses schwer fixierbare Potential. Gedächtniskünstler wie der berühmte Venjamin, der »Mann, der sich an alles erinnert«, wurden von ihnen praktisch zerlegt. Wenn eine Person sich an alles erinnern kann, lassen sich vielleicht auch andere darauf trainieren, erklärten die Geheimdienst-Strategen. Und zu welchem Zweck? Weil die Sowjets ein Weltklassegedächtnis als den Königsweg zu den unerschlossenen und im weitesten Sinne noch unbekannten Möglichkeiten unseres Geistes ansahen.

Hypermnesie im Stile Losanows erlaubt es dem Weltklassegedächtnis, das Sie unterschwellig bereits besitzen, zum Vorschein zu kommen. Alles, was Ihnen je widerfahren ist, lebt irgendwo in Ihnen. Das Kunststück ist, Ihre früheren Wahrnehmungen wieder in Erinnerung zu rufen. Ein Weg, auf dem man versuchen kann, Erinnerungen ins Bewußtsein zu holen, besteht darin, das Gedächtnis in besonderer rhythmischer, musikalischer Weise mit Daten zu füttern; ein anderer Weg ist der Brückenbau zu Ihrem unterschwelligen Geist, dem Unterbewußten.

Reaktivierte Erinnerung wirkt anregend auf alle beschleunigten Lernsysteme: *Sie lernen schneller, weil Sie sich besser erinnern.* Müssen Sie x-mal nachschauen, um sich die Konjugation eines russischen Verbs merken zu können, um sich an diesen oder jenen Lehrsatz oder an ein bestimmtes Datum zu erinnern? Superlearning ist so angelegt, daß es Informationen mit nur wenigen Wiederholungen des Faktums im Gedächtnis ein für allemal fixiert. Die Erfahrung lehrt auch, daß sich beim Lernen spezifischer Themen die Wirkung im Laufe der Zeit ausweitet und Ihr Gedächtnis sich insgesamt stärkt.

Was geschah mit Brian Hamiltons Gedächtnis, als er seine selbst-

---

[1] Vgl. Ostrander/Schroeder: *SuperMemory. Der Weg zum optimalen Gedächtnis,* Scherz Verlag, Bern 1992 und 1994 (erweiterte Neuauflage).

fabrizierten Tonbänder und die Spezialmusik anwandte? »Binnen zweier Wochen Superlearning verbesserte ich mich von Dreiern und Zweiern auf Einser«, berichtete er. Und wie ist das: Heute fürs Examen gelernt, morgen schon wieder vergessen? »Man könnte sagen, mein Merkvermögen ist fast zu gut«, sagte Hamilton grinsend. »Wenn ich im Radio Vivaldi höre, passiert es, daß in meinem Kopf trigonometrische Gleichheiten herunterrasseln.« Hamilton widmete sich bald dem vorklinischen Studium nur noch wochentags und gab an den Wochenenden Superlearning-Unterricht.

Globales Lernen

Unser Leben ist in ein überdimensionales Netz globaler Kommunikation verwoben. Milliarden Menschen sind gleichzeitig Augenzeugen, wenn eine Scud-Rakete in ein Hausdach einschlägt, eine Hand sich ausstreckt, um den langersehnten Oscar entgegenzunehmen. Zur selben Zeit registrieren Wissenschaftler, daß in uns ein endloses Sirren von Kommunikation stattfindet. Gedanken und Gefühle wandeln sich in dahinschießende chemische Botschaften um, Hirnsignale rasen zu Organen, Organe funken in Bruchteilen von Sekunden Antworten zurück, während das mobile Immunsystem gleich einem Manager an einem Zellentelefon die jüngsten Neuigkeiten mit abgelegenen Bereichen von Körper und Hirn austauscht. Unter »Geistkörper« ist, wie wir mittlerweile wissen, ein interdependentes, ganzheitliches System, also wechselseitig voneinander abhängig, genauso wie die Menschheit und die gute alte Erde, die uns trägt.

Superlearning zapft die globale Kommunikation an, sowohl die äußere als auch die innere. Die gängige Erziehung spricht noch immer weitgehend die für das logische Denken zuständige linke Hirnhälfte an. Die beschleunigte Methode dagegen bezieht Ihr ganzes Gehirn ein, Ihr Bewußtsein und Unbewußtes, Ihre Phantasie, Sinne, Emotionen – und jene lebenswichtige Komponente, die bei der Erziehung gewöhnlich übersehen wird: Ihren Körper. Wenn Sie Superlearning anwenden, um Ihre Erinnerung wiederherzustellen, stellen Sie gleichzeitig sich selbst wieder her, Sie fügen alle jene Teile von Ihnen wieder zusammen, die beim traditionellen Lernen ignoriert oder unterdrückt worden sind. Wenn Sie Ihr ganzes Selbst einbeziehen, steigern Sie Ihre Chancen, dieses Ziel schnell und sicher zu erreichen. Es ist, als würde man auf eine ferne Küste im Freistil zuschwimmen, statt mit einem an den Körper gefesselten Arm und zusammengebundenen Beinen in den Wellen zu kämpfen.

Superlearning, oft als musikalische Gedächtnis-Schulungsmethode bezeichnet, sorgt dafür, daß Ihre Fähigkeiten zusammenspielen, einander wechselseitig unterstützen. Warum sollten Sie zwei Dritteln Ihrer ausgezeichneten Ausrüstung – Ihren Sinnen, Ihren Gefühlen – gestatten, untätig zu sein oder ihre eigenen irrationalen Wege zu gehen, während Sie versuchen, zu lernen und Leistung zu erbringen? Beziehen Sie Ihre Gefühle in das Team ein, und Sie werden unter anderem feststellen, daß Ihr Gedächtnis wesentlich besser wird.

Lernen als Quelle gesteigerter Gesundheit? Ein großes Plus von Superlearning ist der mit ihm verbundene Streßabbau. Mit ihm gehen aber noch weitere subtile vorteilhafte Wirkungen einher. Ihre neue Einstellung zum Lernen stimuliert mehr Bereiche Ihres Gehirns als die traditionellen Methoden, und dies ist besonders wichtig, wenn Sie älter werden, behauptet die französische Hirnspezialistin Monique Le Poncin. Werden die Hirnzellen als Folge von Überspezialisierung oder mangelnder Herausforderung unzureichend genutzt, geht die »strategische Mobilität« verloren, hat die Ärztin festgestellt. Dies erschwert es Menschen mittleren Alters, sich anzupassen, und dies führt dann in hohem Alter zu schweren Mängeln. Zu den Vorteilen von Superlearning zählt auch, daß Sie sich die Finessen der Techniken für Entspannung, visuelle Vorstellung und imaginatives Proben aneignen können – diesen drei Hauptfaktoren bei Versuchen mit geistigem Heilen.

Außerdem können Sie leichter Toxine wegspülen, geistige Gifte. Ihre gesamte Lebenserfahrung schwimmt in Ihrem Gedächtnis mit, und wie die inzwischen intensivierte Forschung zeigt, schleppen wir alle Gepäck mit, dessen wir uns bisher nicht bewußt geworden sind: vielleicht eine traumatische Geburt und mit ziemlicher Sicherheit erstarrte Suggestionen (»Veränderung macht angst«, »Mädchen sind nicht gut in Mathematik«), die aus der Umwelt still und leise in uns gesickert sind. Wir schleppen auch vor langer Zeit aufgenommene Worte und Meinungen mit, vergessene Bemerkungen wie: »Bist du aber blöd!«, die in uns genauso unbemerkt fortleben wie Bakterienkolonien. Die Suggestivkraft negativer unterschwelliger

Erinnerungen erklärt weitgehend, warum wir nicht voll funktionieren, sondern nur einen Teil unserer Fähigkeiten nutzen. »Patienten zu helfen, sich von ihren unbewußten ›Niederschriften‹ zu befreien, ist einer der sichersten Wege zu gesteigerter Leistung«, sagt Dr. Tatiana Radonjic-Matano, Lehrerin für beschleunigtes Lernen. Wenn Sie die Leitungen zur Erinnerung öffnen können, besitzen Sie eine Zauberformel für eine bewußte Veränderung und somit die Beseitigung von Blockierungen. Sind die Leitungen erst einmal miteinander verbunden, stellen Sie vielleicht zu Ihrer Überraschung fest, daß Sie tatsächlich viel mehr wissen, als Sie zu wissen glaubten. Daß es so etwas gibt, bewies Albert Boothby einer Gruppe deprimierter Schulversager.

Boothby, Lehrer an einer High-School im Schulbezirk von Sacramento/Kalifornien, meldete sich zu einem Streßabbau-Workshop an. Der Leiter, ein Psychologe vom Los Angeles Police Department, hielt ein Buch hoch, auf dessen schwarzem Umschlag in leuchtend orangefarbenen Buchstaben »Superlearning« stand. Über das Wochenende arbeitete Boothby das Buch zweimal durch. Glücklicherweise, denn am Montag wurde er ersucht, für die Schüler der obersten High-School-Klasse, die ihren Abschluß nicht geschafft hatten, Sommerkurse abzuhalten. Warum sollte er nicht Superlearning ausprobieren?

Achtzehn Schüler mußten, um ihre Diplome zu bekommen, in dem Fach amerikanische Geschichte bestehen. Bevor sie sich in den Stoff vertieften, bekamen sie über Multikanal-Kopfhörer auf Band aufgenommene Entspannungsanleitungen zu hören, dann lauschten sie Boothby, der ihnen im speziellen Superlearning-Rhythmus genau das sagte, was sie wissen mußten. »Ich versicherte ihnen auch, daß sie sich nicht nur diesen Stoff merken, sondern auch über alle jene Informationen verfügen würden, die sie während ihres bisherigen Lebens über diesen besonderen Bereich der Geschichte in sich aufgenommen hatten. Der Sinn des von mir gesprochenen Textes bestehe darin, sagte ich, ihnen zu helfen, das zu verstehen, was sie bereits wußten. Gott sei Dank funktionierte es perfekt.«

Boothby ließ seine Klasse Imaginationsübungen machen; er ließ sie sozusagen die Vergangenheit beschwören, um ihnen ein Gefühl für die Lebendigkeit und die Reichweite ihrer Erinnerungen zu vermitteln. Seine Schüler gaben sich ihrer Aufgabe voll und ganz hin. Nur um zu sehen, was passieren würde, rollte Boothby einen Metallpapierkrob quer durch den Raum. Keiner der Schüler hielt inne oder schaute auf. Ein Teil der Abschlußprüfung fand mündlich statt. »Zu meiner Verwunderung«, erzählte uns Boothby, »gaben die Schüler, sogar wenn sie in Geschichte die schriftliche Prüfung nicht bestanden hatten, vollständige, präzise und sogar ausgeschmückte Antworten. Die Ausschmückungen stammten nicht aus dem Lernstoff. Irgendwo, irgendwie hatten alle einen Vorrat an Wissen über die Vereinigten Staaten erworben, und jetzt waren sie in der Lage, daraus zu schöpfen. Sie hatten gelernt, wie man Informationen im Gedächtnis speichert und wie man aus ihm Informationen herausholt.«

Jetzt faßten die Schüler wieder Vertrauen zu sich selbst. Boothby berichtete, daß viele von ihnen ihre Ausbildung fortsetzten und dank dessen heute gute Stellungen haben. Sie hatten herausgefunden, daß sie praktisch alles lernen konnten, was sie lernen wollten. Und Boothby hatte herausgefunden, daß man bei Schülern leichter aus Sechsern Einser machen kann, indem man hervorholt, was bereits in ihnen vorhanden ist, und ihre angeborenen Fähigkeiten aktiviert, als wenn man sie einfach mit Lehrstoff vollstopft.

Eine stille Revolution

Wenn Sie sich an der Lernrevolution beteiligen, sind Sie Teil eines Phänomens, das Landesgrenzen genausowenig anerkennt, wie dies Samen tun, die sich von interkontinentalen Winden mittragen lassen. Die Samen der Lernrevolution scheinen überall zu gedeihen, in den verstopften Straßen der 16-Millionen-Einwohner-Stadt Mexico City ebenso wie auf Vanuatu, einer kleinen Insel, die auf einer Südseekarte so winzig ist, daß schon eine Nadelspitze sie verdeckt. Und dann ist da noch Finnland. Stellen Sie sich vor, welche Folgen es hat, wenn ein ganzes Land auf die beschleunigte Methode umstellt. Genau dies geschah im vorigen Jahrzehnt in den staatlichen Schulen Finnlands, und die Ergebnisse ließen Fachleute anderer Länder ausrufen: »Verblüffend«, »nachahmenswert«, »Super-Finnen«.

Wechseln Sie zu den Lernmethoden des 21. Jahrhunderts über, und Sie werden zumindest geistig mit allen anderen in Verbindung stehen, die wissen, daß Eile geboten ist. Wir müssen unbedingt schneller Wissen über die Außenwelt erlangen, genauso wichtig ist jedoch, daß wir auch schneller Wissen über unsere eigene innere Welt erlangen, wenn wir das Vernichtende der Vergangenheit abschütteln.

»Wir befinden uns an einem einmaligen Ort in einer einmaligen Zeit der Geschichte dieses Planeten«, ruft der Lehrer Bruce Tickell Taylor den Mitgliedern des von ihm geschaffenen weltweiten Netzes beschleunigter Lerner in Erinnerung. Seine globale Perspektive liegt ihm vielleicht im Blut. Er ist der Sohn einer britischen Schauspielerin und eines amerikanischen Bergbau-Ingenieurs; geboren wurde er während der zwanziger Jahre in Seoul, einer Zeit heftiger Unterdrückung der Koreaner durch die japanischen Machthaber. Taylors Leben war von Anfang an abenteuerlich, denn er kam in einem Bett zur Welt, das ein Geheimnis barg: Die gesetzlich verbotene koreanische Unabhängigkeitserklärung steckte unter der Matratze seiner Mutter.

Um eine Zukunft zu haben, so glaubt Taylor, muß die Weltgemeinde lernen, sich aufzuraffen und durch gemeinsames Wissen Einklang zu erzeugen. Ändern müsse man nicht die menschliche Natur, sagte er, »sondern die unbewußten Überzeugungen, die aus der Konditionierung in der Kindheit resultieren. Die Fähigkeit, das Unterbewußte mittels Bekräftigung und innerer Bildvorstellungen zu ändern, ist ein überaus wichtiger Punkt, dessen sich viele im beschleunigten Lernen engagierte Menschen sehr wohl bewußt sind, doch der Großteil der Bevölkerung ist es nicht. *Wir sind in einer einmaligen Lage zum Helfen berufen.*«

Gleich zahlreichen anderen rund um die Erde hat auch Majumi Mori dies erkannt. Sie hält es für nötiger denn je, daß wir lernen, wie man lernt. »Die Erlangung der Fähigkeit, mit Mitmenschen auf einer anderen ›Energie-Ebene‹ in Wechselbeziehung zu treten und ›edle Ziele‹ zu entwickeln, ist jetzt von allergrößter Bedeutung«, sagt Mori, die Begründerin der Japanese Society for Accelerative and Integrative Learning (SAIL, Gesellschaft für beschleunigtes und integratives Lernen).

Wenn sich eine bessere Methode verbreitet, vermehren sich auch ihre Benennungen. Neben Superlearning gibt es: OptimaLearning, Power Learning, The Lind Institute, Sound Learning, Inner Track Learning, Project Renaissance, Super Study, um nur einige zu nennen. Nicht erwähnt sind hier die zahlreichen Organisationen, die *Accelerated* (beschleunigt) im Namen tragen, denn es gibt ihrer so viele, daß wir uns manchmal nach einem Gedächtnis-Tonband sehnen, um sie auseinanderhalten zu können. Sie alle sind Äste ein und desselben Baumes. Außer den erwähnten Verfahren existieren in aller Welt unzählige andere, die erstklassig sind und eine bessere Lernmethode zur optimalen Anwendung bringen. Die Anwendungstechniken sind ebenso vielfältig wie die Bedürfnisse danach. Wenn Sie erst einmal wissen, wie Sie vorgehen müssen, ob Sie nun Lernender oder Lehrer sind, können Sie fast alles erreichen, was Sie wollen.

Nicht stehenbleiben, nicht steckenbleiben

Manche Menschen brachen auf eigene Faust in das wilde, anfangs noch nebulöse Neuland Superlearning auf. Der unerschrockenste, den wir kennen, ist der Romanautor George Guthridge, der seinen Lebensunterhalt als Lehrer verdient. Er landete 1982 in dem Eskimodorf Gambell, auf der Sankt-Lorenz-Insel, einem Stück Erde, das nur gut halb so groß wie Jamaika und ganze 60 Kilometer von Sibirien entfernt ist. Guthridge, der seine neue Stelle per Telefon erhalten hatte, betrat eine Schule, in der es so gut wie keine Lehrbücher gab, geschweige denn eine Laboreinrichtung. Was es dort gab, war eine Gruppe sehr aggressiver Halbwüchsiger.

»Am vierten Tag drohte mir einer der Jungs, mich zum Fenster rauszuwerfen, als ich ihn aufforderte zu lesen.« Diese Inselbewohner waren es gewohnt zu kämpfen; seit viertausend Jahren wehrten sie sich gegen die Sibirier. Viele von Guthridges Schülern hatten nie einen Fuß aufs Festland gesetzt, nie ein Hotel gesehen oder einen Lift benutzt. An den Händen einiger klebten, wenn sie im Klassenzimmer erschienen, noch Reste der Tiere, die sie gerade gehäutet hatten. Die Schüler erzählten ihm, sein Vorgänger habe einfach im Herbst den Filmprojektor angeschaltet und bis zum Frühjahr laufen lassen. Guthridge hatte jedoch durch seinen Cousin, den Physiker Don Lofland, von Superlearning gehört. Lofland überraschte in kalifornischen Gemeinde-Colleges die Menschen, indem er ihnen demonstrierte, wie schnell sie wissenschaftliche Daten aufnehmen und Fremdsprachen lernen konnten.

Guthridge beschloß, Superlearning zur Grundlage einer ganz persönlichen, einmaligen Lehrmethode zu machen, der Reverse Instruction (umgekehrter Unterricht). Die Aggression wurde in einen neuen Kanal gelenkt, in »akademische Wettbewerbe«. Guthridges ungehobelte Jugendliche meldeten sich 1983 zu dem angesehenen nationalen Problemlösungs-Wettbewerb an. Gegen 15500 andere Schulen, darunter einige der besten im Land, schafften sie im Frühling 1984 das Finale. In solchen Situationen hat man den Eindruck, ein Wunder sei geschehen.

Die Schüler, darunter zwei, die ein paar Monate zuvor nicht einmal gewußt hatten, was eine biologische Zelle ist, rissen die Landesmeisterschaft an sich, indem sie ein Problem auf dem Gebiet der genetischen Verfahrenstechnik lösten. Laut Guthridge war es so schwierig, daß die Preisrichter telefonisch bei einem Fachmann Rat einholen mußten. Auch Guthridges Schüler nutzten die Chance. Sie gewannen den ersten Preis im Problemlösungs-Wettbewerb für untere Klassen.

Parlez-vous fast jede wichtige Fremdsprache? Von New South Wales über Singapur bis Sibirien schütteln Menschen ihren Streß ab und eignen sich fast jede Sprache an, die man sich vorstellen kann: Japanisch, Russisch, Mandarinchinesisch, Indonesisch, Zulu ebenso wie die leider ziemlich in Vergessenheit geratene künstliche Weltsprache Esperanto und die immer wichtiger werdenden Computersprachen.

Die Journalistin Charlayne Hunter-Gault, Gewinnerin des Peabody Award, hält sich oft in Katastrophengebieten auf. Beiträge von ihr werden regelmäßig in *The MacNeil Lehrer NewsHour* gebracht. Als sie wieder einmal an einem Krisenort war, diesmal in Mittelamerika, und sich durch einen hektischen Terminplan arbeitete, nahm sie sich die Zeit, ihre Spanisch-Superlearning-Bänder einzuschalten. Die Spannung wich von ihr, als sie sich vorstellte, sie gleite auf einer Rolltreppe durch einen Regenbogen abwärts, durch die Farben Rot, Orange, Gelb, Grün, Blau, Indigo, Ultraviolett. Sie entspannte sich in einer Art Miniurlaub, sie spürte die Sonne auf ihren Schultern brennen, den Sand zwischen ihren Zehen hindurchrieseln; in langsamen, langen Zügen atmete sie die frische Salzluft ein, während sie den glitzernden blauen Wellen zuschaute, die an den Strand rollten. Es falle ihr leicht, Spanisch zu lernen, suggerierte sie sich, sie lerne es mühelos und schnell. Als sie sich im richtigen Lernzustand befand, hörte sie: »Können Sie mir sagen? ... *¿Puede usted decirme?*« Sätze pulsierten in der speziellen rhythmischen, von Barockmusik untermalten Weise an ihre Ohren.

»Ich verwendete Superlearning, um Spanisch zu lernen«, berichtete sie. »Aber als ich die Übungen erst einmal beherrschte, bemerkte ich, daß sie auch meine amerikanischen Interviews verbesserten, mein Schreiben, Vorträge in meiner Muttersprache und so gut wie alles, bei dem mein Gedächtnis involviert war.«

Es hätte Sie vermutlich überrascht, was mit Ihrem Gedächtnis passiert ist, hätten Sie vor ein paar Jahren zu den mehr als hundert Studenten gehört, die sich in Dr. Donald Schusters Kurs an der Universität von Iowa drängten, um die Computersprache Pascal zu lernen. Wahrscheinlich wären Sie am Semesterende erleichtert gewesen bei der Feststellung, daß Sie und die anderen Teilnehmer Ihres beschleunigten Kurses bessere Ergebnisse erzielten als drei auf die übliche Weise unterrichtete Gruppen – *obwohl Sie nur die halbe Unterrichtszeit benötigt hatten.* Bei Schusters beschleunigtem Lernverfahren brauchten Sie freitags nicht einmal zur Uni zu gehen.

»Ich war ausgebrannt, aber das ist vorbei.« Oder wie man manchmal hört: »... aber jetzt bin ich gerettet.« Das sind Bekenntnisse von Lehrern, die das beschleunigte Lernen begriffen haben. »Die Hälfte meiner Schüler fiel durch, und den meisten schien nichts daran zu liegen, Chemie zu lernen«, erzählte Leo Wood, der erkannt hatte, daß er nach vierundzwanzig Jahren des Unterrichtens in Tempe/Arizona Gefahr lief aufzugeben. Da stieß er auf Iwan Barsakows Workshop.

Zuerst weckte er sein eigenes Gedächtnis auf, indem er die Spezialmusik spielte, während er las. »Dabei erinnerte ich mich an Dinge, an die ich mich bisher nie erinnern konnte.« Wood probierte in seinen Chemiestunden die neue Methode aus. »Früher bekamen nur 25 Prozent der Schüler Noten zwischen eins und drei. Jetzt erhalten 93 Prozent meiner Schüler Einser, Zweier und Dreier. Die Durchfallquote ist von 48 Prozent auf 7 Prozent gesunken. Für mich ist das sagenhaft«, erklärte er und fügte hinzu, daß er es seitdem kaum erwarten könne, zum Unterricht zu gehen.

Verkäufer und Vertreter benutzen Superlearning, um sich eine Produktreihe einzuprägen. Menschen, die in der Öffentlichkeit sprechen müssen, sei es in einem Sitzungssaal oder vor dem Elternbeirat, verwenden Superlearning, um in ihrer Rede nicht steckenzubleiben. Vogelbeobachter lernen so die charakteristischen Stimmen ihrer Zielobjekte auswendig. Schauspieler werden superschnelle Rollenlerner. Und Kantor Richard Silverman vom Temple Israel in

Westport/Connecticut, ein von Brian Hamilton angesteckter Superlerner, bringt die neue mentale Methodologie in ein altes Ritual ein: Bar-Mizwa ist für die jüdischen Teenager eine Zeit großer Feiern, aber auch intensiven Lernens und oft beträchtlicher Angst. Kantor Silverman erkannte, daß Ganzhirn-Lernen dazu beitragen konnte, die Vorbereitung auf diesen wichtigen Übergang vom Knaben zum Mann fröhlicher zu gestalten. Er holte bei Hamilton Rat ein und arbeitete dann ein Bar-Mizwa-Vorbereitungsprogramm aus, mit Streßabbau, den Übungen zur Herbeiführung der optimalen Lernbereitschaft und Barockmusik als Untermalung des erforderlichen Hebräisch.

»Ich glaube, daß Superlearning manchmal automatisch funktioniert«, sagte Hamilton während eines Telefongesprächs mit uns. »Ich hatte nie hebräische Gebete gehört, bevor ich mit Kantor Silverman arbeitete. Damals wohnte ich zufällig bei einer jüdischen Freundin am Meer. ›Oh, heute ist Freitag‹, sagte sie eines Tages, ›ich sollte wenigstens eine Kerze anzünden.‹ Sie tat es, dann versuchte sie ein Gebet zusammenzubekommen. Aus heiterem Himmel begann ich in perfektem Hebräisch Gebete zu singen. Ich weiß nicht, wer von uns beiden überraschter war.«

Das schnelle, streßfreie Lernen von Fakten und Daten funktioniert. Wie Sie in den nachfolgenden Kapiteln sehen werden, können Sie die gleichen Techniken auch anwenden, um Ihre Kreativität und Ihre Leistung zu steigern, sei es im Geigenspiel, Redenhalten oder Schreiben, sei es im Tennis, Basketball oder Golf. Und um einen Satz Grundelemente anderer Art in sich aufzunehmen, nämlich die Ausrüstung, mit der Sie das bewältigen können, was Alvin Toffler »zuviel Veränderung in zu kurzer Zeit« genannt hat: den *Zukunftsschock*.[1]

Die Superlearning-Kerntechniken funktionieren unabhängig voneinander. Doch wenn Sie alle zusammenfügen, erleben Sie vielleicht, daß Sie sich entfalten wie Christian Drapeau oder daß Sie erkennen wie Angestellte des internationalen Elektronikriesen Siemens: »Ich kann alles lernen!«

---

[1] Alvin Toffler: *Der Zukunftsschock,* Scherz Verlag, Bern 1970.

3
Der richtige Zustand – das richtige Material

Fällt es Ihnen schwer, die Wörter *Freude* und *lernen* im gleichen Satz von Ihren Lippen fließen zu lassen? Wenn ja, sind Sie ein Kandidat ersten Ranges für die Übung »Lernen mit Freude«. Sie ist zu einer der effektivsten, beliebtesten Superlearning-Methoden geworden, nachdem die Menschen erst einmal ihr anfängliches Gekichere darüber und ihre Zweifel überwunden hatten. Sogar der Redakteur, der das erste Superlearning-Buch überarbeitete, stellte das Lernen mit Freude in Frage: »Ist das nicht übertrieben? Paßt das tatsächlich zusammen?« fragte er. Heute kichern die meisten Menschen nicht mehr, sondern grinsen mit einem neuen Gefühl der Selbstsicherheit. Diese Übung wird Sie in gute Laune versetzen. Und sie wird noch etwas Wichtigeres bewirken, nämlich Sie in die beste Verfassung für das Lernen, für gute Leistung und Erfolg versetzen.

Entspannen Sie sich, machen Sie es sich bequem, schließen Sie die Augen. Denken Sie an eine Zeit, in der Sie ein besonders gutes Gefühl im Hinblick auf Ihr eigenes Befinden hatten, in der Sie Erfolge errangen und für Sie sozusagen alle Ampeln auf Grün standen. Es könnte sich um eine Situation handeln, in der Sie bei einer geschäftlichen Konferenz einen phantastischen Bericht ablieferten oder das Tennismatch Ihres Lebens spielten oder das Mädchen Ihrer Träume ja sagte. Je weiter Sie in der Zeit zurückgehen können, desto besser. Wie wäre es, wenn Sie an den Augenblick dächten, als Sie endlich Ihren Führerschein bekamen, ohne Hilfe radfahren konnten oder die Tante im Kindergarten Ihrer Zeichnung einen Ehrenplatz an der Wand gab und Sie mit einem großem goldenen Stern nach Hause gingen?

Suchen Sie nach einer Zeit, in der Sie ein großartiges Selbstwertgefühl hatten, und versetzen Sie sich dorthin. Beschwören Sie den Schauplatz herauf, erinnern Sie sich daran, wer anwesend war. Wie handelten diese Menschen Ihnen gegenüber? Was sagten Sie? Bekamen Sie Applaus, einen Belohnungskuß? Beschwören Sie Bilder,

Töne, Gerüche, alles, was mit dem für Sie triumphalen Augenblick zusammenhing. Achten Sie, während Sie in der Erinnerung leben, genau darauf, wie Sie sich in Ihrem Inneren fühlen – warm, angeregt, leicht oder schwer. Wie fühlen sich Ihre Beine an? Ihre Hüften? Ihr Bauch? Und was ist mit Ihren Schultern? Wie atmen Sie? Lächeln Sie: äußerlich, innerlich? Schwelgen Sie in diesem Zustand, empfinden Sie die Freude! Überkreuzen Sie dann zwei Finger. Sagen Sie sich, daß es Ihnen gelingen wird, dieses großartige Gefühl immer wieder auszulösen, indem Sie einfach dieselben beiden Finger verschränken. Geben Sie sich dem Gefühl ein Weilchen hin, und kehren Sie dann langsam in die Gegenwart zurück.

Üben Sie, bis die die gewünschte Erinnerung ohne Mühe reaktivieren können, bevor Sie irgend etwas Herausforderndes in Angriff nehmen. Wenn Ihnen die Zeit für die gesamte Übung fehlt, verschränken Sie einfach die beiden Finger, um Ihren besten, erfolgträchtigsten Zustand zu »zünden«. Dieses Fingerkreuzen ist ein Auslöser, eine Abkürzung, die von zahllosen Anwendern solcher Verfahren erfolgreich benutzt wird, besonders von jenen, die in Neurolinguistischer Programmierung (NLP) geschult sind.[1]

Erwecken Sie Ihre Erfolgserinnerung zum Leben, und Sie, d. h. Körper, Seele, Gefühle und Geist, werden sich im richtigen Zustand für gute Leistung befinden. Eine lebendige Erinnerung – wenn Sie das, was dabei vorgeht, erst einmal in den Griff bekommen haben, besitzen Sie einen Schlüssel, vielleicht *den* Schlüssel zu bewußter Veränderung. Die geheimnisvolle, formende Kraft der Erinnerung bzw. des Gedächtnisses ist jenes flüchtige Etwas, das den gängigen Superlearning-Techniken zugrunde liegt, jenes innere Licht, das plötzlich oder auch auf Befehl aufflammt, um eine bemerkenswerte Änderung und Wandlung herbeizuführen, und das z. B. einen Christian Drapeau beflügelte. Wir brauchten eine Weile, um dahinterzukommen, wie es wirkt.

Was ist Ihr Gedächtnis: eine Datenbank, ein Lagerhaus? An manchen Tagen würden wir alle dem kleinen Jungen beipflichten, der erklärte: »Mein Gedächtnis ist das, mit dem ich vergesse.« Die Vorstellung, daß das Gedächtnis ein Speicher sei, der alles enthält, was Ihnen je widerfahren ist, gehört zu den Voraussetzungen von Superlearning. In dem Speicher ist alles vorhanden. Doch das Gedächtnis

---

[1] Siehe dazu Seite 53.

als Datenbank hat einen Unsicherheitsfaktor, mit dem wir rechnen müssen: Es sind nicht zu jeder Zeit alle Schalter geöffnet. Wir haben ein *dynamisches Gedächtnis,* und es bestimmt in jedem Augenblick, wie Sie sich fühlen und zu welcher Leistung Sie fähig sind.

Augenblick für Augenblick zieht Ihr dynamisches Gedächtnis Fäden von Empfindungen, Gedanken, Verhalten, vergangenen Kränkungen, Zukunftshoffnungen zusammen und vernetzt sie mit den ununterbrochen strömenden Signalen von Ihren Drüsen sowie den umfangreichen Botschaften Ihres zirkulierenden Immunsystems, um daraus ein einzigartiges Muster zu weben: Ihr Ich. Das Gedächtnis ist es, das Sie zu dem macht, der Sie sind. Das Gedächtnis läßt Sie sagen: »Im Universum gibt es niemanden, der genauso ist wie ich.« Warum haben wir solche Angst, unser Gedächtnis zu verlieren? Weil wir, falls uns dies widerfährt, unser Selbst verlieren, was diese Welt anbelangt.

Wenn Ihnen bewußt wird, daß das Gedächtnis nicht nur eine Art notwendiger Erinnerungskoffer in Ihrem Kopf ist, sondern ein kreativer Prozeß, können Sie Einfluß darauf nehmen. Sie können lernen, es *für* Sie statt gegen Sie arbeiten zu lassen. Sie können den Schlüssel herumdrehen und die einengenden Fesseln der Erinnerung abstreifen, die Sie an die Vergangenheit ketten; Sie können anfangen, hellfarbige Erinnerungen an die Zukunft zu programmieren. Gleichzeitig werden Sie neue Wege finden, um sich Wahrgenommenes besser zu merken.

Wie sieht eine Erinnerung aus?

Eine Erinnerung sieht so aus, wie Sie in dem Moment aussah, als sie geboren wurde. Um ein Gefühl dafür zu bekommen, sollten Sie an die Zeit zurückdenken, in der Sie sich zum ersten Mal verliebten. Beschwören Sie eine leuchtende, strahlende Zeit mit diesem wunderbaren »anderen« Menschen herauf. Sehen Sie Ihren Liebsten oder Ihre Liebste lächeln, erinnern Sie sich an den Duft eines speziellen Augenblicks, hören Sie »Ihr« Lied, spüren Sie eine Berührung, spüren Sie Ihren Körper, Ihr ganzes Selbst, wie es zu glühen beginnt...

Haben Sie diese kleine Übung gemacht, dann haben Sie ein schwieriges Zauberkunststück zustande gebracht: Sie haben Tote auferweckt. Sie haben die Vergangenheit in der Gegenwart lebendig werden lassen. Sie haben bewiesen, was einer von Faulkners Romanhelden sagte: »Die Vergangenheit ist nicht tot, sie ist nicht einmal vergangen.«

Alles, was außerhalb von Ihnen und in Ihnen vorgeht, bis zum Fließen Ihrer Hormone, kann in einem starken Gedächtnis lebendig sein. Nach der Überzeugung von Astrologen wird einem zur Welt kommenden Säugling der universelle Moment seiner Geburt aufgeprägt. Genauso kann ein Gedächtnis eine lebendige Prägung des Augenblicks seiner Geburt tragen. Hätten Sie statt der schönen Erinnerung an Ihre erste Liebe das Gespenst des schrecklichsten Augenblicks Ihres Lebens heraufbeschworen, wäre es Ihnen wahrscheinlich gelungen, diese Verkrampfung in Ihren Eingeweiden, diese brennenden Bilder und wirbelnden Emotionen aufzulösen. Wenn Sie eine starke Erinnerung heraufbeschwören, wird Ihr ganzer seinerzeitige Zustand in Ihrem Inneren widerhallen. Es ist, als zupfe man in einem stillen Raum eine Gitarrensaite: Die gleiche Saite einer zweiten in dem Raum vorhandenen Gitarre wird lebendig, vibriert, hallt nach. Man bezeichnet dies als *zustandsabhängiges Erinnern, Lernen und Verhalten*. Es erklärt, warum die Übung »Lernen mit Freude« große Wirkung erzielen kann, indem sie eine Geistkörper-Saite des Erfolgs zum Klingen bringt. Und es erklärt, warum negative Erinnerungen in einem Menschen massive Kurzschlußreaktionen auslösen können.

Merken Sie sich etwas leichter, wenn Sie guter Stimmung oder wenn Sie deprimiert sind? Auf dem Weg zum Verständnis des zustandsabhängigen Gedächtnisses entdeckten Psychologen der Stanford-Universität, daß es keine Rolle spielt, wie Sie sich im Moment fühlen. Wichtig ist, wie Sie sich fühlten, als eine Erinnerung entstand. Waren Sie zu dem Zeitpunkt düsterer Stimmung, werden Sie sich diese Erinnerung besser ins Gedächtnis rufen können, wenn Sie deprimiert sind. Fühlten Sie sich großartig, sollten Sie sich wieder großartig fühlen, um diese Erinnerung lebendig heraufbeschwören zu können. Zustände stehen in Resonanz miteinander.

»Wo habe ich meinen Mantel gelassen?« fragen Trinker, wenn sie wieder nüchtern zu werden beginnen. Zur Erforschung des zustandsabhängigen Gedächtnisses und Lernens gaben Psychologen mehreren Freiwilligen so viel Wodka, daß diese einen Schwips bekamen. Unter Alkoholeinfluß lernten sie Vokabeln. Als sie wieder nüchtern waren, erinnerten sie sich kaum mehr an das Gelernte. Dann erhielten sie erneut eine gehörige Portion Wodka, und mit dem Rausch kamen ihnen die Vokabeln wieder. Ihre Erinnerung und ihr Lernen waren mit ihrem Zustand verknüpft. Neue Berichte über die Dynamik des zustandsabhängigen Gedächtnisses erscheinen laufend. Die Erkenntnisse, die sie vermittelten, bedeuten einen Durchbruch in den Geist-Hirn-Wissenschaften. Und wenn Sie das zustandsabhängige Gedächtnis in den Griff bekommen, haben Sie einen Hauptschlüssel zu beschleunigtem Lernen und rascherer Veränderung.

Der beste Zustand, in dem man leben sollte

Wie kommt es, daß wir nur ein, zwei oder zehn Prozent unseres vermuteten geistigen Potentials nutzen? Wie kommt es, daß sogar 35 bis 40 Prozent unserer körperlichen Fähigkeiten unangezapft bleiben, wie sowjetische Wissenschaftler seit langem behaupten? Die Stromkreise sind offenbar vorhanden. Der Grund liegt möglicherweise darin, daß wir nicht wissen, wie wir in jene Zustände gelangen können, in denen diese Fähigkeiten sich einschalten und aufscheinen.

Die amerikanische Olympia-Fünfkämpferin Marilyn King erklärte kurz und bündig: »Mein körperliches Potential ist ein Geisteszustand.« Diese Erkenntnis wurde King durch eine Verletzung aufgezwungen. In den Monaten vor den olympischen Wettkämpfen war sie ans Bett gefesselt. Weil sie wußte, daß sie im Training bleiben mußte, trainierte sie im Geiste. Zu den Spielen war sie wieder auf den Beinen, und sie gewann im Fünfkampf die Silbermedaille. Heute, als Präsidentin von Beyond Sports (»Über den Sport hinaus«) benutzt King »angewandtes olympisches Denken« dazu, Erwachsene so zu trainieren, daß sie Zustände geistiger Power erreichen, und Kindern zu helfen, Weltklasselerner zu werden: »Fängt man erst einmal an, eine sich selbst erfüllende negative Prophezeiung durch ein neues Drehbuch zu ersetzen, dann werden Sie überrascht sein, was geschieht.«

Auf diese Weise nimmt man einen Zustandswechsel vor, man begibt sich an den richtigen Ort, um Zugang zum richtigen Material zu erlangen. Eine bestimmte Gruppe Menschen wußte immer, daß ihr Arbeitszustand irgendwie anders war. »Der Dichter ist zwei

Menschen«, erkannte der russische Lyriker Andrej Wosnessenskij. »Einer ist eine unbedeutende Person, die das Unbedeutendste denkt und tut. Aber hinter ihr, wie ein Echo, ist die andere Person, die Poesie schreibt.« Künstler baten seit jeher ihre Musen, sie in diesen anderen Zustand hineinzuheben.

Einen weniger erhabenen, aber nicht weniger magischen Zustand führte Alfred Boothby in einer Klasse verwahrloster Jugendlicher herbei. Er war aus dem Schuldienst ausgeschieden – um dann die doppelte Zeit zu arbeiten. Er wurde zum Problemlöser der Schulaufsichtsbehörde in Sacramento und geriet gleich in eine archetypische Problemklasse. »Diese Jugendlichen, Schüler der Abschlußklasse, kamen aus unglaublich armen Elternhäusern, wo sie mißbraucht wurden«, berichtete er. »Einige der traurigsten Fälle, die mir je untergekommen sind. Sie hatten in der Schule aufgegeben und sich selbst aufgegeben.«

Sein Zweimeterstatus verlieh Boothby Autorität, als er etwas Unerwartetes sagte: »Ihr könnt lernen«, erklärte er seinen Problemfällen. »Und zwar leicht.« Dann führte er sie durch Entspannungsübungen sanft ins Superlearning ein. Um ihnen zu beweisen, daß seine Behauptung den Tatsachen entsprach, brachte er ihnen im Nu zehn Wörter Portugiesisch in perfekter Aussprache bei. Die Schüler waren über ihre eigene Leistung begeistert, die als Beobachter anwesenden Lehrerkollegen wunderten sich. Eine Klasse, der man sonst nicht den Rücken zukehren durfte, war plötzlich aufmerksam, ruhig, arbeitete während der ganzen Stunde mit. »Ich wollte, daß der Lehrkörper ebenfalls etwas lernt«, gab Boothby zu, »nämlich, daß Superlearning Freude macht und jedem das Lernen ermöglicht.«

Welches Ziel Sie auch haben mögen, Sie werden es schneller erreichen, wenn Sie Zustände anstreben, die Fähigkeiten fördern, und solche meiden, die sie fesseln. Sich kompetent zu fühlen, vollkommen befähigt – dies sind lebensspendende und Veränderungen bewirkende Zustände. Wenn Sie sich inkompetent und wertlos fühlen, Ihr Leben nicht unter Kontrolle zu haben glauben, befinden Sie sich in einem Minuszustand, der Ihren gezieltesten Einsatz angeborener Fähigkeiten sinnlos macht und Ihnen Ihre ganze Vitalität entzieht. Sie können jedoch lernen, sich mental und emotional von Minuszuständen zu lösen und in Pluszustände zu gelangen. Dabei gilt es keineswegs, äußere Umstände zu bekämpfen oder etwa hypnotische

»Kontrolle über den Geist von Menschen zu gewinnen«. Sie müssen lediglich lernen, Ihr inneres Wetter nach Belieben zu ändern.

Wacher Geist, entspannter Körper. Das ist ein »Bestzustand«, den Superlerner erreichen sollten, bevor sie sich zurücklehnen, um Fakten, Zahlen, Sprachen zu lernen. Einfache Atem- und Entspannungsübungen können Sie in diesen Zustand versetzen. Auch die spezielle Superlearning-Musik kann es, und sie trägt dazu bei, Sie in diesem Zustand zu halten. Wahlweise können Sie auch einen kleinen inneren Urlaub machen, bevor Sie neue Daten in sich aufnehmen.

Schließen Sie die Augen, und lauschen Sie: Hören Sie die Möwen schreien, die hoch über Ihnen am endlosen blauen Himmel kreisen? Spüren Sie, wie die Sonne Ihre Schultern wärmt, fühlen Sie den Sand zwischen Ihren Zehen, riechen Sie die salzige Luft, während Sie den Wellen zuschauen, die rhythmisch ans Ufer rollen, sich brechen, Schaum am Strand hinterlassen? ... Die Superlerner haben das Verfahren des alten Schotten verbessert, der nicht für einen Urlaub bezahlen wollte, zu Hause blieb und statt dessen seinen Geist wandern ließ. Die Superlerner erholen sich, indem sie für einige Minuten mit ihrem geistigen Auge an einen schönen Ort reisen. Jeder Ort der Welt steht Ihnen offen. Bummeln Sie durch eine Wiese voller üppig blühender wilder Blumen, über der Vogelgesang erklingt; oder schlüpfen Sie in einen Daunenanzug, und atmen Sie den Duft eines verschneiten, glitzernden Kiefernwaldes ein. Wenn Ihnen das besser behagt, können Sie sich auch an ein fließendes Gewässer legen und sich zum Bachgemurmel eines Ihrer Lieblingsgedichte aufsagen. Die einzige Bedingung ist, daß Sie einen Ort natürlicher Schönheit finden. Nachdem Sie sich entspannt haben, suggerieren Sie sich, daß das Lernen eines astronomischen Stoffs oder das Schwimmenlernen genauso einfach und angenehm sein wird wie ein Strandbummel.

Sind Sie erst einmal hinter den Trick gekommen, können Sie beim Lernen immer wieder eine Pause einschieben und sich binnen kürzester Zeit an Ihrem Erholungsort ausstrecken. Superlerner bezeichnen dies als »Geistberuhigung«; es ist eine weitere einfache, aber wirksame Technik, die Sie anzukurbeln vermag, wenn Sie nach bestem Vermögen lernen oder Ihre bestmögliche Leistung bringen wollen.

Lernen wie die Kinder

»Wir sind im Leben etwa genauso glücklich, wie wir zu sein beschließen«, hat Abraham Lincoln gesagt. Ein Sioux-Sprichwort geht noch weiter: »Das erste, was die Menschen nach dem Tod sagen, ist: ›Warum war ich stets so ernst?‹« Etwas, das viele Superlerner aus dem ersten Kursus mitnehmen, ist die für sie neue Vorstellung, daß sie den Zustand, in dem sie sich befinden, selbst wählen können. Erfolg beim Zustandswechsel führte zu den scheinbar seltsamen Urteilen, die Studenten der Universität von Toronto abgaben, nachdem ihre Professorin Jane Bancroft ihnen nach der Superlearning-Methode Französischunterricht erteilt hatte.

»Meine Nebenhöhlen-Kopfschmerzen sind verschwunden.« – »Ich habe keine Angst mehr vor Prüfungen.« – »Ich streite jetzt kaum mehr mit meinen Eltern.« Wunderbar, dachte Bancroft, aber es sagt mir nicht viel über den Französischunterricht, den ich gegeben habe. Das taten dann die Examen. Ihre Studenten hatten schneller gelernt und bewiesen eine »deutlich verbesserte Merkfähigkeit«.

Wenn Sie Ihr Leben mehr genießen (und mehr lernen) wollen, sollten Sie dem Zustand, in dem Sie sich befinden, auf den Zahn fühlen. Einige japanische Firmen kontrollieren ihre Büroangestellten elektronisch mit dem Nap-Ban (Nickerchen-Verbanner), einer Wachhalte-Vorrichtung. Die Angestellten tragen einen Ring am Zeigefinger. Bewegt sich dieser normalerweise sehr geschäftige Finger eine Zeitlang nicht, reißt sie ein 105 Dezibel lauter Wecker an ihrem Handgelenk aus dem Halbschlaf. Es gibt andere Wege. Sind Sie müde? Stehen Sie von Ihrem Stuhl auf, hüpfen Sie und rufen Sie dabei: »Ich bin ein aufgeweckter Mensch!« Möglicherweise wecken Sie damit auch eine Reihe Kollegen auf. Ein Grundsatz von Superlearning lautet: *Geistiges Lernen oder irgendeine einzelne Lernmethode absolviert man am besten in kurzen Abschnitten von zwanzig bis dreißig Minuten.* Um ein starres Muster zu zerbrechen, müssen Sie es unterbrechen. Seien Sie radikal, sorgen Sie für eine wirkliche Unterbrechung.

Wie Burt Reynolds sagte: »Man kann seinen Bauch nur soundso viele Jahre einziehen.« Statt in einem Schwachstromzustand weiterzuzockeln, in dem immer düstere Erinnerungen aufsteigen, sollten Sie joggen, seilhüpfen, schwimmen, sich bewegen, bewegen, bewegen. Bewegung bekämpft Depressionen. Sie haben Angst? Legen Sie Ihre Lieblingsmusik auf, und tanzen Sie sie weg. Sie sind stinkwütend? Lassen Sie das Waschbecken voll Wasser laufen, stecken Sie den Kopf hinein, und brüllen Sie heraus, was Sie von diesen verfluchten Leuten halten. Wenn es um das Überwechseln in spezifische Lernzustände geht, können Ihnen, wie Sie in späteren Kapiteln sehen werden, Musik, Schall oder Mind-Maschinen, die aus dem 21. Jahrhundert zu stammen scheinen, zu größerer Schnelligkeit verhelfen.

Es ist bewiesen, daß sich das Maß Ihrer Selbstschätzung stark auf Ihr Leistungsniveau auswirkt. Wenn es nötig ist, daß Sie sich kompetenter oder gesünder fühlen, beschwören Sie glückliche Erinnerungen herauf. Sophrologisch arbeitende Ärzte berichten, daß sich mit dieser einfachen Technik eine deutliche Verbesserung der mentalen und physischen Gesundheit erreichen läßt. Erinnern Sie sich, welche Freude Sie als Kind empfanden, wenn Sie am Morgen Ihres Geburtstags aufwachten, bereit für Gratulationen, Spiele und Geschenke? Oder an die Freude, am ersten Tag der Sommerferien aufzuwachen und eine Zeit vor sich zu haben, die man ganz nach Wunsch ausfüllen kann? Kinderzeug, sagen Sie. Doch fragen Sie sich je, wohin diese ganze Freude verschwunden ist? Wenn es ein Gefühl gibt, das viele von uns gern öfter hätten, dann diese einfache Freude, die wir als Kinder so spontan empfanden. Könnten wir uns doch nur an dem, was wir als Erwachsene tun, ebenso erfreuen wie an fast allem, was wir als Kinder taten! Und wie steht es mit den megaerfolgreichen Erwachsenen? »Mir gefällt das, was ich tue«, versichern sie. »Ich würde es auch tun, wenn man mich nicht dafür bezahlte.« Der Schriftsteller Noel Coward faßte es treffend zusammen: »Arbeit macht viel mehr Spaß als Spaß.« Das ist Kinderzeug im besten Sinne, Kinderzeug am Werk. Genauso, wie Sie einen erst kürzlich genossenen Erfolgszustand wieder durchleben können, bevor Sie morgen Ihr Bestes leisten müssen, können Sie auch eine alle Sinne einbeziehende Imagination beschwören oder die Freude lange zurückliegender Sonnentage, um Verbindung mit nährenden Emotionen aufzunehmen. Das Kind in Ihnen kann wieder in der Vorfreude auf den Heiligen Abend schwelgen, und diese Freude kann Ihnen neues Wohlbehagen bei der Verfolgung jedweden künftigen Ziels schenken.

Lange bevor es üblich wurde, mit dem »inneren Kind« Freundschaft zu schließen, gestalteten Lehrer für beschleunigtes Lernen Workshops gemäß Losanows Anweisungen, um den Menschen beizubringen, wie Kinder zu lernen. Einer der Gründe für das Tanzen, Singen, Malen und Spielespielen in Superlearning-Klassen ist, durch das Eis im Erwachsenen zu brechen und das Kind, einen natürlichen Superlerner, wiederzubeleben. Wenn Sie die Forscherfreude, den aufgeschlossenen Geist und die unverdorbenen Sinne eines Kindes wiedererlangen können, die kindliche Neugier, werden Sie feststellen, daß das Lernen Ihnen zur zweiten Natur wird – in jedem Alter. »Es sei denn, daß Ihr... werdet wie die Kinder.« Vielleicht ist diese Bibelweisheit eine weitere jener uralten Ideen, die wir wieder – oder erst jetzt – nutzen lernen.

Was in der Außenwelt auch geschehen mag, Sie müssen nicht nach dem Gesetz der Mehrheit leben. Sie können im Hinblick auf Ihr inneres Wetter etwas tun. Es gibt Dutzende schnell wirkender Tricks, um sich aus Schwachstromzuständen zu befreien. Finden kann man einige dieser Tricks im neurolinguistischen Programmieren (NLP); besonders ergiebig sind die Bücher seines Mitbegründers Richard Bandler. Er ist jener Typ Mensch, der, wenn ein Patient in seine Praxis kommt und sagt: »Ich bin deprimiert«, ihm die Hand hinstreckt und erwidert: »Und ich bin Richard.« Dies nennt man Musterunterbrechung. Tony Roberts, ebenfalls ein meisterlicher Trainer für Zustände geistiger Power, arbeitet mit einem ersten Schritt, der Sie zum Lachen bringen wird. Schauen Sie in den Spiegel, lächeln und grinsen Sie sich an wie ein Idiot. Üben Sie dann Lachen: das Lachen aus dem Bauch heraus, das schlaue Lachen, die wiehernde Lache von Jerry Lewis, Gelächter mit Schluckauf und Kichern. Auf diese Weise schaffen Sie »Lächelstromkreise«, kleine physische Erinnerungen, zu denen Sie immer leichter Zugang erlangen. Als sich der britische Premier John Major so mies fühlte, wie seine Wahlergebnisse waren, verordnete ihm sein Arzt eine Kur, die ein Reporter »transzendentales leises Lachen« taufte. Setzen Sie sich hin, verschränken Sie die Beine, und lachen Sie ein paar Minuten leise in sich hinein. Einige Herz-Kreislauf-Spezialisten berichten, daß drei Minuten schallendes Lachen mehr wert sind als viele Minuten Aerobic-Übungen. Zweifelsohne würden die meisten von uns eher das Lachen wählen. In jüngster Zeit gibt es erste Beweise dafür, daß Sie sogar Ihr Immunsystem in eine bessere Verfassung lachen können.

Die wichtige Rolle des Selbstvertrauens

Vertrautheit mit dem stärkenden Wissen, daß Sie Ihren Zustand ändern können, bedeutet die Übernahme der Verantwortung für Ihren Zustand. Das ist einfach, wenn Sie Ihre Perspektive von »dort draußen« auf »hier drinnen« verlagern. Das miese »dort draußen« Ihres alten Standpunkts ist es, das Sie in Schwierigkeiten brachte: der verspätete Bus, der langweilige Lehrer, der unfaire Chef… Sie wissen natürlich genau, daß Sie das Geschehen draußen nicht beherrschen können. Aber Sie können immer bestimmen, was *in Ihnen* vorgeht. Und wenn Sie das wirklich begriffen haben, können Sie es *immer* und überall.

Der berühmte Wiener Psychiater und Psychotherapeut Viktor Frankl stellte während seiner Haft im Konzentrationslager Dachau fest, daß nicht die Jungen, Kräftigen das unvorstellbar Grauenhafte überlebten, sondern jene, die sich »die letzte verbliebene Freiheit« sicherten, die Freiheit, ihre Reaktionen und ihren Zustand selbst zu wählen oder zu bestimmen. Frankl wählte die Liebe. Er beschwor ständig die lebendige, atmende, pulsierende Erinnerung an seine geliebte Frau herauf, spürte sie in allen Einzelheiten: »Ich sah ihr Lächeln, ihren ermutigenden Blick, er war leuchtender als die aufgehende Sonne.« Weil Frankl in »vollkörperlicher Erinnerung« lebte, entging er der Verzweiflung und blieb am Leben – um nicht nur seine Geschichte zu erzählen, sondern auch ein großer, weiser Lehrer zu werden.

»Es hilft niemandem, am allerwenigsten Schülern und Studenten, wenn sie anderen Menschen oder äußeren Ereignissen die Schuld an Fehlschlägen geben«, erklärt Dr. John Wade seinen über ganz Australien verteilten »Superschülern«. Wade, lange Mitglied des Vorstands der Accelerative Learning Society of Australia, ist ein meisterhaft innovativer Lehrer mit einem phantastischen Sinn für Humor. Sein Buch *Super Study* wurde der australische Bestseller über die neue Lernmethode.

Wade glaubt fest an die Macht des Selbstvertrauens. Wenn man zuläßt, daß man sich als Opfer fühlt, und dies zu seiner Lebensanschauung macht, wie es einige tun, befindet man sich laut Wade auf dem sichersten Weg, Lernerfolge, Veränderungen und Wachstum zu vereiteln. In der Schule sagen oder denken Opfer so etwas wie:

»Diese Frage ist mir zu schwer.« – »Ich will versuchen, mich in meinem nächsten Aufsatz klarer auszudrücken.« – »Ich sollte kein Bier trinken, bevor ich mit dem Lernen fertig bin.« Ein einfaches Mittel, sich aus dem Opferzustand zu befreien, besteht Wade zufolge darin, die Macht der Sprache zu nutzen.

»Sie sagen, die Frage sei zu schwer? Gehen Sie sie an, indem Sie das ›zu‹ weglassen. Ändern Sie das ›schwer‹ in ›herausfordernd‹«, rät Wade. »Schauen Sie nur, wie anders die Sache aussieht, wenn Sie es vermeiden, die Macht über sich selbst preiszugeben. Sagen Sie statt Ihrer ersten Version: ›Die Frage ist herausfordernd.‹«

Sie wollen *versuchen*, sich in Ihren Aufsätzen klarer auszudrücken – »Versuchen« wollen, etwas zu tun, trägt das Scheitern in sich. Man muß sich entschieden vornehmen, *es zu tun,* statt nur zu versuchen, es zu tun. Wade fordert, daß Sie sich festlegen: »Ich werde mich in meinem nächsten Aufsatz klarer ausdrücken!«

»Ich sollte kein Bier mehr trinken, bevor ich mit dem Lernen fertig bin.« Das Wort *sollte* impliziert, daß eine unsichtbare Kraft außerhalb von Ihnen versucht, Sie davon abzuhalten, etwas Richtiges zu tun. Doch die Entscheidung liegt bei Ihnen. Wade empfiehlt Superlernern: »*Bekennen Sie sich immer zu Ihrer Macht der Wahl.*« Sagen Sie entweder: »Ich werde ein Bier trinken«, oder »Ich werde kein Bier trinken.« Sprache formt, besonders wenn man sich ihrer in Selbstgesprächen bedient. Die Erlangung bewußter Kontrolle über das innere Reden kann wie ein Zauberstab wirken, der Sie in kompetentere Seinszustände versetzt.[1]

Warum Aberglauben sich lohnt

Zustände kann man auch verändern, indem man »Auslöser« benutzt. Professor Charles Adamson schuf einen solchen Auslöser aus einer Fläche von einem knappen Quadratmeter auf dem Boden seines Unterrichtsraums im Shizuoka-Institut für Wissenschaft und Technik in Fukuroi/Japan. Den Auslöser verwendete er jedoch nicht für sich, sondern für seine Studenten.

Adamsons japanische Studenten scheuten sich, Fragen auf englisch zu stellen. Wie konnte er sie dazu ermutigen? Riskierten seine

---

[1] Siehe dazu auch Kapitel 14, Seite 187 ff.

Naturwissenschaftsstudenten doch einmal ein paar Fragen, ging er sofort an eine Stelle, wo er normalerweise nicht stand. Immer wenn eine Frage auf Englisch erklang, begab er sich an diese nur knapp einen Quadratmeter große Stelle, »in der übrigen Zeit mied ich sie ostentativ«. Bald brauchte er, um bei seinen Studenten den »Fragezustand« auszulösen, sich nur noch dieser Stelle zu nähern. Adamson sagt, es gebe unendlich viele Möglichkeiten, für sich selbst oder für andere Auslöser zu schaffen.

Solche Auslöser gibt es jedoch nicht erst seit dem Aufblühen des neurolinguistischen Programmierens. Beobachten Sie nur einmal beim Baseball den auf einen Home-run hoffenden Schlagmann, wie er mit seiner Schlagkeule exakt dreimal auf den Boden klopft, bevor er auf das Schlagmal tritt. Oder sehen Sie sich Profis unter den Künstlern an: Friedrich von Schiller bekannte, er könne einen guten Satz niederschreiben, wenn er nicht angefaulte Äpfel auf dem Schreibtisch liegen habe. Der Geruch, so sagte er, rufe seine Muse herbei.

Um eine Vorstellung zu bekommen, warum Aberglauben sich trotz allem so lohnt, daß er weiterbesteht, sollten Sie das Phänomen durch die Augen des zustandsabhängigen Gedächtnisses betrachten. Sie haben bei einer Verkäuferversammlung die Teilnehmer ungeheuer beeindruckt, das Tennismatch Ihres Lebens gespielt, ein schwieriges Maschinenbauproblem gelöst. Was hat Ihnen geholfen? Aberglauben bedeutet zu glauben, es liege z. B. tatsächlich an Ihrer Mütze – obwohl sie doch im Laden genauso ausgesehen hatte wie alle anderen –, daß Sie das matchentscheidende As schlugen oder bei einer Prüfung hervorragend abschnitten. Klug sein bedeutet zu wissen, daß Sie Ihre Mütze oder irgendeinen anderen Auslöser dazu benützen können, jenen Zustand wieder herbeizuführen, in dem sämtliche Ampeln auf Grün standen, Sie alle Anwesenden überzeugten, Ihre Normalleistung in jeder Hinsicht weit übertrafen.

Das zustandsabhängige Gedächtnis vermag Licht in die kleinen Rätsel des Aberglaubens zu bringen. Es hat eben begonnen, große Rätsel unserer und auch jeder anderen Zeit zu lösen, z. B. das Wesen von Krankheit und Gesundheit; das Rätsel, warum die einen krank werden, während die anderen gesund bleiben, die einen genesen und die anderen nicht. Oder die geheimnisvolle Wirkung eines Placebos. Welchen Zustand führt es herbei und wodurch?

Wird es uns eines Tages gelingen, in die Superkunst des Lernens einzusteigen, nämlich in die des Lernens, wie man heilt?

Überall auf der Welt gibt es bereits Menschen, die körperliche und seelische Leiden bannen können. Die elektrifizierende Kraft, mit der Andrej Wosnessenskijs Muse ihn in eine andere Person, in einen Dichter, verwandelte, ist schwach im Vergleich zu der Kraft, geistig zu heilen.[1]

Folgende Vorstellung können die meisten von uns akzeptieren: Verändern Sie Ihre Erinnerungen, und Sie werden Ihren Geisteszustand verändern. Aber: *Verändern Sie Ihre Erinnerungen, und Sie werden Ihren Körper verändern, kräftigen, immunisieren, heilen?* Das klingt wie ein Märchen vom wiedergewonnenen Paradies. Es verleiht dem dynamischen Gedächtnis lebenserhaltende Bedeutung, ebenso der Behauptung: »Das Gedächtnis macht Sie zu dem, der Sie sind.« Eng vernetzte wissenschaftliche Forschungen spüren heute der Wirkung des Geistes auf den Körper mittels des Gedächtnis- oder Erinnerungsfilters nach. Diese Forschungen könnten eines Tages zu dem großen Durchbruch führen, der die Menschheit über Schmerz und Krankheit hinausheben würde, sogar alternde Menschen.

Einige verblüffende Bemerkungen deuten bereits auf diesen Durchbruch hin. Raymond Abrezol sagte schlicht und einfach zu uns: »*Jede Krankheit ist Erinnerung.*« Dann gibt es den Endokrinologen Deepak Chopra, ein Mitglied des National Institute of Health's Advisory Panel on Unconventional Medical Practice (Beraterstab für unkonventionelle medizinische Verfahren im Landesinstitut für Gesundheit). Wie jeder Arzt, so weiß auch Chopra, daß sich unsere Zellen ständig verändern; die gesamte Magenschleimhaut beispielsweise erneuert sich alle vier Tage. Warum besteht eine krankhafte Veränderung oder ein Geschwür trotzdem weiter, warum bilden sie sich nicht zurück? Chopras Antwort: »Was ist denn eine Zelle? Eine Erinnerung, die etwas Stoff um sich aufgebaut hat. Ihr Körper ist unter anderem der Ort, den Ihr Gedächtnis als Zuhause bezeichnet.« Chopra spricht auch von außergewöhnlichen Heilungen, zu denen es kommen kann, wenn es einem gelingt, sich in einen ganz speziellen Zustand zu versetzen: Glückseligkeit.

---

[1] Siehe dazu das umfassende Werk von Harald Wiesendanger: *Das große Buch vom geistigen Heilen,* Scherz Verlag, Bern 1994.

Stehe auf und leuchte!

Stehen Sie morgens munter auf, oder haben Sie das Gefühl, die Decke falle Ihnen auf den Kopf? Reißt Sie ein Ansturm von Sorge, Bangigkeit, ein »Ich muß« aus dem Schlaf? Die Gedanken und Emotionen, die morgens mit uns aus dem Bett steigen, können den Grundton, also unseren Zustand, für den ganzen vor uns liegenden Tag bestimmen. Darum haben urtümliche Gesellschaften Morgenrituale. »Lernen mit Freude« ist ein nützliches Allzweckmittel, um in den richtigen Zustand für gute Leistung zu gelangen, doch Sie können genausogut eine eigene Morgenroutine erfinden, um sich zu einem guten Start zu verhelfen und aus jedem Tag das Beste zu machen. Der Zeitaufwand dafür ist gering.

Denken Sie gleich nach dem Erwachen, »danke« für das außergewöhnliche Geschenk des Lebens. Dankbarkeit ist ein Grundstoff für die stärksten Positivzustände und bewirkt gleichermaßen Gutes für Körper, Geist und Seele. Machen Sie, wenn Sie aufgestanden sind, einen oder zwei tiefe Atemzüge. Stellen Sie sich dann wenige Meter über Ihnen eine leuchtende Sonne vor. Machen Sie vier schnelle, tiefe Atemzüge, um die hellen, funkelnden Lichtstrahlen der Sonne durch eine warme Stelle auf Ihrem Kopf in Ihr Inneres zu leiten. Genießen Sie das reine, energiespendende Licht, das Ihren Kopf erfüllt, in Ihren Hals strömt, in Ihre Schultern, das in Ihre Hände rinnt und wie eine Kaskade durch Ihren Leib bis zu Ihren Füßen fließt – Ihren Körper bis zum Überströmen mit Licht erfüllt. Lassen Sie dieses überströmende Leuchten durch Ihr Herz nach außen strahlen, und erzeugen Sie eine große Lichtsphäre rund um sich. Sagen Sie sich, daß Sie den ganzen Tag über in der Helligkeit dieses Lichts wandeln werden.

4
Lernen mit dem unterschwelligen Gedächtnis

»Ihr Bewußtsein ist sehr intelligent, doch Ihr Unterbewußtes ist noch um ein beträchtliches Stück gescheiter«, stellte der berühmte medizinische Hypnotiseur Milton Erickson treffend fest. Superlearning bezieht einen großen Teil seiner elektrischen Spannung aus diesem gescheiten, aber phantomhaften Kraftwerk, dem unterschwelligen Gedächtnis. Im Gegensatz zur traditionellen Erziehung wenden sich alle beschleunigten Lernsysteme sowohl an Ihr Bewußtsein als auch an Ihr Unterbewußtes. Auf »doppelter Ebene arbeiten«, sagte Losanow dazu.

Geht man bei dieser Arbeit geschickt vor, kann man jemanden umdrehen, ohne daß er es merkt. Das widerfuhr einem Japaner, der »Englisch überhaupt nicht mochte«. Er meldete sich für den Kurs von Dr. Majumi Mori in Yokohama an, weil »ich zwar Englisch sprechen wollte, aber eine komplexe Abneigung dagegen hatte«. Als er dann in Moris »nahtloses Lernen« eintauchte, wurde seine Barriere überflutet. Mori wandte unter anderem Musik, Bildvorstellungen und Vergnügungen an, um seinen Schülern zu ermöglichen, auch zu ihrem unterschwelligen Geist Verbindung aufzunehmen. »Ich hatte keinen Moment Zeit, an meine Vorurteile zu denken«, schrieb der einst zögerliche Student auf englisch. »Ich war völlig engagiert, und das Englisch ging ganz natürlich in mich rein.«

Wie Hypnose und Hirnuntersuchungen zeigen, ist es Ihr Unterbewußtes, das sich die Namen Ihrer Mitschüler in der ersten Klasse gemerkt hat, das sich erinnert, was das Chirurgenteam sagte, als Sie bewußtlos auf dem Operationstisch lagen, und das sich gemerkt hat, bei wie vielen roten Ampeln Sie auf dem Weg zur Arbeit halten mußten. Ihr Unterbewußtes kann – was Sie normalerweise nicht können, Daten oder Informationen aufnehmen, indem es bloß eine Sekunde lang auf eine Buchseite oder einen Zeitungsartikel blickt. Da Ihr hochintelligentes zweites Selbst in alles eingeweiht ist, was vorgeht, sollten Sie seiner Natur doch etwas Aufmerksamkeit widmen. Wenn Sie wissen, wie dieses starke Kraftwerk funktioniert, können Sie mit ihm Freundschaft schließen und mit ihm zusammen komfortabel durchs Leben reisen. Ein Beispiel dessen, was Kooperation zu bewirken vermag, demonstriert ein seltsamer Faktor des beschleunigten Lernens: das lawinenartige Anwachsen. Oft erinnert man sich am vierten Tag an mehr als am zweiten, in der dritten Woche mehr als in der ersten. Was sich hier abspielt, offenbaren Experimente: Informationen, die Ihrem unterschwelligen Geist »gelehrt« werden, steigen nach und nach ins Bewußtsein auf. Superlearning ist benutzerfreundlich für das Unterbewußte. Es achtet auf kleine Dinge, beispielsweise auf die Vermeidung atmosphärischer Störungen bei gemischten Botschaften, die sowohl an Ihr Bewußtsein als auch an Ihr Unterbewußtes, den unterschwelligen Geist, gehen.

Gemischte Botschaften

Sie entstehen ganz leicht, etwa wenn ein Lehrer sagt: »Ich weiß, daß Sie ein guter Schüler sein könnten«, während seine Körpersprache ausdrückt: »Ein völliger Versager.« Letzteres bemerken Sie vielleicht gar nicht, doch Ihr Unterbewußtes registriert es. Es merkt auch, wenn man Ihnen sagt: »Bildung gehört zu den wichtigsten Dingen im Leben«, während Sie in einem schäbigen Zimmer sitzen, von dessen Wänden die Farbe abblättert und in dem sich kaum etwas Großartiges abspielen kann. Superlerner wissen, daß das Unterbewußte aus dem lernt, was man aus dem Augenwinkel wahrnimmt. Es lernt aber auch aus Dingen, die Sie bewußt gar nicht gewahren. In einer Klasse für beschleunigtes Lernen wird alles – die Bilder und Redensarten an den Wänden, die Anordnung der Möbel, die Art, wie positive Suggestion in mündliche Anweisungen eingebettet ist – so aufeinander abgestimmt, daß die Signale in die gewünschte Richtung fließen.

Wenn Sie für sich allein lernen, entsteht die Wirkung gemischter Botschaften oft aus innerer, nicht aus äußerer Dissonanz. Sie beschließen, den Flugschein zu machen. Dieser Gedanke löst in Ihrem Unterbewußtsein ein Schaudern aus, als würden Fingernägel über eine Schiefertafel kratzen. Er bringt eine ganze Gruppe alter Suggestionen zum Vibrieren: »Riskiere nicht zuviel, zügle deinen hochfliegenden Ehrgeiz, der Himmel ist ein gefährlicher Ort, gib acht, du wirst herunterfallen!« Auf den folgenden Seiten werden Sie eine Menge Techniken finden, mit deren Hilfe Sie diese alten Gespenster vertreiben können. Eines der Superlearning-Verfahren schildert, wie man ein spätabendliches Gespräch mit seinem Unterbewußten führt.

Dr. Teri Mahaney, bis vor kurzem Wirtschaftsprofessorin an der Universität von Alaska, dann Sonderberaterin des Gouverneurs, leitet Wildwasserfahrten, veranstaltet zahlreiche Workshops für Topmanager und sorgt als Mutter für ihre halbwüchsige Tochter. Daneben fand sie Zeit, aus der Superlearning-Wurzel einen fruchtbaren neuen Schößling heranzuziehen. Sie las *Superlearning* und stieß auch auf unseren Bericht »Was du nicht weißt, kann dir helfen – oder dich verletzen«, den wir über ein Jahrzehnte währendes Projekt zur Erforschung unterschwelliger Suggestion geschrieben hatten. Mahaney zählte zwei und zwei zusammen und brachte mehr als vier heraus: faszinierende unterschwellige Tonbänder in äußerst suggestivem Superlearning-Stil. Es handelt sich um eine Mischform der Autosuggestion, »Change Your Mind« (Verändere deinen Geist) genannt. Sie hilft den Menschen, ebendies zu tun, den Geist zu verändern, und zwar rasch. Dieser praktische Weg zur Herbeiführung jeder Art von Veränderung vermag Lern- und Leistungsblockierungen sehr schnell zu lösen.

»Mein ganzes Leben lang wollte ich wissen, warum einige Menschen es schaffen und andere nicht«, bekannte Mahaney. »Ich erforsche das Unterschwellige, die Suggestionen im Unterbewußten, die uns daran hindern, es zu schaffen. Als ich sah, was passiert, wenn die Menschen das Negative auflösen, machte es klick. Jetzt bin ich sicher, daß jeder es schaffen kann.«

Mahaneys Techniken können Sie ohne weiteres auf Ihren Bedarf zuschneiden, um sich von den Gewohnheiten zu befreien, die Ihre Chancen am Arbeitsplatz reduzieren, Beziehungen beeinträchtigen oder das Lernen verlangsamen. Um das Ganze zu verstehen, müssen Sie zunächst einiges über die faszinierende Forschung des mittlerweile verstorbenen Dr. Lloyd Silverman von der Universität New York erfahren, der jahrelang Amerikas bedeutendster Erforscher der unterschwelligen Suggestion war. Eine unterschwellige Suggestion – die gewöhnlich visuell oder akustisch erfolgt – erreicht Sie unter der Schwelle der bewußten Wahrnehmung, daher der Name.

Um herauszufinden, was die unterschwellige Suggestion beim

Lernen bewirken kann, suchten sich Silverman und Dr. Rose Bryant-Tucker eine besonders schwierige Gruppe. An einer Schule für emotional gestörte Teenager in Peekskill/New York forderten sie 64 der gewöhnlich desinteressierten Jugendlichen auf, dreimal wöchentlich durch ein Lichtgerät zu blicken, Tachistoskop genannt. Die Jugendlichen schauten durch das Okular: Ein helles Licht blinkte auf. Das war alles. In dieses »Blitzlicht« war ein Satz eingebettet, doch er leuchtete nur so kurz auf, daß das Bewußtsein ihn nicht wahrnehmen konnte. Keiner der Jugendlichen kannte die Botschaft.

Nach einigen Wochen dieser »Blitzbehandlung« machten die Jugendlichen den California-Achievement-Standardlesetest. Und plötzlich konnten sie besser lesen. Ihre Noten lagen signifikant über jenen der Kontrollgruppe. Und noch eine gute Nachricht. Unerklärlicherweise bewegten sich auch ihre Mathematiknoten nach oben, und sie machten ihre Hausaufgaben gründlicher. Sogar ihr Verhalten außerhalb der Schule besserte sich.

Seit mehr als siebzig Jahren dringen Wissenschaftler auf der ganzen Welt mit unterschwelligen Suggestionen in den Geist des Menschen ein; gewöhnlich verwenden sie dabei Bilder oder Töne. Die Sowjets lernten schon vor langer Zeit, die unterschwellige Berührung zur Ausbildung eines bedingten Reflexes in Menschen zu benutzen. Die unter strengen Laborbedingungen schwingenden unterschwelligen Suggestionen können fast jeden Teil Ihres Körpers beeinflussen, vom Herzschlag bis zu Streßfaktoren im Blut; sie können Ihre Entscheidungen beeinflussen, Phobien heilen und Ihnen Sinnbedeutungen einimpfen. Es würde Wochen dauern, die einschlägige wissenschaftliche Literatur zu durchforsten, die der Öffentlichkeit seltsamerweise unbekannt bleibt, obwohl der berühmte Medienforscher Herbert Marshall McLuhan sein möglichstes tat, die Menschen warnend darauf hinzuweisen, daß in einer Botschaft oft mehr enthalten sei, als sie vermuten. Manchmal mehr Schädliches.

McLuhan setzte sich leidenschaftlich für Dr. Wilson Key ein, der alles Erdenkliche unternahm, um die unterschwelligen Botschaften in der Werbung aufzudecken. »Was würden Sie tun, wenn Sie Suggestionen, seien es unterschwellige oder andersartige, dazu benutzen wollten, eine Gesellschaft zu schwächen?« erkundigte sich einmal ein Filmemacher bei Key. »Genau das, was wir tun«, antwortete

Key, »die Bevölkerung mit endlosen Suggestionen von Gewalt und Pornographie füttern.«

Macht Superlearning, das teilweise auf Suggestologie basiert, Sie verführbar? Gründliche europäische Studien erbrachten, daß beschleunigtes Lernen Sie *weniger* »suggestibel« macht. Stärkere Bewußtheit und bessere Kommunikation mit allen Teilen Ihres Selbst sind der Grund dafür. Statt über die Zensurmaßnahmen zu debattieren, wäre es vielleicht effektiver, die Erforschung der Suggestionskräfte zum Bestandteil der Lehr- und Forschungspläne zu machen.

Wenn Sie in wissenschaftlicher Literatur lesen, ein »Experte« sage, unterschwellige Suggestion sei nichts als Einbildung, wissen Sie, daß er entweder ein Ignorant oder auf etwas Bestimmtes aus ist. Teri Mahaney ist seit mehr als fünf Jahren auf etwas aus und tut ihr Bestes, Geschäftsleute, Politiker, Studenten, Fluglotsen und andere daran teilhaben zu lassen.

Die Herstellung von Tonbändern für Gespräche mit dem Unterbewußten

Dr. Mahaney erkannte, daß, wenn man die wirkungsvolle Superlearning-Musik mit anderen unterschwelligen Suggestionen paarte, man möglicherweise einen zündenden Katalysator für Veränderungen erhielt. Die Musik und zeitlich regulierte rhythmische Wiederholungen veranlassen als solche das Unterbewußte, einen freien Kanal für Suggestionen zu öffnen. Mahaney begann mit der Anfertigung maßgeschneiderter Tonbänder für einzelne Personen. Dann bekamen die Teilnehmer eines ihrer Wirtschaftskurse Wind von ihren unterschwelligen Leistungsankurblern. Konnte sie nicht auch ihnen bei den Tests helfen, die sie machen mußten? »Ich bereitete ein unterschwelliges Tonband vor, das ihnen suggerierte, sie seien entspannt, verstünden die Fragen mühelos und rasch, wüßten die Antworten sofort und so weiter«, erzählte Mahaney. Diese Wirtschaftsstudenten machten zwei Tests, bevor sie sich das Band anhörten, und zwei danach. Dank der unterschwelligen Anregung wurden sie schneller im Begreifen, Erinnern und Antworten. Im Durchschnitt brauchten sie bei ihren Prüfungen um 20 Prozent weniger Zeit. Mehr noch, ihre Durchschnittsnoten waren um 20 Prozent besser.

Als Mahaney, um der Tochter einer Freundin im College zu helfen, ein spezielles, unterschwelliges Band anfertigte, weitete sie die nachweislich wirksame Vorstellung vom Einssein mit der Mutter[1] aus: »Englische Literatur und ich sind eins. Chemie und ich sind eins...« Die Zensuren der jungen Frau verbesserten sich durch das Band auf Einser und Zweier. Interessanterweise bekam die Zimmerkollegin des Mädchens, die oft anwesend war, wenn die Superlearning-Musik mit den unhörbaren Suggestionen erklang, ebenfalls Einser und Zweier – aber nur in den Fächern, die beide Mädchen belegt hatten.

Der Wirtschaftsprofessorin Mahaney ist deutlicher bewußt als vielen anderen Intellektuellen, daß wir mit Riesenschritten einer Zeit entgegengehen, in der die Menschen in ihrem Leben sieben oder acht verschiedene Berufe ausüben müssen, einer Zeit, in der eine der wichtigsten beruflichen Qualifikationen die Fähigkeit sein wird, sich rasch von Strukturen der Vergangenheit zu lösen und offen zu sein für immer schneller aufeinanderfolgende Erfordernisse und Chancen. Sie hat ihre Technik einer breiteren Schicht zugänglich gemacht. Ihre Tonbänder sind jetzt unterschwellig in dem Sinne, daß man »zuhört«, während man schläft oder vor sich hin döst. Weil die Suggestion jetzt normal zu hören ist, kann sich jeder leicht ein eigenes Band anfertigen. Verwenden Sie die Superlearning-Musik und den grundlegenden Zeittakt von Superlearning. Wiederholen Sie die Suggestion dreimal, in den Intonationen, die Sie wünschen. Für den Inhalt entwickelte Mahaney ein Verfahren des »leere den Becher, fülle den Becher«: Spülen Sie alles Negative aus, und gießen Sie dann Positives ein. Wenn man sich vom giftigen Abfall vieler Lebensjahre befreien will, hilft laut Mahaney eine gehörige Dosis Verzeihungsbereitschaft.

Ein Versicherungsvertreter, der eine Erfolgsprämie bekam, fand heraus, wie wichtig das Leeren des Bechers ist. Kurz nachdem man ihn für seine Verkaufsleistung ausgezeichnet hatte, verkaufte er plötzlich nichts mehr. Er konnte sich nicht zwingen, unangemeldete Besuche zu machen. »Ein bißchen Nachgraben brachte ans Licht, daß er der Sohn eines Geistlichen war, der einer das Ideal asketischer Bescheidenheit verkündenden Sekte angehörte. Man hatte

---

[1] Dieses Verfahren der unterschwelligen Behandlung wird ausführlich behandelt in *SuperMemory*, Seite 58f.

ihn dazu erzogen, nicht herauszuragen«, erklärte Mahaney. Nachdem sein Unterbewußtes ein Band gehört hatte, das ihn von der unglückseligen Vorstellung befreite, sich auszuzeichnen verstoße gegen seine Religion und gezieme sich nicht gegenüber seiner Familie, absolvierte er seine tägliche Quote an Besuchen wieder problemlos.

Wenn Sie das Alte aus dem Becher geleert haben, können Sie beginnen, Ihren unterschwelligen Geist bzw. Ihr Unterbewußtes mit Vorstellungen des Einsseins mit starken positiven Suggestionen zu füllen. Mahaney nimmt auf ein Band bis zu zweihundert Suggestionen auf, aus dem Gedanken heraus, daß dann zumindest einige passen und wirken werden. Nach ihren Feststellungen müssen Sie das Band zehn Nächte lang spielen, bis Ihr tiefer Geist die Suggestionen zu verarbeiten beginnt, sich neu ordnet und ein befriedigendes Verhalten auslöst.

Suchen Sie sich Hilfe beim Lernen von irgend etwas sehr Spezifischem, Außergewöhnlichem, so empfiehlt Mahaney die Anwendung von Superlearning, während Sie wach sind. Müssen Sie z. B. unbedingt Koreanisch lernen, so sollten Sie sich vor dem Einschlafen suggerieren, daß Sie eins sind mit der Sprache, daß es Spaß macht, Koreanisch zu sprechen. Sagen Sie: »Ich lerne Koreanisch leicht und mühelos, ich höre den Tonfall des Koreanischen, ich ahme das Fließen der koreanischen Sprache nach, ich spreche sie fließend«, und so fort. Nach Mahaneys Erfahrung hilft eine solche Selbstbeeinflussung aber auch leicht über die Hürden von Bücherrevisorprüfungen, juristischen Staatsexamen und beruflichen Tests aller Art hinweg.

Kommerzielle unterschwellige Tonbänder lagen vor einiger Zeit stark im Trend. Wir wissen, daß die unterschwellige Suggestion im Labor wirkt. Ob jedoch bestimmte Reklamebänder wirken, ist strittig.»»Nichts als Suggestion«, mit diesen Worten tun viele Menschen solche Bänder ab – ein erstklassiges Beispiel dafür, warum nur wenige mit so fruchtbaren schöpferischen Ideen aufwarten, wie sie Losanow uns präsentierte. Losanow erforschte unter anderem das Schlaflernen, eine Technik, die man im Ostblock zu großer Effektivität entwickelt hatte. Junge Bulgaren waren in der Schule signifikant besser, nachdem man ihnen ihre Lektion nachts zu ihren Träumen vorgespielt hatte. Sie blieben auch dann besser, als Losanow insgeheim die Bänder abschaltete. »Nichts als Suggestion«, hätte er bei dieser Feststellung murmeln können. Doch er sagte »aha!« und begann eine umfassende Untersuchung der alles durchdringenden, starken Wirkung von Suggestionen. Ob es uns gefällt oder nicht und ob wir es wissen oder nicht: Suggestion gestaltet unser Leben. Warum sie nicht in den Griff bekommen und die unterschwellige, die halbschwellige sowie die bewußte Suggestion gezielt nutzen, um Zugang zu unserem Leistungspotential zu erlangen?[1]

»Allen Superlearning-Techniken liegen suggestive Elemente zugrunde, und sie sind es, die am meisten dazu beitragen, Menschen zu größerer Leistung anzutreiben, indem sie Blockierungen auflösen«, erklärt Dr. Tatiana Radonjic-Matano, an deren Schnell-Lernkursen in New York City graduierte Studenten, Ärzte und andere Menschen teilnehmen, die viel erreichen wollen. Radonjic-Matano, die selbst viel erreicht hat, wußte nicht immer eine Lösung für alle Lernprobleme. Sie hatte an der Pariser Universität ihren Dr. phil. auf dem Spezialgebiet Erkenntniswissenschaft gemacht und wurde dennoch das Gefühl nicht los, daß ihr bei ihren Bemühungen, in ihren Studenten Kreativität und optimales Denken zu erschließen, etwas fehlte. Die fehlenden Teile fand sie in der holistischen beschleunigten Vorgehensweise, besonders in der harmonisierten praktischen Anwendung der Suggestion. Radonjic-Matano benutzt ein ganzes Spektrum an Suggestionen, angefangen von bewußter Zielsetzung bis zur Autosuggestion und zur imaginativen Probe von etwas Bevorstehendem, um Hilfesuchenden zu ermöglichen, negative Drehbücher loszuwerden und auf die nächste Ebene zu springen.

Sie machte ihre Klienten auch mit »George« bekannt, einer Art der Eröffnung des Gesprächs mit dem Unterbewußten, die Donald Schuster ersann, der Begründer von SALT[2]. Wenn Sie sich an Ihr Unterbewußtes wenden wollen, können Sie es als George personifizieren und dann mit George reden, seine Suggestionen empfangen und, sobald Sie seine Aufmerksamkeit errungen haben, Probleme bewußt an ihn weitergeben – und George ihre Lösungen überlassen. Bei einem Examen etwa empfiehlt Schuster, daß Sie, nachdem Sie alle Antworten niedergeschrieben haben, die Sie sofort wissen, Ihre Augen schließen, acht langsame, tiefe Atemzüge machen und George bitten, die noch benötigten Antworten in Ihr Bewußtsein treten zu lassen.

---

[1] Die Grundregeln positiver Suggestion finden Sie im Kapitel 10, Seite 140ff.
[2] Siehe dazu Seite 150.

Tagtäglich dringt ein Sperrfeuer an Suggestionen in Ihren Geist. Die Auswahl an Suggestionen, die Sie benutzen können, um Zugang zu Ihrem Unterbewußten zu erlangen, und die Sorge dafür, daß Suggestionen zu Ihrem Vorteil und nicht zu Ihrem Nachteil arbeiten, das sind die Grundlagen von Superlearning. Es kann Sie unverzüglich mit einer Energie versehen, die Sie in expansivere Dimensionen bringt.

5
Freundschaft schließen mit dem eigenen Körper

Stellen Sie sich vor, wie es dem im Boden verwurzelten Atlas zumute war, auf dessen Schultern das ungeheure, ihn niederdrückende Gewicht der Welt lastete. Das war Heldentum – alten Stils. Als die starren Symbole der alten Welt nach und nach verschwanden, begann der Körper frei zu tanzen. Sogar wenn wir uns durch städtisches Getriebe schlängeln, achten wir auf den Körper, seine Pflege, richtige Ernährung und Fitneß. In militärischen Einrichtungen, großen und kleinen Firmen sowie natürlich in Superlearning-Kursen werden die raffiniertesten Verfahren angewandt, um die Menschen von den negativen Auswirkungen des Stresses und der täglichen Belastungen zu befreien.

Heute ist Entspannungsschulung kein Luxus, wie es einst die Dampfbäder für die Hautevolee waren. Die Notwendigkeit gebietet, daß wir vermeiden, uns von den tektonischen Verschiebungen in diesem oder jenem Lebensbereich zermalmen zu lassen. »*Scramble*« (strampeln, kriechen, krabbeln) – diesen Ausdruck wählte der Wirtschaftsautor Walter Kiechel als eine Art Refrain in einer Titelstory für *Fortune:* »Wie wir im Jahr 2000 arbeiten werden.« Nachdem der traditionelle Aufstieg in Firmen zum alten Eisen geworden ist, heißt es: *scramble*. Angesichts des zunehmenden globalen Wettbewerbs heißt es: *scramble*. In einer Zeit, wo die Zahl der freien Berufe laufend zunimmt, heißt es: *scramble*. Kiechel glaubt, daß dieses Strampeln die treffende Definition der Beschäftigung unserer Zeit sei. »Strampeln sogar, um sich Augenblicke der Ruhe zu erkämpfen unter einem Banner mit dem Schlagwort BEKÄMPFT STRESS!, einem Banner, das in den Stürmen der Veränderung flattert wie eine tibetische Gebetsfahne.« Offenbar rechnet Kiechel jedoch nicht mit der Flexibilität eines Superlerners. Wenn man weiß, wie man sich zu neuer Vitalität *freistrampelt,* lebt man in mehr als einer Hinsicht gescheiter.

Eine klassische Studie an der Georgetown-Universität ermittelte, daß angestauter Streß sogar bei Achtzigjährigen auftreten und den IQ um ganze zehn Punkte senken kann. Training in Streßabbau erbrachte fast weltweit eine Leistungssteigerung bei Lernbehinderten wie bei Begabten und allen Kategorien dazwischen. In Atlanta wandte das Wholistic Stress Control Institute seine »entschärfenden« Verfahren in einer Grundschule des Gebietes mit der höchsten Armut und dem niedrigsten Bildungsstand an. Gewalttätiges Verhalten nahm um die Hälfte ab, und die Schulausschlüsse gingen um 40 Prozent zurück. Eine Umfrage von 1993 ergab, daß hunderttausend amerikanische Kinder in die Schule Waffen mitnehmen, größtenteils zur Verteidigung. Dies gibt einen Hinweis darauf, welchem Druck sich viele Kinder ausgesetzt fühlen. Das Wholistic Institute, ein Team von Afroamerikanern, verschafft Kindern mit seiner Hilfe gegen Streß den vielleicht wichtigsten Lebensstart. Je früher man es versteht, in nichtdestruktiver Weise wetteifernd zu kämpfen, desto besser stehen, wie solche Programme zeigen, die Chancen beim Lernen, zur Existenzsicherung und in manchen Gegenden auch beim bloßen Überleben. Die Fähigkeit zu lernen kann sich tatsächlich als wichtig erweisen für das Überleben eines jeden. Dies veranschaulicht ein vor kurzem in der Fachzeitschrift *Epidemology* erschienener Bericht: Menschen, die bei der Arbeit unter schwerem psychischem Streß leiden, erkranken laut den Feststellungen von Forschern mit größter Wahrscheinlichkeit an Dickdarmkrebs. Besteht die Streßbelastung ein Jahrzehnt oder länger, ist das Erkrankungsrisiko fünfmal größer als gewöhnlich.

Die Fähigkeit, den Körper nach Belieben zu entspannen, ist eine der Voraussetzungen von Superlearning. Warum diese Fähigkeit hier so ausdrücklich im Mittelpunkt steht, wurde offenbar, als die angesehene Addiction Research Foundation (Stiftung zur Suchterforschung) in Ontario eine gründliche Untersuchung von Eli Bays Kurs für Streßmanagement durchführte. Bay, Gründungsdirektor der Relaxation Response Ltd. in Toronto, half und hilft unzähligen Beamten, Geschäftsleuten und Lehrern in ganz Kanada, Angst zu lindern, die Einnahme von Schmerz- und Schlafmitteln zu reduzieren und die Selbstkontrolle zu steigern. Der leise sprechende Mann mit der ruhigen Genialität eines freundlichen Buddhas brachte außerdem mit dem grundlegenden Superlearning-Tonband Tausende Menschen in den richtigen Zustand zum Lernen.

Wie würden 170 Männer und Frauen, Großstadtangestellte, auf Bays »Beyond Stress« (Über den Stress hinaus) reagieren – ein Programm, das auch im Fernsehen vorgestellt wurde? Die Psychologen fuhren schweres Geschütz auf: ganze Batterien von Untersuchungsgeräten, die alles aufzeichneten, von Angst bis zu feindseligen Gefühlen und Paranoia, von der geistigen Verarbeitung der Lebenserfahrung bis zum Konsum von Alkohol, Beruhigungsmitteln und Kaffee. Nach einem fünfzehnstündigen Entspannungstraining bewegte sich die Mehrzahl dieser in der Wirtschaft arbeitenden Menschen auf gesündere Normen zu.»Entspannung ist offenbar ein Schlüssel, der den Zugang zu einer Vielzahl anderer Veränderungen erschließt«, war im Abschlußbericht der Enquete zu lesen. Die *insgesamt* lösende, öffnende Wirkung ist es, die die Entspannungsfähigkeit so wertvoll macht. Forscher bezeichnen sie als ein »Gärmittel für Wohlbefinden, das die Fähigkeit und den Willen des Menschen aktiviert, auszubrechen aus dem Teufelskreis von gesundheitlichen Gewohnheiten, die ansonsten dazu tendieren, einander endlos gegenseitig zu verstärken«. Entspannung auf Wunsch »gewährt die Möglichkeit zu wenigstens einem gewissen Maß an persönlicher Stabilisierung auf einem befriedigenderen, gesünderen Niveau«.

Interessanterweise fühlten sich allerdings viele der am Test Beteiligten noch genauso gestreßt, als ihr Leben sich zum Besseren wendete, wie zu der Zeit, als es abgeglitten war. Die Veränderung als solche nervte sie – doch auch das verschwand, als Bay ihnen zeigte, wie man in einen streßfreien Zustand wechselt.

Wenn man aufhört, »die Welt mit sich herumzuschleppen«, kann man sich auf viele Dinge einstimmen, die der Körper an sich sehr wohl weiß. Die New Yorkerin Elizabeth Reudy ist eine in der Schweiz geschulte Mathematikerin, die sozusagen beschleunigte Wunder wirkt, indem sie Mathe-Schwachen hilft, schwere akademische Prüfungen zu bestehen. Sie ist außerdem eine Gedächtnisexpertin. »Checken Sie Ihren Körper«, empfiehlt Reudy, »wenn Sie ein Wort oder einen Namen suchen, die Ihnen fast auf der Zunge liegen. Raten Sie, selbst wenn die gesuchten Begriffe in weiter Ferne zu sein scheinen. Wenn Sie spüren, daß Ihr Körper tiefer Luft holt, kommen Sie der Lösung näher, oder Sie haben sie bereits.«

Ihr Körper kann ein Sprachrohr für Ihre Intuition sein. Menschen, die Großartiges leisten, geben bereitwillig zu, daß die Intuition ein Hauptfaktor bei ihren Erfolgen war. Oft kommt der alles entscheidende Hinweis als Körpersignal, als Gefühl im Bauch.

Fühlen Sie sich wie das Kind, das klagte: »Je schneller ich gehe, desto hinterherer gerate ich«? Falls dem so ist, sind Sie offenbar der Meinung, Sie hätten keine Zeit, Freundschaft mit Ihrem Körper zu schließen und ihn zu unterstützen. Doch jene Menschen, die es tun, gelangen in den Genuß eines Paradoxes: Langsamer werden und dabei schneller vorankommen. Wenn der Blutdruck niedriger, der Puls und die Atmung langsamer werden, scheint sich auch der Metabolismus der Zeit zu verlangsamen. Sie erreichen in weniger Stunden mehr, und zwar bequem. »Von allen Superlearning-Verfahren ist das wirklich Entscheidende meiner Ansicht nach die Herbeiführung des richtigen Zustands zum Lernen«, findet Brian Hamilton. Gleich Christian Drapeau konzentrierte sich Hamilton, als er Superlearning aufgriff, am Anfang darauf, gute Fortschritte im Entspannen zu machen, um seinen inneren Zustand wechseln zu können und das Imaginieren mit allen Sinnen zu lernen. »Im Urlaub übte ich eine oder sogar zwei Stunden am Tag.«

Eine der besten Investitionen, die Sie tätigen können und die Sie obendrein keinen Pfennig kostet, besteht im Erwerb der Fähigkeit, sich auf Wunsch zu entspannen und Ihre Körperzustände nach Belieben zu wechseln. Dadurch geben Sie Ihrem Leben neue Dimensionen und wahrscheinlich ein paar zusätzliche Jahre. Außerdem besitzen Sie damit eine Fertigkeit, die sich vermarkten läßt. Jemandem, der andere lehren kann, mit Streß fertig zu werden, bieten sich heute größere berufliche Chancen. Es gibt viele Wege, Ihre Körperzustände zu wechseln. Sie brauchen, wenn Sie Ihren Körper in Harmonie bringen möchten, niemand Außenstehenden: Sie können es jederzeit selbst tun.

Unverzichtbar: Autogenes Training

Autogen, also aus sich selbst entstanden, im Organismus selbst erzeugt – das klingt zweifellos nach einem hohen Maß an Meisterschaft über sich selbst. Vielleicht wählte deshalb der deutsche Nervenarzt Johannes Heinrich Schultz die Bezeichnung *autogenes Training* für die ungewöhnliche neue »Rezeptur«, die er ersann, ein Verfahren der »konzentrativen Selbstentspannung«. Schon in den dreißiger Jahren suchte Schultz zur Heilung der Leiden seiner Patienten etwas Grundlegenderes als operative Eingriffe oder Pillen, die nur Symptome linderten. So kam es, daß er Formeln ersann, um die Patienten zu lehren, sich zu entspannen und den Körper mittels ihres Willens zu kontrollieren. Nachdem seine Patienten gelernt hatten, sich in gesunde Körperzustände zu versetzen, lieferte ihnen Schultz weitere Formeln, die ihnen halfen, auch aus ihren Geisteszuständen das Beste zu machen. Dies waren die Anfänge des autogenen Trainings. Seine Patienten ließen sich nicht länger durch äußere Umstände aus der Fassung bringen; sie übernahmen selbst die Kontrolle, das Kommando. Und bei einer großer Zahl von ihnen besserten sich körperliche und psychische Leiden, mit ausschließlich positiven Nebenwirkungen.

»Meine Arme sind schwer und warm« – dieser erste Schritt des autogenen Trainings klingt recht simpel. Dennoch ist die medizinische Literatur der ganzen Welt voller Fallgeschichten von Anwendern, die mit Hilfe dieser Methode so gut wie alle Leiden überwanden, von Kreislaufbeschwerden bis zu Diabetes. Außerhalb der genau überwachten medizinischen Welt wenden Menschen aller Art das autogene Training an, um Dinge wie zwölf Meter hohe Wellen, jähe Steilabhänge bei alpinen Abfahrtsläufen oder die Probleme der Schwerelosigkeit im Weltraum zu besiegen – und um, was heute sogar noch außergewöhnlicher ist, die hohen Krankenversicherungskosten zu reduzieren.

Hannes Lindemann, ein anderer deutscher Arzt und Autor von Lebenshilfebüchern, riskierte im Vertrauen auf die Kraft des autogenen Trainings sein Leben bei einem erstaunlichen Kraftakt. Er beschloß, etwas fertigzubringen, was mehr als hundert Abenteurer vor ihm nicht geschafft hatten: mit einem Einhand-Faltboot allein von den Kanarischen Inseln in die Neue Welt zu segeln. Zweiundsiebzig Tage nachdem er in See gestochen war, stieg er auf der Antilleninsel Saint Martin in der Karibik an Land. Obwohl er die ganze Zeit über hatte aufrecht sitzen müssen, wirkte Lindemann, als er dann lächelnd vom Titelblatt der Zeitschrift *Life* blickte, erstaunlich fit. Er litt weder an den Salzwassergeschwüren, die bei einer solchen Fahrt üblich sind, noch an Halluzinationen, wie Alleinsegler sie auf langen Strecken oft bekommen. Wie hatte Lindemann Geist und Körper in einer solch robusten, guten gesundheitlichen Verfassung gehalten? »Meinen Erfolg verdanke ich dem autogenen Training«, erklärte er.

Man kann wohl davon ausgehen, daß Sie nicht mit einem Faltboot von Europa in die Neue Welt segeln wollen. Aber Sie möchten vielleicht lernen, Ihren Körper so zu beherrschen, daß Sie andere großartige Leistungen vollbringen können. Der Sophrologe Dr. Raymond Abrezol wendet eine modifizierte Form des autogenen Trainings an, um europäischen Sportlern Höchstleistungen im Alpinskilauf, Hockeyspiel, Schwimmen, Laufen und Boxen zu ermöglichen. Alfonso Caycedo, der medizinische Vater der Sophrologie, setzt das autogene Training in Verbindung mit einigen Elementen des Zen und Ch'i-kung (Qigong)[1] ein, um Menschen von Abhängigkeiten verschiedener Art sowie psychischen Krankheiten zu befreien. Er erlebte es, daß seine Methoden fast Tote auferweckten, als er die angeblich unheilbaren drogensüchtigen Straßenjungen von Kolumbien rettete. Wir lernten auf einer Sophrologie-Konferenz in Lausanne drei von Caycedos »Unheilbaren« als offenbar neugeborene ordentliche College-Studenten mit klarem Blick kennen.

In der einstigen Sowjetunion gehörte bei einigen bevorzugten Gruppen das Streben nach Bestleistungen zur staatlich befohlenen Selbstverständlichkeit. Nahezu unbeschränkte Mittel und Mühen flossen in die Erforschung von Wegen, um das Leistungsniveau auf ein Höchstmaß zu heben. Es überrascht mich nicht, daß sowjetische Sportler, Ballettänzer und Kosmonauten bei ihrem Training allesamt auch das autogene Training anwandten. Jenes Verfahren, das Christian Drapeau als Teenager aus Superlearning entnahm, um seinen körperlichen Zustand willentlich kontrollieren zu lernen, war ursprünglich für sowjetische Kosmonauten entwickelt worden. Drapeau, inzwischen ein etablierter Neurologe, räumt ein: »Nicht einmal nach mehreren Jahren der Meditation und einem Jahr, in dem ich Yoga lehrte, erreichte ich einen tieferen Entspannungszustand als mit dem autogenen Training.« Es ist eine elegante, bewährte, flexible Methode; deshalb empfehlen wir sie so nachdrücklich für Superlearning. Wenn Sie Höchstleistungen anstreben oder sich einfach ein bißchen besser fühlen wollen, probieren Sie sie aus.[2]

Autogenes Training beschleunigt zweifellos das Lernen, schrieb uns vor kurzem der ukrainische Psychologe Wladimir Stefanischin aus Kiew. Das überraschte uns nicht. Spanische Sophrologen setzen

---

[1] Darüber ausführlich Seite 369 ff.
[2] Siehe dazu auch Seite 369 ff.

seit langem ein abgewandeltes autogenes Training ein, um bei Schülern das Lernen zu beschleunigen und ihnen über allerlei Unfähigkeiten oder Störungen hinwegzuhelfen.

Stefanischin wurde an der Kiewer Universität zu einem Experten für autogenes Training und begann eine Karriere als Erforscher neuartiger Wege zum Einsatz verschiedener Seinszustände für die Erschließung neuer Facetten des Geistes. Heute ist er »Lehrer für Selbstschulung« und trainiert Teenager in der Selbstentspannung, um sowohl das Lernen als auch die Gesundheit zu fördern. »Autogenes Training ermöglicht es den Schülern, ihr Gedächtnis für fremdsprachige Vokabeln um das Drei- bis Vierfache zu steigern«, berichtet er. »Außerdem verringert es die Zeit, die man zum Lernen von faktischen Informationen, Gedichten und ähnlichem benötigt.«

Es dauert zwar acht Wochen, das autogene Training zu erlernen, aber wenn Sie das Verfahren einmal beherrschen, können Sie innerhalb kurzer Zeit in einen harmonischen Geistkörperzustand überwechseln. Charles Adamson, den Superlearning bewog, japanische Studenten im autogenen Training zu schulen, entdeckte ein weiteres Plus der Methode. Wird sie in Gruppen angewandt, nähert sie die Zustände der einzelnen Personen einander an; manchmal wird sogar ihre Atmung synchron. Studenten berichten, daß sie einen hilfreichen Rapport empfinden, einen guten Kontakt zu den anderen; und die Lehrer können mit einer weitgehend homogenen Gruppe arbeiten.

In seinem autogenen Trainingsprogramm am Trident College in Nagoya arbeitete Adamson mit eintausend Studenten und zwölf Lehrern. Als die Studenten entscheiden konnten, ob sie die Übung fallenlassen oder weitermachen wollten, sprachen sie sich fast hundertprozentig für die Beibehaltung aus. Alle Lehrer bis auf einen traten uneingeschränkt für das autogene Traning ein.

Natürlich müssen Sie das autogene Training nicht unbedingt beherrschen, um Superlearning anwenden zu können. Es ist lediglich eine von mehreren Einleitungstechniken. Denken Sie aber daran, daß der Geistkörper ein einziges System ist. Genau wie das Lockerlassen von Muskelspannungen auch den Geist entspannt, können geführte Bildvorstellungen oder die Beruhigung des Geistes physischen Streß auflösen.

Dasselbe vermag zwanzigminütiges Singen von Mantras oder Meditieren. Wichtig ist nur, daß Sie einen Weg finden, Freundschaft mit Ihrem Körper zu schließen, ihn zu unterstützen und ihn in gesündere, kraftvollere Zustände zu führen.

Wenn es Ihnen nichts bringt, zwanzigminütige Pausen zu machen, dann entspannen Sie sich gezielt. Lisa Curtis weiß vielleicht genau das Richtige für Sie.

Streßvernichtung in sieben Minuten

Vor Jahren hatte Lisa Curtis einen Traum. Sie kletterte die Himmelstreppe empor. Rasch stieg sie höher und höher, dem heller werdenden Firmament entgegen, doch plötzlich ließ eine gebieterische Stimme sie erstarren:»Geh wieder hinunter. Deine Aufgabe ist es, dort zu helfen.«

Seither ist die lebhafte Frau, die als Markenzeichen eine grün gefaßte Brille trägt, im »Umwandlungsgeschäft« tätig. Sie hilft Menschen bei der Umwandlung von Streß in Energie. Als Hauptvertreterin der Sophrologie in den Vereinigten Staaten weiß sie eine Menge über Entspannung. Und als New Yorkerin kennt sie das übliche »Keine Zeit!«. Leute, die ständig auf Achse sind, so sagte sie sich, brauchen Verfahren, mit denen sie angestauten Druck rasch in frei fließende Energie zurückverwandeln können. Curtis' »siebenminütiger Streßvernichter« lieferte venezolanischen Ölprospektoren neue Energie, während sie für die American Dowsers Society (Amerikanischer Rutengängerverband) arbeiteten, ebenso den hochspezialisierten Zahnärzten des internationalen Kongresses von Oral-Implantologen. Trotzdem, nach einem von Curtis' Workshops sagte eine Freundin mit Sinn für Marketing zu ihr:»Lisa, das ist zu einfach!« Doch genau darum ging es Curtis:»Ich möchte den Menschen Verfahren vermitteln, die sie wirklich anwenden, nicht aber sie anweisen, erst dreißig Minuten dies und dann dreißig Minuten jenes zu tun. Dazu hat niemand Zeit.«

Curtis' Streßvernichter, einfach genug für Schulkinder und wirksam genug für Topmanager, sind so etwas wie Erste Hilfe, wenn Sie vor Überlastung nicht mehr weiterwissen. Regelmäßig angewandt, laufen sie nach der Erfahrung zahlreicher Anwender »auf ein Lebensgeschenk hinaus«.

Bauchatmung ist ein einfaches, uraltes Verfahren, zu dem Curtis rät:

Atmen Sie durch die Nase ein, während Sie mit leicht gespreizten Beinen dastehen, und stellen Sie sich dabei vor, daß Sie die Luft durch die Zehen einsaugen und einen riesigen Ballon in Ihrem Bauch aufblasen. Tun Sie dies, während acht langsamen Zähltakten. Halten Sie den großen Ballon vier Takte lang voller Luft, atmen Sie dann aus, und lassen Sie den Ballon flach werden, während Sie bis acht zählen. Bleiben Sie vier Takte lang leer. Entspannen Sie sich, und wiederholen Sie die Übung anschließend vier- bis fünfmal. Die Übung können Sie, wenn Sie rasch Spannung abschütteln wollen, zu jeder beliebigen Zeit und an jedem beliebigen Ort ausführen.

Curtis schuf auch eine eigene Atemübung, die sie »Wie ein Adler fliegen« nannte. Eingesetzt werden dabei die kleinen Chakras oder Energiezentren in der Handfläche und der Achselhöhle.

Stellen Sie sich hin, die Beine hüftbreit gespreizt, die Arme locker an der Körperseite. Oder setzen Sie sich auf einen Stuhl, die Hände mit den Handflächen nach oben auf dem Schoß. Atmen Sie mit geschlossenem Mund durch die Nase ein, während Sie sich auf Ihre Handflächen konzentrieren. Ziehen Sie den Atem von Ihren Handflächen nach oben in Ihre Achselhöhlen, während Sie bis vier zählen. (Nach einiger Übung werden Sie einen Energiestrom spüren.) Halten Sie den Atem an, während Sie bis zwei zählen. Dann ausatmen und bis sechs weiterzählen, wobei Sie sich vorstellen, daß die Luft aus Ihren Achselhöhlen abwärts und aus Ihren Handflächen hinaus fließt. Halten Sie Ihre Lunge zwei Takte lang leer, und wiederholen Sie das Ganze. Führen Sie die Übung eine Zeitlang aus, dann werden Sie sich leichter fühlen, emporgehoben.

»Das dabei erzeugte Gefühl ist Freude«, erklärt Curtis, »die Freude des Seins, die Freude des Fliegens. Berücksichtigt man, wie wenig Freude viele von uns empfinden, kann dies ein Geschenk sein.«
 Die Adler-Atmung vermag Ihnen auch Auftrieb zu geben beim Gehen und besonders beim Wandern.

Lassen Sie dann das Anhalten des Atems weg. Atmen Sie zwei Schritte lang durch die Handflächen ein, dann zwei Schritte durch die Achselhöhlen aus. Achten Sie darauf, daß beim Vorwärtsschritt des linken Beins der rechte Arm nach vorn schwingt und beim Rechtsschritt der linke Arm. Das ist eine einfache Art, die Koordination zu fördern und die Vitalität zu steigern. Curtis wendet den »Adler« auch an, um sich aus dem Bett zu befördern, wenn der Wecker sehr früh klingelt. Legen Sie sich auf den Rücken, atmen Sie ein wie üblich, doch halten Sie den Atem nicht an, sondern stellen Sie sich statt dessen vor, daß er zu Ihren Augen emporströmt, bevor Sie ausatmen. Wenn Sie bei einer Prüfung feststecken, wenn es zu einem Streit zu kommen droht oder Sie bei der Arbeit vor einem komplizierten Problem stehen, halten Sie inne. Pressen Sie die Fingerspitzen aneinander wie bei den zum Beten gefalteten Händen. Das ist alles. Es hilft Ihnen, sich zu entspannen und zu konzentrieren.

Ein weiterer überall anwendbarer Streßvernichter ist die Ja-/Nein-Übung, die sich empfiehlt, wenn Ihr Überlastungswarnlicht aufleuchtet oder Sie vor einer wichtigen Entscheidung stehen. Atmen Sie durch die Nase tief ein, halten Sie die Luft an, und bewegen Sie den Kopf viermal vor und zurück, als würden Sie bejahend nicken. Atmen Sie aus. Holen Sie erneut tief Luft, und führen Sie im Zeitlupentempo vier Nein-Bewegungen aus: Drehen Sie den Kopf nach links, als versuchten Sie zu sehen, was hinter Ihnen ist, dann nach rechts.

Kinderleicht, aber wie Curtis erklärt: »Die Übung löst nicht nur Muskelspannungen, sondern stimuliert auch die Schilddrüse und die Halsschlagadern, von denen Blut – Sauerstoff – zum Gehirn transportiert wird.« Ihr Gehirn ist ein Sauerstoffschlemmer. Steigern Sie den Zustrom und lassen Sie Ihre Lichter heller leuchten.

Falls Sie zu den Menschen gehören, die gern mit verschiedenen Übungen experimentieren, hier einige weitere Schnellverfahren, um Ihren Körper ins Gleichgewicht zu bringen, anfangs nur ein bißchen, später stärker, wenn Ihnen das eine oder andere Verfahren zur zweiten Natur geworden ist.

»Beobachten« Sie schlicht Ihr Atmen. Das ist die älteste Entspannungsbeschäftigung, die es gibt. Versuchen Sie nicht, Ihre Atmung zu steuern oder zu verändern. Verfolgen Sie lediglich, wie Sie atmen, ein und aus, ein und aus. Eine im Streßmanagement versierte Freundin von uns mußte sich einer Operation am offenen

Herzen unterziehen. Sie erzählte, daß sie dem Horror des Augenblicks nur entkam, indem sie die einzige Übung machte, auf die sie sich konzentrieren konnte: das Verfolgen ihres Atmens.

Was ist besser als zwanzigmal blinzeln? Vielleicht eine sechs Sekunden dauernde Entspannungsübung, die ihr Schöpfer, der New Yorker Psychiater Charles Stroebel, als Beruhigungsreflex bezeichnete. Stroebel ersann die Methode als letzten Ausweg zur Überwindung seiner mörderischen Kopfschmerzen. Wenden Sie den Beruhigungsreflex an, während Sie durch Ihren Tag gehen. Sie werden bessere Leistungen bringen und trotzdem noch genügend Pep haben, um den Abend zu genießen. Der Beruhigungsreflex erfolgt in sechs Schritten.

Machen Sie sich bewußt, daß Sie angespannt sind. Sagen Sie zu sich: »Wacher Geist, ruhiger Körper.« Lächeln Sie, strahlen Sie innerlich, um Ihr Gesicht zu entspannen. Entspannen Sie Ihr Kinn. Atmen Sie ein, während Sie bis drei zählen, und stellen Sie sich vor, daß die Luft durch Ihre Fußsohlen nach oben kommt, durch Ihre Beine, in Ihren Bauch und Ihren Magen. Atmen Sie aus, lassen Sie Kinn, Zunge und Schultern straff werden, und spüren Sie, wie die Schwere aus Ihrem Körper weicht.

Die Einfachheit dieser Übung täuscht, behauptet Stroebel, der ein ganzes Buch über die Erfolge seines Sechssekundenverfahrens schrieb. Er weist darauf hin, daß ein halbes Jahr des Übens nötig sein kann, bis man in den Genuß der ganzen gesundheitlichen Gewinne kommt. Es steht dafür, ab und zu sechs Sekunden aufzuwenden, denn die negativen Folgen von Streß zeichnen sich in unserer Zeit immer deutlicher ab. Vor kurzem lieferten japanische Wissenschaftler den ersten Beweis dafür, daß psychischer Streß sogar die Lebensgrundlage DNS (Desoxyribonukleinsäure) schädigen kann.

Aktivierung der Ch'i-Energie

Neben der Entspannung gibt es noch andere Abkürzungsverfahren, wenn es gilt, Ihren Körper in optimalen Lernzustand zu bringen. John Wade nutzte, um seine Superschüler mit Energie zu versorgen, den Erfahrungsschatz, der sich im Orient dank jahrtausendelanger

Anwendung von Geistkörper-Methoden angesammelt hat. Die chinesische Medizin sieht den Menschen von jeher als Ganzes, Geist und Körper als einen einzigen Organismus, vitalisiert durch die feinstoffliche Ch'i-Energie. Wade macht darauf aufmerksam, daß man in Europa oder in den Vereinigten Staaten die chinesische Medizin als »alternative Medizin« betrachte, für eine Milliarde Chinesen jedoch unsere Medizin alternativ sei. Vor kurzem wies die Pekinger Regierung die Armee an, den Menschenmassen in ländlichen Kliniken mit Ch'i-kung zu helfen, diesem alten Verfahren zur Steuerung der Vitalenergie.[1] Aus dieser alten Tradition schöpft Wade, um seine Schüler bei der Feineinstimmung mittels Akupressur zu unterstützen. Der Grundgedanke ist, mit der Energie zu arbeiten, die an den Akupunkturmeridianen entlangfließt und Informationen zum Gehirn sowie vom Gehirn zum Körper trägt.

Das Vertrautwerden mit dem *Shenchüeh*-Akupunkturpunkt, der sich auf Ihrem Bauchnabel befindet, kann das Leseverständnis fördern. Drücken Sie einen Finger – dies darf ruhig durch die Kleidung geschehen – auf Ihren Nabel und massieren Sie ihn, rütteln Sie ihn. Massieren Sie gleichzeitg mit Daumen und einem Finger der anderen Hand zwei Punkte, nämlich »die leichten Einbuchtungen genau unter den Höckern am halsseitigen Ende Ihrer Schlüsselbeine«. Wechseln Sie nach ein paar Sekunden die Hände und rütteln und massieren Sie noch ein bißchen weiter.
Der *Jenchung*-Punkt liegt direkt zwischen dem unteren Rand Ihrer Nase und der Mitte Ihrer Oberlippe. Drücken Sie vor einer Rede oder der Inangriffnahme einer schriftlichen Auftragsarbeit den Punkt mit einem Finger. Reiben Sie gleichzeitig mit einem Finger Ihrer anderen Hand das Ende Ihrer Wirbelsäule. Wechseln Sie auch hier wieder nach ein paar Augenblicken die Hände und wiederholen Sie die Übung. Das kann auf zufällige Zeugen wunderlich wirken, räumt Wade ein. Er rät darum zu einem kurzen Rückzug in eine Toilette.

Der amerikanische Lehrer William Phillips benutzt ein fein orchestriertes chinesisches System, um Schülern jeden Alters zu helfen, in Kontakt mit sich selbst zu gelangen. Phillips, ein dunkelhaariger

---

[1] Siehe dazu auch Seite 370ff.

Mann mittleren Alters mit einem offenen Lächeln, hat die innere Ausgeglichenheit eines weisen alten Herrn, strahlt jedoch die Energie eines sehr jungen Mannes aus. Genauso sollte es eigentlich sein. Abgesehen davon, daß er in New York City High-School-Englisch unterrichtet und am Kingsborough Community-College Vorlesungen hält, studiert und lehrt Phillips seit Jahren T'ai-chi-ch'uan, eine Meditation in der Bewegung.

Wenn Sie ein körperliches Übungsverfahren suchen, das sich zur Begleitung lebenslangen Lernens eignet, werden Sie kaum einen besseren Gefährten finden als T'ai-chi (das »Höchste Letzte«). Immer mehr Lehrer des beschleunigten Lernens nehmen die anmutigen, langsamen Bewegungen dieser alten chinesischen Methode in ihr Repertoire auf. »Weil T'ai-chi nicht viel Kraft erfordert, kann man es in fast *jedem* Alter machen«, sagt Philipps, »sogar wenn Sie Ihren Fuß nur einen Zoll vom Boden hochheben können.« Das Hochheben des Fußes vermag eine ganze Reihe von Wohltaten zu bringen, wenn Sie älter werden. Einer medizinischen Studie zufolge reduzierte T'ai-chi das Auftreten von Osteoporose um fast die Hälfte.

Einem Meister wie Phillips zuzusehen, während er sich durch die Phasen des T'ai-chi bewegt, ist ein ästhetischer Genuß – Welten entfernt vom Anblick eines Sportlers beim Krafttraining. Die wirkliche Schönheit des T'ai-chi wird jedoch von innen erlebt. Schon einige Monate des Übens geben Ihnen einen Vorgeschmack von der Brillanz dieser alten Kunst. Gleich einem wertvollen Edelstein verfügt sie über viele glattpolierte Facetten, die das innere Licht freigeben.

T'ai-chi, die Grundlage der Kriegskünste, bringt den Körper in Einklang und stärkt ihn: Es beruhigt, konzentriert und entwickelt den Geist, einschließlich der Fähigkeit zu visualisieren. Es kann auch eine Form der Meditation sein. T'ai-chi ist eine Methode der heilenden wie der präventiven chinesischen Medizin und zugleich einer der wichtigsten Wege zur Förderung und Steuerung der Ch'i-Energie. Im Osten herrscht die Überzeugung, daß Ch'i unmittelbar mit dem Gedächtnis zu tun hat, daß es der »Stoff« oder die Trägerwelle des Gedächtnisses ist.

In Japan spricht Dr. Majumi Mori von dieser Tradition, wenn sie sagt, ein Meisterlehrer müsse es verstehen, die ganze Lernprozedur zu orchestrieren, um das Strömen von Ch'i zu gestatten. »Ist dies erreicht, verbessern sich das Gedächtnis und die Lernfähigkeit ganz natürlich als Nebenwirkung.«

Phillips hat auf der Basis von T'ai-chi ein organisches Spiel geschaffen, »um Mittelschulkindern zu helfen, Ausgeglichenheit, Flexibilität und ein Gefühl für den Körper sowie dessen Beziehung zur Umwelt zu entwickeln«.

Eine Armübung veranschaulicht die gepaarten Bewegungsgegensätze. »Laßt uns schauen, wer die Arme vor sich ausstrecken kann, die Hand im rechten Winkel nach oben, als liege sie flach an einer Wand, fest und stark«, sagt Phillips zu den Kindern. »Und jetzt: Könnt ihr so herumgehen? Könnt ihr euch vorstellen, wie eine entgegengesetzte Bewegung wäre? Streckt den rechten Arm aus. Tut so, als liege eure Hand an der Wand. Geht auf sie zu. Zieht sie nicht von der Wand weg, schiebt sie nicht durch. Geht auf die Hand zu und von ihr weg.« Der Lehrer kann das Handgelenk eines Kindes halten, so daß es spürt, wie sein Ellbogengelenk gezwungen ist, sich zu öffnen und zu schließen, während es sich zu seinen Händen hin und von seinen Händen weg bewegt. Gleich vielen Übungen des T'ai-chi ist dies eine kleine Lektion in Flexibilität, in der Bewahrung des Gleichgewichts, indem man sich dem Schwung des Lebens anpaßt.

Phillips hat noch andere einfache Übungen wie den »Langsamen Gang«, der die Kinder herausfordert, sich ganz auf langsame, federnde Schritte zu konzentrieren, die eine Ahnung von dem aus T'ai-chi erwachsenden Konzentrationsmaß und Gefühl des In-Eins-Seins vermitteln.

Auch die Psychologin Dr. Deborah Sunbeck aus Rochester/New York entwickelte einen »Gang«, von dem sie glaubt, daß er den Zugang zu »grenzenlosem Potential« öffnet. Sunbeck gewann das Vertrauen ihres ersten lernbehinderten Patienten, des vierzehnjährigen Mike de Luca, der bereits seit der ersten Klasse Schwierigkeiten hatte, überraschend schnell mit einem Geständnis. In ihrer Kindheit hatte es auch ihr Probleme bereitet, sich aus der Zauberwelt ihrer geliebten Wälder, in der sie sich wohl und munter fühlte, in die verwirrende Welt der Bücher, Buchstaben und Zahlen zu begeben, die sie allzuoft in einem beziehungslosen Nebel dahindriften ließ. »Mein Hirn kommt mir die meiste Zeit umnebelt vor«, bekannte Mike. Für die Arbeit mit ihm entwickelte Sunbeck Vorstellungen von einem »Unendlichkeitsgang«, um die Lücken in Mikes Funktionen zu schließen. Ein gefesselter Geist befreite sich: Mike schaffte es, er errang einen Sitz im Schülerrat und gewann ein College-Stipendium.

Sunbeck sieht die Verbindung Körper-Geist-Welt in einer neuen Weise. Wir bewegen uns nach ihrer Sicht aus der eindimensionalen Einheit im Mutterleib zur dreidimensionalen natürlichen Sinnenwelt hin. Plötzlich werden wir kopfüber in eine zweidimensionale Welt gestürzt, in die soziale Welt der Symbole, der Sprache, des Lesens, des Schreibens, der Zahlen. Manche Menschen haben Schwierigkeiten, zweidimensionale Verbindungen herzustellen. Anderen wiederum gelingt dies so gut, daß sie die Verbindung zur dreidimensionalen und zur eindimensionalen Welt verlieren. Der Strom für Hochleistungen entsteht durch die Koordinierung der Welten mit integrierten Kreisläufen und Hirnrhythmen.

Sunbeck kontrolliert die drei Hauptarten, in denen man Informationen verarbeitet: Sehen, hören, berühren. Welches Ihrer Augen dominiert? Ist Ihr linkes oder Ihr rechtes Ohr dominant (mit welchem hören Sie normalerweise am Telefon?) Sind Sie Rechts- oder Linkshänder? Oft teilt sich die Seitendominanz auf. Sie sind vielleicht linksäugig, rechtsohrig und rechtshändig, was von Vorteil für die verbale Gewandheit ist, aber oft Störungen im Lesen und in der physischen Koordination verursacht. Zu Beeinträchtigungen in den Hirn-Körper-Kreisläufen kann es laut Sunbeck bei allen acht möglichen Kombinationen kommen. Kein Grund zur Aufregung. Aus einer solchen Störung können Sie sich mit dem »Unendlichkeitsgang« herauswalken. Unendlichkeit, weil stärkere Integration in optimales Funktionieren übergeht und weil Sie beim Gehen einen großen Achter beschreiben sollen, das Unendlichkeitssymbol. Dies ist laut Sunbeck eine ideale Vorbereitung auf Superlearning:

> Hören Sie sofort auf zu lesen, und gehen Sie einen Achter... – Wie haben Sie sich dabei gefühlt? Waren die beiden Schleifen gleichmäßig? Mußten Sie auf den Boden schauen? – Jetzt wissen Sie, worauf es ankommt. Üben Sie die Achter täglich, lassen Sie dabei die Arme rhythmisch aus den Schultern heraus schwingen, jeweils synchron mit dem Bein gegenüber. Die Schultern sollen gerade und locker sein, Ellbogen und Hände entspannt, aber nicht schlaff. Setzen Sie die Füße fest auf den Boden, mit der Ferse zuerst, atmen Sie leicht und rhythmisch.

Sunbeck fügt noch einige Feinheiten hinzu, um die Nervenbahnen zu stärken, darunter jene, die durch emotionale Blockierungen verkürzt werden. Wenn die Menschen soweit sind, daß sie die Achter mit Anmut gehen, läßt Sunbeck sie visuelle, auditive und sogar problemlösende Aktivitäten vollführen. Schwingendes Achtergehen kann rasch Früchte tragen und einige Extrawohltaten bringen. Sunbeck wendet es beispielsweise gegen Fernsehsüchtigkeit an.

Neue Motivation gegen inneren Druck

Vielleicht gehören Sie zu der Sorte Menschen, die äußeren Streß mit einem »Kratzt mich nicht!« abschütteln. Manche Menschen blühen bei anstrengender Arbeit regelrecht auf. Sie genießen die Verantwortung für einen Notaufnahmeraum voller Patienten, für die Leitung einer Schule, einer Firma oder gar eines ganzen Landes. Aber sie werden zu Fall gebracht von innerem Streß und dem Gefühl, überfordert zu sein oder unterschätzt zu werden. Wenn Sie sich nach dem Aufwachen neue Aktivitäten ausdenken, statt alten Sorgen nachzuhängen, gehen Sie von Ihren gewohnten unterbewußten Mustern und Überzeugungen ab. Das ist der Punkt, an dem sich innerer Streß zu lösen beginnt. Körperliche Entspannung trägt zur Beseitigung von Spannungen und innerer Dissonanz bei, doch um auf eine neue Gleichgewichtsebene springen zu können, muß man sich um die Harmonisierung des bewußten und des unterschwelligen Geistes bemühen. Autogenes Training der Oberstufe ist einer der vielbegangenen Wege zur Schaffung neuer Möglichkeiten mit Hilfe des »tiefen Geistes« und der »angeborenen Weisheit«.[1]

Allein schon die Anwendung von Superlearning kann eine chronische Form inneren Stresses beseitigen. Geoffrey Pullen, der am Polytechnikum von Brighton Sprachen lehrt, veranstaltet in England und seit kurzem auch in Osteuropa Workshops für beschleunigtes Lernen: »Ich habe meine Französischseminare so adaptiert, daß sie sich für ein zwanzigstündiges Wochenendprogramm eignen, das den örtlichen Geschäftsleuten genehm ist«, sagt Pullen. »Nach Anwendung des beschleunigten Verfahrens gehen die Schüler am Sonntag energiegeladener weg, als sie am Freitag bei Seminarbe-

---

[1] Andere Wege, um Ihren Kopf freizumachen und besonders die oft heftigen Spannungen der Veränderungen am Arbeitsplatz aufzulösen, finden Sie in den Kapiteln 10, Seite 140 ff., und 14, Seite 187 ff.

ginn waren.« Die Chance, tief Luft zu holen und sich von beruhigender Musik einhüllen zu lassen, kräftigt die Geschäftsleute zweifellos. Aber noch etwas anderes macht ihren Schritt beschwingt, wenn sie Pullens Kurs verlassen: der Auftrieb, den man bekommt, wenn man endlich mit sich selbst Verbindung aufgenommen hat.

Die ungenügende Nutzung der eigenen Fähigkeiten ist eine zumeist übersehene, perniziöse Form des inneren Stresses. Es kostet große Mühe, sich selbst Tag für Tag, Jahr für Jahr zu unterdrücken. Tut man es lange genug, kann man sich vielleicht eines Tages nicht mehr retten vor innerer Angst, unterdrückter Wut, Abhängigkeiten aller Art. Wenn Sie es riskieren, sich selbst zu befreien, werden Sie zumindest keine Langeweile mehr haben.

An einigen Superlearning-Schauplätzen, wie beim Sport, übernimmt Ihr Körper die Führung. An anderen spielt er immerhin eine tragende Rolle. Doch was immer Sie anstreben, Sie können es sich leichter und sich selbst »heller« machen. Sobald Ihre Fähigkeiten in gegenseitiger Übereinstimmung zusammenwirken, besitzen Sie etwas, das stärker ist als Laser, zum Kern fast jeder Angelegenheit vordringen und unsichtbare Möglichkeiten faßbar machen kann – in ähnlicher Weise, wie Laser aus scheinbarem Nichts ein vollkörperliches Hologramm entstehen läßt. Verschaffen Sie Ihrem Körper Erleichterung, und Sie gewinnen einen Partner, der nicht gegen Sie arbeitet, sondern mit Ihnen an einem Strang zieht.

6
Die Superlearning-Musik

Die Sechstkläßlerin Jamee Cathcart war gespannt, was die Preisrichter der 1991er Nordwest-Indiana-Wissenschaftsmesse in der Purdue-Universität wohl von ihrer Anmeldung hielten. Experimente mit Barockmusik waren in der biologischen Abteilung von Wissenschaftsmessen nicht gerade an der Tagesordnung. Und an dem Wettbewerb beteiligten sich sonst nur ältere Schüler und Studenten, sozusagen die Creme des Nordwestens von Indiana. Jamee dachte zuversichtlich daran zurück, wie sie ihre Liebe zur Musik systematisch mit einer wissenschaftlichen Methode verschmolzen hatte...

»Ich möchte, daß ihr euch einfach eine spezielle Musik anhört«, sagte sie zu zwölf Klassenkameraden der Grundschule von Long Beach. »Es ist Barockmusik. Ihr braucht nichts zu tun, als eure Testnoten vor und nach dem Anhören der Musik von mir prüfen zu lassen.«

Zwölf Sechstkläßler lauschten vier Wochen lang regelmäßig den harmonischen Saitenklängen der speziellen Barockmusik. Jamee kontrollierte die Ergebnisse. Elf von ihren zwölf Klassenkameraden zeigten eine bemerkenswerte Verbesserung bei den Tests – Jamee trug die Noten in ihre graphische Darstellung ein. Auf der Darstellung der »Danach«-Ergebnisse waren die Noten bei der Hälfte der Schüler fast bis an den oberen Rand von Jamees Tabelle geklettert.

Die Resultate waren so klar und beeindruckend, daß Jamee eine schöne bunte Schautafel anfertigte, mit der Überschrift »Baroque Brain Booster« (Barocker Hirn-Ankurbler) versah und eine Beschreibung ihres Testverfahrens, die Ergebnisse sowie die überaus wichtigen graphischen Darstellungen aufklebte. Und damit nahm sie jetzt am Wettbewerb der Purdue-Universität teil. Die Preisrichter erkannten dem Superlearning-Musikprojekt der sehr jungen, aber von Unternehmungsgeist erfüllten Jamee eine »ehrenvolle Erwähnung« zu.

»Ich hatte wirklich Freude bei der Arbeit an meinem wissenschaftlichen Projekt mit der Superlearning-Musik. Sie wirkt, und es machte mir Spaß, das zu beweisen«, schrieb uns Jamee. »Eines Tages wird jedermann sie benutzen«, fügte sie hinzu.

Die zwölfjährige Jamee reihte sich in eine angesehene Gruppe von Forschern ein, die seit mehr als drei Jahrzehnten beweisen, daß bestimmte Arten von Musik den Verstand, das Gedächtnis und die Energie stärken können. Um in den Genuß dieses bemerkenswerten Fördermittels zu kommen, brauchen Sie nicht mehr zu tun, als ein Tondbandgerät oder einen CD-Player einzuschalten. Dann arbeitet die Musik für Sie, ohne daß Sie sich in irgendeiner Weise anstrengen müssen.

Superlearning-Musik kann Sie gescheiter machen, das Lernen beschleunigen, das Gedächtnis verbessern, Streß abbauen, die Konzentration sowie die visuelle Vorstellung verstärken und eine neue innere Bewußtheit wecken. Außerdem hört sie sich gut an. Das klingt phantastisch, vielleicht sogar unglaublich, doch diese Musik hat einen langen wissenschaftlichen Stammbaum.

Die revolutionäre Entdeckung, daß Musik der Schlüssel zu jener Art schnellen, streßfreien Lernens ist, die wir heute so dringend benötigen, machten ursprünglich Wissenschaftler im ehemaligen Ostblock. Sie fanden heraus, daß eine bestimmte Musik von Komponisten des 17. und 18. Jahrhunderts, von Barockkomponisten wie Vivaldi, Telemann und Bach, starke Auswirkungen auf Geist und Gedächtnis hat. Diese alten Meister schufen ihre Musik nach ganz bestimmten Regeln, die angeblich seit alten Zeiten in der Musikergilde von einer Generation an die andere weitergegeben wurden.

Forscher ermittelten, daß es die *langsamen Teile* in Barockkonzerten sind – die Largos oder Andantes mit dem gemessenen Tempo von 60 Taktschlägen in der Minute –, die den gesteigerten Lerneffekt bewirken. (Das Tempo kann 55 bis 65 Schläge pro Minute betragen.) Barockkomponisten setzten diese langsame, beruhigende, heitere Musik oft für Saiteninstrumente in Partitur, also für Geige, Mandoline, Gitarre und Cembalo, die Klänge mit vielen natürlichen Hochfrequenzharmonien produzieren. Heute ist bekannt, daß diese Hochfrequenztöne dem Gehirn und dem Körper buchstäblich, physisch, Energie zuführen – aber das ist eine andere Geschichte.[1] Der

---

[1] Siehe dazu Kapitel 8: »Geheimzutaten in der Musik«, Seite 110ff.

Largo-Teil in einem Konzert ist gewöhnlich recht kurz, darum verbanden die Forscher für Experimentalzwecke mehrere langsame Musikstücke miteinander.

Danach veranstalteten sie »Konzerte« in ihrem Labor. Wären Sie einer ihrer Konzertbesucher gewesen, angeschlossen an eine ganze Reihe physiologischer und medizinischer Instrumente, hätten Sie vielleicht die Daten, die in den graphischen Darstellungen ausgedruckt wurden, noch unterhaltsamer gefunden als die Musik. Während das ruhige Largo erklingt, senkt sich Ihr Blutdruck, und Ihr Pulsschlag verlangsamt sich auf einen optimalen Rhythmus. Die Streßfaktoren in Ihrem Blut sinken, was wahrscheinlich Ihr Immunsystem stärkt. Gleichzeitig veranschaulichen EEG-Monitore, daß sich Ihre Hirnwellen verändern. Ihre schnellen Betawellen nehmen schließlich um 6 Prozent ab, und die Alpha-Hirnwellen der Entspannung steigen um durchschnittlich 6 Prozent. Die rechte und die linke Hälfte Ihres Gehirns werden synchronisiert. Offenbar synchronisiert die langsame Barockmusik außerdem Ihr Gehirn und Ihren Körper, indem zwischen den beiden eine Harmonie des Biorhythmus entsteht. Die Musik hat in Ihnen eine sehr wirksame, starke Form der *wachen* Entspannung ausgelöst – entspannter Körper, wacher Geist, ein Idealzustand für Bestleistungen. Physiologische Forschungen zeigen, daß Ihr Körper in einem ruhigen Zustand *mit weniger Energie effizienter* funktioniert. Dadurch steht Ihrem Gehirn mehr Energie zur Verfügung. Die Wirkungen der Barockmusik entsprechen den physischen Wohltaten der indischen Mantra-Meditation, nur daß Sie keine Mantras singen oder Yoga-Entspannungsübungen machen müssen, sondern schlicht nichts zu tun brauchen. Die Musik bewirkt alles, nimmt Ihnen jede Mühe ab.

Interessanterweise erbrachten Studien an der Menninger Foundation in Kansas, daß die Synchronisierung der beiden Hirnhälften (die von der Superlearning-Musik binnen Minuten bewirkt werden kann) auch den physischen Kern der Zen-Meditation bildet. Dank dieser Synchronisierung stimmen die Aktivitäten Ihres Gehirns besser überein, sie werden »laserähnlich« und überaus produktiv.

Das Geheimnis von Supermemory

Welches Geheimnis verbirgt sich im Supermemory? Was macht die superbegabten Menschen aus? Diese Fragen waren für die einstige UdSSR bei weitem nicht nur von akademischem Interesse. Nicht umsonst lautete eines der verbreitetsten politischen Schlagworte in der Sowjetunion: »Wissen ist Macht.« Als sich die Sowjets von den Verwüstungen des Zweiten Weltkriegs zu erholen versuchten, gelangten sie zu der Überzeugung, daß beschleunigtes Lernen in harten Zeiten *das* Heilmittel sei. Mit Hilfe dieser Methode konnten sie schnell Leute schulen und umschulen, technischen Rückstand aufholen und einen Sprung nach vorn tun, im Sport und im Ballett Spitzenleistungen erreichen und so ihr System für andere Staaten attraktiv machen. Auf dem Höhepunkt des kalten Kriegs widmeten sich finanziell gut ausgestattete sowjetische Labors der Suche nach Wegen zur Erschließung der Reserven des Menschen.

Wie schaffen es Yogis mit Hypermnese, also einem fast fotografischen Gedächtnis, umfangreiche Texte genau zu lernen und sich auf Dauer zu merken? Sie konnten solche Texte herunterrasseln, wortgetreu, auch wenn sie vom Anfang bis zum Ende mehrere Tage brauchten. Wie schafften es Menschen mit einem Talent für »spontanes Berechnen«, ganze Zahlenreihen schneller zu addieren als Computer? Wie schafften es Personen mit paranormalen Gaben, die Erinnerungen anderer Menschen anzuzapfen? Wie erlangten sie Zugang zu Daten oder Informationen, die für Spione und Verbrechensbekämpfer von unschätzbarem Wert waren? Jahrelang überwachten und studierten, untersuchten und sondierten die Sowjets überdurchschnittlich begabte Menschen aller Art und »zerlegten« sie in einigen Fällen fast, mit Hilfe der ausgeklügelten Technik jener Zeit.

Eines der Geheimnisse von Supermemory scheint dem gesunden Menschenverstand zu widersprechen. Superbegabte Personen *überholten* andere bei weitem, indem sie die Hirnwellenaktivität auf die gemäßigtere Alpha-Stufe (7–13 Zyklen pro Sekunde) und die Körperrhythmen auf ruhigere Stufen *verlangsamten*. Bei ihnen fand eine Art Kombination von Hase und Igel statt. Die Körperfunktionen liefen langsam ab, der Geist schoß voran. Indem Sie den Fuß vom Gashebel nehmen, kämen Sie also tatsächlich schneller voran und würden eine Superleistung erbringen.

Wie könnten durchschnittlich begabte Menschen diesen Schlüsselzustand für eine Superleistung erreichen? Sowjetische Wissenschaftler probierten Dutzende Methoden aus. Wenn der Mensch einschläft, driftet er normalerweise durch langsamere Rhythmen und ebenso beim Erwachen am Morgen. In vielen sowjetischen Schul- und Studentenheimen liefen während der entscheidenden Phasen der Schlafzyklen in den Schlafsälen Tonbandgeräte mit Lektionen. Angeblich beschleunigten Tausende junger Menschen auf diese Weise ihr Lernen, sogar in schwierigen Fächern wie Mathematik, Fremdsprachen und Naturwissenschaft.

Es gab jedoch auch Rückschläge: Das Schlaflernen erforderte eine komplizierte technische Anlage; in einem Klassenzimmer konnte man so etwas nicht einrichten. Die Experimentteilnehmer entwickelten gelegentlich Schlafstörungen. Die Sowjets nahmen ihre Methodensuche so ernst, daß sie die Schlaflerndaten geheimhielten. (Anfangs verschleierten sie auch die Kernpunkte von Losanows Lehrmethode vor Ausländern.) Dies erregte in den Vereinigten Staaten zumindest bei den kalten Kriegern Aufmerksamkeit, denn das Office of Strategic Services verheimlichte nun ebenfalls seine Daten über das Schlaflernen in Fremdsprachenkursen.

Losanow, der im sowjetischen Milieu arbeitete, untersuchte eine Vielzahl von Wegen zur raschen, leichten Erschließung der geistigen Reserven: Schlaflernen; Relaxopädie = Anwendung autogener Methoden; Hypnopädie = Anwendung der Hypnose. Wie sonst konnten Menschen den alles entscheidenden Optimalzustand für Geist und Gedächtnis erreichen? An der Universität Charkow in der Ukraine vertiefte sich Losanow während seiner Doktorarbeit, einer Untersuchung der kontrollierten Anwendung von Suggestion, in die Suggestivkraft der Musik. Er machte die Beobachtung, daß in ukrainischen, bulgarischen und russischen Krankenhäusern und Sanatorien regelmäßig eine spezielle Musik aus Lautsprechern erklang, die man in jeder Station aufgestellt hatte, um die Genesung der Patienten von Krankheiten und operativen Eingriffen zu beschleunigen. Als Losanow die Krankenblätter von Patienten überprüfte, fiel ihm auf, daß die Musik offenbar den Puls und den Blutdruck regulierte. Patienten in Schlafanzügen, die in den Krankenhausgängen bequem auf Stühlen saßen, schienen zu dösen, fast zu schlafen, doch als er sie ansprach, stellte er fest, daß sie hellwach waren. Ihr Streß und ihre Angst wegen der Krankheit ließen nach, wenn sie mittels Musik aus sich selbst herausgehoben und in einen Zustand tiefer Entspannung versetzt wurden.

Die altindische Komponente

In Losanows Geist begannen sich Ideen zu klären und mit anderem Wissen zu verbinden, das er als Hypnosefachmann und langjähriger praktischer Anwender des Raja-Yoga, eines mentalen Yoga, erworben hatte. Er war durch ganz Indien gereist und hatte die berühmtesten Yogi der damaligen Zeit untersucht, die Hypermnesie oder Supermemory demonstrieren konnten. Losanow war auch mit den klassischen indischen Vedatexten vertraut.

Gemäß den Veden ist Supermemory ein Bewußtseinszustand. In diesem Zustand verfügt man über eine unbegrenzte Erinnerungsfähigkeit. Die Veden, unter deren Einfluß Generationen von Yogis und anderen Anhängern verschiedener asiatischer Geistkörperlehren standen, lehren, daß das Gedächtnis nicht in unserem physischen Körper eingeschlossen ist, sondern daß unsere sämtlichen Erinnerungen vollständig im Universum verzeichnet sind, außerhalb der Zeit. Die Veden sehen das Gehirn etwa so, wie wir uns ein Radio vorstellen, als einen Empfänger oder Apparat, mit dem man sich auf Daten einstimmen kann. Die Daten sind in diesem Fall Informationen, die seit Anbeginn der Zeit im sogenannten kollektiven Gedächtnis gespeichert sind. Kenner der Veden schlagen sich nicht mit Wörtern herum, um zwischen Kurzzeit- und Langzeitgedächtnis zu unterscheiden. Das Supergedächtnis ist ein nahtloser, natürlicher Zustand, glauben sie. Es ist der Bestzustand eines individuell entwickelten Gedächtnisses. In diesem Glauben stimmen sie mit antiken Gedächtniskünstlern wie Platon und Pythagoras überein. Raja-Yoga enthält spezielle Übungen zur Entwicklung dieses veränderten Zustands, der bei uns Supermemory heißt. Mantra-Yoga, die vedische Wissenschaft des Klangs, offenbart spezifische Tonfrequenzen, die veränderte Zustände auslösen können.

Losanow, ein Fachmann für Yoga und veränderte mentale Zustände, hat auch Musik studiert und spielt selbst Geige. Aufgewachsen ist er in Bulgarien, am Tor zum Orient liegenden Land mit einer Gesellschaft, die von esoterischen Lehren des Islam, Buddhismus und Hinduismus beeinflußt wurde.

In Laboratorien der bulgarischen Akademie der Wissenschaften und in medizinischen Instituten Sofias stürzte sich Losanow auf Musikforschung und wurde fündig. Die »mathematische« langsame Barockmusik, wie er sie nannte, konnte Studenten in einen Zustand *wacher* Entspannung versetzen. Das war die Methode, die er gesucht hatte, um den optimalen Lernzustand auszulösen. Dieser »musikalische« Zustand konnte den Schlaf beim Schlaflernen ersetzen. Von nun an war das beschleunigte Lernen nicht mehr an die Schlafenszeit in Schüler- oder Studentenschlafsälen gebunden. Man konnte es überall praktizieren. Zudem erreichten Schüler, die der Musik lauschten, den optimalen Zustand sozusagen unsichtbar – ohne irgendwelche beobachtbare Mittel: Es gab weder hypnotische Suggestion noch mechanische Induktion mittels Blitzlichtern oder Klickgeräuschen, noch Yoga-Übungen. Eine entspannende Konzertsitzung mit langsamer Barockmusik aus der europäischen Tradition verschaffte Losanows Methode Eingang in weite Bereiche der Bildung, wo linientreue Kommunisten schnell bei der Hand waren damit, Entspannungstraining als »Mystizismus« abzutun.

Mit seinem langjährigen Freund, dem Pädagogen Dr. Aleko Nowakow, entwickelte Losanow ein Lernsystem, das alles einbezog, was in den vergangenen Jahrzehnten bei der Erforschung von Suggestion, Lernbeschleunigung und Schlaflernen entdeckt worden war. Wie beim Schlaflernen unterteilten sie die zu lernenden Daten in Toneinheiten von vier Sekunden, eingeschoben zwischen zwei Viersekundenpausen. Jede »Datenportion« umfaßte sieben oder acht Wörter, mehr nicht. Erinnerungsexperimente hatten erbracht, daß dies die optimale Länge war. Und wie beim Schlaflernen verwendeten die beiden spezielle Intonationen. Sie berechneten die ideale Zahl der Wiederholungen, die ideale Dauer, Sequenz und Präsentation einer Lektion. Wie viele Daten konnten Schüler pro Sitzung lernen? Welche langsame Barockmusik führte zu den besten Ergebnissen? Tests erbrachten, daß eine an harmonischen Obertönen reiche Musik für Streichinstrumente bessere Ergebnisse bescherte als Musik, die für Blechinstrumente, Hörner oder Orgel eingerichtet war. Musik mit einem Takt von 60 bis 64 Schlägen pro Minute löste die besten Ergebnisse aus und trug zur globalen Verbesserung des Gedächtnisses bei. Man durfte langsame Barockmusik wirklich als »Supermemory«-Musik bezeichnen, folgerten die beiden. Der langsame Taktschlag vermittelte außerdem ein inneres Gefühl der »Zeitausdehnung«.

Diese Erkenntnisse könnten wir uns alle zunutze machen. Schon vor Jahrzehnten wurden sie in Amerika propagiert und demonstriert. Jetzt scheint endlich die Zeit gekommen zu sein, sie in größerem Rahmen in die Tat umzusetzen. Zwei bekannte Forscher, Dr. Lynn Cooper und der Hypnotherapeut Dr. Milton Erickson, stellten ein Metronom auf 60 Schläge in der Minute ein. Auch sie erlebten es, daß der Rhythmus die psychophysischen Funktionen verlangsamte. In diesem Zustand fühlten sich die Menschen, als würde sich die Zeit in die Länge dehnen. Die beiden Ärzte gingen einen Schritt weiter: Sie suggerierten hypnotisierten Versuchspersonen, daß ihnen für irgendeine Aufgabe eine ganze Stunde zur Verfügung stünde, während es in Wirklichkeit nur fünf Minuten waren. Die mittels dieses Tricks aus ihrem üblichen Zeitrahmen herausgehobenen Versuchspersonen beschleunigten ihr Denken und die in ihnen ablaufenden schöpferischen Prozesse ungeheuer. Binnen eines Bruchteils der sonst üblichen Arbeitszeit lieferten sie den Entwurf für ein Kleid oder die Konstruktion einer Vorrichtung.

Später führten Dr. Robert Masters und Dr. Jean Houston ebenfalls Menschen in eine solchermaßen verlängerte Zeit und spornten Studenten an, beispielsweise ihre graphischen Fähigkeiten, für deren Schulung gewöhnlich ein Semester erforderlich ist, in wenigen Stunden zu verbessern. Die Befreiung der Menschen aus unseren offenbar angelernten Beschränkungen der zur Verfügung stehenden Zeit könnte zweifellos in jedem Lebensalter die Nutzung des vorhandenen Potentials beschleunigen. Was für eine allgemeine Erleichterung brächte das Gefühl, mehr Zeit zu haben! Dies ist ein kleiner Sonderbonus der speziellen Barockmusik.

Das »aktive« Konzert der Bulgaren

Losanow und Nowakow drangen in ihren Laboratorien noch weiter in den Bereich der Musik als Lern- und Lebenshilfe vor. Ihnen stand das reiche Erbe jahrzehntelanger sowjetischer und bulgarischer Erforschung der Musiktherapie zur Verfügung, an dem sie sich orientieren konnten. Aus der klassischen Musik ließen sich noch andere mentale und physische Gewinne herausholen. Die beiden entwickelten eine zweite Konzertsitzung: Ihr »aktives« Konzert enthielt eine gewisse klassische Musik, die der Forschung zufolge zusätzliche Wohltaten für Geist und Körper brachte. Für dieses »aktive« Konzert verwendeten sie ganze Konzertstücke und Sinfonien von Komponisten wie Mozart, Beethoven und Brahms. Außerdem entwickelten sie eine sehr kunstvolle, dramatische Art des Lesens von Geschichten und Dialogen vor dem Hintergrund der Spezialmusik. Die Studenten lauschten dem »aktiven« Konzert, während sie über ihren Lehrbüchern saßen und die wichtigsten Fakten der Lektion notierten. Die Vernetzung von Textmaterial mit der besonderen Musik verband die rechte und die linke Hirnhälfte und prägte dem Gedächtnis die Daten global ein, wie Losanow feststellte. Das »aktive« Konzert und das anschließende »passive« langsame Barockkonzert bildeten eine hochwirksame Kombination. Forschungsarbeiten in Frankreich brachten später weitere Gründe ans Licht, warum die beiden Konzertsitzungen derart energiespendend und ausgleichend auf das Gehirn wirkten. Wie sich zeigte, enthielten diese besonderen klassischen und barocken Musikstücke geheime Zutaten.[1]

Es dauerte nicht lange, bis Losanow ein voll ausgearbeitetes beschleunigtes Lernprogramm besaß: die Suggestopädie. Sie sorgte in Ländern des Ostblocks für Schlagzeilen, und in Sofia entstand ein von der Regierung finanziertes Institut, das der Suggestologie gewidmet war, ein Bildungszentrum, in dem es, wie wir selbst sahen, mehr physiologische Instrumente als Bücher gab.

Als der Unterricht begann, fand Losanows Team heraus, daß die Musik offenbar mehr bewirkte, als man erwartet hatte. Erwachsene Schüler kamen nach der Tagesarbeit am Abend müde ins Institut. Nach ihrem mehrstündigen intensiven Schnell-Lernkurs waren sie jedoch keineswegs noch erschöpfter, sondern regelrecht belebt. Die ausgedruckten physiologischen graphischen Darstellungen lieferten die Beweise: niedrigere Muskelspannung, niedrigerer Blutdruck, langsamerer Puls. Das volle Lernsystem brachte ihnen sogar noch größeren gesundheitlichen Gewinn: Kopfweh und andere Schmerzen verschwanden, Allergien klangen ab. Wenn der Geistkörper des Schülers als ein Ganzes zu funktionieren begann, schienen sich alle Aspekte der Persönlichkeit zu kräftigen. Die Gemütslage wurde auffallend optimistisch. Kreative und intuitive Fähigkeiten nahmen zu. Die Selbstachtung stieg sprunghaft. Lern-

---

[1] Siehe dazu auch Kapitel 8, Seite 110ff., und 9, Seite 124ff.

unfähigkeiten verschwanden. Die Konzentrations- und Aufmerksamkeitsspanne verbesserte sich. Viele Schüler sagten, sie hätten das Gefühl, ihr gesamtes Bewußtsein erweitere sich. Die Musik war ein entscheidender, aber nicht der einzige Hauptfaktor in dem Lernsystem, einem System, das offenbar dem Geist ein Fenster öffnete und durch das er einen höheren Orbit erreichen konnte.

Noch wichtiger war jedoch für die Forscher, daß sich das Gedächtnis ihrer Schüler stark verbesserte. Bald demonstrierte eine ausgewählte Gruppe von Personen im Alter zwischen 22 und 60 Jahren Gedächtnisleistungen, wie sie früher den Yogis vorbehalten gewesen waren. Nach einer ganztägigen Kurssitzung erbrachten Tests, daß die Teilnehmer sich tausend fremdsprachige Sätze gemerkt hatten, fast die Hälfte des gesamten Arbeitsvokabulars einer Sprache, und daß der Erinnerungsgrad bei 97 Prozent des Gelernten lag. Obendrein war die Prozedur mühelos vor sich gegangen! Mit diesem Marathon-Lernexperiment sollte geprüft werden, wie weit man das Ganze treiben konnte. Um eine Lehrmethode handelte es sich hier nicht. Trotzdem verließen die Kursteilnehmer das Institut mit dem Gefühl, eine »Begegnung der n-ten« Art hinter sich zu haben. Die extradimensionalen Wesen, die sie dabei kennengelernt hatten, waren freilich sie selbst.

»Das menschliche Gedächtnis hat praktisch keine Grenzen«, behauptet Losanow. Seine Hypnoseforschungen zeigten ihm, daß wir alle über Supermemory-Kapazität verfügen – in unserem Unterbewußten.« »Der menschliche Geist nimmt eine ungeheure Menge Informationen auf«, sagt er, »die Zahl der Knöpfe an einem Herrenanzug, die Stufen einer Treppe, Risse in einem Gehsteig, die Schritte bis zur Bushaltestelle.« Offenbar wird alles, was uns widerfährt, im Gedächtnis aufgezeichnet. Befreit man den menschlichen Geist von sämtlichen Ablenkungen, die sein Funktionieren behindern, hat er Zugang zu all diesen »unbekannten, weil unbewußten Wahrnehmungen« und erinnert sich, erklärt Losanow. Langsame Barockmusik erwies sich als einer von mehreren möglichen Wegen, das Bewußtsein von Ablenkungen zu befreien und so die Zugangstür zu seinem natürlichen Supergedächtnis zu öffnen und zu vergrößern. Hatten die Menschen erst einmal gelernt, wie sie ihren unterbewußten Geist mobilisieren konnten, entdeckten sie auch, daß ihr »Potentialquotient« wahrscheinlich ebenfalls grenzenlos war.

7
Hinwendung zum Barock

Umgeben von Stapeln teurer Schallplatten und Tonbänder fühlten sich Superlearning-Schüler der ersten Stunde, irritiert ihre Stoppuhr in der Hand haltend, zu der Frage gedrängt: »Ginge es nicht, daß Sie den Musikteil von Superlearning einfacher machen, damit mehr Menschen Ihr System benutzen können?« Viele der Fragesteller sagten uns, sie würden nicht erkennen, ob ein Stück im Viervierteltakt gehalten sei, geschweige denn, ob es 60 Taktschläge in der Minute habe.

Sheila, die jahrelang am Royal Toronto Conservatory of Music und an den Royal Schools of Music in Großbritannien studiert hatte, wurde dazu ausersehen, ein erstes Musterband herzustellen. Nach vielen Hörproben sicherten wir uns bei einigen großen Plattenfirmen die Rechte für Auswahlen spezifischer Barockmusik. Wir wählten langsame, an Hochfrequenztönen reiche Barockstücke für Streicher, alle im Viervierteltakt, mit Partien, die auf ansteigenden Tonstufen wiederholt wurden. Drei Minuten flotterer Musik am Schluß förderten die Rückkehr in den Alltag mit seinen Aktivitäten. Das Band enthielt Weltklassedarbietungen von international bekannten Solisten und europäischen Spitzenorchestern.

Obwohl in der amerikanischen Erstausgabe von *Superlearning* ein Druckfehler in unserer Büroadresse die Menschen, die Superlearning-Musik suchten, in ein finsteres Loch im Mittelteil der New Yorker Lexington Avenue schickte, spürten sie uns auf. Nach und nach erhielten wir dann Rückmeldungen, die bestätigten, daß diese langsame Hochfrequenzmusik tatsächlich Gedächtnis und Erinnerung neu belebte, das Lernen beschleunigte, die Müdigkeit verbannte und im Körper Harmonie erzeugte.

»Superlearning-Musik ist sagenhaft entspannend, ein wahres Beruhigungsmittel«, berichtete *Die Saga* aus Norwegen. »Superlearning-Musik bringt mehr Erfolg als ganze Paukabende im Kaffeerausch«, erklärte Mary Anne Robinson aus Newport Beach/

Kalifornien. Jamee Cathcarts Großmutter berichtete uns brieflich vom Erfolg ihrer Enkelin, die mit Hilfe des Superlearning-Tonbands an der Purdue-Universität einen Preis gewonnen hatte. Die Musik besaß offenbar noch größere »Zauberkraft«, als wir vermutet hatten.

Bei Tests, unter anderem an der Universität von Iowa, stellte sich heraus, daß allein schon die Barockmusik (ohne die beschleunigte Methode) das Lernen um 24 Prozent beschleunigte und die Merkfähigkeit um 26 Prozent verbesserte. Lehrer, die für die Einwanderungsbehörde des Außenministeriums in Washington arbeiteten, setzten die Musik bei Englischkursen für Neuankömmlinge aus Kambodscha, Laos und anderen asiatischen Ländern ein. Wie die Lehrer berichteten, linderte die Musik erstens den seelischen Schock dieser älteren Erwachsenen, die eine neue Sprache lernen und sie in einer ihnen völlig fremden Kultur gebrauchen mußten; zweitens beschleunigte die Musik auch bei ihnen das Lernen.

In Alaska, das offenbar immer wieder Neuerer auf dem Gebiet der Bildung hervorbringt, bauten die Sprachlehrer Anne Arruda und Tam Gisler aus Anchorage Superlearning-Musik in ihre Unterrichtsbänder für Schüler der Junior-High-School ein. Am Semesterende ersuchten sie die Schüler um Kommentare. »Auf einer Punkteskala von eins bis zehn bekamen die Bänder eine Neun«, meldete einer der Teenager. »Sie halfen mir zu lernen und das Gelernte zu BEHALTEN«, schrieb ein anderer. In den Klassen gab es einige hyperaktive Schüler. Diese berichteten, sie seien entspannter gewesen und hätten sich besser konzentrieren können. Insgesamt gaben 85 Prozent an, daß die Musikbänder ihre Französisch- und Spanischkenntnisse stark verbessert hätten. 90 Prozent verwendeten die Musikbänder von da an weiter. Manche Lehrer bezeichneten die Bänder gar als »Wunder«.

Angespornt durch dieses Ereignis, kombinierten Arruda und Gisler die Superlearning-Musik mit James Ashers Methode der totalen Körperreaktion beim Sprachenlernen, um komplette Spanisch- und Französischkurse zu schaffen; diese sind mittlerweile auf dem Markt.[1]

---

[1] Siehe dazu auch Kapitel 23, Seite 296 ff.

Tausche Rockmusik gegen Barockmusik

»Unser Naturwissenschaftsunterricht hört sich an wie eine Musikstunde«, gesteht Leo Wood, wenn er von seinen Chemiestunden in Tempe/Arizona spricht. Wood hat wirklich einiges zum besseren Musikverständnis beigetragen. »Einer meiner Schüler, Daniels, besaß eine Menge Rock-Bänder, viele davon Acid-Rock. Er sprach mich nach dem Unterricht deswegen an und fragte, ob man sie nicht auch zu Hause zum Lernen benutzen könnte. Ich riet ihm, statt Rock einfach mal *Barock* auszuprobieren und zu beobachten, was passiert. Einen Monat später erschien er in meinem Büro. ›Raten Sie mal, was ich gemacht habe, Mr. Wood. Ich habe alle meine Rock-Bänder in die Stadt mitgenommen und gegen klassische Musik eingetauscht!‹«

Dr. Jane Bancroft, Professorin für Französisch am Scarborough College der Universität Toronto, besitzt umfassendes Aktenmaterial mit Aussagen von Superlearning-Studenten. Viele bezeichnen ihre psychische und physische Gesundheit als stabiler. Bancroft, deren unermüdliche Reisen und weltweiten Forschungen uns halfen, die Geheimnisse der Superlearning-Musik zu enträtseln, schreibt der Musik einen großen Teil der gesundheitlichen Gewinne von Superlearning zu. Genau wie Wood empfahl auch sie den Studenten, beim Lernen von der Rockmusik auf die Superlearning-Musik überzuwechseln. Die Konzentration, das Gedächtnis und die Zensuren der jungen Leute erfuhren danach eine deutliche Verbesserung.

Als sich Amerikas Führungskräfte mit der Barockmusik konfrontiert sahen, hörten wir bald von weiteren wohltuenden Wirkungen. »Früher brauchte ich drei Martinis, um locker zu werden«, schrieb ein New Yorker Manager, dessen Kommentar uns besonders gefällt. »Jetzt, wo ich mir nach der Arbeit Superlearning-Musik anhöre, brauche ich nur noch zwei!« Ein Fahrlehrer aus Miami meldete: »Ich spiele sie jetzt die ganze Zeit über im Wagen, und sie scheint meinen Schülern zu helfen. Aber das wichtigste ist, daß sie, was für verrückte Sachen die Schüler auch machen, *meinen* Streßlevel niedrig hält.« Andere Fahrer sagen, die ausgewogene Struktur der Barockmusik helfe ihnen, sich durch den Stadtverkehr zu schlängeln und zu bremsen, ohne daß ihre Schultern sich vor Anspannung verkrampften.

Menschen, die ausgestreckt auf den Tischen von Masseuren oder Chiropraktikern lagen, bekamen ebenfalls die Musik zu hören. Sportler spielen die Melodien, um das mentale Training zu verstärken und das Ganzkörpergedächtnis einzubetten. Im Trend ist Superlearning-Musik seit einiger Zeit seltsamerweise besonders in Zahnarztpraxen Saudi-Arabiens und der arabischen Emirate. »Bitte schicken Sie diese Musik, die meine Patienten entspannen soll«, hieß es in einer Reihe von Zahnarztbriefen mit exotischen Marken auf den Umschlägen. Außerdem kamen Briefe, in denen stand, daß Katzen und Hunde sich mit der Musik anfreundeten. Ob die Tiere auch schneller lernten, wurde nicht erwähnt – aber vielleicht war dem so. Die Hirnforscherin Maya Pines berichtete schon vor Jahren, daß die Verlangsamung der Körper-Geist-Rhythmen bei Labortieren deren Lerngeschwindigkeit verdoppelte. Menschen, die über die Wirkung von Tönen auf das Pflanzenwachstum Bescheid wußten, versicherten glaubhaft, daß die Berieselung von Zimmerpflanzen mit Barockmusik üppiges, buschiges Grün erbrachte.

Barockmusik trägt nicht nur dazu bei, der Geburt von Wissen das Schmerzhafte zu nehmen, sondern lindert auch die Schmerzen bei der Kindsgeburt, wie Dr. Michelle LeClaire O'Neill vom Institute for Noble Birthing im kalifornischen Malibu behauptete. Sie entwickelte die Le-Claire-Methode der natürlichen Geburt. In ihre Technik, die visuelle Vorstellungen, Selbsthypnose und Traumanalyse umfaßt, gliederte sie auch die Superlearning-Musik ein. Die tröstlichen, suggestionsverstärkenden Largos erklingen bereits, wenn die werdenden Mütter Übungssitzungen absolvieren. Interessanterweise enthält die Musik Hochfrequenztöne, die von den Babys im Mutterleib gehört werden können.[1] Das ist vielleicht der Grund, warum einige Mütter später feststellten, daß Barockmusik auch ein quengeliges Kleinkind schnell beruhigt.

Dr. O'Neill spielte in Experimenten die Musik während der Entbindung und stellte fest, daß sie, zusätzlich zur Linderung der Schmerzen, die erste Wehenphase um 20 Prozent verkürzte. Minimaler Schmerz und maximale Kontrolle – genau dies kann die Kombination von Entspannungstraining und gemessener Musik bewirken. O'Neill veröffentlichte ihre Methoden vor kurzem in *Birthing*

---

[1] Siehe dazu Kapitel 8, Seite 110ff.

and Beyond. Wie der Titel des Buches besagt, geht O'Neill bei ihrer Arbeit ein ganzes Stück über die Geburt hinaus, nämlich bis zur entgegengesetzten Grenzlinie des Lebens. Sie gehört als Psychologin dem Kollegium des Simonton Cancer Center in Pacific Palisades an, das berühmt ist für seine mentale Krebsbehandlung. Die Musik übt auch hier ihren Zauber aus, während O'Neill Patienten im Endstadium der Krankheit durch visuelle Vorstellungsübungen führt. Manchmal beruhigen die schönen Melodien nicht nur, sondern bewirken wesentlich mehr, berichtet O'Neill. Die Menschen werden aus ihren Leiden herausgehoben, sie gleiten in ein Gefühl des Einsseins mit dem Universum und finden neuen Frieden.

Dr. Teri Mahaney, deren Aufmerksamkeit vor allem jenen Menschen gilt, die in dieser Welt zu neuen Leistungen aufsteigen wollen, vernetzte Superlearning-Musik mit ihren einmaligen »Change your Mind«-Programmen. Die Kombination erwies sich als hochwirksames Mittel, um das mächtige Unterbewußte zu erreichen und umzuprogrammieren.

Dank der Tatsache, daß die 60-Schläge-Musik dazu beitragen kann, Bewußtsein und Unterbewußtes miteinander in Kontakt zu bringen, ist sie geradezu ideal für die Verwendung bei Bekräftigungen, sowohl bewußten als auch unterschwelligen. Unsere Tonbandserien, auf denen Superlearning-Musik Bekräftigungen untermalt, die an das unterschwellige Gedächtnis gerichtet sind, helfen den Menschen seit fast einem Jahrzehnt, sich so zu lockern, daß in ihnen positive Veränderungen einsetzen.

Auf Hawaii spielte der Judolehrer Dr. Lloyd Migita, Inhaber des 4. Meistergrads mit dem schwarzen Gürtel, im Shobukan Judo Club langsame Barockmusik vor Turnierteilnehmern im Alter zwischen 8 und 17 Jahren, während sie Entspannungsübungen machten und Bekräftigungs- oder Affirmationsformeln sprachen (»Ich habe keine Angst vor Gegnern, wer immer sie sind.« – »Ich konzentriere mich in Kämpfen vom Anfang bis zum Schluß.« – »Ich bin unschlagbar, ich bin ein Gewinner!«). Diese Kombination produzierte nicht nur mehr Judomeister, sondern die Eltern registrierten bei ihren Söhnen auch eine bemerkenswerte Verbesserung der schulischen Leistungen, gesteigertes Selbstvertrauen und eine positivere Geisteshaltung.

Artikel in Marketing-Zeitschriften schlugen ebenfalls eine bekannte Note an. Wenn Sie mehr verkaufen wollen, hieß es darin, spielen Sie in Ihrem Supermarkt Musik mit einem Taktmaß von 60 Schlägen pro Minute. Der Verkauf steigt signifikant. Die Kunden verbringen vor der Auslage mehr Zeit. Bei einer Befragung am Ausgang eines Supermarkts sagte mehr als die Hälfte der kauffreudigsten Kunden, sie hätten gar nicht gemerkt, daß Musik spielte.

Zeitgenössische Komponisten liefern Superlearning-Musik

Eine der ersten jungen Musikerinnen Amerikas, die eine Untersuchung der Kräfte von Musik mit einem Taktmaß von 60 Schlägen pro Minute vornahm, war die Musiktherapeutin Janalea Hoffman von der Universität Kansas. Nachdem sie von Superlearning erfahren hatte, begann sie mit der 60-Schläge-Barockmusik zu experimentieren. Der Zeitschrift *Prevention* berichtete sie, die Musik habe, neben der Beschleunigung des Lernens, in einer Teststudie mit 60 Patienten zur Senkung des Blutdrucks und zur Überwindung von Herzrhythmusstörungen, Migräne und Schlaflosigkeit beigetragen. Wie die Bulgaren stellte sie fest, daß Streichmusik am besten funktionierte. »Blechinstrumente erbrachten eine ungünstige Reaktion«, schrieb sie. Gleich Dr. Teri Mahaney glaubt sie, daß die Kombination von mentalen Programmen und visueller Vorstellung mit Musik vom sechziger Taktschlag die Wirkung dieser Methoden noch verstärkt.

Janalea Hoffman, die als klassisch geschulte Musikerin ins Berufsleben getreten war, begann nun selbst Musik mit 60 Schlägen pro Minute im Barockstil zu komponieren – neue Musik für Klavier und Orchester zur Erweiterung des Repertoires an Musik für Superlearning. Hoffmans Serie erfolgreicher Bänder und CDs mit »gemessener« Musik erleichtert in erster Linie das Schnell-Lernen, fördert gleichzeitig aber auch die Entspannung sowie das Körperbewußtsein und lindert Schlaflosigkeit sowie Bluthochdruck.

Eines der neuesten Werke Hoffmans, *Deep Daydreams,* beginnt auf Seite 1 des Tonbands mit 60 bis 64 Schlägen pro Minute, dem idealen Tempo für das menschliche Herz im Ruhezustand. Körper und Geist werden auf Gleichklang mit dem Taktschlag gebracht, was zum Abbau von Streß beiträgt. Auf Seite 2 verlangsamt sich die Musik auf 50 Schläge pro Minute, ein schlafförderndes Tempo, das gut ist für mentales Sporttraining und zur Abstimmung mit den inneren

Reaktionen. Diese Musik hilft laut Hoffman auch Patienten mit unheilbaren Krankheiten, die Schmerzen zu bewältigen. Neben ihrer Tätigkeit als Streßmanagement-Beraterin und der Arbeit in ihrer Privatpraxis als Musiktherapeutin hält Hoffman zahlreiche Vorträge vor unterschiedlichstem Publikum über die vorteilhaften Effekte ihrer speziellen gemessenen Musik – Wirkungen, die durch statistische Untersuchungen belegt und in wissenschaftlichen Zeitschriften veröffentlicht werden.

In der Medizinischen Fakultät der Universität von Kansas spielte ihr Band *Mind Body Tempo* als Hintergrundmusik, während Schwesternschülerinnen die schwerste Semesterprüfung absolvierten. Eine Kontrollgruppe machte die Prüfung ohne Musik. Jene Schwestern, die von den Klängen der neuen Barockmusik umflossen wurden, erzielten bessere Noten und hatten niedrigere Pulswerte als die Kontrollgruppe. Die detaillierten Prüfungsergebnisse wurden im Februar 1990 im *Journal of Nursing Education* veröffentlicht. Über andere Hoffmansche Studien, die eine Bestätigung der Wirkung von Musik auf den Geist erbrachten, berichtete *The International Brain Dominance Review*.

Sichtbar macht Hoffman ihre heilenden Rhythmen in *Rhythmic Medicine*, einem Video, auf dem sich ihre Musik von 60 Schlägen pro Minute auf 50 Schläge verlangsamt, während sich Bilder genau synchron mit der Musik bewegen. »Viele Hypnotiseure verwenden das Video, ebenso Zahnärzte und einige Krankenhäuser«, erzählte sie uns. In der Geschäftswelt benutzt sie ihre Musiktechniken, um Arbeitnehmer in Streßkontrolle zu schulen und so Krankmeldungen und Versicherungsforderungen zu reduzieren. Manche Firmen kaufen das Video in großen Stückzahlen für ihre Beschäftigten.

Eine weitere Neuerung von Hoffman ist »musikalisches Biofeedback«, das in ihrem demnächst erscheinenden Buch behandelt wird. Statt sich auf Signale von Biofeedback-Geräten zu verlassen, benutzen Patienten den starken Musiktaktschlag als Bezugspunkt für die Verlangsamung der Körperrhythmen. Patienten, die das musikalische Biofeedback praktizieren, berichteten später, daß die Wirkung von Dauer sei. Sogar wenn sie am Arbeitsplatz von unangenehmen Kunden angerufen wurden, konnten sie den Kontakt zu ihrem Atemrhythmus ganz einfach herstellen und Probleme gelassen regeln, statt sich zu verkrampfen und den Blutdruck in die Höhe zu jagen.

Die neuerungsfrohe Janalea Hoffman verband die Barockmusik auf ganz neue Weise mit dem Gedächtnis, um die Auflösung schlechter Erinnerungen zu beschleunigen, die unsere Lern- und Lebensfähigkeit beeinträchtigen. Bei ihrer Therapie stellte Hoffman fest, daß die Musik sogar präverbale Erinnerungen aus der Zeit vor der Entwicklung der Sprachfähigkeit mühelos an die Oberfläche holte. Das klingt einleuchtend. Musik wird hauptsächlich von der rechten Hirnhälfte produziert, durch die man Zugang zum schöpferischen, heilenden Selbst erlangt. Die Musik half beispielsweise einem depressiven zweiundfünfzigjährigen Patienten, die präverbale Erinnerung freizusetzen, wie er als kleines Kind verlassen worden war – eine stimmlose Erinnerung, die sich bis dahin als Depression manifestiert hatte. »Solche präverbale Erinnerungen sind wie kristallisierte Energie, die uns daran hindert, uns im Leben weiterzubewegen«, sagt Hoffman. Die Musik unterstützt bei dem Patienten auch die visuellen Vorstellungen zur Auflösung der schädlichen Erinnerung.

Andere Patienten zapfen dank der 60-Schläge-Musik ein Gefühl des Transzendentalen an. Ein Facharzt verspürte erhöhte Kreativität und hatte den Eindruck, aus der Eintönigkeit des Alltagslebens herausgehoben zu sein. »Es war ein flüchtiges Gefühl der Macht... ganz anders als auf den üblichen Ebenen von Bewußtheit oder Bewußtsein.« Janalea Hoffmans neu komponierte 60-Schläge-Musik ist zweifellos eine Tonergänzung des Superlearning-Repertoires für beschleunigtes Lernen und gesunde Leistung auf hohem Niveau.[1]

»Turning Sound«: Sophrologie-Musik

Sie haben Kopfschmerzen oder sich einen Beinmuskel gezerrt? »Gehen Sie nach Hause, und nehmen Sie zwei Tonbänder! Morgen früh werden Ihre Beschwerden gewiß weg sein.« So lautet das Rezept von Dr. Raymond Abrezol, dem Schweizer Sophrologen, der sehr gefragt ist als Trainer von Olympiateilnehmern. Das gleiche Rezept verordnete er später auch, um dem Memorieren das Mühselige zu nehmen. Abrezol ist in einem Langzeitprojekt engagiert,

---

[1] Eine Liste von Musikstücken zeitgenössischer sowie berühmter Barockkomponisten mit dem Taktmaß von 60 Schlägen pro Minute finden Sie auf Seite 293 ff.

»Turning Sound«: Sophrologie-Musik

das zeigt, daß ein Geistkörper-Training Krankheitszeiten und Arztkosten reduziert. Darum war es für ihn selbstverständlich, eine drogenfreie Schmerzkontrolle zu erproben.

Aus dem Wissen um die positiven Wirkungen der Barockmusik entwickelte er »Turning Sound«, den Dreh- oder Wendeschall: Barockmusik, in der bestimmte Frequenzen elektronisch verändert werden und eine rhythmische Verschiebung des Klangs nach vorn und hinten von einem Ohr zum anderen erfolgt. Diese Verlagerung nach vorn und hinten stimuliert abwechselnd jede der beiden Hirnhälften. Die Hörer vernehmen außerdem einen Atemton, ein periodisches Signal, das ihre Atmung langsam und rhythmisch hält. Als Trainer von Hochleistungssportlern sah Abrezol in der Verwendung von Musik und mentalem Training zusätzliche gesundheitliche Vorteile: Damit konnte man die Athleten schmerzfrei und auf einem hohen Leistungsniveau halten, ohne daß bei späteren Dopingkontrollen Reste von Medikamenten gefunden und die Sportler disqualifiziert wurden.

Abrezol ließ seine »Turning Sound«-Bänder von seinen Schützlingen – Sportlern, Ärzten, Zahnärzten – testen. Sie erklärten, daß die Musik sie in einen Zustand zu heben schien, in dem Schmerzen nicht weh tun. »Turning Sound« übertüncht in Europa nun schon seit Jahren den Schmerz, nicht nur bei Sportbegeisterten, sondern ebenso bei Frauen, die Anhängerinnen der natürlichen Geburt sind. Jetzt hat er auch den Sprung nach Amerika geschafft.

Musikalische Schmerzkontrolle wird in amerikanischen Krankenhäusern angewendet und dokumentiert. Im St. Agnes Hospital in Baltimore erklingt auf den Stationen für kritische Fälle klassische Musik. Dr. Raymond Bahr, Chef der Herzinfarkt-Intensivstation, berichtet: »Eine halbe Stunde Musik hat die gleiche Wirkung wie zehn Milligramm Valium.« Im St. Luke's Hospital in Cleveland spielt man den Patienten vor und während operativer Eingriffe Vivaldi, Mozart und Brahms vor, um ihren Bedarf an Beruhigungs- und Schmerzmitteln zu reduzieren. Abrezol glaubt, daß seine elektronisch veränderte Musik die schmerzstillende Wirkung steigert.

Abrezol erkannte eines Tages, daß sein »Turning Sound« den idealen Geisteszustand für beschleunigtes Memorieren herbeiführte. Wenn Sie diese Technik anwenden wollen, legen Sie den Stoff, den Sie lernen müssen, einfach vor sich hin. Dann schließen Sie die Augen und lassen den »Turning Sound« zwischen den beiden

Hirnhälften hin- und herspielen, hin und her, und sich in den Spezialzustand der Superempfänglichkeit versetzen. Sie öffnen die Augen und blicken sieben bis acht Sekunden auf Ihren Stoff, ähnlich wie eine Kamera, die einen unbeweglichen Gegenstand mit langer Belichtungszeit aufnimmt. Danach schließen Sie die Augen wieder und überlassen sich die gleiche Zeitspanne lang der Musik. Dieser Vorgang wiederholt sich in gemessener, rhythmischer Weise, während der Stoff Ihrem Geist eingeprägt wird.

»Dies ist eine Gedächtnistechnik für alle Zwecke«, versichert Abrezol. Man kann sie zur Beschleunigung des Lernens von allem verwenden und – das ist ein großes Plus – in jeder Sprache. Nach einiger Zeit, so sagt Abrezol, erfolgt das Memorieren automatisch. Er experimentiert noch immer und erzielt derzeit gute Resultate mit zeitgenössischer Musik als »Turning Sound«.

Auf den Rhythmus kommt es an

Haben Sie je erlebt, daß Ihre Augen sich verschleiern, wenn Sie mit *langweiligem* Material konfrontiert werden, das Sie unbedingt in sich aufnehmen müssen? Wachen Sie auf! Sie können die Langeweile mit Schlägen (Beats) schlagen! Sie können mit Hilfe des Tapp, Tapp, Tapp dieser Rhythmen neue Potentiale anzapfen. Der Ingenieur Robert Monroe aus Virginia stellte fest, daß spezifische rhythmische Schläge Ihnen in vielfältiger Weise zu helfen vermögen, vom Lesen bis zum Zeichnen, von der Konzentration im Klassenzimmer bis zum Gewichtheben. Wahrscheinlich sind sie ein idealer, medikamentenfreier Weg zur Überwindung der wachsenden Konzentrationsprobleme.

In Tacoma umwirbelten die sinnenhaften Saitenklänge von Kitaros *Seidenstraße* Sechstkläßler, die Mathematik lernten. Vangelis' *China* erklang, während Drittkläßler lasen. Weiter hinten im Gang umgab Paul Horns melodiöse Musik Erstkläßler, die mit kreativem Schreiben beschäftigt waren. Nicht nur der plötzliche Leistungssprung bei den Kindern vermittelte den Lehrern ein gutes Gefühl. Während die in die Musik eingebetteten speziellen Schläge die Gehirne der Schüler unwahrnehmbar harmonisierten, um sie in den »Bestzustand« für Konzentration und Lernen zu bringen, profitierten auch die Lehrer davon.

Robert Monroe, Bewußtseinsforscher und Gründer des Monroe-Instituts für angewandte Wissenschaft, entwickelte eine Technik, in der Schlagfrequenzen dazu eingesetzt werden, das Gehirn an synchronisierte rhythmische Muster zu gewöhnen. Ihr Gehirn erzeugt eine Überlagerungsfrequenz. Wenn Sie Kopfhörer aufsetzen und z. B. ein Signal von 100 Hertz an Ihr linkes Ohr sowie von 105 Hertz an Ihr rechtes Ohr gesandt wird, beginnt Ihr Gehirn mit dem Unterschiedswert zu schwingen, also mit 5 Hertz. Diese Resonanz ist ein wirksamerer Weg zum Training des Gehirns als die Verwendung äußerer Signale, und sie wird Ihr ganzes Gehirn binnen Sekunden in Einklang bringen. Monroe taufte seine Technik Hemi-Sync (Hemisphären-Synchronisation). Sie ist ein weiterer effektiver Weg, mittels Schall Ihre geistige Reichweite zu vergrößern. Hemi-Sync können Sie benutzen, um jenen Gehirnzustand zu wählen, der am besten für das geeignet ist, was Sie tun wollen: lernen, visuelle Vorstellungen heraufbeschwören, sich körperlich ausarbeiten.

»Die Krux mit der Bildung!« Dieses hoffte der Philosophieprofessor Devon Edrington bannen zu können. Es ist ein gleichmäßig verteiltes Übel, das uns alle befällt: abschweifende Aufmerksamkeit. Am Tacoma Community College leitete Edrington über Kopfhörer bestimmte Taktfrequenzen in die Ohren von Studenten, die sich mit den unterschiedlichsten Themen befaßten. Psychologiestudenten, die mittels Hemi-Sync in einen Zustand konzentriertester Aufmerksamkeit versetzt wurden, erzielten bei mehreren Tests signifikant bessere Zensuren als jene, die sich mit eigenen Methoden zu konzentrieren versuchten. Die Chance, daß die Verbesserung ein Zufall war, betrug eins zu zehntausend.

»Warum können wir diese ›Taktrhythmen‹ nicht auch in den Grundschulen verwenden?« hatte ihn Jo Dee Owens, die Lehrerin einer ersten Klasse, immer wieder gefragt. Nach einigem Zögern hatte Edrington schließlich eingewilligt, es zu versuchen. Kopfhörer übertrugen den Takt zwar besser, doch die vielen Kabel um den Kopf von lebhaften Kindern schreckten ihn. Darum richtete er in Owens' Klassenzimmer Stereolautsprecher ein. Die gegen Langeweile ankämpfenden Taktschläge taten auch so ihre Wirkung. Bald machten sich Eltern, der Rektor und Schulinspektoren auf den Weg zu dem Klassenzimmer mit den unerhörten Rhythmen. Die Erstkläßler hatten sich verändert. Ihre Konzentration war beeindruckend, ebenso ihre aktive Beteiligung am Unterricht und die

Fähigkeit, für sich allein zu lernen. Einige Kinder führten Schreib- und Rechenaufgaben aus, während die Lehrerin mit anderen arbeitete. Wieder andere schrieben kleine Geschichten. »Dann lasen sie ihre Geschichten vor«, berichtete Bruce Anaklev, der Grundschulinspektor von Tacoma. »Sie hielten kurze Reden und beantworteten Fragen ihrer Klassenkameraden. Erstkläßler!«

Um den Lehrern zu helfen, ihre Kinder in den »Bestzustand« zu versetzen, entwickelte Edrington den Binauralen (zweikanaligen) Phaser: eine Art Taktfabrik, einen Synchronizer, der es ermöglicht, sechs verschiedene Frequenzmuster mit Musik zu mischen. Die einzelnen Muster sind für bestimmte Konzentrationserfordernisse vorgesehen. Wenn die Kinder nach einem hitzigen Volleyballspiel ins Klassenzimmer stürmen, kann die Lehrkraft auf ein Muster schalten, das im Gehirn für ein paar Minuten die langsamen, beruhigenden Deltawellen hervorruft. Dann schaltet sie auf eine andere Taktfrequenz, um die Konzentration der Aufmerksamkeit auf Biologie zu fördern. Wenn Kunst oder Geometrie an der Reihe sind, wählt sie wieder ein anderes Muster. Angeblich gelingt es nach ein paar Monaten, sich ohne Hilfe der Taktfrequenzen auf den gewünschten Gehirnzustand einzustimmen.

Auch bei Erwachsenen schweift die Aufmerksamkeit oft ab. Hans Heinzerling, Magister an der Universität von Puget Sound/Washington, schaltete Edringtons Synchronizer bei einem Lehrerschulungskurs ein, der an schwülheißen Sommertagen stattfand. Die Takte griffen, die Lehrer reagierten mit einer konzentrierten Aufmerksamkeit und regen Teilnahme, die Heinzerling begeisterte. »Ich würde am liebsten nie mehr ohne den Synchronizer arbeiten«, sagte er. In Fort Lewis/Washington setzten Militärlehrer die Taktfrequenzen in Fremdsprachenkursen ein und berichteten später auf nationalen Bildungskonferenzen über ausgezeichnete Ergebnisse.

Wir brauchen Bürger, die nicht nur geschult, sondern *gebildet* sind! Dies war Edringtons Überzeugung, für die er leidenschaftlich eintrat. Wir brauchen »Menschen mit expansivem Bewußtsein, das sie befähigt, andere Standpunkte zu schätzen, Paradoxe zu tolerieren, Ideale zu haben, zu träumen«, sagte er uns vor seinem Tod. Devon Edrington hatte hart gearbeitet, um uns praktische Möglichkeiten zur Verwirklichung eines immerwährenden Traums der Philosophen zu geben, des Traums vom gebildeten Bürger.

3-D-Schall

Ihre Ohren senden Schall aus! Fortwährend strahlen Ihre Ohren Töne mit äußerster Präzision über einen weiten Bereich aus. Diese neue Erkenntnis hatte zur Folge, daß sich die Wissenschaft vom Hören dem Ohr als Schallquelle zuwandte. »Erstaunlich«, so charakterisiert Dr. William Brownell von der Medizinischen Fakultät der Johns-Hopkins-Universität in Baltimore die Entdeckung. Ein Kollege von ihm fand, sie sei genauso überraschend, als würden unsere Nasen Gerüche aussenden. Ohrschallwellen helfen Ihnen, Gesprochenes zu verstehen und die Richtung zu erkennen, aus der ein Ton kommt. Bald werden sie vermutlich auch die Einbildungskraft steigern. Ohrschallwellen funktionieren etwa so wie holographisches Radar; sie verhalten sich wie ein Referenzbündel, das eintreffende Töne in einem Interferenzmuster durchschneidet.

Machen wir doch das Beste aus den Ohrschallwellen, beschloß der italienische Physiologe Ugo Zuccarelli und verwendete sie für eine neuartige 3-D-Schallaufzeichnung: die Holophonetik. Wenn Sie holophonetische Aufnahmen hören, haben Sie das Gefühl, in eine neue Welt versetzt zu werden, eine Welt der Synästhesie, der Verschmelzung mehrerer Sinneseindrücke, wie sie Dichter oft preisen. Es ist die Miterregung eines Sinnesorgans bei Reizung eines anderen. Wenn Sie auf einer holophonetischen Aufzeichnung das Anreißen eines Streichholzes hören, riechen Sie auch den Schwefel. Wenn Sie das Knacken und Knirschen beim Zerbeißen von knusprigen Cornflakes hören, schmecken Sie sie auch. Holophonetische Tonbänder könnten das geistige Sichvorstellen oder Imaginieren mittels aller Sinne, das so wichtig ist für Gedächtnis, Lernen und mentales Proben von Spitzenleistungen, ungeheuer fördern. Holophonetische Superlearning-Musik könnte, würde jemand sie produzieren, verblüffende neue Perspektiven eröffnen.

Neuroakustik

Was passiert, wenn man vielfältige Schall-Geist-Technologien miteinander vermischt: 3-D-Schall, binaurale Takte und anderes? Die Neuroakustikforscher Terry Patten, Julian Isaacs, Charles Wilson und Stuart Dubey gehen dieser Frage mit all ihren Mitteln nach. Aus dem Wissen heraus, daß Geistforscher seit der Zeit der vedischen Texte behaupten, bestimmte Töne hätten Einfluß auf die Art, wie wir denken, uns verhalten und leben, experimentierten sie in ihren Schall-Laboratorien mit akustischen Neuerungen. Die Resultate? »Außergewöhnlich!«

Heute gibt es viele neue Formen der Darstellung, wie magnetische Resonanz und CAT-Scanner, um genau zu bestimmen, was gewisse Töne im Gehirn bewirken. »Natürlich waren diese Schalltechnologien nicht nur kompatibel, sondern wirkten auch synergetisch«, berichtete das Team. »Das Ganze war mehr als die Summe der Teile.« Die Forscher stellten eine Reihe von »Hirn-Geist-Resonanz«-Tonbändern und eine neuroakustische Labor-Forschungsausrüstung zusammen, womit jeder experimentieren kann. Sie schufen Klänge, die dazu bestimmt sind: a) die Produktivität anzukurbeln, b) die Entspannung zu vertiefen, c) die Bewußtheit zu konzentrieren, d) das Bewußtsein zu erweitern. Ihre Bänder lösen Kommentare von »mühelose Entspannung« bis zu »Hervorrufung von Zuständen der Freude, des Einsseins, der Wonne« hervor.

Eine neue Oktave der Möglichkeiten

Die Barockmusik ist heute ein Charakteristikum vieler beschleunigter Systeme. Vielleicht wäre jetzt der Zeitpunkt gekommen, dem »Schall«-Weg zur Erschließung menschlicher Fähigkeiten eine weitere Oktave anzufügen. Die innere Welt der Musik und die innere Musik der Welt werden erst jetzt nach und nach enthüllt. Viele dynamische Kräfte der inneren Welt sind unter der Oberfläche von Superlearning längst aktiv. Wenn Sie sie verstehen, vermögen Sie sie effektiver zu nutzen. Superlearning umfaßt den Einsatz all Ihrer Fähigkeiten in harmonischer Übereinstimmung, und die nächsthöhere Oktave zeigt Möglichkeiten auf, in harmonischer Übereinstimmung mit der Welt um Sie herum durchs Leben zu gehen. Dissonanzen können Sie, sobald Sie sich ihrer bewußt sind, durch eine sehr gesunde Harmonie ersetzen. Einer der Wege zu größerer Harmonie fußt auf der Neugewinnung alten Wissens. Ein anderer basiert auf dem verblüffenden Werk von Dr. Alfred Tomatis, einem Mitglied der französischen Akademie der Medizin und der Wissenschaft. Sein Werk erschließt den Menschen höhere Oktaven der Begabung und Vitalität sowie inzwischen vielfach bewährte Verfahren, um bei Lernbehinderten eine beträchtliche Beschleunigung des Lernens zu erreichen.

Sogar Wissenschaftler hatten den Eindruck, daß bei der Reise ins innere Land des Schalls etwas Mythisches mitklingt, wie etwa die »Suche nach der verlorenen Arche«. Diese wurde von den Wissenschaftlern zwar noch nicht aufgespürt, aber einem verlorengegangenen Akkord scheinen sie sehr nahe zu sein. Derzeit wird ein Schatzfund an Informationen ausgegraben, Informationen über Fähigkeiten und Aspekte des Menschen (z. B. unsere 264 00 tanzenden Corti-Zellen[1]), deren Existenz den meisten von uns noch völlig unbekannt ist.

---

[1] Siehe dazu Kapitel 8, Seite 110ff.

8
Geheimzutaten in der Musik

»Ich kann abends einfach nicht einschlafen«, klagte im 18. Jahrhundert ein gutgekleideter Besucher bei Johann Sebastian Bach. »Ich bin tagsüber zunehmend benommen. Das kann in meinem Beruf katastrophale Folgen haben. Wissen Sie vielleicht ein Gegenmittel?« Bach komponierte in kurzer Zeit ein spezielles Musikstück. Ein Cembalist wurde damit zu dem Schlaflosen geschickt, um es ihm am Abend vorzuspielen. Dieser schnarchte bald. Seine Schlaflosigkeit verschwand dank des allabendlichen Spiels, und sein Wohlbefinden war wiederhergestellt. Der dankbare Mann, es war der russische Gesandte Graf Keyserlingk, honorierte die heilsame Komposition großzügig. Bach nannte das später berühmt gewordene Musikwerk nach dem gefälligen Cembalisten *Goldberg-Variationen.*

Woher wußte Bach, welche Akkorde er in seine schlaffördernde Musik aufnehmen mußte? Wußte er, welche Harmonien sich als »Musik für den Geist« erweisen würden, welche Tonfolgen mit dem in Resonanz treten würden, was Abraham Lincoln dann als die »mystischen Akkorde des Gedächtnisses« bezeichnete?

»Kannten Bach und andere Komponisten seiner Zeit das Geheimnis des Raja-Yoga?« fragte Dr. Losanow gern. »Natürlich kannten sie es!« antwortete er dann selbst mit Nachdruck. *Yoga* bedeutet »Joch« oder »verbinden«, und Komponisten der Barockzeit glaubten, daß bestimmte Elemente in der Musik die Menschen mit den Energien des Kosmos verbinden könnten. Komponisten wurden darin geschult, für Harmonie, Kontrapunkt, Rhythmus und Tempo bestimmte Tonarten, Tonfolgen und Akkorde zu verwenden. Ihre »mathematische« Musik sollte auf die Zuhörer wirken, indem sie Körper und Geist zu harmonischen kosmischen Mustern synchronisierte. Musik war angeblich der Schlüssel zu sichtbaren und unsichtbaren Welten. Diese Vorstellung von den verborgenen Kräften der Musik hatte in der alten Zeit allgemeine Gültigkeit.

Die hermetische Philosophie erlebte ihre Glanzzeit im alten

Ägypten. Ihr legendärer Gründer, Hermes Trismegistos, widmete der Kunst der Musik zwei Schriften und offenbarte, wie man die Musik einsetzen konnte, um eine ganze Reihe von Krankheiten zu heilen und scheinbar übernatürliche Bravourleistungen heraufzubeschwören. Die hermetische Philosophie bedeutet, daß alles im Universum mit seiner jeweils eigenen, einmaligen Frequenz schwingt und daß aufgrund der harmonischen Resonanz eine Übereinstimmung zwischen allen Dingen besteht. Mathematiker der alten Zeit notierten die Verhältnisse der verschiedenen Planetenkreisbahnen, zählten die Rhythmen in der Natur, berechneten die Proportionen des menschlichen Körpers und schufen eine »heilige Geometrie«: einen Satz mathematischer Verhältnisse. Man solle sie in der Musik oder der Architektur verwenden, lehrten die Mathematiker, um mit den Fundamentalkräften des Universums in Resonanz zu treten und das Leben zu intensivieren.

Diese Resonanzbestimmungen verbreiteten sich im Lauf der Jahrhunderte über Geheimgesellschaften und Logen sowie durch die Gilden von Musikern, Architekten und Steinmetzen oder Maurern. Wie diese heiligen Formeln laut der damaligen Auffassung funktionierten, versteht man gut, wenn man sich vorstellt, daß man in einem Raum voller Pianos auf einem dieser Instrumente die Note C anschlägt. Das C wird dann durch Resonanz auch auf allen anderen Klavieren erklingen. Genauso verhält es sich, wenn Sie bestimmte Akkorde spielen: Sie treten in Resonanz mit spezifischen Energien, von denen einige den Geist ausweiten, andere heilen und manche schaden können. Für unsere Altvordern durchdrang die Oktave, also die musikalische Tonleiter oder Skala, den Kosmos – und heute beweist die Wissenschaft die Richtigkeit ihrer Vorstellung.

Anhand des Oktavenprinzips können Sie sich ein mathematisches Verhältnis oder eine mathematische Beziehung zwischen den Schwingungen einer Note, einer Farbe, einer Chemikalie oder einem Duft vorstellen. Die Note A unter dem mittleren C beispielsweise schwingt mit 213 Hertz und steht mit der Farbe Orangegelb sowie dem Metall Kupfer in Beziehung. Die Note H unter dem mittleren C schwingt mit 240 Hertz und steht mit Gelb sowie mit Zink in Verbindung.

Die alten Musikschulen glaubten, ihre Kunst sei die Brücke zur Bewußtheit, und stellten einen »heiligen Kanon« bestimmter Harmonien, Intervalle und Proportionen zusammen, die als Verbindungstöne verwendet werden sollten. Hörten die Menschen Musik, die diesem Kanon entsprach, synchronisierten oder verbanden sich die Schwingungen ihrer Zellen und ihre Körperrhythmen angeblich mit den Rhythmen der Planeten und Pflanzen, der Erde und des Meeres. Weise Menschen waren der Ansicht, solche Klänge könnten Disharmonie und unstimmige Muster fortspülen. Die Vorstellung, daß bestimmte Töne Menschen beeinflussen können, findet sich auch in frühen semitischen und arabischen heiligen Texten. Die Schamanen Mittelasiens, die indischen und orientalischen Musiker kannten musikalische Methoden zur Ausweitung des Geistes, zur Schmerzdämpfung und zur Erlangung der Fähigkeit, über glühende Kohlen zu gehen, ohne sich zu verbrennen. Und bestimmte Formen der Musik dienten als Weg zur Erleuchtung. Ähnliche Vorstellungen durchdrangen die traditionelle Musik Japans. Es überrascht kaum, daß langsame Passagen der japanischen Koto-Musik, wie Tests belegen, dieselben anregenden und stärkenden Wirkungen auf Geist und Gedächtnis haben wie die Barockmusik. (Das Koto ist eine japanische Zither, ein längliches Holzinstrument mit dreizehn Seidensaiten, die in hochfrequenten Obertönen schwingen.)

In Indien stimmen Künstler, die traditionelle Musik spielen, wie z. B. Ravi Shankar, ihre Instrumente heute noch auf den »Grundton« oder OM ein. Im allgemeinen wird diese Musik auf dem Sitar gespielt, einer Langhalslaute mit sieben Spielsaiten und einem Dutzend weiterer Saiten, den Resonanzsaiten, die in Obertönen mitschwingen. Alle Saiten müssen auf die »Urschwingung« oder den »ewigklingenden Ton« gestimmt sein, der dem Cis (136,10 Hz) und der Farbe Türkis-Blaugrün entspricht. Zwar kann man in diesem Zusammenhang eine Note kaum als »Urschwingung« bezeichnen, doch haben Wissenschaftler etwas entdeckt, das diese Bezeichnung tatsächlich verdient.

Dieser indische Ton, auf den gestimmt wird, zeigt ein genaues Verhältnis zu einer grundlegenden Frequenz der Erde. Der Sitar wird auf den Klang der Bewegung der Erde um die Sonne gestimmt, der für uns eigentlich unhörbar ist. Er wird Erdenjahrton genannt. Wenn die auf der Erde eingestimmte Musik erklingt, schwingt in den Hörern der »Grundton« nach und verbindet sie mit dem Universum. Ravi Shankar und andere Sitarspieler sagen, ihre Musik verkörpere das Prinzip der Entspannung auf spiritueller Ebene.

Mittlerweile liegen wissenschaftliche Beweise für die alten Auffassungen von kosmischen Obertönen vor. Ein amüsantes Beispiel, wie durch Zufall unerwartete Entdeckungen gemacht werden können, kommt aus dem Bruckmann-Verlag in München. Bruckmann hatte ein Problem. Immer wieder produzierten die Pressen des Verlags aus unerklärlichen Gründen Ausschuß. War vielleicht das Wetter daran schuld? Der Ingenieur Hans Baumer forschte und untersuchte; die Schlechtwettertage deckten sich jedoch nicht mit den Problemtagen. Dann bemerkte Baumer etwas Seltsames. Die Maschinen verhielten sich wie Omas Rheumatismus. Die Probleme traten zwei Tage *vor* gewittrigem Wetter auf.

Schließlich gelang es Baumer, seine wissenschaftliche Perspektive zu retten, indem er den rationalen Grund herausfand. Er hatte es mit »atmosphärischen Störungen« zu tun, kurzen elektromagnetischen Impulsen, die von der Erde ausgehen und das Wetter verändern können. Die Druckerei verwendete für die Zylinder ihrer Pressen eine Proteingelatine. Wenn die elektromagnetischen Impulse eine spezifische Schallfrequenz erzeugten, trat das Protein in harmonische Resonanz mit ihr, was den Druck verschmierte. Baumer machte noch eine weitere Entdeckung, die ihm eine Veröffentlichung in wissenschaftlichen Zeitungen eintrug. Er fand heraus, daß diese von der Erde ausgehenden elektromagnetischen Ausbrüche der musikalischen Tonleiter entsprechen.

»Sie stehen ganz klar in einfacher numerischer Beziehung zueinander, gemäß den Oktaven, der fünften, der vierten, der dritten usw. im Schallfeld«, berichtete er. Einen Punkt, der Amerikaner amüsieren würde, übersah Baumer. Während Mutter Erde sich dreht, schlägt sie ab und zu *The Star-Spangled Banner* an, zumindest die Anfangsnoten der Nationalhymne; sie sind eine der »Melodien« der von unserer Erde ausgesandten elektromagnetischen Impulse.

Proteine leben und resonieren in uns. Zwei angesehene deutsche Wissenschaftler machten unabhängig voneinander die Beobachtung, daß die außergewöhnlichen Informations- und Baumoleküle DNS und RNS mit einem Oktavton aus dem Rotationsmuster der Erde in Resonanz treten – eines der vielen wissenschaftlichen Beispiele dafür, daß unser Fleisch und Blut auf universale Resonanz eingestimmt sind.

Tonarten, die den Geistkörper fördern

Jede Musik enthält jene Noten, die uns in Resonanz mit verschiedenen Elementen im Universum bringen. Ein vor kurzem gelungener mathematischer Durchbruch macht es möglich, sich auf *präzise* wohltuende Wirkungen musikalischer Tonarten einzustimmen, die mit *spezifischen* nützlichen Resonanzen verbunden sind. Der schweizerische Wissenschaftler und Autor Hans Cousto untersuchte die mathematischen Berechnungen der alten Musiker, die Schallresonanzen mit dem Universum in Verbindung brachten. Er ermittelte die genauen Berechnungen der Schallfrequenzen jener Tonarten, die mit jedem Planeten resonieren sowie ihre Geistkörper-Wirkungen. Dann entwickelte er exakt kalibrierte Stimmgabeln für jede dieser »planetaren« Tonarten; im Lauf dieses Vorgangs wurde er bekannt für eine neue, bessere Weise, Orchester zu stimmen. Einige Beispiele:

- Die Tonart G (194,71 Hz) resoniert mit den Frequenzen des Erdentags sowie der Farbe Orangerot und hat eine dynamische, stimulierende, energiespendende Wirkung auf den Geistkörper.
- Die Tonart Cis (134,10 Hz) resoniert mit dem Erdenjahr und der Farbe Türkisgrün. Dies ist eine beruhigende, meditative, entspannende und konzentrierte Tonart.
- Die Tonart F (172,06 Hz) resoniert mit dem platonischen Jahr (umfaßt etwa 26000 Jahre) und der Farbe Purpurviolett. Sie hat eine heiter stimmende, spirituell anregende Wirkung.

Cousto behauptet, daß man sein ganzes Energiesystem neu beleben und fördern kann, indem man mit den Tönen der Planeten in Resonanz tritt. Durch Schallresonanz könnten wir unser Einssein mit dem Universum spüren. Um sich die spezifischen Wohltaten dieser kosmischen Verbindungen zu sichern, sollten Sie Musik wählen, die in den genannten Tonarten geschrieben ist, oder Coustos Stimmgabeln ausprobieren. Man bringt sie zum Schwingen und legt sie dann auf verschiedene Akupunkturpunkte des Körpers, um zu versuchen, sich wieder auf die universellen Energien einzustimmen und auszurichten. In einigen Superlearning-Kursen werden die Stimmgabeln benutzt, um den Geistkörper vor dem Kurs »einsatzbereit« zu machen oder zu entspannen und Streß abzubauen.

Klänge, die das Gehirn mit Energie versorgen

»Manche Klänge sind genauso gut wie zwei Tassen Kaffee«, sagt der renommierte französische Ohrenspezialist Dr. Alfred Tomatis. Seit die Menschheit zu musizieren begann, half ihr die Musik, den Bedürfnissen des Tages und des Geistkörpers gerecht zu werden. Es gibt Wiegenlieder, Kriegslieder, Seemannslieder – die Liste ist so vielfältig wie die menschliche Geschichte und Kultur. In unserer High-Tech-Zeit hat Tomatis einen High-Tech-Weg zu den inneren Kräften des Schalls erschlossen, der tatsächlich »Super«-Kräfte freisetzt für die Ausweitung der geistigen Fähigkeiten, für das Heilen und ganz allgemein für Energiezufuhr.

»Schall kann eine außergewöhnliche Energiequelle sein«, erklärt Tomatis. Er ist mittlerweile ein Siebziger und behauptet, bis zum Rand voller Energie zu sein und nur drei bis vier Stunden Schlaf pro Nacht zu brauchen, weil er bei der Arbeit im Hintergrund spezielle Musik spielen läßt. Tomatis stolperte jedoch nicht einfach so über diese koffeinfreie Muntermachermusik. Jahrzehntelang untersuchte er Musikwerke mit Hilfe komplexer Instrumente, um herauszufinden, wie verschiedene Tonfrequenzen auf den Menschen wirken. Welche können Energie zuführen, welche ziehen sie ab – und wie geschieht dies? Er gelangte zu einer verblüffenden Schlußfolgerung: »Das Ohr ist nicht nur zum Hören geschaffen. *Das Ohr ist dazu geschaffen, Gehirn und Körper mit Energie zu versorgen.«*

Man empfängt Energie also auch durch die Ohren? Als Tomatis Musik von Bach und Mozart, gregorianische Gesänge und das Anstimmen von OM erforschte, zeigten seine wissenschaftlichen Instrumente an, daß Müdigkeit, Blockaden und die schwächenden Wirkungen von Streß auftraten, wenn den zentralen grauen Nuklei in der Großhirnrinde die elektrische Ladung ausging. Diese Zellen funktionieren laut Tomatis wie kleine elektrische Batterien. Sie erzeugen die Elektrizität für das Gehirn, damit es jene elektrischen Hirnwellen produzieren kann, die man auf dem EEG sieht. Man würde meinen, daß diese kleinen Batterien durch den Stoffwechsel des Körpers nachgeladen werden. Keineswegs, behauptet Tomatis. Und hier gelang ihm ein großer Durchbruch.

Etwas, das von außen kommt, lädt Ihre Batteriezellen auf, und dieses Etwas ist *Schall*, besonders Hochfrequenzschall. Als Vermittler fungieren Ihre Corti-Zellen, die bemerkenswert sind. Könnten Sie eine Reise durch Ihr Innenohr machen, würden Sie, nachdem Sie durch die labyrinthischen Spiralen der Schnecke gewirbelt sind, plötzlich zur »Corti-Chorus-Linie« kommen, zur längsten Reihe von Präzisionstänzern auf der Welt. Es sind 24600 langstielige, in Reihen angeordnete Zellen, die mit perfekter Präzision zu jedem Ton tanzen, ähnlich wie die Tänzer in dem bekannten Musical. Die mittels dieses außergewöhnlichen Tanzes erzeugte Energie strömt zu Ihrem Gehirn, und einiges davon gelangt über den Vestibularast Ihres Hörnervs zu den Muskeln Ihres Körpers. Hochfrequenzschall versorgt also Ihr Gehirn mit Energie, während er gleichzeitig Muskelspannungen abbaut und im Körper in vielerlei anderer Weise »ausgleichend« wirkt. Er beeinflußt sogar Ihre Körperhaltung. Einige dieser hohen, mit Kraft geladenen Töne sind in der Superlearning-Musik enthalten.

Den Energieschub bekommen Sie jedoch nicht, wenn Sie die Hochfrequenztöne nicht *hören* können. Diese Entdeckung von Tomatis liefert eine Erklärung dafür, warum manche Nordamerikaner durch die Barockmusik nicht den begeisternden Vitalitätsanstieg erhielten, den Osteuropäer registrierten. Man kann darauf wetten, daß ein beeinträchtigtes, vor allem durch Lärmbelästigung geschädigtes Gehör daran schuld ist, denn die Osteuropäer leiden bei weitem nicht unter einem solchen Schallansturm wie die Amerikaner. Tomatis entdeckte außerdem, daß jedes Wesen sich daran gewöhnt, im Rahmen des Tonspektrums seiner Muttersprache zu hören. Daraus resultiert ein großer Unterschied in der Art, wie Menschen Musik aufnehmen. Das Hörspektrum reicht z. B. bei slawischen Sprachen von sehr niedrigen bis zu sehr hohen Frequenzen. Beim amerikanischen Englisch ist es viel schmaler.

Wir kommen mit einem sehr weiten Hörbereich zur Welt, können niedrige Töne bis zu 16 Hertz und hohe Töne bis zu mehr als 20 000 Hertz wahrnehmen. Dann fordern das Alter, manchmal Ohrinfektionen und fast immer die große Lärmbelastung ihren Tribut. Preßlufthämmer, die sich mit 3500 Schlägen pro Minute in den Beton bohren, alle motorisierten Verkehrsmittel, laute Musik, ratternde Maschinen – sie alle verengen unseren Hörbereich. Einer der Gründe, warum wir uns ausgelaugt zu fühlen beginnen, wenn wir älter werden, ist laut Tomatis, daß wir die hohen Töne, die uns neue Energie geben könnten, nicht mehr hören. Dr. David Lipscomb vom

Geräuschlaboratorium der Universität von Tennessee berichtete bereits 1982, daß 60 Prozent der Studienanfänger an signifikanten Hörverlusten im Hochfrequenzbereich litten. »Diese jungen Leute beginnen ihr Berufsleben mit Ohren im Rentenalter«, sagte Lipscomb.

Lassen sich »ältere« Ohren in junge zurückverwandeln? Wieder kommt Hilfe von Dr. Tomatis. Man kann Ohren mit Schall verjüngen, versichert er. Das klingt paradox, Hören durch Hören wiederherstellen! Doch für Tomatis, den Sohn eines berühmten Opernsängers, in dessen Haus Musiker ein und aus gingen, war es ganz natürlich, sich dem Schall und der Musik wegen ihrer oft selbst erfahrenen Heilkraft zuzuwenden.

Erinnern Sie sich an Ihren Biologieunterricht in der höheren Schule, in dem Sie etwas über die drei bekannten Gehörknöchelchen hinter Ihrem Trommelfell erfuhren – über Hammer, Amboß und Steigbügel? Stellen Sie sich jetzt vor, daß Sie auf einer Schallwelle in Ihr Mittelohr surfen. Dort arbeiten die Knöchelchen drauflos, Muskeln spannen und entspannen sich, um das Trommelfell zu justieren, etwa so, als drehe man eine Satellitenschüssel, damit sie auf ankommende Frequenzen reagiert. Die Muskeln in Ihrem Mittelohr wirken ein bißchen schlaff, und Sie haben das Gefühl, daß sie nicht die volle Leistung bringen. Plötzlich ertönt ein Zischlaut. Ihre Muskeln geben sich einen Ruck, als seien sie von einem Drillmeister angeschnauzt worden. Spannen, entspannen, pumpen, pumpen, wieder und wieder. Es ist ein Training, das die Muskeln des Mittelohrs täglich absolvieren werden, bis sie sich soweit gekräftigt haben, daß sie wieder in der Lage sind, das Trommelfell in der richtigen Position zu halten.

Der Drillmeister ist das »Elektronische Ohr«, ein Gerät, das Tomatis erfand und patentieren ließ. Es sendet variierte Hoch-/Niederfrequenz-Töne aus, die von Ohr zu Ohr wechseln und die Mittelohrmuskeln zwingen, sich in Form zu bringen. Ist dies geschehen, wird das Innenohr »geöffnet« und das Hochfrequenzhören wiederhergestellt. Das klingt vielleicht nicht sehr aufregend, aber Tomatis-Patienten sehen das anders. Die kanadische Romanautorin Patricia Joudry hoffte eigentlich nur, das Elektronische Ohr könne ihr bei ihrem Hörproblem helfen. Es half auch, doch was sie dann wirklich begeisterte, war »ein unvorstellbarer Ausbruch von Vitalität und, mehr noch, Kreativität«.

Das »offene« Ohr hat sich als »Sesam, öffne dich« zum Superlernen und als Schlüssel zur Behebung der weitverbreiteten, zunehmenden Lernunfähigkeit erwiesen.

Tomatis zufolge ist das Ohr dazu da, dem gesamten Organismus physisch und psychisch Dienste zu leisten. Mehr noch: Durch das Ohr, sagt er, kann man den riesigen, natürlichen Vorrat an kosmischer Energie anzapfen. Und an kosmischer Energie wird nie Mangel herrschen, konstatiert er.

Welche Schallfrequenzen sollen Sie verwenden, um den Geist zu beleben? Töne zwischen 5000 und 8000 Hertz laden die »Hirnbatterien« am raschesten auf. Die schnellste Wiederaufladung erfolgt bei 8000 Hertz. Tomatis probierte die Musik vieler Komponisten aus und fand heraus, daß Mozarts Werke am meisten wiederaufladende Ultrahochfrequenztöne enthalten. Gleichzeitig ermittelte er Frequenzen, die Geist und Körper erschöpfen: Niederfrequenztöne wie sie im Lärm von Straßenverkehr, Flughäfen, Baustellen enthalten sind. Auch einige der tiefen Hämmertöne in der Rockmusik sind laut Tomatis »hirnentleerende Töne«.

Die Kraft der Hochfrequenztöne

Acid Rock ist ein Schall, der auch Geranien erschöpft. Seit den Tagen des spirituellen Pflanzenforschers Luther Burbank weiß man, daß Musik und Schall die Vegetation zu beeinflussen vermögen.[1] Die alten Völker mit ihren Pflanzgesängen und ihren rhythmischen, stampfenden Fruchtbarkeitstänzen wußten es vermutlich ebenfalls. Doch mit diesem Wissen fing in unserer Zeit kaum jemand etwas an, bis Dan Carlson aus Blaine/Minnesota darin seine Lebensaufgabe fand. Nach jahrelanger intensiver Forschung isolierte er jene Frequenz, die Pflanzen auf die gleiche Weise belebt, in der Tomatis' spezifische Töne die Menschen wecken. Es ist die Frequenz von 5000 Hertz. Sie liegt am unteren Ende des Bereichs, der uns beeinflußt, wie Tomatis herausfand – eine Entdeckung, die uns staunen läßt über Mutter Natur. Interessanterweise liegt der Bereich des Vogelgesangs ebenfalls bei 5000 Hertz.

---

[1] Siehe dazu Tompkins/Bird: *Das geheime Leben der Pflanzen,* Scherz Verlag, Bern 1974, Seite 126 ff.

Carlson bettete pulsierenden Hochfrequenzschall von 5000 Hertz, der dem Zirpen einer Riesengrille ähnelt, in Bänder mit Barock- und anderer Musik ein. Er spielte seinen Pflanzen diese »Tafelmusik« vor und besprühte sie dann mit Nährlösung. Die Musik trug dazu bei, daß die Pflanzen die Nährstoffe mit einer um 700 Prozent höheren Effektivität aufnahmen.[1] Carlsons musikalischer »Dünger« erwies sich als wahrer Segen für Farmen, die unter einem extrem mageren Boden litten. Die Ernteerträge stiegen auf das Fünfundzwanzigfache. Carlson erzielte außerdem eine fünffache Wachstumsbeschleunigung. Er glaubt, daß die Schall-Spray-Behandlung auch von Hungersnot heimgesuchten Gebieten rasch helfen und zur Linderung des Hungers auf der Welt beitragen könnte. Im Frühling 1993 vermittelte Carlson seine Fachkenntnisse Rußland, um zu helfen, die dortigen Ernteerträge zu verbessern. Und 1992 wandte Prinz Charles Carlsons Methode in den Gärten von Sudley Castle an, mit dem Erfolg, daß an jedem Zweig statt der bisherigen fünf Rosen nun fünfundsechzig wuchsen.

Würde das Anhören von 5000-Hertz-Tönen in langsamer Barockmusik während des Essens auch uns Menschen helfen, die Nährstoffe unserer Speisen besser zu absorbieren? »Leichte Tafelmusik« wäre vielleicht nicht schlecht, wie Tests in einigen Restaurants zeigen. Wenn Gäste bei gemessener klassischer Musik aßen, kauten sie langsamer, verdauten besser und nahmen nicht zu. Speisten dagegen Gäste bei Rockmusik, aßen sie sehr schnell, verdauten nicht gut und nahmen zu.

Und würde im Lernbereich ein in Superlearning-Musik eingebettetes Signal von 5000 Hertz uns helfen, Daten besser aufzunehmen? Während Carlson seine Pflanzen Rekorde erreichen ließ, entdeckte der Biochemiker Dr. Ifor Capel von der Marie Curie Cancer Memorial Foundation in Surrey/England einen Schallweg, um Menschen alte Rekorde brechen zu lassen. Capel machte eine Entdeckung, die Superlerner des 21. Jahrhunderts befähigen könnte, nicht nur Daten schneller aufzunehmen, sondern auch ihren Zustand binnen eines Wimpernschlags zu verändern und wirkliche Kontrolle über Schmerzen zu erlangen. Indem er elektrische Niederfrequenzimpulse ins Gehirn einiger Menschen sandte, fand Capel heraus, daß verschiedene Frequenzen und Wellenformen un-

---

[1] Siehe dazu *SuperMemory*, Seite 158f.

terschiedliche Neurotransmitter aktivieren, diese chemischen Boten des Gehirns. Ein Signal von 10 Hertz beispielsweise steigerte die Produktion von Serotonin, einen chemischen Botenstoff, der Sie entspannt und Schmerzen lindert.

»Jedes Hirnzentrum erzeugt Impulse mit einer spezifischen Frequenz, die auf den von ihm vorherrschend abgesonderten Neurotransmittern basiert«, erklärt Capel. »Mit anderen Worten, das interne Kommunikationssystem des Gehirns – seine Sprache – hat eine bestimmte Frequenzbasis.«

Wenn Sie mit Ihrem Gehirn genau in seiner Frequenzsprache »sprechen«, können Sie eine schnelle, starke Steigerung der Produktion eines gewünschten, das Lernen beschleunigenden Neurotransmitters bewirken, ebenso die Produktion von schmerzlindernden oder lusterzeugenden chemischen Stoffen wie Endorphinen, den körpereigenen Morphinen. Wissenschaftler berechneten die Frequenzen, die die wichtigsten Hirnchemikalien stimulieren. Die lusterzeugenden Betaendorphine werden mit einer Frequenz zwischen 90 und 111 Hertz stimuliert. Die für das Gedächtnis und das Lernen wichtigen Catecholamine reagieren auf etwa 4 Hertz. Überlegen Sie: Man erzeugt eine unsichtbare Welle und beeinflußt die Fähigkeiten, den Zustand und das Verhalten eines Menschen. Das ist etwas, worüber finstere Elemente in den Regierungen der Welt seit mehreren Jahren möglicherweise nicht nur nachdenken.

Eine gute Nachricht ist, daß Sie, wenn Sie den »Jargon« des Gehirns kennen, es mit einer völlig neuen Art von Lernhilfen verblüffen können, den Mind-Maschinen. Sie haben die Möglichkeit, sich an Vorrichtungen anzuschließen, die Hunderte von Frequenzen senden, ähnlich einem vollen, hallenden Akkord unhörbarer Musik. Geräte wie beispielsweise der *Brain Tuner 5* erzeugen Frequenzen, die sowohl intelligenz- als auch gedächtnisfördernde chemische Stoffe stimulieren und sich außerdem als effiziente Heilmittel bei Sucht und Depression erweisen.[1]

Musiktöne, die mit eben diesen Frequenzen mehrere Oktaven höher mitschwingen, stimulieren offensichtlich ebenfalls chemische Botenstoffe, die Ihren Geist verändern. Praktisch jeder, der mit Schalltherapie zu tun hat, berichtet von einer regeren Aktivität des Geistes sowie von Streß- und Schmerzabbau. Viele sprechen sogar

---

[1] Siehe dazu Seite 217.

von Euphorie. Euphorie, Freude – ein Zustand, der Lernblockierungen beseitigen und einen wunderbaren Vorwärtssprung in der Leistung bescheren kann. Als Glückseligkeit bezeichnete der Endokrinologe Dr. Deepak Chopra diesen Zustand, der ihm zufolge alle Wunden heilt, psychische wie physische.

Wir mußten auf die Technologie warten, um von unserer engen Verbindung mit Frequenzen zu erfahren. Und im Westen mußten wir außerdem darauf warten, daß unsere Technologie etwas akzeptierte, das anderen Kulturen seit Jahrhunderten half: die Akupunktur. Ihre Ohren sind der Akupunkturtheorie zufolge das auf den Kopf gestellte Spiegelbild Ihres ganzen Körpers. Ohren-Akupunkteure behandeln spezifische Punkte am Ohr, um die Ch'i-Energie entlang der Meridiane zu bewegen und so den ganzen Körper ins Gleichgewicht zu bringen und zu heilen. Der wichtigste Akupunkturpunkt für eine Ganzkörper-Anästhesie befindet sich auf der unteren Ohrmuschel (Punkt 86 auf dem Herz/Lungen-Meridian des Ohres). Es ist erwiesen, daß die elektrische Stimulierung dieses Punktes mit 111 Hertz eine maximale Stimulierung der lusterzeugenden Endorphine bewirkt. Die Stimulierung des Ohrs mit spezifischen Musikschallfrequenzen, indem man Kopfhörer direkt auf den Punkt 86 plaziert, wie es die Anwender der Tomatis-Schalltherapie tun, setzt ebenfalls die Produktion von Endorphinen in Gang. Tomatis' Behandlung beschwört offenbar auch einige lebenswichtige Töne herauf, die Sie vor langer Zeit hörten, und ordnet sie, wenn nötig, zu einem anderen Muster.

Älteste Erinnerungen

Welches ist Ihre früheste – oder besser älteste – Erinnerung? Diese Frage steht im Mittelpunkt einer weiteren Entdeckung von Dr. Alfred Tomatis, einer Entdeckung, die ins Innerste des menschlichen Wesens führt. Ihre früheste Erinnerung ist ein Klang, und Sie hörten ihn durch das dunkle, behagliche Fruchtwasser des mütterlichen Schoßes: die Stimme Ihrer Mutter. Allerdings würden Sie Ihre Mutter wahrscheinlich nicht erkennen, wenn Sie sich ein Tonband anhörten, das Tomatis von ihr aufnahm, während sie durch eine Flüssigkeit sprach, wie er es bei unzähligen anderen Menschen getan hatte. Was zu Ihnen in den mit Flüssigkeit gefüllten Innenraum durchdrang, war ein außergewöhnliches Muster hoher Quiek- und Pfeiftöne, die an die Delphinsprache erinnern oder auch an Vogelgesang, der durch dichte Dschungelatmosphäre dringt. Die Tonhöhe? Genau jene Frequenz, die Tomatis als Nachladeton für die Hirnbatterien ermittelte: 8000 Hertz.

Ohne spezielle Führung können nur wenige von uns vorgeburtliche Erinnerungen beschwören, bewiesen ist jedoch, daß sie vorhanden sind. Einige davon errichten vielleicht die Lernblockierung, die uns in einem Leben des Mittelmaßes festhalten. Tomatis' Klangerinnerungen stehen aber nicht nur mit psychischen Einschränkungen in Zusammenhang. Diese Schallmuster, so erkannte er, haben mit der richtigen Entwicklung von Gehirn und Körper zu tun. Kliniken in ganz Frankreich benutzen die Hochfrequenzmuster, die nach Möglichkeit aus der Stimme der Mutter erzeugt werden, zur Auslösung verblüffender Veränderungen bei lernunfähigen Kindern, besonders »unheilbaren« autistischen. Die verwandelnde Wirkung der Hochfrequenz-Therapie bei Erwachsenen resultiert nach Tomatis' Ansicht teilweise aus dem Widerhall dieser frühesten Erinnerung, dem Gefühl von Mutter und Kind als eines. Es ist ein Gefühl der Ganzheit, das an unser Einssein mit dem Universum rührt.

Um den Menschen zu helfen, Unfähigkeiten zu überwinden und ihre Batterien nachzuladen, bereitete Tomatis Tonbänder mit Spezialmusik vor, die reich an sehr hohen Frequenzen ist: Barockmusik, Mozart, gregorianische Gesänge. Töne mit weniger als 2000 Hertz filterte er heraus. Dafür gliederte er die fluktuierenden Hoch-/Niederfrequenz-Töne der Mittelohrgymnastik des Elektronischen Ohrs ein, dieses leise Zischgeräusch, das von Ohr zu Ohr wechselt und beide Hirnhälften stimuliert. Außerdem schickte er mehr Schall zum rechten Ohr als zum linken, weil seine Untersuchungen zeigten, daß dies die Ergebnisse verbessert. In den Tomatis-Instituten, die es außer in Frankreich auch in anderen Ländern Europas und in Nordafrika gibt, schlossen sich Menschen mit Kopfhörern an die Schalltherapie-Bänder an, und nach etwa hundert Stunden des Zuhörens gingen sie mit wiederhergestelltem Gehör und voller Energie weg.

Frankreichs wichtigste Universitäten haben die Tomatis-Verfahren in umfassenden Untersuchungen geprüft; Dutzende von Kliniken wenden seine Therapien seit Jahrzehnten an. Tomatis ist Gründer einer neuen wissenschaftlichen Disziplin, der Audi-Psycho-Phonologie (APP), die seit langem eine eigene Zeitschrift herausgibt. Tomatis hat auch zahlreiche wissenschaftliche Artikel für viele Fachzeitschriften geschrieben und mehrere Bücher veröffentlicht.

Warum werden Tomatis' lebensfähig machende Entdeckungen in den Vereinigten Staaten dennoch praktisch ignoriert? Dafür gibt es mehrere Gründe: Widerstand gegen Veränderung; wenig Forschungsmittel von der öffentlichen Hand; wenig Zugang zu fremdsprachigen Daten. Es dauerte vierzehn Jahre, bis Tomatis' inzwischen auch deutsch vorliegende Autobiographie *Das Ohr und das Leben – Erforschung der seelischen Klangwelt*, die fünf Jahrzehnte bahnbrechender Entdeckungen umfaßt, auf englisch erschien.

Anführer der amerikanischen Bewegung zur Erschließung des menschlichen Potentials, wie Dr. Jean Houston, lassen nun sozusagen den Ruf erschallen. Houston preist Tomatis' Entdeckungen als »eine wahrhaft kopernikanische Revolution« an und drängt führende Fachwissenschaftler, die Wirkkraft der Obertöne zu untersuchen, die unser Leben in ein harmonisches Gleichgewicht bringen und in uns Gaben erschließen können, »von denen wir gar nicht wußten, daß wir sie haben«.

Tomatis' bahnbrechende Entdeckungen und Erkenntnisse verhalfen bereits zahllosen Menschen auf der ganzen Welt zu einem besseren Leben. Dank einer couragierten kanadischen Schriftstellerin und einiger Mönche mit High-Tech-Verständnis, von denen noch die Rede sein wird, verbreiten sie sich jetzt in den ländlichen Gegenden Nordamerikas, erwecken die Menschen, wie es nie zuvor geschah, bringen sie über die Zehnprozentbarriere der Durchschnittsmenschen und erschließen ihnen eine Vielzahl neuer Talente. Die Musiker und Ärzte des Altertums hätte das nicht überrascht, und es wird wahrscheinlich auch die Superlerner des 21. Jahrhunderts nicht überraschen.

9
Das Wunder der Schalltherapie

»Der große Caruso ist ertaubt!« In der Oper herrschte Aufregung. Vor kurzem war Caruso in Spanien an der rechten Gesichtshälfte operiert worden, und seine Sängerkollegen machten sich Sorgen wegen der Folgen. »Caruso bat mich, in sein *linkes* Ohr zu sprechen, weil er auf dem rechten überhaupt nichts mehr höre«, berichteten schockierte Sänger von der Metropolitan Opera in New York. Umberto Tomatis, der Vater des Ohrenspezialisten Alfred Tomatis, war ein bekannter Sänger an der Pariser Oper. Er und seine Kollegen hatten Carusos Taubheit nach der Operation natürlich ebenfalls bemerkt und Spekulationen angestellt: Würde sie der Karriere des Sängers schaden?

Das Gegenteil sollte der Fall sein. Nach der Operation im Jahre 1902 verwandelte sich Caruso von einem begabten Sänger in den größten Vokalisten der Welt. Erst von jetzt an erzielte er in der Oper seine größten Triumphe.

Warum sollte ausgerechnet Taubheit eine so großartige Stimme hervorbringen? Dr. Tomatis begann eine intensive Fahndung und überprüfte jeden Hinweis. Außerdem analysierte er mit Spezialinstrumenten Carusos Hörmuster aus Aufzeichnungen. Er kam dem Geheimnis des Sängers tatsächlich auf die Spur. Carusos rechtes Ohr war lediglich für tiefere Frequenzen taub, für jene der Sprache. Sehr gut dagegen hörte er die höheren Frequenzen der Musik, die reich sind an Obertönen. Tomatis gelangte zu einer erstaunlichen Schlußfolgerung: »Caruso sang so gut, weil er nur noch im Gesangsbereich hören konnte.«

Weitere detektivische Forschungen bei den größten Sängern Europas, darunter Beniamino Gigli, führten dazu, daß sich die Teile des Puzzles zusammenfügten. Die besten Sänger und Musiker waren allesamt »rechtsohrig«. Das rechte Ohr dominierte bei ihrer Art des Zuhörens. Tomatis fragte sich, was geschähe, wenn er den an Stimmverlust leidenden Opernsängern, die zu seinen Patienten zählten, Carusos Hörmuster vermitteln könnte. Würde es ihnen ihre Stimme wiedergeben? Im Audio-Labor setzten seine kranken Sänger Kopfhörer auf, die an spezielle Audiogeräte angeschlossen waren. Sie hörten sich selbst singen, während das Gerät die tiefen Noten herausfilterte und die Hochfrequenzen durch das rechte Ohr verstärkte. Als sie ihre Stimmen auf diese Weise hörten, empfanden sie ein neues Wohlgefühl – und sie sangen wieder wie einst. Dank des klaren rechtsohrigen Hochfrequenz-Hörens konnten ihre Stimmen volle, exakte Noten produzieren.

Die Audio-Geräte gaben ihnen zwar ihre Stimmen wieder, aber wie sollten sie mit Kopfhörern, die an Geräte angeschlossen werden mußten, auf den Opernbühnen der Welt agieren? Wie konnte man ihnen dieses klare Hören ohne Apparate sichern? Tomatis versuchte alles. Schließlich entstand das »Elektronische Ohr«, das er sich patentieren ließ.[1] Diese Vorrichtung konditionierte das Ohr darauf, den vollen Schallbereich der Musik zu hören, und wenn es zusammen mit Tomatis' rechtsohriger Schallfiltermethode benutzt wurde, hielt die Besserung des Gehörs bei den Sängern, Schauspielern und Rednern an. Sie konnten wieder – ohne Kopfhörer – öffentlich auftreten, waren geheilt!

Wenn Sie Gesang, Schauspielkunst, Musik, öffentliches Reden oder Fremdsprachen studieren und ein Schalltherapie-Band mit dem Elektronischen Ohr einschalten, profitieren auch Sie buchstäblich von »Carusos Ohr«.

Die »Caruso«-Experimente führten Tomatis weiter zu seiner revolutionärsten Entdeckung, nämlich der Verkettung von Hören und Sprechen. Sie ging 1957 als »Tomatis-Effekt« in die Annalen der französischen Akademien der Wissenschaft und der Medizin ein.

»Ein Mensch kann vokal nur das reproduzieren, was er zu hören vermag.« Dies ist das Wesentliche von Tomatis' Erkenntnis. Seine Theorie besagt, daß Hören und die Psyche unlösbar miteinander verbunden sind und daß Hören der Schlüssel ist zur Entwicklung der Sprache, zum Sprechen, Singen und Lernen, zu sozialer Kommunikation und folglich zur Vervollkommnung der ganzen Persönlichkeit.

Während Tomatis mit der Musik und dem Elektronischen Ohr arbeitete, um die Stimme und das Gehör von Sängern und Schauspie-

---

[1] Siehe dazu auch *SuperMemory,* Seite 146ff.

lern wiederherzustellen, stellte er fest, daß die heilenden Klänge viel gewaltigere Dimensionen hatten als bisher angenommen. Ein verzweifelter spanischer Sänger war zu ihm gekommen. Nach vier Operationen wegen Knötchen in der Kehle hatte er kaum noch sprechen, geschweige denn singen können. Spezialisten, die ihm in den Hals schauten, waren entsetzt zurückgewichen. Man hatte ihm große Teile von Nase und Rachen entfernt, so daß in seinem Hals ein regelrechtes Loch klaffte. Nach einer langwierigen Behandlung mit dem Elektronischen Ohr erfüllte sich der Traum des Spaniers, er konnte wieder singen – sogar besser als je zuvor. Tomatis erkannte bei der Behandlung unvermittelt etwas, das weitreichende Auswirkungen auf uns alle haben sollte: Bestimmte Schallfrequenzen konnten sogar tiefe, scheinbar irreversible körperliche Schädigungen beheben.

Tomatis' Hochfrequenzschall-Methode erhöht außerdem die Intelligenz und beschleunigt das Lernen. »Ich begann mich für diese Arbeit zu interessieren«, sagt Dr. Billie Thompson, die heute Leiterin des Tomatis Center in Phoenix/Arizona ist, »als ich nach effektiven Programmen suchte, die man Menschen anbieten konnte, denen es um eine Verbesserung oder Beschleunigung ihres Lernens ging.« Ihre Akten quellen über von erstaunlichen Fällen. Der vierzehnjährige Chris, der Verhaltensprobleme hatte und in den Naturwissenschaftsfächern durchgefallen war, verbesserte seine Noten nach der Hörtherapie auf guten Durchschnitt. Die Verwandlung der achtjährigen Cindy wird von ihrer Mutter als »unglaublich«, »ein Wunder«, bezeichnet. Bei Cindy waren viele Fähigkeiten »verborgen und wurden durch die Hörtherapie erst aufgedeckt«.

Die Tomatis-Tonbänder helfen in zweierlei Weise, das Lernen zu beschleunigen und Lernprobleme zu überwinden: Die Schallstimulation lädt das Gehirn mit Energie nach, und sie erzeugt neue, effektivere Nervenbahnen. Wie geschieht dies?

Von unserem linken Ohr führt ein längerer, weniger wirksamer Weg zum Sprachzentrum im Gehirn als vom rechten. Tomatis spürte die »transzerebrale Reiseroute« auf, die der Schall durch das linke Ohr zurücklegt. Bei Stotterern betrug die Zeitverzögerung 0,1 bis 0,2 Sekunden – viel mehr als normalerweise. Der Weg von unserem rechten Ohr zum Sprachzentrum im Gehirn ist, wie gesagt, kürzer und effektiver. Wenn also das rechte Ohr den Vorgang der Weitergabe von Informationen übernimmt, werden sie in der korrekten Abfolge verarbeitet.

Um das rechte Ohr zum »Direktor« des Hirnkreislaufs zu machen, kombinierte Tomatis das Elektronische Ohr in solcher Weise mit Hochfrequenzschall, daß mehr Schall zum *rechten Ohr* gefiltert wurde als zum linken. Dies schulte das rechte Ohr so, daß es »dominant« wurde. Die vom Schall zum rechten Ohr geleitete elektrische Ladung wiederum gab den Nervenschaltungen im Gehirn ein neues Muster. Keine Zeitverzögerung und kein Stottern mehr.

Auch Legasthenie verschwand, wenn das rechte Ohr zum »Direktor« wurde und so dem Hirnkreislauf ein neues Muster verlieh. »Wir lesen mit unseren *Ohren*!« erklärte Tomatis. Ein unsynchroner Nervenkreislauf spiele bei der Legasthenie ebenso eine Rolle wie beim Stottern. Wenn das rechte Ohr dank eines neuen Musters die Führung übernimmt, gerät der Hirnkreislauf wieder ins Gleichgewicht, und alle an das Sprachzentrum gehenden Reize werden in der richtigen Reihenfolge bearbeitet. Die Behandlung von Legasthenie nach der Tomatis-Methode brachte verblüffende Ergebnisse: Mehr als zwölftausend Legastheniker wurden geheilt. Heilung fanden auch Menschen mit Lernstörungen, angefangen von Aufmerksamkeitsdefizit bis zur Hyperaktivität.[1]

In den vergangenen vierzig Jahren suchten zahllose Menschen die auf fünfzehn Länder verteilten zweihundert Zentren auf, in denen Tomatis' Schalltherapie angewandt wird. Ihre Probleme reichten von leichteren Störungen bis zu Tinnitus (Ohrensausen), Schwindelgefühl und Taubheit. Unter ihnen befanden sich erkrankte Sänger, Schauspieler, Redner und Sprachlehrer, Stotterer und Menschen mit schweren Leiden wie Epilepsie, Autismus und Geisteskrankheit, ja sogar Schlaganfall- und Komapatienten.

»Musikarzt für künftige Zeiten«

Don Campbell, Leiter des Instituts für Musik, Gesundheit und Bildung in Boulder/Colorado und Verfasser des Buches *Music Physician for Times to Come* (Musikarzt für künftige Zeiten), hat ermittelt, daß die Tomatis-Methode der Schallstimulierung im Laufe dieser vier Jahrzehnte weltweit an mehr als einer Million Patienten erprobt wurde.

---

[1] Siehe dazu auch Kapitel 28, Seite 347 ff.

Auch für siebzig Benediktinermönche in einem abgelegenen französischen Kloster erwies sich die Schalltherapie als ein Wunder. Ein neuer Abt hatte Reformen eingeführt: mehr Arbeitsstunden, dafür weniger Gesänge. Bald wurden viele der ingesamt neunzig Mönche immer langsamer und waren trotz ausgiebigen Schlafs ständig erschöpft. Einige hockten einfach da und starrten ins Leere. Ärzte versuchten mit zahlreichen Heilmitteln Abhilfe zu schaffen, doch der Zustand der Mönche verschlechterte sich weiter. Siebzig Mönche saßen nur noch untätig in ihren Zellen, in sich zurückgezogen wie Schizoide. Schließlich rief die Klosterleitung, der Verzweiflung nahe, Dr. Tomatis. Er führte die langen Gesänge wieder in den Tagesablauf ein. Als das Kloster erneut von Tönen widerhallte, erholten sich die Mönche rasch und waren bald völlig genesen.

The Sound of a Miracle (Klang eines Wunders), so nannte Annabel Stehli ihr 1992 erschienenes Buch über die Schallbehandlung, die ihre Tochter vom Autismus heilte. In ihrer bewegenden Autobiographie enthüllt Stehli, daß ihr Leben jahrelang ein unaufhörlicher Kreislauf von herzzerreißenden Krankenhausbesuchen war, bei denen sie mit ansehen mußte, wie ihre ältere Tochter langsam an Leukämie starb und ihre jüngere Tochter Georgiana, genannt Georgie, auf keine der vielen Autismusbehandlungen reagierte, so daß man sie schließlich als unheilbar einstufte und in eine Anstalt einwies.

Während einer Geschäftsreise nach Europa mit ihrem Mann stieß Stehli auf die Kliniken für Schalltherapie und sagte sich, daß sie mit Georgie hierher kommen *müsse*. In den Vereinigten Staaten brauchte sie ihren ganzen Mut und ihr ganzes Selbstvertrauen, um in der Behinderten-Anstalt gegen den erbitterten Widerstand und die offenen Drohungen seitens der Verwaltung und des Arztpersonals anzukämpfen und Georgie auch nur aus dem Haus zu bekommen. Doch endlich saßen die beiden im Flugzeug nach Europa.

Eine mehrwöchige Schallbehandlung führte dazu, daß Georgie sich endlich mitteilen und offenbaren konnte, was mit ihr los war. Ihr Gehör war derart verzerrt, daß auch die leisesten Töne – sogar gluckerndes Wasser in Leitungsrohren – ihr Schmerzen verursachten und laute Geräusche bei ihr Reaktionen der Hysterie und Agonie auslösten. Heute ist Georgie völlig geheilt, sie hat ein College absolviert und ist inzwischen sehr erfolgreich als Künstlerin.

Jahre nach der Heilung besuchte Annabel Stehli mit ihrer Tochter noch einmal die Behinderten-Anstalt. Georgies einstige Mitpatientinnen und -patienten befanden sich, als seien sie in einem Zeitstillstand gefangen, noch im gleichen Zustand, in dem Georgie sie seinerzeit verlassen hatte. Ohne den »Klang eines Wunders«, dachte die entsetzte Stehli, wäre Georgie heute noch eine von ihnen. Das Personal zeigte wenig Interesse für Georgies Heilung.

Die Musik, die den Geist wiederherstellt, sagte sich Stehli, bedeutet für Tausende von Menschen Hoffnung auf ein neu geschenktes, intaktes Leben, ganz abgesehen von den immensen Summen, die sich in der Gesundheitsfürsorge einsparen ließen. Doch es konnte endlos dauern, bis die Vorstellung von heilendem Schall zu dem ahnungslosen Beamtenfilz durchdrang. Darum gründete Stehli die Georgiana Foundation und begann die Kunde von der »Musik für den Geist« zu verbreiten.

Außerdem, wenn die erstaunliche Musik sogar schwere Fälle von geistiger Schädigung zu heilen vermochte, was vermochte sie dann wohl bei hochintelligenten Menschen zu bewirken? Konnte mit Hilfe der Kräfte spezieller Musik tatsächlich, wie Dr. Losanow bei seinen ersten Untersuchungen solcher Musik vor Jahren gemeint hatte, ein Evolutionssprung erfolgen?

Inzwischen haben einige erregende neue Entwicklungen es möglich gemacht, daß jeder Mensch diese den Geist schärfende Musik in einem Do-it-yourself-Verfahren anwenden – und Blockierungen seitens der Behörden umgehen kann.

Tomatis lüftete ein Geheimnis nach dem anderen über die Art, wie Musik-Schallfrequenzen Geist und Muskeln beeinflussen. Seine Entdeckungen halfen zu klären, wie zwei verschiedene Lernkonzerte im einzelnen funktionieren, wenn sie Ihren Geist, Ihr Gedächtnis und Ihre Talente mit einem Höchstmaß an Energie versorgen. Dank der Kenntnis der Wirkungsweise dieser beiden Konzerte auf den Geist können Sie Elemente in die Musik eingliedern, die auf Ihre speziellen Bedürfnisse zugeschnitten sind.

- Die langsame, 60 Taktschläge umfassende Superlearning-Barockmusik öffnet eine Kommunikationsverbindung zum Unterbewußten, weitet das Gedächtnis und harmonisiert die rechte und die linke Hirnhälfte. Sie entspannt den Körper und weckt den Geist, ist wirklich eine Supermemory-Musik.
- Das »aktive« Superlearning-Konzert, das viel von Mozarts schnel-

ler Hochfrequenzmusik als Hintergrund für dramatisches Lesen von Lernmaterial verwendet, gibt der Hirnrinde einen kräftigen Energieschub, um die Nachladung und Ausgleichung von Gehirn und Körper zu unterstützen. Wie Forschungen zeigen, wird das Gehirn, nachdem man eine bestimmte Zeit lang Hochfrequenzmusik gehört hat, harmonisiert, mit Energie versorgt und angekurbelt. Es beginnt dann dem übrigen Organismus die richtigen Signale zu geben, und Wohlbehagen tritt an die Stelle von Mißbehagen. Der ganze Mensch wird revitalisiert.

Indem man mit diesen beiden spezifischen Arten von Musik lernt, kann man, genau wie Dr. Losanows Forschung einst ergeben hat, nicht nur das Lernen um das Zwei- bis Zehnfache beschleunigen, sondern auch die Gesundheit fördern und die Kreativität sowie viele Talente ausweiten.

Die Arbeit von Pat Joudry

Patricia Joudry, eine bekannte kanadische Autorin, Dramatikerin und Drehbuchverfasserin, fühlte sich beim Verlassen einer Schalltherapie-Klinik in Montreal geradezu euphroisch. Sie hatte gefürchtet, taub zu werden. Jetzt konnte sie wieder hören und war zudem voller Energie, frei von Müdigkeit und Schlaflosigkeit. Sogar ihre »Schreibblockierung« war verschwunden. Der neue Roman floß ihr flott aus der Feder.

Obwohl von ihrer Schwerhörigkeit geheilt, ging sie weiterhin in regelmäßigen Abständen zur Schalltherapie. Als sie wegen unvorhergesehener Umstände nach Saskatoon in der Provinz Saskatchewan übersiedeln mußte, mehrere tausend Meilen westwärts im Präriegebiet, bedauerte sie am meisten, daß sie die wunderbare Musik verlieren würde. Doch das Schicksal führte sie in die richtige Richtung. Ihr neues Zuhause war nicht weit von einem der wenigen Schalltherapie-Zentren Kanadas entfernt, der St. Peter's Abbey in Muenster, zu welcher das gleichnamige College gehörte.

Verborgen hinter prächtigen Gärten, fand Joudry Räume voller technischer Geräte, die aus einem Spaceshuttle zu stammen schienen. Chef dieses evolutionären Unternehmens war ein bärtiger Mönch in Jeans und Turnschuhen, Father Lawrence De Mong, der in Bildung, Gesundheit und Persönlichkeitsentwicklung neue Höhen anstrebte.

Mit den College-Studenten, die sich einer Schallbehandlung unterzogen, ging eine erstaunliche Verwandlung vor. Lernprobleme verschwanden ebenso wie Legasthenie, Gemütsstörungen, Hyperaktivität und Hörprobleme. Dank dieser Tatsache verbesserten sich die akademischen Leistungen auf allen Gebieten.

Joudry war bald eine regelmäßige Besucherin des Schalltherapie-Zentrums in den Klostermauern, wo sie versuchte, das Geheimnis jener Musik zu entschlüsseln, die sie als »Ambrosia für das Gehirn« bezeichnete. Eines Tages stellten Father Lawrence und sie fest, daß der Sony-Walkman, den Joudry beim Autofahren benutzt, einen ausreichenden Frequenzbereich für den Hochfrequenzschall und die Obertöne hatte, die eigentlichen Kraftquellen der Spezialmusik. Es dauerte etwa hundert Hörstunden, das Ohr so einzustimmen, daß der Ladeeffekt des Gehirns eintritt. Binnen Tagen fertigten die Mönche daraufhin Kassetten mit den Musikprogrammen der Schalltherapie an. Damit war diese mobil geworden. Die Kassetten konnten überall abgehört werden, man war nicht mehr an bestimmte Räumlichkeiten gebunden. Die Mönche, die Studenten und sogar die Nonnen des nahe gelegenen Ursulinerinnenklosters entdeckten jetzt das Geheimnis, das Anwender der Suggestopädie schon seit Jahren begeisterte: Die Musik, die Losanow für seine beiden Konzerte erforscht hatte, enthielt spezifische Hochfrequenzen, die anhaltende Vitalität bescherten.

Da die wunderbare Musik nun unzählige Menschen erreichen konnte, fand Joudry, daß man ihre Effizienz statistisch testen müsse. Sie stellte eine Serie Musikkassetten mit den aufbauenden hohen Frequenzen, herausgefilterten Baßtönen, wechselnder Ohrdominanz und einer speziellen nochmaligen Aufzeichnung durch das Elektronische Ohr her. Dann ersuchte sie eine Reihe Menschen, ihre Bänder mehrere Wochen hindurch zu benutzen und zu bewerten. Bald erhielt sie von überall her positives Feedback. Junge und alte Menschen sprachen von »neuer Energie, geistiger Klarheit und Kreativität«. Die berichteten Heilungen reichten von Ohrensausen, Benommenheit und schweren Hirnschädigungen bis zur Alzheimer-Krankheit.

Joudry kam zu dem Ergebnis, daß sich die mobile Behandlung gut als Do-it-yourself-Verfahren eignete. Zwar erbrachte sie nicht die gleichen Resultate, die man in einer Klinik unter Aufsicht von Spezialisten erzielte, aber die wohltuenden Wirkungen der Musik waren da und nutzten sich auch nicht ab. Nach Joudrys Meinung war die auf Kassetten aufgenommene Musik eine preisgünstige, von unerwünschten Nebenwirkungen freie Methode, in unserer Zeit der schnellen Veränderungen die Geisteskraft zu stärken, das Lernen zu verbessern und Streß abzubauen.

Im Jahre 1984 veröffentlichte Joudry ihr Buch *Sound Therapy for the Walkman* (Schalltherapie für den Walkman). Eine Einführung dazu schrieb der Geigenvirtuose Yehudi Menuhin, der selbst eine spezielle Musiktherapie entwickelt hatte. Bald erhielt Joudry aus aller Welt Anfragen nach Kassetten mit ihrer Hochfrequenzmusik. Die High-Tech-Mönche in Muenster arbeiteten unermüdlich, um ihre Kassetten zu kopieren. Father Lawrences und Joudrys Vision von den evolutionären Heil- und Ausgleichskräften der Musik begann für Tausende von Menschen Wirklichkeit zu werden.

»Hyperaktiv«, »unmöglich«, »lästig«, »dumm«, dies waren nur einige der Kommentare, die Frau G. Collingwood aus Tampa/Florida von Lehrern über ihren Sohn Freddie zu hören bekam, der in die dritte Grundschulklasse ging. Sie besorgte ihm die Schalltherapie-Bänder, die er sogar im Bett anhörte. Bald brauchte er keine Medikamente mehr. Statt den Unterricht zu stören, wurde er einer der Klassenbesten. Er entwickelte sogar eine Begabung für Rechnen, obwohl er zuvor als »hoffnungsloser Fall« eingestuft worden war. Auf einmal erweckte er den Eindruck, als habe sein Gehirn erst jetzt zu arbeiten begonnen und sein ganzes Nervensystem sich beruhigt.

Ein dreißigjähriger Mann, der die Schule vorzeitig verlassen hatte, berichtete Joudry, nach einigen Monaten der Schalltherapie hätten sich seine geistigen Fähigkeiten und sein Gedächtnis so verbessert, daß er jetzt alle High-School-Abschlußprüfungen bestanden und endlich sein Diplom bekommen habe.

Bei Robert Rhodes aus Seattle/Washington hatte die Schalltherapie unmittelbare Auswirkung auf das Berufsleben. »Mir stand aufgrund meiner Leseschwäche nur eine geringe Auswahl an Jobs zur Verfügung«, sagte er. Schon von Kind an war es sein Wunsch gewesen, Chefkoch zu werden, doch wegen seiner Legasthenie konnte er keine Rezepte lesen. Nach der Schalltherapie absolvierte er eine zweijährige Ausbildung mit glänzenden Zeugnissen und erhielt eine ausgezeichnete Stellung. Dank der Heilung seiner Legasthenie konnte er jetzt auch mühelos »ganze Bücher lesen. Was für ein Vergnügen!«

Maureen Imlach, eine Musiklehrerin aus British Columbia, machte die Erfahrung, daß sie nach einigen Monaten des Musikhörens klarer dachte. »Ich war erstaunt, wie schnell ich Werke aus meinem Repertoire wieder lernte, die ich *jahrelang* nicht gespielt hatte.« Finger und Muskeln schienen sich von allein an die Werke zu erinnern. Außerdem konnte Maureen plötzlich gut *aus dem Gedächtnis* spielen und brauchte *nicht zu üben.*

Sogar Menschen, die bei Unfällen schwere Verletzungen wie Schädelfrakturen und Gehirnerschütterungen erlitten hatten oder im Koma lagen, befanden sich den Berichten zufolge auf dem Weg der Besserung. Auch Leute vom Fach begannen die Schalltherapie anzuwenden. Die Musiktherapeutin Janalea Hoffman, die herausgefunden hatte, daß bestimmte Musik den Menschen half, Kontakt zu unterbewußten Erinnerungen aufzunehmen, benutzte sie genauso wie der Psychiater Dr. Lois Plumb aus Toronto, der damit Patienten half, sich an verdrängte Kindheitstraumata zu erinnern und sie zu überwinden. Der eingebaute Streßschutz dämpfte schmerzliche Erinnerungen. Gefängnistherapeuten meldeten ebenfalls gute Resultate; und in Schulen halfen die Tonbänder Kindern mit Lernstörungen.

Rolin Rose aus Riverside/Kalifornien stellte die erregende Spekulation an, die Schalltherapie könne es »buchstäblich ermöglichen, den Sprung von hochbegabt zum Genie zu vollführen«. Das sei denkbar, erklärte Joudry, weil die Schalltherapie zur Beseitigung von Blockierungen der Nervenbahnen beitrage. Darin liege zum Teil die große Wirkung der Hochfrequenzmusik, wenn man sie beim Lernen anwende.

Bei der Durchsicht der Post, die Joudry bis jetzt erhalten hatte, fiel ihr auf, daß »eine Verbesserung des Gedächtnisses, der Konzentration, der Merkfähigkeit und der Leichtigkeit des Lernens von den Schalltherapie-Hörern *konstant* berichtet wird«. Die Therapie wirke gleich gut bei alten und jungen Menschen, versicherte uns Joudry. »*Eine* Hauptwirkung, die fast jedermann als Folge der Schalltherapie nennt, unabhängig von der großen Vielfalt der behandelten Störungen, ist *Streßabbau*«, sagte sie uns. Alle Anwender beobachteten an sich die gleiche Reaktion: »Ich bin nicht mehr gestreßt. Die kleinen Dinge, die mich zu nerven pflegten, scheinen einfach von mir abzugleiten. Ich kann sie abschütteln und nicht mehr in mein Inneres dringen lassen.«

Natürlich stellen Anwenderpost und Dankesbriefe keineswegs einen wissenschaftlich dokumentierten Test dar. Ob dieses Tonband-Musikprogramm auf breiter Basis funktioniert, bleibt noch zu prüfen. Eine von uns beiden testete Joudrys vier Hochfrequenzmusik-Bänder, und zwar viel länger als die geforderten hundert Hörstunden. Die Zischgeräusche fanden wir anfangs ein bißchen unangenehm, doch die Bänder vermittelten wirklich einen gewaltigen Energieschub, der bei Streß jeglicher Art half.

Joudry und ihre Tochter Rafaele, die Leiterin von Sound Therapy Australia ist, schreiben derzeit an einem Buch, um den neuesten Stand der Dinge nach dem Jahrzehnt zu schildern, das vergangen ist, seit die Schalltherapie den Bewohnern einer ländlichen Gegend zugänglich gemacht wurde.

Auf der ganzen Welt bestätigen Menschen, die diese Hochfrequenzmusik im Selbstverfahren testen, was Losanow und andere bulgarische Wissenschaftler schon vor Jahrzehnten in heimlichen Forschungen herausgefunden hatten: Bestimmte Arten von Musik mit ganz spezifischen Frequenzen, Obertönen und komplexen Strukturen haben verblüffende Kräfte, die uns heilen und stärken können. Und die Nutzung dieser Musik im Lernprozeß ist der Weg zu evolutionären neuen Geisteskräften. Beide Superlearning-Konzerte – die langsame Barock- und die klassische Hochfrequenzmusik – bieten Musik solcher Art.

Die amerikanischen Wissenschaftler wenden sich dem Thema nun allmählich auch zu. Im Herbst 1993 erschienen in USA *Today* Schlagzeilen wie: MOZARTS MUSIK KANN DEN VERSTAND SCHÄRFEN. Forscher an der Universität von Kalifornien in Irvine berichteten in der Zeitschrift *Nature,* daß Studenten, wenn sie sich vor einem Test der räumlichen Intelligenz nur zehn Minuten lang Mozarts Sonate für zwei Klaviere in D-Dur (KV 448) anhörten, um acht bis zehn Punkte mehr erzielten als nach dem Anhören eines Entspannungsbandes oder nach Stille. Die komplexe Struktur von Mozarts Musik könne dazu beitragen, behaupteten Forscher, daß verschiedene Teile des Gehirns miteinander in Kommunikation treten. Eine solche kurze Aufladung mit Mozart-Musik klang jedoch nach etwa fünfzehn Minuten wieder ab. Sowohl Tomatis als auch Losanow ermittelten, daß man der Spezialmusik viel länger zuhören muß, um daraus geistigen Nutzen zu ziehen, der von Dauer ist.

Der berühmte amerikanische Neurologe Oliver Sacks, dessen Leistungen in dem Film *Awakenings* (»Zeit des Erwachens«) dokumentiert wurden, bezeugte unlängst vor einem Senatsausschuß zu Fragen des Alterns, daß »die Kraft der Musik höchst erstaunlich ist«. Besonders wohltuend kann die richtige Art von Musik für Menschen mit neurologischen Störungen sein, glaubt er, und sie kann sogar Gehunfähige zum Tanzen bringen, Sprechunfähige zum Singen, Menschen ohne Erinnerung zum Erinnern.

Joudry fuhr auf Promotion- und Vortragsreisen kreuz und quer durch ganz Nordamerika, um die Menschen mit den heilenden, belebenden, den Geist erweiternden und ausgleichenden Kräften dieser speziellen Musik bekanntzumachen – Kräfte, die wir nötig haben in einer Zeit, in der viele Menschen von Zorn erfüllt sind und zu Gewalt neigen.

»Was ist der größte Gewinn der Schalltherapie-Musik?« fragten wir sie.

»Die geschenkte Zeit«, antwortete Joudry. Mittels der Musik und der Schall-Hirn-Verbindung könne man mehr von der »Grundwährung Lebensenergie« ansammeln. Dies sei eine andere Art des Anhäufens von »Ersparnissen für die Rentenzeit«, sagte sie. Statt daß Ihre Geisteskräfte mit zunehmendem Alter schwinden, kann Ihr Ohr zu einer Antenne für den Empfang zusätzlicher Lebenskraft werden. Die Stimulierung hält erwiesenermaßen das Gedächtnis älterer Menschen lebendig.

Besonders begeistert war Joudry von einem Phänomen, das auch Tomatis erwähnte: Superschlaf – konzentrierter, doppelt wirksamer Schlaf. Man braucht sehr wenig davon, weil Geist und Körper durch die Musik ständig neu aufgeladen werden. Gemäß Joudrys Rechnung kann der Superschlaf die Lebens-*Zeit* um mindestens ein Sechstel verlängern, und dies bedeutet ein Geschenk von zusätzlichen Jahren der Fülle.

Inzwischen komponieren zeitgenössische Musiker wie die dänischstämmige Amerikanerin Dyveke Spino Instrumentalmusik mit den Ultrahochfrequenzen, die zur Wiederaufladung und Ausgleichung des Geistkörpers beitragen. Verwendet werden kann die neue Musik zum Powerhören, für Losanows »aktives« Konzert als Hintergrund beim dramatischen Lesen von Lehrstoff oder für kreative Visualisierungsübungen. Dyveke kombiniert ihre Kompositionen mit dem Lernen und gestaltet damit erfolgreich Workshops, die sie »Erziehung für das neue Jahrtausend« nennt. Ihre originellen, inspirierenden Werke bilden auch die Hintergrundmusik auf Superlearning-Tonbändern mit Visualisierungsübungen für Sportler.

Die verschiedenen Komponenten, aus denen die Musik besteht, können wir schon jetzt nutzen, um dafür zu sorgen, daß wir streßfrei ins 21. Jahrhundert gelangen:

- Das angstlindernde, gedächtniserweiternde Tempo von 60 Schlägen pro Minute, das eine mühelose Kommunikation mit dem Unterbewußten ermöglicht.
- Spezifische Tonartvorzeichen, die uns in Resonanz mit anderen hilfreichen Elementen im Universum bringen.
- »Schlag«-Frequenzen, die zur Konzentration beitragen.
- Hochfrequenztöne, die den Geistkörper mit Energie versorgen und ein ganzes Spektrum von Problemen oder Störungen beseitigen oder heilen.

Diese lange gesuchten Kräfte der Musik vermögen uns schon heute zu unterstützen. Sie können uns mühelose Wege zu neuen Gelegenheiten öffnen, ohne daß wir mehr zu tun brauchen als zuzuhören.

Der Autor und Pionier auf dem Gebiet der New-Age-Musik Steven Halpern, dessen Tonbänder mit *Anti-Frantic Alternative*-Musik bereits Klassiker sind, behauptet nachdrücklich: »Musik, die dazu dient, uns mit der Quelle unseres Seins zu verbinden, wird heute dringender benötigt denn je.« Langsame Barock- und Hochfrequenzmusik bringen offenbar eine doppelte Dividende: Sie helfen uns nicht nur, das Lernen und den Streß der schnellen Veränderung zu bewältigen, sondern stellen durch Resonanz und Hochfrequenz-Obertöne auch eine energiespendende Superverbindung zum Kosmos her, die uns allen hilft.

Musik als Zeitexpander und Zeitsparer

Das zweite, »aktive« Superlearning-Konzert enthält »tempobeschleunigte« klassische Hochfrequenzmusik wie die Violinkonzerte und Sinfonien von Mozart: genau die gleiche Musik, die für die Schalltherapie verwendet wird. Wenn Sie superlernen wollen, nehmen Sie den *gesamten* Text Ihres Lernstoffs vor dem Hintergrund der Musik auf. Beim Abhören der Bänder wird das Material dann von diesen belebenden Hochfrequenztönen Ihrem Geist nachdrücklich eingeprägt.

Das Konzert ist »aktiv«. Das bedeutet: Sie können es hören, wenn Sie wach und unterwegs sind, statt während einer Ruhe- und Entspannungszeit. Sie können Ihr Textmaterial aktiv durchgehen und während des Zuhörens mit einem Stift bestimmte Stellen hervorheben. Dieses zweite Konzert kann auch mobil werden, das heißt, Sie können die Musik mit Ihrem aufgezeichneten Text auf einem Walkman abspielen, während Sie Ihren täglichen Beschäftigungen nachgehen, als Pendler unterwegs sind, Hausarbeiten erledigen oder irgendwo anstehen. Die Musik ist tatsächlich ein Zeitexpander oder Zeitsparer, denn Sie brauchen keine Zeit aufzuwenden, um sich für das Hören in einen speziellen Entspannungszustand zu versetzen, wie er bei dem gedächtniserweiternden »passiven« 60-Schläge-Konzert nötig ist.

Dieses zweite Superlearning-Konzert enthält – vor allem wenn Sie die empfohlene Mozart-Musik verwenden – Ultrahochfrequenzen von 7000 bis 8000 Hertz, die gemäß Dr. Tomatis' Erkenntnissen das Gehirn am schnellsten nachladen. Die Superlearning-Saitenmusik mit 60 Schlägen pro Minute dagegen hat Frequenzen bis zu etwa 5000 Hertz. Für das »aktive« Konzert verwenden Sie eine Sinfonie oder ein Concerto in voller Länge, nicht nur einen Teil davon wie bei langsamer Barockmusik. Allein schon das Spielen dieser Hochfrequenzmusik, ohne daß Ihr Lernmaterial damit kombiniert wird, kann Geist und Gedächtnis stärken. Ist Ihr Material aber vor dem Hintergrund dieser hochwirksamen Musik aufgenommen, vernetzen sich die Sequenz, die Harmonien und die Dynamik der Musik – die leisen und lauten Abschnitte sowie die Solopassagen für verschiedene Instrumente – mit Ihrem Lernstoff, um dessen Verankerung in Ihrem Gedächtnis zu unterstützen.

Sie lesen den gesamten Text einer Geschichte, eines Theaterstücks, eines Dialogs oder Ihres dramatisch aufbereiteten Materials zu den Klängen des »aktiven« Superlearning-Konzerts. Es empfiehlt sich, auch Datenmaterial in eine Geschichte oder einen Dialog einzubauen, um es interessanter zu machen.[1] Bei der Anfertigung Ihrer Bandaufnahme sollten Sie Ihr Textbuch oder Ihre Lektion mit starker Betonung des Wichtigsten und mit viel Gefühl lesen. Lassen Sie Ihre Stimme je nach den Klängen der Musik lauter oder leiser werden. Die Musik ist reich an Dynamik und Kontrasten, folglich wird Ihre Geschichte manchmal mit einem schrillen Trompetenton verknüpft, manchmal mit einem weichen Celloklang. Lesen Sie auch schneller oder langsamer, je nach der Musik, und machen Sie nach jedem Satz eine kurze Pause. Wenn Sie Ihre Bandaufnahme abhören, verbinden sich die Worte und die Musik in Ihrem Geist. Da sich der Handlungsfaden mit verschiedenen Melodiesequenzen in der Musik vernetzt, fällt das Erinnern leichter. Eine derartige Verbindung von Worten und Musik trägt nach den Feststellungen von Losanow zur Verbindung der rechten und der linken Hirnhälfte bei und bewirkt eine globale Einprägung des Lernmaterials in Ihr Gedächtnis.

Falls Ihr Tonbandgerät getrennte Steuerungen für jedes Ohr hat, sollten Sie beim Abspielen des »aktiven« Superlearning-Konzerts die Lautstärke beim linken Ohr leiser und beim rechten lauter stellen, damit Sie in Ihrer Hörsitzung eine »Dominanz des rechten Ohrs« haben.

Als Losanow und seine Kollegen dieses »aktive« Konzert entwickelten, mußte der Text auf eine extrem kunstvolle, dramatische Art gesprochen werden, die oft ein Spezialtraining erforderte. Jetzt jedoch berichten Superlearning-Anwender, daß auch normales lautes Lesen des Materials vor dem Hintergrund der Spezialmusik zu ausgezeichneten Ergebnissen führt. Es gibt viele Varianten, und alle funktionieren gut. Die Energieversorgung der Geisteskraft und das Ausgleichen des Geistkörpers erfolgt offenbar durch die Hochfrequenzmusik selbst. Der Superlearning-Pionier Bruce Tickell Taylor erreicht mit seinem mobilen Hochfrequenzkonzert seit Jahren außergewöhnliche Ergebnisse.[2]

---

[1] Siehe dazu Seite 288f.
[2] Siehe dazu auch Seite 343f.

Kunden von OptimaLearning in San Francisco wenden regelmäßig die dramatische Lesetechnik mit dem »aktiven« Konzert an. Victor Ruiz, Programmchef der Elektronikfirma Hewlett-Packard, fand die Konzertlesemethode »äußerst hilfreich« bei der Vorbereitung von Reden und offiziellen Präsentationen vor großem Publikum. »Ich habe die Erfahrung gemacht, daß ich bei der Anwendung dieser Techniken keine Notizen mehr brauche, weil ich mich ganz auf mein Gedächtnis verlassen kann.«

Viele westliche Superlearning-Lehrer beanstandeten an dem zweiten Konzert, daß es für die regulären Unterrichtsstunden zu lang war. Doch wenn man das »aktive« Konzert auf Tonband aufnimmt, wird es mobil, und die Schüler können es überall spielen, ohne auf die Unterrichtszeit beschränkt zu sein.

Bei der Anwendung des »aktiven« Konzerts im Klassenzimmer liest die Lehrkraft den Text dramatisch vor dem Hintergrund der Musik, während die Schüler den Text aktiv verfolgen und Notizen hineinschreiben oder mit Farbstiften gewisse Stellen hervorheben. Manche Lehrkräfte verkürzen das »aktive« Konzert, und manche lassen es die Schüler außerhalb des Unterrichts hören. Bei einer Sitzung im Klassenzimmer ist zuerst das »aktive« Konzert an der Reihe, anschließend folgt das langsame »passive« Barockkonzert zur Stärkung des Gedächtnisses. Die Schüler lehnen sich zurück, entspannen sich und versetzen sich in den optimalen Lernzustand. Dann lauschen sie, während der Stoff gelesen wird, dieses Mal in gemessenen, vier Sekunden langen »Schallhappen«.

Das »aktive« Konzert findet in einer Reihe amerikanischer und europäischer Superlearning-Zentren Anwendung, vor allem in jenen, die Losanows grundlegende Methode bieten. Falls das »aktive« Superlearning-Konzert Sie interessiert, finden Sie auf Seite 293 ff. weitere Tips und eine Musikauswahl.

10
Das Rüstzeug für Veränderung

Ein Brocken Trümmergestein, einst Teil der Berliner Mauer, stellt den Passanten in Sprayschrift die Frage: »Und wer reißt die Mauer in den Köpfen der Menschen nieder?« Eine berechtigte Frage, was Dr. Otto Altorfer anbelangte. Er war Direktor japanischer Fluggesellschaften und Chefausbilder für die Schulung ihrer Leute für den amerikanischen Kontinent. Als solcher begann er schon vor langem, Arbeitnehmern über die Mauern des Geistes hinaus ungeahnte Freiheit zu vermitteln.

Altorfer, der viel publiziert hat und internationales Ansehen genießt, ist ein Superlearning-Pionier besonderer Art. Statt die Menschen in der raschen Aufnahme von Daten und Material zu schulen, lehrt er sie, Veränderungen zu beschleunigen. Für den in der Schweiz geborenen und ausgebildeten waren Angestellte immer etwas mehr als nur Zahnrädchen, die fein eingestimmt werden mußten; er spezialisierte sich darauf, ihnen zu »emotionaler Bildung« zu verhelfen, um sowohl die Produktivität als auch die Zufriedenheit am Arbeitsplatz zu steigern.

Als Firmenschuler faszinierte Altorfer Superlearning von Anfang an; er unterzog die Methode einer gründlichen Untersuchung. »Die Beweise waren zwingend«, berichtete er. Noch zwingender war jedoch etwas anderes, das Altorfer auffiel, als er mit Führungskräften und Verkaufspersonal zusammenkam, um ihnen die grundlegenden Methoden von Superlearning vorzustellen: Entspannung, Musik, visuelle Vorstellungen, Rhythmus, Suggestion, Kommunikation mit dem gesamten Geistkörper. Beschleunigtes Lernen ist nicht bloß eine mechanische Angelegenheit des richtigen gemäßigten Tempos oder der 60-Schläge-Musik, erkannte Altorfer. Es ist ein Prozeß, der die Aufmerksamkeit nach innen wendet, wo man, wie er sagt, »Energiereserven, die zu tiefer Verwandlung führen«, erreichen kann. Genau das, was er suchte! Altorfer hatte die Absicht, eine Kerbe in eines der schwierigsten, oft über Leben und Tod entscheidenden

Probleme unserer Geschäftswelt zu hauen: Wie können Arbeitnehmer und Unternehmen den Widerstand gegen Veränderungen überwinden?

Bürokratie des Geistes

Warum beschließem wir beim Jahreswechsel so oft, abzunehmen, das Rauchen aufzugeben oder mehr Zeit mit den Kindern zu verbringen, nur um uns beim nächsten Jahreswechsel dabei zu ertappen, daß wir wieder die gleichen, inzwischen vergessenen Vorsätze fassen? Warum passiert dasselbe in Unternehmen? Manager, die durchaus erkennen, daß eine autonomere, offenere Struktur lebenswichtig für das Wachstum der Firma ist, verbringen Wochenenden mit der Ausarbeitung eines Umstrukturierungsplans. Doch wenn sie wieder in die Praxis einsteigen, verhalten sie sich auf die alte Weise. Ein leitender Angestellter weiß sehr genau, daß Vorurteile und Günstlingswesen bei der Arbeit kontraproduktiv sind. Trotzdem schaut er auf gewisse Leute herab: »Das ist eben mein Naturell.« Und viele Berater verallgemeinern diese Ansicht im Hinblick auf den scheinbar nicht zu überwindenden Widerstand gegen Veränderung am Arbeitsplatz und gegen Änderung von Etabliertem: »Es ist das Naturell des Tiers.« Keinesweg, behauptet Altorfer. Wir finden eine Veränderung nur schwierig und vollziehen sie nur oberflächlich, weil wir eine bessere Verhaltensanpassung brauchen.

Treibt Bürokratie Sie auf die Palme? Am meisten frustriert Sie vielleicht manchmal jene Bürokratie, die Ihre vierundzwanzigstündigen Pflichten reglementiert. Jeder von uns ist voller automatischer Funktionsprogramme. Wären wir das nicht, müßten wir in einer ganzen Reihe von Alltagssituationen sozusagen das Rad neu erfinden. Wie fährt man ein Auto? Was soll ich zu einem neuen Kunden sagen? Wie geht man beim Sex vor? Unbewußte Muster, Gewohnheiten, Automatismen, Überzeugungen, zuständigkeitsabhängige Erinnerungen formen Geist und Körper – es gibt viele Namen für diese im Grunde sehr hilfreichen Programme, die unter der Bewußtseinsschwelle ablaufen. Altorfer nennt sie *Attitüden*. Stimmen Ihre bewußten Entscheidungen und Ihre unbewußten Attitüden überein, ist alles okay. Sie fühlen sich gesund, unversehrt, fähig. Stimmen sie nicht überein, fühlen Sie sich gestreßt, unzulänglich, frustriert.

»Die Diskrepanz zwischen dem, was wir wissen, und dem, was wir tun, ist oft verblüffend«, stellte Altorfers Team fest. Experten bringen sich unerklärlicherweise oft auf ihren eigenen Spezialgebieten zu Fall. Technisch kompetente, zuverlässige Menschen würgen ihren Erfolg oft durch Selbstvertrauens- und Stimmungsschwankungen ab. Ältere Arbeitnehmer verlieren die Motivation. Und obwohl die Menschen von der obersten bis zur untersten Stufe erklären: »Ich bin ganz dafür«, wehren sie sich gegen Veränderungen. Da ist laut Altorfer in den Köpfen der Menschen automatisierte Bürokratie am Werk, und wie jede Bürokratie ist sie entschlossen, an ihrer kleinlichen Routine festzuhalten.

Aus diesem Grund betont beispielsweise McDonald's in Stellenanzeigen: »Keine Erfahrung erforderlich.« Es ist leichter, ungeschulte Kräfte anzulernen, als alte zu ändern. Und aus diesem Grund drängen Firmen ihre Mitarbeiter auch behutsam zu frühem Ruhestand. Wir befinden uns jedoch in einer Zeit, wo sogar der altgediente Management-Guru Peter Drucker Feststellungen trifft wie: »Jede Organisation muß alles aufgeben, was sie tut.« Lösungen, die lediglich eine Zusammenlegung von Kräften vorsehen, würden nicht genügend Energie für den Sprung auf die nächste Produktivitätsstufe liefern, und genausowenig könnten dies nach Altorfers Ansicht der Intellekt, die Technologie oder technisches Geschick. »Es ist klar, daß wir uns mehr um das Unterbewußte der Menschen kümmern müssen – dort findet die Aktion statt.«

Altorfer schuf ein Verfahren zur Kontrolle der »Selbstbestätigung«, eine Art Autosuggestionstest, den man anwenden kann, um mit seinen unbewußten Attitüden in Kontakt zu kommen und sie mit den bewußten Zielen in Einklang zu bringen.

Selbstkontrolle und Selbstbestätigung

Versetzen Sie sich in einen entspannten Zustand und lassen Sie, wenn Sie wollen, im Hintergrund leise, suggestive Musik spielen. Atmen Sie tief und locker, während Sie etwas auswählen, das Sie gern ändern würden. Vielleicht sind Sie es gründlich müde, die Arbeit als Kampf zu empfinden. Sie möchten Freude an der Arbeit haben. Nehmen Sie ein langes Blatt Papier, und schreiben Sie auf die linke Seite: »Bestätigung« und auf die rechte Seite »Reaktion«. In die erste Spalte, unter »Bestätigung«, schreiben Sie Ihre Bekräftigung, also Formulierungen Ihres Strebens und Ihrer Ziele, und zwar immer und immer wieder. Zum Beispiel: »Ich erlebe die Arbeit durchaus als reines Vergnügen.« (Vielleicht wollen Sie »die Arbeit« ersetzen durch das *Lernen für die Arbeit.*) Lassen Sie nacheinander immer wieder drei Stimmen sprechen: »Ich erlebe...«, »Du erlebst...« und »Mein Ich erlebt...«

Wenn das alles ist, was Sie an Bekräftigungen leisten, werden Sie jedoch nicht weit kommen, erklärt Altorfer. Von entscheidender Bedeutung ist, daß Sie auf die Kommentare der Attitüden in Ihrem Unterbewußtsein achten. Es könnte sein, daß in Ihnen Gedanken aufsteigen wie: »Quatsch! Die Arbeit ist langweilig.« – »Sie hält mich von dem ab, was ich gern täte.« – »Schon mein Vater hat gesagt, Arbeit sei kein Vergnügen.« Sofern Sie ehrlich und aufmerksam sind, ist so gut wie sicher, daß ein Feedback dieser Art kommt. Das wird jeder bestätigen, der einmal die beliebte Autosuggestion ausprobiert hat: »Ich bin *sehr* reich. Ich bin *sehr* reich.« Wenn Sie nicht ein Bankkonto haben wie ein Multimillionär, werden Sie bald eine innere Stimme sagen hören: »Nee, bist du nicht!«

Nachdem Sie auf die linke Seite Ihres Blattes also eine Bekräftigung geschrieben haben, notieren Sie auf der rechten Seite jeden aufsteigenden Widerspruch. Lassen Sie sich ruhig Zeit für die Einwände. Sie eröffnen die Kommunikation mit dem unterschwelligen Geist. Das Wichtigste an ihnen ist, daß Sie jene unbewußten Attitüden genau bestimmen, die einer Anpassung bedürfen. Es kann sein, daß Sie einige Überraschungen erleben. Altorfer rät, die kontroversen Reaktionen nicht zu unterdrücken. Erkennen Sie sie an, und behandeln Sie sie mit Respekt. Diese Muster entstanden irgendwann, um Ihnen dienlich zu sein. Wenn Sie dagegen ankämpfen, schlagen Sie lediglich sich selbst; und Sie pumpen dabei nur Energie in ein solches altes Muster. Bestätigen Sie die derartige Reaktion einfach wieder und wieder wertfrei, voll Ruhe und Geduld. Sie könnten sich vorstellen, Michelangelo zu sein, der von seinem Steinquader Stück um Stück abschlägt, um den »David« zu befreien.

Nehmen Sie sich genügend Zeit für die lebhafte Vorstellung, wie Sie sich fühlen werden und wie alles sein wird, wenn Ihre Bekräftigung ein Bestandteil Ihres Arbeitsprogramms ist, empfiehlt Altorfer seinen Klienten. Schreiben Sie Ihre Bekräftigung immer wieder auf, und zwar an vier Tagen jeweils zehn bis fünfzehn Minuten lang.

»Das genügt, um sie auszusäen«, versichert Altorfer, und er fügt hinzu, daß man in etwa zwei bis drei Wochen die guten Wirkungen einer neuen unbewußten Attitüde, eines neuen Funktionsprogramms zu spüren beginnen sollte.

Altorfer empfand die wachsende Notwendigkeit, den Menschen das Rüstzeug für Veränderungen zu vermitteln, als so stark, daß er seine Stellung aufgab und im Süden San Franciscos das Center for Research and Education in Attitude Dimensions gründete.

Je mehr Mauern fallen, desto größer wird die Nachfrage nach seiner Schulung. Wie stünde es jedoch mit einer Attitüdenanpassung folgender Art? »Ich fühle mich hilflos gegenüber jeglicher Autorität« soll weggespült werden durch: »Es ist mir eine Ehre, Befehle entgegenzunehmen.« Das Verfahren ist keine Gehirnwäsche, versichert Altorfer nachdrücklich, es gründet vielmehr auf der Möglichkeit der Wahl. Weder der Chef noch sonst jemand kann Sie zu einer Attitüdenmanipulation zwingen. In Wirklichkeit ist die Attitüdenanpassung ein Schritt zu größter Autonomie am Arbeitsplatz, behauptet Altorfer, eine weitere kleine Kurve beim Richtungswechsel zum Selbstvertrauen hin.

Altorfers Technik wirkt von innen nach außen, auch in Firmen. Zuerst lernt der einzelne, Veränderungen zu bewerkstelligen. Beherrscht er dies, ist es wahrscheinlicher, daß eine Verwandlung des Unternehmens erfolgen kann. Während wir auf das 21. Jahrhundert zurasen, wird es nach Altorfers Voraussagen nötig sein, daß die Firmen neben der ganzen Geschäftsabwicklung ihre Arbeitnehmer mit dem Rüstzeug versehen, ihre unbewußten Funktionen zu steuern, »um die körperliche und geistige Gesundheit des einzelnen sowie die Prosperität der Unternehmen aufrechtzuerhalten«. Wir sind jetzt möglicherweise an einem Zeitpunkt angekommen, wo alles, was für die Beschäftigten befreiend ist, auch für das Unternehmen befreiend ist.

Was »sein wird«, das »ist« nicht

Altorfers Selbstbestätigungen sind für den Arbeitsplatz geschaffen. Außerhalb der Firma können Sie lebendigere Arten der Bekräftigung wählen. Eine überraschend wirksame Methode besteht darin, Bekräftigungen zu sprechen, während man vor dem Spiegel steht.

Schauen Sie sich offen in die Augen. Sprechen Sie voll Überzeugung; überzeugen Sie die Person in dem Spiegel, daß Sie wirklich meinen, was Sie sagen. Lassen Sie die Person Ihre Bekräftigung in autoritativer, befehlender Weise reflektieren.

Denken Sie daran, daß das kreative Gedächtnis, das uns zu dem macht, der wir sind, den ganzen Körper umfaßt. Eine neue Gedächtnisschaltung können Sie viel schneller herstellen, wenn Sie dazu alle Ihre Sinne benutzen. Sagen Sie Ihre Bekräftigungen laut. Rufen Sie sie hinaus, flüstern Sie sie vertraulich. Oder singen Sie sie. Lösen Sie in sich die entsprechenden Gefühle aus. Wenn Sie am Lernen Freude haben wie ein Kind, dann hüpfen Sie, springen oder gehen Sie bei Ihren Bekräftigungen die Straße hinunter, turnen Sie, tanzen Sie. Fertigen Sie ein Poster an, und kleben Sie die Bekräftigungen darauf, oder zeichnen Sie eine Skizze davon. Wenn Sie etwas Berauschendes oder Schmackhaftes riechen, sagen Sie Ihre Bekräftigungen, genießen Sie es, während Sie sich damit sättigen. Eine Expertin wie Louise Hay, deren Bücher und Kolumnen einer großen Öffentlichkeit die Heilkraft der Autosuggestion zugänglich machten, rät, daß man eine Suggestion drei- bis vierhundertmal am Tag sagen soll.

Ein freundliches Ambiente positiver Suggestion ist das Kennzeichen der Superlearning-Klassen. Direkte Suggestionen werden gewöhnlich während der Entspannung oder am Schluß der geistigen Miniferien gegeben. Die meisten Suggestionen haben natürlich mit dem jeweiligen Lehrstoff zu tun, aber es gibt eine Grundsuggestion, die immer wieder ihre Fähigkeit bewiesen hat, den Weg zu optimaler Leistung zu öffnen: irgend etwas, das die Selbstachtung hebt. Wenn Sie aufbauende Unterstützung brauchen, bevor Sie ins Detail gehen, denken Sie sich eine Suggestion aus wie: »Ich liebe mich«, »Ich bin ein einmaliger, wertvoller Mensch«, »Ich bin ständig voll und ganz kompetent«, oder »Ich verdiene das Beste, was das Leben zu bieten hat«. Wenn Sie irgendwelche Mißfallensäußerungen von Ihrem Unterbewußtsein hören, notieren Sie sie.

Geben Sie sich bei der Vorbereitung auf das Lernen oder auf irgendeine Leistung ein paar positive Anregungen. Schließlich steht geschrieben: »Bittet, so wird euch gegeben.« Die Notwendigkeit einer Bekräftigung des Guten an oder in jedem Ich reicht bis zu den Ursprüngen der Menschheitsgeschichte zurück, und sie zeitigt seitdem Erfolge. Das Neue heute ist, daß wir heute mehr über die Funktionsweise des Geistkörpers wissen. Zwei Dinge tragen zur rascheren Wirkung von Bekräftigungen bei: Erstens müssen Sie korrekt formuliert und gesprochen werden; zweitens muß man ihnen Raum zum Atmen geben, indem man einen inneren Hausputz veranstaltet und negative oder veraltete »Bekräftigungen« wegschafft. »Ich verdiene das nicht« ist genauso eine Behauptung wie: »Ich verdiene das Beste im Leben.«

Wie Sie wahrscheinlich wissen, müssen Bekräftigungen positiv sein. Sagen Sie keinesfalls: »Lernen ist *nicht* schwierig.« Bekräftigen Sie vielmehr: »Das Lernen fällt mir immer leichter.« (Oder: »Lernen erfüllt mich mit Vitalität.« – »Ich fühle mich lebendig, wenn ich lerne.« – »Ich lerne, nehme alles auf wie ein Schwamm das Wasser und merke es mir.«)

Sprechen Sie in der Gegenwart, denn sie ist die einzige Zeit, über die Sie verfügen. Sagen Sie also nicht: »Ich werde schaffen, was ich mir vorgenommen habe.« – »Ich werde ein guter Mitarbeiter sein.« Denn mit der Rede in der Zukunftsform verschieben Sie ja etwas auf später. Warum denn? Menschen, die denken oder sagen: »Wenn es soweit ist, werde ich ...«, enden wie die venezianischen Kaufleute früherer Zeiten, die mit ihren Blicken unablässig den Horizont absuchten. Die mit Schätzen beladene Galeonen solcher Menschen versinken für immer in den Tiefen des Unterbewußten, die »Nicht jetzt«-Ereignissen vorbehalten sind. Denken Sie daran, das Unterbewußte weiß nicht, wieviel Uhr es ist. Das Unterbewußte kennt nur ein einziges Jetzt. Nutzen Sie seine Kraft, indem Sie ihm sagen, was Sie *jetzt* sind oder sein wollen: »Ich schaffe, was ich mir vorgenommen habe.« – »Ich bin ein guter Mitarbeiter.«

»Jeder Schmerz ist Widerstand gegen Veränderung«, lehrt Buddha. Warum warten, bis Sie wirklich Schmerzen leiden, warum erst dann anfangen, die notwendigen Veränderungen auf Ihrem Weg zu Ihrem Job des 21. Jahrhunderts einzuleiten?

II
Feuerwerke in Aktion

»Die Vorstellung von beschleunigtem Lernen kam wie ein Feuerwerk über mich und die anderen Kursteilnehmer«, sagt Helmut Hüttenrauch, Leiter des Bereichs Methoden- und Trainerentwicklung bei dem Kommunikationsriesen Philips in Nürnberg. Erstmals hörte er davon in einem deutschen Seminar, das Dr. Charles Schmid aus San Francisco leitete, einer jener avantgardistischen Lehrer, die dazu beitrugen, der Welt die neue Lernmethode nahezubringen. »Ich war fasziniert«, erzählt Hüttenrauch. »Diese Ideen belebten mich neu und erregten mich: holistisches Lernen, das Kreativität und Freude freisetzt – Schulung, die auch menschliche Bedürfnisse berücksichtigt.« Das Seminar regte ihn dazu an, in der Philips-Akademie ein Superlearning-Center einzurichten. Dort werden seit 1989 mit Erfolg Computerprogrammierer und andere High-Tech-Arbeiter ausgebildet.

Etwas Erdbebenartiges geht in dem Bereich vor, in welchem die meisten von uns ihren Lebensunterhalt verdienen oder bald verdienen werden. Die sich rasch vernetzende neue Infrastruktur – digital codierte Informationen werden mit Lichtgeschwindigkeit übermittelt – bringt uns etwas, das immer mehr Wirtschaftsmagazine als »fundamentale Veränderung« oder »radikalen Wandel« bezeichnen. Wenn man mittendrin steckt, bekommt man das Gefühl, daß »die ganze Unternehmenswelt verrückt zu werden scheint«. Die Fabrikarbeiter stehen ständig unter dem Druck, alte Methoden und Verfahren aufgeben und neue Fertigkeiten lernen zu müssen und oft die Arbeit oder den Beruf sogar ganz zu wechseln. Helmut Hüttenrauch von Philips hält die ausgewogene, humane, streßabbauende Methode der beschleunigten Schulung für den besten Weg, um durch das Chaos zu navigieren. Es ist ein Kurs, der nicht nur Technikern, sondern auch anderen Menschen helfen kann. Manager und leitende Angestellte sind zunehmend gezwungen, den bequemen alten Pfad der Unternehmensführung zu verlassen und ihre Talente und Möglichkeiten zu überdenken. Inzwischen arbeiten immer mehr Teams selbständig in kleinen Unternehmen. Um die geistige und emotionale Flexibilität zu besitzen, die eine Voraussetzung für gute Arbeit und gutes Leben ist, müssen die Menschen Vertrauen in ihre Fähigkeiten haben, ihnen bisher fremde Fertigkeiten zu entwickeln. Um für den neuen Markt gerüstet zu sein, braucht man eine Art Grundlage, nämlich die Grundausstattung für erstklassiges, lebenslanges Lernen. Mittels der bisherigen vorsintflutlichen Lernweise erhält man sie ganz sicher nicht.

Die Wirtschaft wurde auf Superlearning aufmerksam, als ein Bedürfnis befriedigt werden mußte, das keineswegs neu ist: rasche Schulung. Noch bevor wir mit unserer Superlearning-Methode richtig aus den Startlöchern waren, rief der Topmanager des größten kanadischen Chemie-Unternehmens an, der Wind davon bekommen hatte, daß wir in den kommunistischen Ländern auf eine neue, schnellere Lernmethode gestoßen waren. Er wäre kein Topmanager gewesen, hätte er nicht gewußt, daß eine streßfreie, schnelle Schulung – falls sie wirklich funktionierte – riesige Geldsummen einsparen konnte. Allein die Vorteile, die ein Streßabbau bringen würde, bedeuteten weniger Ausfallzeiten infolge streßbedingter Erkrankungen (Kosten, die jetzt noch auf Milliarden geschätzt werden).

Die Grundidee: Superlearning spart Zeit und Geld, was in der heutigen Zeit *Mega-Ersparnisse* bedeutet. Schulung ist zum Lebensblut der Industrie geworden, weil sich die Dinge rasant ändern. Laut Bill Fisher, dem Manager des Bildungs-Marketings bei Pioneer New Media Technologies, gibt die amerikanische Wirtschaft jährlich 30 Milliarden Dollar für die Arbeiterschulung aus.

Technische Neuerungen ähneln immer mehr den Höckerhindernissen für Panzer. Kaum hat man einen solchen Buckel hinter sich gebracht, tauchen zehn neue auf. Was tun Sie, wenn Sie wie C. L. Hallmark vom National Product Training Center der American Telephone and Telegraph Co. ältere Arbeiter, die seit langem an bestimmte Arbeits- und Lernweisen gewöhnt sind, um- oder nachschulen müssen? »Einige der bärbeißigen Oldtimer machten mir Sorgen, denn viele hatten seit Jahrzehnten keine Schule mehr von innen gesehen«, gestand uns Hallmark, nachdem er die Verwendung von Superlearning-Musik vorbereitet hatte. Er mußte Arbeitnehmer sattelfest machen in der Bedienung von komplizierten neuen Kontrolltafeln voller Alarmsignale, die aufleuchteten, wenn in einem Telefonsystem eine Störung auftrat. »Alle Informationen müssen in den Köpfen der Arbeiter so verankert sein, daß auf Probleme, die diese fehlersicheren Tafeln anzeigen, eine prompte Reaktion erfolgt«, sagte Hallmark. Superlearning sorgte für diese Verankerung. Hallmarks Team beurteilte die Methode als »gut angepaßt an unsere Bedürfnisse und an eine nützliche Schulungstechnik in unserer Druckknopfwelt«. Der »Beipack« des Streßabbaus war ein Plus, das die Arbeiter sehr schätzten.

Auch in den Bereichen Verkauf und Marketing können die Beschäftigten einen Beschleunigungsschub erhalten. Fachleute in Unternehmen wie Hewlett-Packard in Kalifornien und der internationalen Computerfirma Racal-Redac in Massachusetts wandten Iwan Barsakows OptimaLearning an, um »die Fähigkeiten zu steigern, Erkenntnisse und Ergebnisse mitzuteilen«, »um meinem Gedächtnis vollständig trauen und ohne Notizen sprechen zu können«, »um in wechselnden Situationen schnelle, richtige Entscheidungen zu treffen.«

Fast maßgeschneidert scheint das beschleunigte Lernen, um Behinderten zu helfen, ihre Fertigkeiten auf ein höheres Niveau zu heben. Dieser Faktor weckte das Interesse von Dr. Carl Schleicher, dem Präsidenten der Mankind Research Foundation in Washington, der einen regelrechten Zirkus von Verhandlungen durchstand, um sich von der bulgarischen Regierung die Nutzungsrechte an Losanows Lehrmethode zu sichern. Schleichers Gruppe, die mit der Industrie zusammenarbeitete und dadurch eine Reihe amerikanischer Regierungsaufträge erhielt, bildete Teams mit Unternehmen, um Blinde in der Computerprogrammierung und in anderen Fertigkeiten zu schulen. Das Projekt, das erste seiner Art im Land, erwies sich bei der kostengünstigen, effektiven, beschleunigten und streßfreien Computerschulung von Menschen, die eigentlich erwerbsunfähig waren, über ein Jahrzehnt hinweg als so erfolgreich, daß es von der President's Commission for the Handicapped einen Preis erhielt![1]

Wie Hallmark bei der amerikanischen Telefon- und Telegraphengesellschaft so haben auch in vielen anderen Firmen – Westinghouse, Bell Atlantic, Nynex, Eastman-Kodak, Occidental Chemical, Avon, Cincinnati Bell, U. S. Postal Service, um nur einige zu nennen – Einzelausbilder die beschleunigten Programme oder zumindest

---

[1] Siehe dazu auch Seite 357f.

einige ihrer Hauptelemente, wie langsame Barockmusik, Mind Mapping[1], Entspannung und geführte Bildvorstellungen, dem individuellen Bedarf angepaßt, um Arbeitnehmer in die Arbeitsweise des 21. Jahrhunderts hineinzuführen.

Liebe und Ehe, Bildung und Beruf – sie setzten immer schon aufeinander. Jetzt hat sich der Verbund verstärkt, und zwar durch eine »Veränderung der geistigen Einstellung oder des Paradigmas«, wie es der Wirtschaftsautor Walter Kiechel formuliert hat. Gefordert wird diese Veränderung von der Wirtschaft. Und sehen konnte man sie 1993 in Boston auf der SALT-Konferenz, deren Mitsponsoren die New-England Telephone und die Filiale Minnesota der American Society of Training and Development waren. Bis dahin wurde SALT, eine Gruppe visionärer Akademiker und Lehrer, von niemandem gesponsert. Wenig bis keine Unterstützung erhielten die meisten Mitglieder auch in ihren Heimatschulen, deren Personal sich Veränderungen hartnäckig widersetzte. In Boston meldeten sich über hundert Vortragende aus einem Dutzend Länder zu Wort. Die meisten waren noch Lehrer, viele jedoch setzen ihre Talente in Kreisen ein, die Neuerungen positiver gegenüberstehen als die Schulverwaltungen.

Die dynamische Präsidentin von SALT im Jahr 1993, Libyan Cassone, ist eine dieser Personen. Am Anfang ihrer Berufslaufbahn lehrte Cassone Spanisch in Harvard, am Massachusetts Institute of Technology und in Tufts. Dann stieß sie auf Losanows Lernmethode, und das Feuerwerk begann. Sie wurde Unternehmerin. Jetzt ist sie Präsidentin von 21st Century Learning Systems in Minneapolis. Ihre Firma veranstaltet für eine Vielzahl von Geschäftszweigen Workshops in beschleunigtem Lernen. Sie und ihr Mann Philip, ein Marketing-Experte, betreiben auch die Firmen SpeakEasy Languages und Accelerated Learning Systems.

Zeit sparen, Geld sparen, davon ging anfangs die Anziehungskraft aus. Jetzt tut sich was in den Unternehmen, die Superlearning einsetzten, etwas anderes, das ein noch größerer Gewinn für unser Arbeitsleben im nächsten Jahrhundert sein kann: Die Arbeitnehmereffizienz steigt; die Motivation ist größer; die Beziehungen der Arbeitnehmer untereinander und das Klima am Arbeitsplatz verbessern sich; die gesamte Persönlichkeit des Geschulten verwandelt

---

[1] Siehe dazu Seite 165 f.

sich dank der humanisierenden Wirkung dieser Art des Lernens. »Wie die Geschulten so die Firma – das ganze System Unternehmen wächst in vielerlei positiver Weise«, berichtet *New Horizons for Learning*.

Superlearning als Mainstream

Die beschleunigte Schulung, eine bewährte, rentable Methode, ist in den Vereinigten Staaten noch keineswegs üblich. Wenn Sie Superlearning als Mainstream bzw. Hauptströmung in Wirtschaft und Industrie erleben wollen, schauen Sie nach Deutschland. Dort genießt man bereits den Vorteil, über ein ausgeklügeltes Netz von Bildungszentren zu verfügen, die mit der Industrie verknüpft sind und das ganze Land überspannen, das ständig erstklassige Facharbeiter hervorbringt.

»Die Informationsexplosion hat neue Lernweisen *erzwungen*,« sagt Helmut Hüttenrauch von der Philips-Akademie. Um das Programmieren von Computern zu lernen, gehen die künftigen Programmierer dort auf einem mit Schnüren markierten Weg durch einen Computer, der aus Karten auf dem Boden besteht. Auf diese Weise erfassen sie visuell, physisch und psychisch die inneren Funktionsweisen eines Computerprogramms. Später trägt ein langsames Rückschau-Barockkonzert zur Verankerung der technischen Daten im Gedächtnis bei. Die Leute lieben das entspannende Konzert so sehr, daß es zu einem Aufstand kam, als eine Trainerin es wegließ. Die Arbeitnehmer lernten nicht nur schneller, sondern auch ihre sozialen Fähigkeiten und das Teamwork verbesserten sich, außerdem zeigten sie ausgeprägte Freude an Leistung.

Es ist nicht üblich, daß man Industrietrainer von »höherer Entwicklung der Menschheit« sprechen hört, aber Hüttenrauch tut es und betont, neben der Vermittlung von Know-how eröffne diese Art der Schulung »die Chance, Ihre eigene Persönlichkeit, Kreativität, Aufgeschlossenheit, Charakterstärke und Lebensfreude zu entwickeln«.

Halb um die Erdkugel, in Malaysia, gelangte ein Ausbilder namens Jafni Zainal, der mit Ingenieuren, Polizeibeamten und Leseunfähigen arbeitet, zum gleichen Schluß. Er behauptet: »Superlearning kann bessere Menschen für eine bessere Welt schaffen.«

»Schulungszeit spart Geld«, sagt Dr. Dieter Jaehrling, Leiter der Bildungszentren von Audi in Ingolstadt und Neckarsulm. Hier spart man mittels der beschleunigten Schulung seit Jahren Geld und erreicht höhere Lernmotivation. Außerdem baut Suggestion Streß ab. Da sich Streß als eine der Hauptursachen für Krankheit in unserer Gesellschaft erwiesen hat, ist es eine glückliche Folge von Superlearning, wenn dadurch Streß und mittelbar auch Krankheitsursachen abgebaut werden.

Es ist ebenso human wie kostensparend, holistische Methoden anzuwenden, die auch die Gesundheit fördern, glaubt Jaehrling. Er betont, Gesundheit sei sehr wichtig für die Produktivität am Arbeitsplatz. Deshalb hat er in die Bildungsprogramme auch das autogene Training aufgenommen, um die Mitarbeiterinnen und Mitarbeiter zu befähigen, die Kontrolle über ihr Wohlergehen selbst zu übernehmen. Autogenes Training könne der deutschen Industrie Einsparungen in Millionenhöhe bringen, konstatiert er, wenn es gelingt, Streß wirkungsvoll abzubauen und damit eine der Folgen, der starke Alkoholkonsum, zurückgeht, der eine der Ursachen hoher Fehlzeiten ist.

»Entdecken Sie das Fahr*vergnügen*«, heißt es auf Werbeplakaten von Volkswagen/Audi. Bei Audi ist das Vergnügen praktisch in die Arbeit »eingebaut«. Es beginnt mit der Art, wie sich die Auszubildenden die Kniffe ihres Gewerbes aneignen. »Lernen macht Spaß«, verkünden ihre Schulungspublikationen, und Superlearning vermittelt das technische Fachwissen über die neuesten Audi-Roboter, über Drehbänke, die Elektronik, Schweißmethoden, die Mechanik von Motorfahrzeugen und elektrischen Anlagen. Arbeitnehmer lernen bei Audi auch Spanisch und Englisch. Die Weiterbildung der ganzen Person führt laut den Ausbildern zu größerer Kreativität und Motivation bei den Arbeitnehmern.

In Ostdeutschland, wo zur Zeit des Sozialismus viel für die Einführung der Suggestopädie getan wurde, findet das System heute Anwendung, um den Menschen den Übergang zu erleichtern. »Superlearning hat für die Bürger der einstigen DDR besondere Anziehungskraft wegen seiner Menschenfreundlichkeit, seiner holistischen und persönlichen Atmosphäre und dem Respekt vor der lernenden Person, den sie als neu und faszinierend empfinden«, erzählte uns Hartmut Wagner.

Ein Superlearnig-Programm, das Wagners SKILL-Team im Bildungszentrum vom IBM in Herrenberg durchführte, erbrachte das typische Feedback: »Der angenehmste Kurs, an dem ich in meinen sechzehn Jahren bei IBM teilnahm.«

Nicht nur die Lernenden profitieren von Superlearning. Gail Heidenhain, seit langem in der Deutschen Gesellschaft für suggestopädisches Lehren und Lernen (DSGL) tätig und Partnerin von Roland Böttcher in der Geschäftsleitung der Delphin-Trainerakademie, erläuterte: »Die Ausbildung der Lehrer wird in Deutschland sehr ernst genommen. Die beiden Hauptgewichte liegen auf der persönlichen Entwicklung des Lehrers und der Entwicklung von Vertrauen in das suggestopädische Lehren. Man lehrt, was man ist.« Techniken aus vielen Bereichen werden angewandt, sagte sie uns, um den angehenden Lehrern bzw. Trainern zu helfen, »ihre Glaubenssysteme zu überprüfen, ihre eigenen Barrieren gegen das Lernen und Lehren zu überwinden sowie ihr *eigenes* Potential zu entdecken und zu entwickeln. Nur dann können sie die Lernbarrieren und das Potential ihrer Schüler erkennen.«

Ein Mann ist dafür verantwortlich, daß jetzt über tausend dieser Superlearning-Trainer große Unternehmen wie Hewlett-Packard, Opel und Goodyear sowie einige mächtige Gewerkschaften bevölkern: der bereits erwähnte Hartmut Wagner, Gründer des SKILL-Instituts in Heidelberg. Im Lauf der vergangenen Jahre haben Wagners Lehrer vielen tausend Deutschen geholfen, klüger zu arbeiten, nicht härter, was ihnen eine bessere Bezahlung und längeren Urlaub einbrachte.

Nachdem Wagner *Superlearning* in der deutschen Ausgabe, *Leichter lernen ohne Streß,* gelesen (und weil er es für unglaubhaft hielt, durchs Zimmer geworfen) hatte, probierte er das Verfahren für den Sprachunterricht versuchsweise in einer privaten Oberschule in Heidelberg aus: eine Übung zur Streßkontrolle. Die erste Reaktion war Gekicher. Allmählich kamen die Schüler jedoch hinter den Sinn der Methode. »Es ging wirklich im Flug«, sagte einer. Und die Ergebnisse verbesserten sich wie im Flug. Bei strengen Prüfungen erreichten die Schüler, die zuvor schwach gewesen waren, im Durchschnitt 92 Prozent der möglichen Punkte. Schüler, die nach dem Multiple-choice-Verfahren geprüft wurden, erzielten 100 Prozent.

»Die Methode war so beeindruckend und faszinierend, daß ich vorhabe, ihre Anwendung auszuweiten«, schrieb uns Wagner nach seinem ersten Test vor einem Jahrzehnt. Und das gelang ihm so gut, daß er jetzt das führende Superlearning-Zentrum in Deutschland mit seinem Team von acht Lehrkräften hat. Wagners Gutachten wurde in dem deutschen Dokumentarfilm *Superlearning – eine Fremdsprache in 8 Tagen?* im deutschen und ausländischen Fernsehen gebracht.[1]

Schreiten Sie zur Selbsthilfe

Die meisten von uns sind am Arbeitsplatz nicht gerade die größten Kanonen, aber in diesem Do-it-yourself-Jahrzehnt können wir trotzdem uns und unseren Kindern das nötige Rüstzeug verschaffen, um auf der neuen Welle zu schwimmen. Und das erste, worüber wir uns im Innersten klarwerden müssen: Wir haben es wirklich mit einer neuen Welle zu tun. Die Trendforscher John Naisbitt und Patricia Aburdene registrierten vor kurzem etwas Seltsames: Technisch gesehen haben wir uns seit einer Reihe von Jahren nicht in einer Rezession befunden, »doch *psychologisch* stecken wir in einer ziemlichen Rezession«, sagen die beiden. »Jetzt müssen wir uns aus ihr herausreden.« Hilfreich könnte dabei die Erkenntnis sein, daß unsere Verzweiflung aus einer tieferen Art weltweiter Rezession erwachsen dürfte. Die alte Zeit weicht zurück wie eine große Welle, die uns ihre tragende Unterstützung entzieht und uns in ihren Sog auf den Strand schleudert wie Muscheln. Der Trick ist, in der Lage zu sein, auf die neue Welle zu gelangen.

Stephen Barley von der Cornell's School of Industrial and Labor Relations weist darauf hin, daß die Arbeiter, die über das nötige Wissen verfügen – die Techniker, Spezialisten und Armeen von Beschäftigten im Dienstleistungsgewerbe –, laut eigenen Aussagen mit der »offiziellen Bildung« nicht viel anfangen können. Spezialisten für Mikrocomputer-Supports beispielsweise »setzen Teile und Teilchen vom Feinsten der Technologie zusammen und versuchen dann, sie den Bedürfnissen ihrer Unternehmen anzupassen. Was sie tun, ist nichts anderes als strampeln, um oben auf der Welle der Veränderung zu bleiben«, sagt Barley. Das ist die neue, in Arbeit und Spiel lebendige Bedeutung von lebenslangem Lernen. Und Superlearn-

---

[1] Die Berufsbildungstechniken von Wagner behandelt das Kapitel 26, Seite 333 ff.

ing sowie seine Schwestersysteme können Sie so austatten, daß Sie dieses lebenslange Lernen gut bewältigen. Unabhängig davon, ob Ihre Firma eine Superlearning-Schulung bietet oder nicht, können Sie in einem Do-it-yourself-Projekt eine ums Dreifache beschleunigte Schulung für neue Gelegenheiten durchführen, problemlos und leicht. Sie wird Ihnen vor allem zugute kommen, wenn Sie sich, wie es im nächsten Jahrtausend viele tun werden, für die Berg-und-Tal-Fahrt des Selbständigen oder Freischaffenden entscheiden.

Als Dr. Tatiana Radonjic-Matano einen Kurs in Unternehmensführung mitmachte, merkte sie, daß etwas fehlte. Methoden, die rasches Lernen und rasche Veränderungen ermöglichten. Sogleich erwies sie sich als Unternehmerin, denn sie arrangierte, daß ihr Schnell-Lernkurs in die Schulung von Geschäftsleuten eingegliedert wurde.

Falls Sie sich noch nie als Freiberufler versucht haben, fassen Sie Mut. Ray Hoffman von *Business Week* berichtet, eine vor kurzem durchgeführte Befragung habe ergeben, daß 67 Prozent der selbständigen Amerikaner »sehr zufrieden« mit ihrem Leben sind. Von den Menschen, die jemand anderen zum Chef hatten, fühlten sich nur 47 Prozent »zufrieden«.

»Seien Sie alles, was Sie sein können!« Diesen Slogan nehmen sich Teile der amerikanischen Truppen offenbar zu Herzen. Hohe Offiziere waren von Anfang an, ab den siebziger Jahren von Superlearning fasziniert. Als wir auf eine Einladung hin vor dem Institute for Defense Analysis sprachen, das das Pentagon berät, hatten Fragen nach Superlearning oberste Priorität. Das Militär verwendet Superlearning, um das Lernen von Waffensystemen, Sprachen oder sogar grundlegenden literarischen Fähigkeiten zu beschleunigen.

Trotz dieses Interesses mußte ein ausschließlich an Militärbasen verkaufender Unternehmer, als er vor einem Jahrzehnt mit dem Verkauf von Schulungskursen begann, unser *Superlearning*-Buch an Unteroffiziere und Mannschaften als Gratisexemplare vergeben. Denn die stufenweise Schließung der Stützpunkte setzte ein. Tausende von Soldaten wurden auf den unsicheren zivilen Arbeitsmarkt abgeschoben. »Nun ist Superlearning gefragt«, erzählte uns der Unternehmer, »sehr gefragt.«

Ähnliche Probleme hatten einundzwanzig New Yorker Stadtpolizisten. Als sie sich bei Dr. Radonjic-Matano für ihren Superlearning-Kurs anmeldeten, war sie überrascht, wie viele sich zur Vorbereitung auf eine zweite Berufslaufbahn nach ihren zwanzig Dienstjahren bei der Polizei schulen ließen. Die Polizisten erkannten übrigens sehr schnell, daß Streßabbau-Techniken nicht nur bei Prüfungen hilfreich waren, sondern ihnen auch von Nutzen sein konnten, wenn sie in dem »Big-Apple« New York an vorderster Front eingesetzt wurden. Radonjic-Matano zeigte ihnen, wie sie das Lernen in ihre Alltagsaktivitäten einbauen konnten, während sie ihre Runden machten.

Die Grundverfahren des beschleunigten Lernens können noch auf andere Weise Ihren Erfolg auf dem veränderten Arbeitsmarkt vergrößern. »Das System ist menschenfreundlich«, sagen Ausbilder. »Es entwickelt die ganze Person.« Wenn Sie Einengungen oder Blockierungen beseitigen, wenn Sie lernen, Ihre Sinne und Ihre Phantasie zu schätzen und einzusetzen, wenn Sie Selbstvertrauen und Selbstachtung aufbauen, werden Sie zwischenmenschliche Beziehungen, die Bestandteil der neuen Grundbasis der Arbeitswelt sind, besser gestalten können. Dennis Hartley, Topmanager der Abteilung für Mikrowellengeräte bei Hewlett-Packard, ist eine Führungskraft neuen Stils, denn er konzentriert sich auf die Interaktion mit seinen Leuten. »Ich wende vermutlich fünfundsiebzig Prozent meiner Energie für Angelegenheiten auf, die man als Firmenkultur bezeichnen könnte. Ich glaube nicht, daß die Leute einen Wandel wirklich genießen, aber wenn sie daran teilnehmen können und ihn verstehen, kann er für sie zu etwas sehr Positivem werden.« Auch die Beziehungen der Leute untereinander rücken immer mehr ins Blickfeld. Die Qualität, die amerikanische Produkte wieder zunehmend erhalten, hat zum großen Teil mit Service- oder Dienstleistung zu tun.

Rebecca McDonald, Chefin der Naturgas-Marketing-Tochtergesellschaft von Tenneco, führt aus: »Man hört viel Gerede darüber, daß die Art, *wie wir Mädchen unterrichten,* geändert werden müsse, weil wir ihnen beibringen, zuzuhören und entgegenkommend zu sein, während man Jungen beibringt, um jeden Preis zu siegen. Ich frage mich wirklich, ob wir nicht die Art überdenken sollten, *wie wir Jungen unterrichten.* Die Unnachgiebigkeit, die aus der Erwartung erwächst, um jeden Preis zu siegen, verträgt sich nicht sonderlich gut mit den neuen Fähigkeiten, die in Amerikas Wirtschaft und Industrie nötig werden.« Interessant ist vielleicht, daß unter allen Führungskräften neuen Stils, die John Huey für seine Titelgeschichte

»Managen inmitten von Chaos« in dem Magazine *Fortune* interviewte, ausgerechnet die *Frau* Rebecca McDonald sich am wohlsten zu fühlen schien. Sie freute sich, wie sie sagte über die »Chance, alles noch einmal neu zu gestalten. Wie kann das nicht aufregend sein?«

Es ist gut, sich klarzumachen, daß der Wirbelwind, der uns in eine neue Welt und in ein neues Jahrtausend trägt, ins Informationszeitalter, nicht so sehr mit dem ständig an uns vorbeigleitenden Strom von Daten zu tun hat, sondern mit einer globalen elektronischen Infrastruktur, die eine völlige Neuorganisation des Lebens bringt. Wenn wir sie richtig anpacken, ist es eine expansive, befreiende Neuorganisation. Viele von uns werden nicht mehr an einen bestimmten Arbeitsplatz gebunden sein oder von neun bis siebzehn Uhr »Gewehr bei Fuß« stehen müssen. Fast jeder wird imstande sein, in dieses sich ausweitende globale Gehirn etwas Eigenes einzubringen, zu interagieren, sein Scherflein zur Perfektion beizutragen. Von einer Kohlenzeche oder einem Montageband aus gesehen, ist das ein Götterdasein. Wenn wir diese Neuorganisation richtig anpacken, müßte sie uns eine Menge Freizeit bescheren, Freiheit über das Erregende der tatsächlichen Realität hinaus. Ein Schlüssel zum richtigen Anpacken ist, offen zu bleiben für die Vielzahl neuer Wege zur Erschließung der Quellen und Schätze des menschlichen Geistes, die zunehmend in unsere Reichweite gelangen. Wir haben gerade erst angefangen zu wissen, wie man superlernt.

Experten sind sich einig: Die Währung der neuen Welt ist Wissen. Wissen und die Fähigkeit, ein Leben lang *leicht* zu lernen, sind die Goldmünzen und das Einsatzkapital für die Zukunft.

12
Die Lern-Sinne

In der kleinen Ortschaft Sixt, hoch oben in den französischen Alpen, drangen Füßestampfen und Gelächter durch die klare Bergluft. Die fröhlichen Klänge kamen aus einem Kindergartenraum in einem pittoresken Gebäude aus dem 16. Jahrhundert. Die Schüler waren jedoch alles andere als Kinder. Sie waren Lehrer aus Finnland, den Vereinigten Staaten, Italien und Südafrika und wollten sich unter Anleitung der Meistertrainerin Jenny Vanderplank mit den Techniken des beschleunigten Lernens vertraut machen. Vielleicht wirkte allein schon der alte Raum, der in Jahrhunderten viel kindliche Fröhlichkeit aufgesogen hatte, so erheiternd auf die Lehrer – wie dem auch sein mochte, unter Vanderplanks Obhut erfuhren sie das Leben plötzlich mit den unverbrauchten Augen und Sinnen von Kindern. Gerade eben hatten sie spontan zu tanzen begonnen, den Mangrovensumpftanz, bei dem jeder Lehrer einen anderen Bereich des komplexen Ökosystems dieses Sumpflandes darstellte.

Vanderplanks Schüler hätten eine Lektion auch tanzen können, wenn sie auf den alten Brauch verfallen wären, der fordert: »Gib dein ganzes Selbst hin und schüttle alles gut durch!« Die unendliche Vielfältigkeit Ihrer Sinne und die Farben Ihrer Emotionen sind Teil des Superlernens mit Ihrem ganzen Selbst. Je mehr Sinne Sie beim Lernen einsetzen, desto mehr Anker bekommen Sie, um den Lernstoff im Gedächtnis festzuhalten. Und desto mehr Wege haben Sie, ihn aus dem Gedächtnis wieder abzurufen. Das Bruchstück einer Melodie erklingt, und plötzlich werden Sie an vergessene Orte zurückversetzt, sehen vergessene Gesichter wieder. Hören, insbesondere das Hören von Musik, angelt Erinnerungen.

Dasselbe kann Riechen tun, manchmal in geradezu überwältigender Weise. Steigt Ihnen irgendwo der Duft des Lieblingsparfüms Ihrer Mutter oder auch der scharfe chemische Geruch eines längst vom Markt verschwundenen Toilettenreinigers in die Nase, blitzt sofort eine Welt der Erinnerungen auf. Die Superlearning-Pionierin

Dr. Rosella Wallace erzählt von einem Lehrer in Alaska, der auf riechende Farbmarker schwört. Wallaces junge Schüler verwenden beim Lesen nach Zitrone riechende gelbe Marker, beim Rechnen rote Kirschmarker. Wenn eine Leseprüfung stattfindet, nehmen sie einen Zitronenstift und ein paar Extra-Erinnerungen zu Hilfe. Als Dr. Mary Lang von der Universität von Idaho ihrem zweijährigen Sohn Superlearning-Minilektionen zu erteilen begann, achtete sie darauf, ihn stets mit etwas Parfüm einzutupfen. Die beiden Frauen handeln keineswegs aus Aberglauben. Forscher haben inzwischen wissenschaftlich nachgewiesen, was die meisten von uns aus Erfahrung wissen.

An der Yale-Universität schaffte Dr. Frank Staub diesen Nachweis mit einer den Mund wäßrig machenden Geruchsnuance. Staub forderte seine Psychologiestudenten auf, eine Reihe Vokabeln zu lesen. Während sie über der Liste saßen, zog ein schwerer, süßer Duft durch den Raum, das Aroma von Schokolade, das den Speichelfluß in Gang setzt. Staub hatte den Studenten nicht aufgetragen, die Vokabeln auswendig zu lernen, doch zwei Tage später kontrollierte er, wieviel sie behalten hatten. Wieder lag der Schokoladenduft in der Luft – aber nur bei der Hälfte der Gruppe. Die restlichen Schüler mußten sich in normaler akademischer Luft erinnern. Natürlich hatte Staub sowohl für das Lernen als auch für den Abfragetest eine schokoladenfreie Kontrollgruppe. Schokoholiker, freut euch! Jene Studenten, die während des Lernens und während des Tests Schokolade geschnuppert hatten, erinnerten sich signifikant besser als jede der beiden schokoladenlosen Gruppen.

Staub empfiehlt, beim Lernen verschiedene Gerüche mit verschiedenen Themen zu assoziieren. Wie wäre es mit Pfirsichen und Poesie, Mottenkugeln und Mathe, Anis und Algebra? Bedenken Sie jedoch, daß Sie den Geruch auch dann brauchen, wenn Sie den Erinnerungstest machen oder einen Bericht über das Gelernte verfassen. Forscher an der Bishop's-Universität in Quebec behandelten Studenten abwechselnd mit Parfüm der Marke Ralph Lauren und mit Jasminduft. Das Beschwören der Erinnerungen hing nicht davon ab, *welchem Geruch* die Studenten ausgesetzt wurden; der Trick bestand darin, daß sie beim Lernen und Erinnern *den gleichen Geruch* einatmeten.

Frank Staub, der weiterreichende Möglichkeiten witterte, quittierte die akademische Laufbahn und ging in die Industrie. Unter anderem benutzt er jetzt einen scharfen Geruch, wenn er Cockpitbesatzungen in Notfallsituationen des Flugverkehrs schult. Das Szenario: Ein Notfall tritt ein; der Geruch wird gleichzeitig mit dem Aufleuchten der Warnlichter freigesetzt und veranlaßt die Crew, unmittelbar zu reagieren und sich an all das Gelernte zu erinnern. Geruchsreize gehen, anders als die Reize bei übrigen Sinnen, sofort zum Gehirn. Geruch ist ein schneller Auslöser. Man kann ihn auch zur Auslösung von Spitzenleistungen benutzen, wenn es gilt, eine Chance rasch zu ergreifen.

Können Gerüche, gleich verschiedenen Arten von Musik und Schall, verschiedene Teile Ihres Körpers und Ihrer Psyche beeinflussen? Die Altvordern glaubten dies. Und heute, während der prächtigen Renaissance jener Musik, die den Geistkörper verändert, hinken die Aromatherapeuten nicht hinterher. Psychologen in Cambridge und am Universitäts-College von Nordwales leiteten erste klinische Tests der Aromatherapie in die Wege. Sie setzten 22 Personen dem Duft von Kamillenöl bzw. einem Placebo aus. Bei Kamillenduft stieg die Fähigkeit der Probanden, lebendige, positive Bildvorstellungen zu beschwören, signifikant an. Im Gegensatz zu dem Placebo hob Kamille auch die Stimmung der Versuchspersonen und minderte ihre Fähigkeit, düstere, deprimierende Szenen heraufzubeschwören. Werden in den Superlearning-Klassen zum Klang der Barocksinfonien bald Aromen den Raum durchziehen?

Geschmack kann ebenfalls das Gedächtnis stärken. Dies wußten A. J. Liebling, der verstorbene Mitarbeiter des *New Yorker,* als er das wunderbare Jahr wiedererstehen ließ, das er fünfzig Jahre zuvor als Student in Paris verbracht hatte. Er schrieb über seinen Lieblingswein im Restaurant des Beaux-Arts: »Eine halbe Flasche Tavel superieur kostete 3,50 Francs; ich sehe die Zahl noch immer, wenn ich die Augen schließe, sie stand in purpurroter Tinte auf dem billigen gräulichen Papier der Speisekarte. Dies ist ein mnemonischer, also vom Gedächtnis gelieferter Beweis dafür, wie gut der Wein schmeckte.«

Lernen mit Hilfe von Game-Shows

Beim Lernen ist noch ein weiterer Sinn voll aktiv, und zwar als Modus operandi einer der drei Hauptarten, in der wir Menschen Informationen verarbeiten. Holen Sie sich die Informationen, die Sie brauchen, am liebsten aus einem Buch, aus einem Fernsehreport oder von einem Video? Dann neigen Sie zu visueller Verarbeitung. Hören Sie sich lieber einen Vortrag, ein Tonband oder ein Radiofeature an? Dann neigen Sie zu auditiver Verarbeitung. Vielleicht möchten Sie das Gefühl kennen, das Dinge vermitteln, und die Dinge anfassen können? Dann bevorzugen Sie kinetisch-emotionale Verarbeitung. Diese stützt sich auf Ihren Tastsinn, Ihre Körperbewegungen und Ihre Emotionen. Welche Verarbeitungsweise Sie auch vorziehen, Sie werden wesentlich besser lernen, wenn Sie alle drei Arten nutzen und dem normalerweise ignorierten kinetisch-emotionalen Sinn besondere Aufmerksamkeit widmen.

Superlearning-Klassen beschwören den kinetisch-emotionalen Sinn, wenn sie Spiele spielen, tanzen, Probleme oder neue Erfahrungen szenisch darstellen oder sie »durchgehen«, wie beispielsweise den sechseckigen Ring eines Benzolmoleküls beim Lernen von Chemie. Um »zu vermeiden, Computer-Kanonen zu langweilen, ohne den Großteil der Computer-Angsthasen zu verlieren«, schuf Peter Ginn eine »szenische Darstellung« mit Broadway-Dimensionen.

Ginn arbeitet zwar als Ingenieur unter dem weiten Himmel von Texas für Dow Chemical, aber sein Witz und sein Akzent sind reine Produkte seines Geburtslandes Großbritannien. Sollten Sie je vor der schwierigen, oft gefürchteten Aufgabe stehen, Computer durch und durch zu begreifen und die Montagesprache zu lernen, könnte es sich lohnen, ins Brazosport College nach Süd-Texas zu reisen, wo Ginn einen Kurs abhält, der dreifachen Nutzen bringt. Am ersten Abend finden Sie im Unterrichtsraum ein Arrangement wie in einem Fernsehstudio vor, und die Wände sind voller bunter Poster: vier lebhafte, chinesische Jongleure und FLAGS, ein Hund, der Verblüffendes leistet, kunstvoll gemalt von Professor Ginns Ehefrau Ann. Nach kurzer Entspannung bei Barockmusik liest Ihnen Ginn leise einen Text vor, um die Poster zum Leben zu erwecken: AHLX, ein Jongleur; IP; eine attraktive Hosteß, ein Zauberer namens IN-

TERRUPT. Bevor Sie wissen, wie Ihnen geschieht, sind Sie Wettkämpfer in der Game-Show »Sag es dem Jongleur«. Ginn erklärt: »Jeder kann mitspielen, man muß dazu nicht einmal wissen, wie man einen Computer einschaltet.«

Mannschaften werden zusammengestellt, Plakate mit den geheimnisvollen Symbolen MVI und HLT werden ausgegeben. Kurze Spiele beginnen. Im richtigen Moment halten Sie Plakate hoch, oder Sie führen auf der Bühne oben mit dem Rest des Ensembles eine Reihe Bewegungen aus. Spiele sind Programme, und das Ensemble agiert, indem es die Programme schreibt, gestaltet, leitet.

»Nach dem ersten Unterricht«, sagt Ginn »kann jeder Schüler beschreiben, wie der Mikroprozessor des IBM-PC funktioniert. In vier Unterrichtsabschnitten werden einundvierzig Begrife und fünfzig oder mehr syntaktisch korrekte Anweisungen in der Montagesprache gelernt.« Die Merkfähigkeit liegt bei 90 Prozent, die Begeisterung bei 100. Wie uns Ginn schrieb, sind nicht nur im Brazosport College, sondern auch bei Demonstrationen quer durch das Land »die Menschen begeistert, weil sie etwas derart Kompliziertes wie einen Computer auf so einfache, ästhetische Weise verstehen lernen.« Dies sagt ein Mann, der früher darauf achtete, am Unterrichtsende nicht bei der Tür zu stehen und von den Davonstürzenden auf den Parkplatz mitgerissen zu werden. »Am allerersten Abend des beschleunigten Unterrichts mußte ich eine Dreiviertelstunde nach dem Ende einige heimscheuchen.«

Bevor Ginn zur beschleunigten Methode überging, brach stets etwa die Hälfte der Teilnehmer den Kurs ab, und ein paar fielen bei den Abschlußprüfungen durch. »Für den ersten beschleunigten Unterricht hatten sich einundzwanzig angemeldet, zwanzig saßen in der Abschlußprüfung, und keiner fiel durch.« Der eine, der den Kurs abgebrochen hatte, schrieb Ginn einen Entschuldigungsbrief. »Das war mir zuvor in den zehn Jahren des Teilzeitunterrichts nie passiert«, erzählte uns Ginn. Ebensowenig war ihm passiert, daß Schüler zu ihm kamen und um einen Kurs für Fortgeschrittene baten.

Die Superlearning-Methode hilft auch bei den Hausaufgaben. »Entspannen Sie sich physisch und mental, und nehmen Sie sich dann Ihre Lektion für maximal zehn Minuten vor«, weist Ginn seine Schüler an. »Repetieren Sie das Gelernte vor dem Schlafengehen am Abend des Unterrichts, am nächsten Tag, zwei Tage später und in den vierundzwanzig Stunden, bevor Sie zum nächsten Unterricht gehen.« (Ein idealer Repetitionsplan für jede Art des Lernens.) Für die Hausaufgaben schreiben sich Ginns Schüler oft ihr eigenes Zwölf-Instruktionen-Spiel und führen es imaginativ aus, vor ihrem geistigen Auge, wobei sie laut schildern, was sie sehen. Nach sechzehn Stunden des Spielespielens gehen die Schüler voll Selbstvertrauen an die Geräte, um zu üben und das DOS-System zu lernen, wobei sie ebenfalls von beschleunigten Methoden profitieren.

»Heiter.« So fühlt sich Ginn nach dem Unterricht, obwohl er einen ganzen Tag Arbeit hinter sich hat. »Ich bin immer wieder aufs neue erstaunt über das Potential... Die Zukunft wird Spaß machen.« Heiterkeit ist in einem Klassenzimmer vielleicht denkbar, aber die meisten anderen Emotionen sind zu überschwenglich und unzuverlässig, als daß man sie nach den traditionellen Vorstellungen während des Unterrichts zulassen dürfte. Sie vernebeln angeblich den Verstand und bringen das Lernen durcheinander. Dies ist eine Fehleinschätzung, die Ihrem Gedächtnis sozusagen die Beine wegschlagen kann. Die neueste Forschung zeigt, daß sich Emotionen und Gedächtnis, ähnlich wie zwei ewig Liebende, nicht voneinander loslösen lassen. Sie leben im »goldenen Raum« zusammen, wie die alten Taoisten sagten, im Mittelhirn, wo die Emotionen mit intimem Engagement die Erinnerung verschlüsseln. (Ein Teil der gedächtnisstärkenden Wirkung von Superlearning-Musik geht ja gerade auf Emotionen zurück, die von unterschwelliger Musik erregt werden.)

Woran erinnern Sie sich besser, an Shakespeares *Julius Caesar* oder einen Bericht über Rom in einem Sachbuch; an das brennende Atlanta in *Vom Winde verweht* oder an Notizen aus einer Geschichtsstunde? Das Aufwallen von Erinnerungen ist teilweise auf den hohen Emotionsgehalt von Schauspiel und Film zurückzuführen. Tatsächlich lernen wir, was wir lernen wollen. Wenn Sie das Gefühl vom Lernen separieren, werden Sie schließlich ein vollgestopftes Gedächtnis haben: Das Gelernte steht Ihnen für die Prüfung morgen zur Verfügung und ist übermorgen vergessen. Die Hirnforscherin Dr. Elaine de Beauport, Gründerin der erfolgreichen, mit mentalen Experimenten befaßten Meade School in Connecticut, führt aus: »Gefühle erhalten eine sehr pragmatische Bedeutung, wenn wir uns klarmachen, daß das Langzeitgedächtnis auf ihnen basiert.« Mit Blick auf Sinn und Zweck der Ganzhirnforschung folgert sie: »Wir werden nicht länger mit der trennenden Unterscheidung von Gefühl und Verstand leben können.«

Würden Sie Dr. de Beauport begegnen, würden Sie feststellen, daß sie praktiziert, was sie predigt. Sie nimmt die Menschen mit Hilfe eines Stroms von Emotionen gefangen, selbst wenn sie auf Akademikerkonferenzen spricht. Würden Sie Eric Booth begegnen, wie eine von uns auf der Weihnachtsfeier, würden Sie sich von seiner Begeisterung mindestens einen Fuß über den Boden hochgehoben fühlen. Booth, ein Mann mit viel Verstand, steht im Mittelpunkt eines spektakulären Durchbruchs im Bildungswesen. Seine bahnbrechende Unternehmung wird von der Reader's Digest Foundation mit Kapital ausgestattet, von Harvard's Project Zero geleitet und vom Kunstinstitut in Nashville unterstützt.

Lernen als Kunst

Herausfordernd, alle geistigen Fähigkeiten, Sinne und Emotionen einbeziehend, die gesamte Kraft der Person in Forschung und Wachstum lenkend – das ist Superlearning in seiner besten Form. Diese Charakterisierung gilt aber genauso für etwas, das schon viel länger existiert: Kunst. Nicht Kunst, die an Museumswänden aufgespießt wird wie Schmetterlinge, sondern Kunst als Prozeß. Eric Booth ist Planungsleiter des experimentellen Eakin-Schulprojekts in Nashville. Dort ist Kunst nicht mehr das, was höflich als Bereicherung des Lebens bezeichnet und oft als schöne Nebensache abgetan wird. Sie ist der Herzschlag der Schule, alle Fächer werden *mittels* Kunst gelehrt.

Beträten Sie ein Eakin-Klassenzimmer, könnten Sie eine Stecknadel fallen hören, wenn Schüler berechnen, wieviel Farbe sie bräuchten, um einen Raum in dem Schloß auszumalen, das sie unlängst gebaut haben. Oder Sie könnten hineinplatzen in die Probe eines Einakters, in dem vier Schülergruppen eine wichtige Frage in einer erfundenen Sprache debattieren müssen. Und das sind die Ziele des Eakin-Projekts: »Die vielfältigen Intelligenzbereiche in den Unterricht einbeziehen und vielerlei Lernstile bieten, die Erregung des Entdeckens erschließen und lebenslange Lerner zu schaffen, die Lehrer herausfordern, ebenfalls Lerner zu sein und innerlich immer noch zu wachsen.« Ein weiteres Ziel ist »der Aufbau von Verständnis«. Booth erhält immer mehr Beweise dafür, daß selbst bei hochgebildeten Menschen oft eine naive Meinung über die

Funktionsweise der Welt fortbesteht. Kunst als aktiver Prozeß hilft, hier eine Verbindung herzustellen und die Menschen zu reifem Verständnis zu bringen. Obwohl Superlearning und das Eakin-Projekt bisher nichts voneinander wußten, spielen sie auf der gleichen Bühne. Hoffen wir, daß sie einander bald kennenlernen, denn es gilt für beide Seiten, Erkenntnisse zu vergleichen. Seien Sie unterdessen, wann immer möglich, beim Lernen kein nüchterner Stockfisch. Öffnen Sie sich, und erfühlen Sie die Dinge. Stellen Sie sich vor, Sie seien ein Künstler.

Das Erzeugen »geistiger Landkarten« (Mind Mapping)

Betrachten Sie die Karte der USA – die bunten Flicken der einzelnen Staaten, die gewundenen Flüsse, die schrägen Berghänge von grauem Meer zu strahlend blauem Meer – und beweisen Sie sich, daß ein Bild viel mehr wert sein kann als tausend Worte. Ihr optischer Sinn kann Ihnen blitzartig, binnen eines kurzen Augenblicks, eine ganze Welt zusammenhängender Daten oder Informationen vermitteln. Deshalb verwenden Superlearner oft das Verfahren von Mind Mapping, der Erzeugung eines technischen Denkmodells, um die chaotischen Denkvorgänge und Gedächtnisschätze in einer logischen und hierarchischen Struktur darzustellen. Mind Mapping engagiert einen größeren Teil des Gehirns als die traditionelle Weise der Skizzierung, die ein Produkt des logischen, sozusagen für das Abc zuständigen linken Hirns ist. Versuchen Sie bei einem Vortrag, beim Lesen, beim Sammeln von Gedanken für einen Presseartikel, immer wenn Sie ein Thema ordnen wollen, das Mind Mapping. Stellen Sie Ihr Thema in die Mitte wie die Sonne, und lassen Sie sein Universum von Ideen in Äste auslaufen, hier einen Hauptpunkt mit Nebenzweigen, dort ein anderes Ideenbündel. Heben Sie verschiedene Bereiche mit Farbe hervor. Blähen Sie einen wichtigen Ast auf, und fügen Sie kleine Cartoons oder Bilder ein.

Mind Mapping ist auch eine ideale Art, Ihre Bestrebungen und Ziele nachdrücklich in den Brennpunkt zu rücken. Die Teilnehmer an einem von Tatiana Radonjic-Matanos Workshops sogen verblüfft die Luft ein, als ein Medizinstudent ein Mind-Mapping-Modell des Lebens hochhielt, das er führen wollte. Es war prächtig ausgeführt, ohne Worte, es bestand nur aus Bildern.»Er war ein überempfindlicher gestreßter Mensch«, berichtete Tatiana,»und schien sehr erleichtert, daß es in Ordnung war, sich visuell auszudrücken. Man hatte ihm im Alter von sechs Jahren gesagt, er solle keine Bilder zeichnen, sondern müsse seine Gedanken in linearer Weise festhalten.« Drei Wochen später rief der Student sie an. Er war mit der Vorbereitung auf eine schwere Chemieprüfung in Verzug gewesen, also hatte er in der Woche vor der Prüfung einfach Mind Mapping gemacht.»Ich habe eine Eins bekommen!« meldete der glückliche angehende Arzt, dem eine Zentnerlast von der Seele gefallen war.

Mind Mapping ermöglicht einen Blick aus der Vogelperspektive, der neue Zusammenhänge offenbaren und neue Ideen auslösen kann. Einen besonderen Vorteil bieten sie, wenn Sie sich an Daten oder Informationen erinnern müssen. Mind Mapping läßt den Geist schneller aktiv werden als eine Stichwortliste. Warum? Weil sie ein Bild ist. Alles, was Sie sich visuell vorstellen können, werden Sie schneller lernen und länger im Gedächtnis behalten. Nur zwei unter Hunderten Berichten seien hier zitiert.

David Meier, Direktor des Zentrums für beschleunigtes Lernen in Wisconsin, und Dr. Owen Caskey von der Technischen Universität von Texas führten mit Hilfe von Bundesmitteln eine einjährige Studie über Studenten an vier Colleges durch. Jene Studenten, die beim Lernen Vorstellungen unter Einsatz des ganzen Körpers anwendeten, schnitten bei der sofortigen Erinnerung um 12 Prozent besser ab als andere und um 26 Prozent besser bei der Langzeiterinnerung.»Wir alle besitzen, so scheint es, in unserem Kopf die beste multisensorische Lehrmaschine«, konstatierte Meier.

Alan Paivio und Alain Desrocheres lehrten an der Universität von West-Ontario Studenten sowohl Vorstellungs- als auch mechanische Gedächtnismethoden. Das Vorstellungsverfahren kurbelte das Gedächtnis dreimal so hoch wie das Modell mechanischer Wiederholung. Deshalb werden beim Sprachenlernen anfangs die konkreten Hauptwörter betont. Ein Bild von einem *Buch* leuchtet im Geist eben schneller auf als der abstrakte Begriff *Vortrefflichkeit*. Viele Superlearner fördern das Lernen zusätzlich, indem sie sich in den rhythmisch unterteilten Gedächtnissitzungen während der Viersekundenpausen visuell vorstellen, was sie zuvor gerade gehört haben. Wenn Ihnen jemand Anweisungen erteilt, wenn Sie sich die Schreibweise eines Wortes einprägen wollen, wenn Sie sich einen

Bericht anhören: visualisieren Sie! Wenn Sie etwas lesen: visualisieren Sie! Gute Autoren werden Ihnen dabei helfen, denn sie halten sich an die Schreibmaxime: Zeigen, nicht sagen.

An der visuellen Verarbeitung sind etwa 80 Prozent Ihres Gehirns beteiligt, zumindest in einem gewissen Grad. Mehr als alle anderen Sinne engagiert die Bildvorstellung oder Visualisierung das Gehirn. Werden Sie ein innerer Fotograf, ein mentaler Filmemacher, denn dann aktivieren Sie weite Bereiche Ihres geistigen und emotionalen Potentials. Sie können mittels Bildvorstellung ein Wasserstoffatom erforschen oder auch die Milchstraße. Sie können Bilder zur Arbeit einsetzen wie eine bunt gemischte Helfergruppe: zur Ausweitung des Gedächtnisses, zur Problemlösung, zur Ankurbelung der Leistung auf jedem Gebiet, auch bei der Überwindung einer Krankheit. Bilder helfen, die Macht des Todes zu zerbrechen, die er aus der Vergangenheit noch hat, und sie helfen Ihnen, »künftige Erinnerungen« zu säen – vorweggenommene Ziele und wahr gewordene Träume.

Die wunderbaren Gedächtnispaläste

Der heilige Thomas von Aquin predigte, als er seine vielleicht einzige Konzession an die Schwäche des Fleisches machte, die Kultivierung geistiger Bilder. »Körperliche Analogien« kommen, so räumte er ein, aus der sündigen Welt der Sinne. Aber sie sind oft ein notwendiges Übel, denn ohne sie gibt es kein starkes Gedächtnis – und das ist nötig, um die Heilige Schrift für immer im Geiste zu bewahren. Thomas von Aquins Gedächtnis war von einer Art, die nicht mehr existiert. Schon in jungen Jahren beeindruckte er den Papst durch eine voluminöse Anthologie der überlieferten Lehren der Kirchenväter, die er alle aus dem Gedächtnis niedergeschrieben hatte. Gleich seinen Zeitgenossen benutzte Thomas Vorstellungsbilder eines offiziellen mnemotechnischen Systems.

Was wir als Gedächtnisstützen bezeichnen, kannten die Altvordern als Gedächtnispaläste. Das vermittelt Ihnen vielleicht eine Vorstellung davon, wie weit wir es mit der *Mnemotechnik,* einer Kunst, die älter ist als die Geschichte, bergab gehen ließen. Unsere Vorfahren besaßen weder Laptops noch Notizbücher, um sich Notizen zu machen. Gebildete Bürger trugen buchstäblich Informationskontinente in ihren Köpfen mit sich herum. Im Vergleich zum

Gedächtnis der gebildeten Menschen des Altertums wirkt unseres geradezu jämmerlich. Die verblüffenden Dimensionen ihres Gedächtnisses, seine Zuverlässigkeit und seine schier unbegrenzte Aufnahmefähigkeit waren die Garanten für das Potential ihres Geistes. Viele heutige Menschen sind der Meinung, es sei überflüssig, das Gedächtnis besonders zu trainieren, weil Bücher, Archive, Fotos, Videos und nicht zuletzt Datenbanken unser Gedächtnis weitgehend ersetzen.

Dabei kämen uns die mnemotechnischen Systeme der Antike nach wie vor gut zustatten, und es ist erwiesen, daß die klassischen Regeln immer noch funktionieren – die gleichen Regeln, die vor zweitausend Jahren der römische Politiker, Philosoph und Dichter Seneca erfolgreich anwandte und in seinen Vorlesungen demonstrierte: Seine Schüler riefen ihm gleichzeitig Dutzende von Gedichtzeilen aus den verschiedensten Werken zu. Nach etwa zweihundert trat Seneca in Aktion und wiederholte die Zeilen vom Anfang bis zum Ende wortgetreu in der Reihenfolge, in der er sie in sein Gedächtnis aufgenommen hatte. Dann spulte er sämtliche Verse vom letzten bis zum ersten noch einmal rückwärts herunter. Diese Fähigkeit des mühelosen Zurück- und Vorwärtsgehens im Gedächtnis erwächst aus der klassischen Methode, die Bild und Ort hervorhob. Schon Pythagoras lehrte sie; Platon, Aristoteles und Thomas von Aquin wandten sie an und schrieben darüber.

Beschwören Sie einfach ein lebhaftes Bild der ersten Sache auf einer Liste, die Sie sich einprägen wollen, assoziieren Sie dieses Bild dann mit der nächsten Sache auf Ihrer Liste und so fort. Die Alten verstärkten die Verbindungen, indem sie die Bilder in einer bestimmten Ordnung innerhalb einer vertrauten Umgebung etablierten. An erster Stelle benutzten sie ihr Zuhause. *An erster Stelle* ist eine Wendung, die aus der klassischen Mnemotechnik übrigblieb. Nehmen wir einmal an, das Thema ist Nahrung, die das Gehirn ankurbelt und seine Kraft verstärkt. Es wird zu einem Bild: Mutter Natur mit weit offener Schädeldecke, und aus ihrem Gehirn steigt eine strahlende Sonne auf. Dieses Bild – das Thema – wird an die erste Stelle gestellt, an die Tür Ihres Zuhauses. Die alten Römer benutzten alle Zimmer, Gänge, Ecken, Kaminsimse, Fenster und Möbelstücke des Hauses als Gedächtnisträger oder -stützpunkte, um ihre Erinnerungsbilder daran zu fixieren. Sie konnten sich ebenso problemlos vorwärts und rückwärts erinnern, wie sie ihr Haus durch die

Vorder- oder Hintertür betreten konnten, um zu den mit imaginären Bildern gefüllten Zimmern zu gelangen.

So wie es nicht besonders schwierig ist, in einem größeren Haus gleichzeitig mehrere Gäste unterzubringen, kann man Häuser mit mehreren Bildserien bestücken. Als im Mittelalter das Wissen und die Gelehrsamkeit stark zunahmen, genügten die Häuser nicht mehr, also breiteten sich gescheite Leute in Gedächtnispalästen aus. Einige errichteten ganze imaginäre Städte. Nehmen wir nur einmal an, daß die Menschen geistig auf einen Hügel über der »Stadt« steigen und Wechselbeziehungen oder neue Perspektiven wahrnehmen konnten, die ihnen unten in Bodennähe entgingen. Angeblich hatten während der letzten großen Blüte der Mnemotechnik einige Gelehrte, angeführt von den großen Magiern der Renaissance, mehr als hunderttausend Orte, um ihre Bilder unterzubringen. Studenten, die sich mit dem ägyptischen Wissen, der Alchemie, der Kabbala und den wohl weitgehend fiktiven Magiern befaßten, bauten eine regelrechte Architektur in Mustern auf, von denen man glaubte, daß sie die geistige Energie durch Resonanz verstärkten. Die Studenten erkannten das Dynamische des Gedächtnisses und hielten es gleich Platon für eine kosmische Verbindung, für den Königsweg zu kosmischer Kraft. Dies ist jedoch eine andere Geschichte.[1]

Auch heute können Sie Ihrem Gedächtnis nachhelfen, indem Sie Bilder überall miteinander verknüpfen, in Ihrem Haus, in Ihrer Schule, auf vertrauten Straßen. Sie können sich außerdem eine Kurzfilmgeschichte ausdenken, witzige Comic-Bilderfolgen, in denen beispielsweise in dramatischer Aktion alle Dinge vorkommen, die Sie nachher im Supermarkt besorgen möchten. Eine solch bildliche Einkaufsliste können Sie nicht versehentlich auf dem Küchentisch liegenlassen; Sie haben sie auf alle Fälle bei sich, nämlich in Ihrem Gedächtnis, und brauchen den Film nur auf Ihrem Weg durch die Gänge des Ladens abzuspulen und sich anzusehen.

Wir besitzen noch viele weitere Möglichkeiten, unsere Erinnerungen zu festigen. Wie Dr. Rosella Wallace erklärt: »Mnemotechnik ist nur ein kleiner Teil von Superlearning.« Doch sie gehört zu jenen Superlearning-Aspekten, die Wallace mit besten Ergebnissen popularisierte. Sie stellte ein ganzes Buch davon zusammen, um jun-

---

[1] Wenn Sie mehr darüber wissen möchten, lesen Sie nach in *SuperMemory,* Seite 187 ff.

gen Leuten mit kindgerechten Sprüchen und Liedern zu helfen, ihrem Gedächtnis die grundlegenden Fakten der Grammatik, Geographie, Mathematik und Naturwissenschaften einzuprägen. *M*eine *v*ornehme, *e*ßlustige *M*utter *J*ohanna *s*ervierte *u*ns *n*eun *P*izzas. Wofür stehen diese mnemotechnischen Wörter? Wallaces Schüler merken sich so die Planeten, die um die Sonne kreisen: *M*erkur, *V*enus, *E*rde, *M*ars, *J*upiter, *S*aturn, *U*ranus, *N*eptun, *P*luto. Vor kurzem gelang ihr ein regelrechtes kinetisches Glanzstück mit Sprungseilliedchen. Kinder hüpfen zu:»Kluges Seil, kluges Seil, welcher Trick bringt mir die Arithmetik bei? Zähler droben – hüpf nach oben. Nenner drunter – zum Boden runter.« Manchmal straucheln die Füße der Kinder, aber ihr Gedächtnis strauchelt Wochen später nicht.

Auch wenn Ihre Knochen beim Hüpfen zu sehr knirschen würden, können Bilder Ihr Gedächtnis in Gang halten. Wenn Sie zur Gedächtnisstärkung Bilder beschwören, gestalten Sie sie lebhaft, kühn, komisch, bizarr, und fügen Sie einige seltsame Zutaten ein. Die grotesken Statuen und Figuren, die argwöhnisch oder mürrisch aus den Nischen gotischer Kathedralen schauen, haben ihr seltsames Aussehen angeblich bekommen, um das, was sie die Menschen lehren sollten, in deren Gedächtnis zu fixieren. Die Alten nannten ihren Schülern kaum je Beispiele für Gedächtnisbilder. Die einzig nützlichen, erklärten sie nachdrücklich, seien jene, die man selbst schaffe. Sie sagten jedoch, die stärksten Gedächtnisanreger seien Bilder, die mit Sex und Tod zusammenhingen. (Interessanterweise hält sich die unterschwellige Werbung heute fast ausschließlich an verborgene Bilder von Sex und Tod. Nicht weniger interessant ist, daß in langen Zeitabschnitten der Geschichte die Elite von Staatsmännern bis zu Kirchenvätern, wie Aufzeichnungen beweisen, ganze Prozessionen obszöner, schmutziger Bilder beschworen, um das Gedächtnis zu unterstützen.)

»Ich sehe einfach nichts in meinem Geist«

Falls das einzige Bild, das Sie in Ihrem Geist aufsteigen lassen können, ein grauer Nebel ist, müssen Sie keineswegs verzweifeln. Viele hochintelligente Leute fingen mit einer leeren Leinwand an; sie mußten lernen zu visualisieren.»Solche Menschen verwandeln eben

Bilder in Worte«, sagte die Imaginationstherapeutin Sally Edwards. Die Bilder sind auch bei Ihnen immer da, aber der Geist etikettiert sie so schnell, daß sie nicht wahrgenommen werden. Edwards empfiehlt, sich jeden Tag ein paar Minuten Zeit zu nehmen, um verbalen Lärm abzuschalten. Schauen Sie sich nur um, benennen Sie nichts. Sehen Sie einfach Gegenstände, Linien, Farben, Bewegungen. Wenn Ihnen dies nicht gelingt, versuchen Sie, zu geistigen Bildern von einem anderen Sinnesorgan überzuwechseln, die Sie sich ebenso leicht vorstellen können. Vom Tastsinn läßt sich sehr gut ausgehen, ebenso vom Geruch und seinem Gefährten, dem Geschmack.

Stellen Sie sich vor, daß Sie die Hand um einen langen, spitz zulaufenden Eiszapfen schließen. Schieben Sie die Hand auf dem glitschigen kalten Eiszapfen nach oben und nach unten. Oder stellen Sie sich vor, Sie würden über rauhe Baumrinde streichen oder die Hand an der Kruste eines zwei Tage alten Vollkornbrotes reiben. Bringen Sie dann das Berührungsgefühl mit etwas anderem in Kontext, bauen Sie es in eine Szene ein, während Sie mit Ihren imaginären Fingern immer weiter fühlen, auf Erkundung ausgehen. Warten Sie darauf, daß ein Bild ensteht – oder auch nur ein nebliger Fetzen von einem Bild. Vielleicht stachelt Geruch Ihre Vorstellungskraft an. Wählen Sie einen Ihrer Lieblingsgerüche, etwa den von frisch aufgebrühtem Kaffee, den guten Geschmack des ersten Schlucks; stellen Sie sich vor – sehen Sie! –, wie Ihre Lieblingstasse sich zu Ihrem Mund bewegt. Das kostet vielleicht ein bißchen Übung, aber die meisten Menschen schaffen es schließlich.

»Was immer Sie tun, denken Sie *nicht* an einen rosaroten Elefanten«, sagt vielleicht ein Trainer, der seine Pappenheimer kennt. »Stellen Sie sich auf keinen Fall so ein schockierendes Rosa vor. Schauen Sie nicht auf den sich biegenden Rüssel dieses rosaroten Elefanten.« Wetten, daß Sie sofort rosa sehen? Dies ist der umgekehrte Weg der Verführung, um das geistige Auge zu öffnen.

Sollten Sie nach wie vor Probleme haben, ein Bild hervorzurufen, probieren Sie es mit einer Art Eröffnungszug, den Dr. Win Wenger ersann, der Leiter von Project Renaissance im US-Bundesstaat Maryland. Sie erhalten auf diese Weise garantiert ein Bild hinter geschlossenen Augen, mit dem Sie spielen können: Starren Sie dreißig Sekunden lang auf eine Glühbirne (100 Watt oder weniger) oder einen Computer-Bildschirm. Schließen Sie dann die Augen, und betrachten Sie das Nachbild. Beschreiben Sie es laut. Schildern Sie Farbe, Form, Struktur, Helligkeit, Bewegung, möglichst alles und in möglichst genauen Einzelheiten. Holen Sie aus dem Nachbild alles heraus, bis es schließlich vollends verblaßt. Der Schlüssel liegt hier in der Beschreibung. Ein paar Sitzungen dieser Art bringen mit ziemlicher Sicherheit Ihre Bilderpumpe in Gang und liefern Ihnen weitere faszinierende Dinge zum Ansehen. Wenger ist von der bildlichen Vorstellung stärker fasziniert als die meisten, vielleicht weil auch er mit einer grauen Leinwand begann. Er entwickelte sehr wirksame Methoden, um das Lernen mittels des natürlichen Bildstroms im Geist zu beschleunigen.

Fließende Bilder

Der sehr produktive Win Wenger, ein allgegenwärtiger »Lehrer der Nation« für beschleunigtes Lernen mit akademischen Graden in Wirtschaft und Erziehung, hat die Horizonte von SALT seit den ersten Anfängen der Gesellschaft erweitert und tut es noch immer. Eine seiner fruchtbarsten Entdeckungen sind die »fließenden Bilder«. Viele Superlerner stellen fest, daß die geistige Reichweite damit rasch vergrößert werden kann. Außerdem sind diese Bilder ein weiterer möglicher Weg, um einen Wandel zu vollziehen, der manchmal ein Geschäft rettet oder einen akademischen Grad sichert. Jedermann kann Bilder fließen lassen. Es fällt kaum schwerer, als die Augen zu schließen.

Gleich vielen Superlearning-Methoden schöpfen die fließenden Bilder aus der spektakulären Intelligenz und Schnelligkeit Ihres Unterbewußten, das eben in diesem Augenblick am Rande Ihres Bewußtseins einen Strom von Bildern erzeugt, von Bildern, die sich dahinwälzen wie der *Old Man River* Mississippi in dem bekannten Musical *Show Boat.* Schließen Sie als ersten Schritt die Augen einen Moment, und beobachten Sie, was vorbeifließt. Verlangen Sie von Ihrem Unterbewußtsein Bilder, falls es nötig ist. Sie können alles bekommen, angefangen von einer glänzenden Lok, die geräuschvoll durch einen schmutzigen Rangierbahnhof dampft, bis zu einem kleinen Mädchen, das mit seinen sonnenbraunen Beinen eine Schaukel in Schwung bringt. Der Strom bezieht sich mit großer Wahrscheinlichkeit nicht auf Ihren Lesestoff. Der zweite Schritt in Wengers Programm besteht darin, den Strom zum Fließen zu bringen und Ihren Zugriff auf Lernmaterial beträchtlich zu vergrößern. Zuerst müssen Sie jedoch üben, diese Fülle von Bildern jederzeit in Gang zu setzen.

Schließen Sie Ihre Augen für zehn bis zwanzig Minuten, und beschreiben Sie *laut,* was vorbeiströmt. Gehen Sie überall mit hin, wohin die Bilder Sie führen. Lassen Sie sich überraschen, während Sie eine lebendige, Sekunde für Sekunde umfassende Beschreibung herunterrasseln. Seien Sie ein begeisterter Reporter, der seinen Zuhörern ein schnell ablaufendes, sich veränderndes Ereignis schildern will. Bringen Sie das Bild mit möglichst viel Struktur und sinnlichem Detail rüber. Wenn Sie allein sind, sprechen Sie auf Band. Üben Sie, bis Sie mindestens zehn Sitzungen aufgenommen haben.

Sie müssen die Bilder *laut* beschreiben, sonst haben Sie keinen Nutzen davon. Das Schildern Ihrer geistigen Kinofilme ist außerdem ein unterhaltsames Verfahren, um die Beobachtungsgabe zu schärfen und die sprachlichen Fertigkeiten zu verbessern. Die wirkliche »Magie« erwächst aber aus dem, was Wenger als *Überbrückung der Pole* bezeichnet. Das laute Beschreiben erzeugt weitere Schaltungen zwischen Ihren Sprachbereichen auf der äußeren linken Seite (einem Pol) Ihres Gehirns und den Bildbereichen des rechten Hirns. Die Schaltungen wiederum stellen Verbindungen zu tieferen, weniger bewußten Ebenen des Geistes her – einem Teil jenes Potentials, das darauf wartet, in Anspruch genommen zu werden.

Sind Sie ein geübter »Bilderströmer« geworden, nutzen Sie dieses Hilfsmittel, um den Inhalt eines Lehrbuchs oder einer Vorlesung, eines Fachartikels oder eines literarischen Werks zu erfassen – oder um eine geschäftliche Besprechung zu überdenken. Legen Sie eine Pause in Ihrem Tun ein, und bitten Sie den Strom, Ihnen Bilder zu liefern, die das Thema für Sie abklären und das Wesentliche hervorheben. Was Sie erhalten, kann vollkommen abwegig erscheinen. Merken Sie es sich jedoch, und machen Sie weiter, dann werden Sie vermutlich feststellen, daß es Licht auf die Sache wirft und Ihnen hilft, das Thema ganz zu erfassen. Wenden Sie die gleiche Technik an, um einen gefestigteren, kompakteren Einblick in andere Sie tangierende Fragen zu erhalten. Verbinden Sie die Lektionen, die in der Schule behandelt werden, mit allen Themen, die bei einer Vorstandssitzung aufs Tapet kommen.

Versuchen Sie Ihre Probleme von dem Bilderstrom fortspülen zu lassen. Wenn Sie ein Problem lösen wollen, sich mit einem schwierigen Plan oder Begriff vertraut machen müssen, empfiehlt Wenger die Herstellung eines Tonbands. Legen Sie Ihr Problem, den Plan oder den Begriff so klar wie möglich dar. Nehmen Sie nach drei Minuten Stille ein Signal auf: Lassen Sie ein Glas durch Anstoßen klingen, oder klopfen Sie mit einem Bleistift. Wiederholen Sie das Signal nach weiteren drei Minuten, nach wieder drei Minuten erneut und so fort bis zum Bandende. Entspannen Sie sich dann, und spielen Sie das Band ab. Bitten Sie, nach dem Anhören des Problems, die fließenden Bilder um eine Lösung, und beschreiben Sie den Strom laut. Danken Sie beim Erklingen des Signals Ihrem Unterbewußtsein, und bitten Sie um einen anderen Strom lösungstragender Bilder, die sich auf die *gleiche* Antwort beziehen. Verfahren Sie nach dem nächsten Signal genauso. Suchen Sie anschließend, um die erhaltene Antwort zu klären, nach dem roten Faden, der durch die drei verschiedenen Bilderserien läuft.

Wollen Sie Ihre Zeit intensiven Lesens um zwei Drittel verkürzen und das Erfassen des Themas Ihrer Lektüre um das Dreifache beschleunigen? Wenger glaubt, einen Weg dazu gefunden zu haben. So seltsam es anmutet, Sie sollten laut Wenger, *bevor* Sie anfangen zu lesen, um ein Bild bitten, das »irgendwie alles in der Abhandlung für mich zusammenführt und sinnvoll macht«. Lesen Sie dann los. »Sie werden die ersten paar Male, wenn Sie diesen Effekt erreichen, voll Verwunderung feststellen, daß tatsächlich alles in der Abhandlung auf einen Kernpunkt zusammengeführt wird und Sinn ergibt – in weniger als einem Drittel der Zeit, die Sie normalerweise bräuchten, um die Abhandlung durchzulesen«, sagt Wenger. »Und Ihr Verständnis wird um ein Vielfaches größer sein als normal.«

Weiten die fließenden Bilder wirklich den Intellekt aus? Dr. Charles Reinert testete 1989 zunächst die fließenden Bilder in der chemischen und physikalischen Abteilung der Südwest-Universität von Minnesota und konstatierte, daß mehr erfolgte als nur geistiges Festhaken, wenn Studenten ihr inneres Kino einschalten.

Fünfundzwanzig Stunden des inneren Bilderstroms führten zu einem sprunghaften Anstieg des Intelligenzquotienten um 20 Punkte, wie Reinerts Test offenbarte. Und die fließenden Bilder beschleunigten offenbar die Integration des Gehirns. Studenten, die das Verfahren anwandten, konnten sich in jeder Art Lernumgebung entfalten. Bei Kontrollgruppen, die in verschiedenen bereichernden

Techniken geschult wurden, festigte sich einzig die Gewohnheit an den Lernstil, den sie bevorzugten.

Und wie stand es mit den Abschlußprüfungen in Physik? Reinert fand heraus, daß die Leistungen der Studenten nicht mit der aufgewendeten Studienzeit in Korrelation standen, sondern vielmehr mit der Zeit, die sie den fließenden Bildern gewidmet hatten. Jene Studenten, die sich dem Bilderstrom zwanzig Stunden oder länger hingegeben hatten, schnitten in der Schlußprüfung wesentlich besser ab, als von ihnen selbst und von ihren Lehrern erwartet.

Gleich dem Schriftsteller Richard Poe, dem Hauptherausgeber der Zeitschrift *Success,* finden auch wir, daß Wengers Einleitungs- und Schlußverfahren die Wirkung des Stroms verstärken. Poe schrieb einen Artikel, worin er Unternehmern erklärte, wie sie mittels der fließenden Bilder zu der erforderlichen Klarsicht gelangen, wenn eine drastische Veränderung nötig ist – wenn es beispielsweise heißt, einen neuen Markt zu erschließen oder unterzugehen. Poe sagt in dem Artikel warnend: »Es kann sein, daß mehrere Versuche nötig sind, bevor Sie etwas erhalten, das Sie verwenden können. Doch Ihre Beharrlichkeit wird sich lohnen. Glauben Sie mir«, versichert er, »es funktioniert.«

Ganze Flutwellen von Bildern fegen täglich durch unsere Sinne. Unsere Medienstruktur beschert uns ein außergewöhnliches Angebot an Bildern, die sich für Assoziationen zur Gedächtniserweiterung eignen und aus denen wir bei unserer Visualisierungsarbeit schöpfen können. Noch einmal, Sie befinden sich in der günstigsten Zeit der Geschichte, um wahrhaft mächtige Aspekte Ihrer Persönlichkeit zu entfalten. Der vielleicht mächtigste, der oft mit der bildlichen Vorstellung zum Leben erwacht, ist Ihre Phantasie bzw. Erfindungskraft. Nach Jahren der Vernachlässigung, fast des Mißbrauchs in intellektuellen Kreisen werden die wunderbar reichen, schöpferischen Kräfte der Phantasie allmählich wieder anerkannt. Lernen Sie, diese Kräfte richtig zu nutzen, und Sie können Meisterleistungen der Veränderung vollbringen, die Ihnen zunächst unrealisierbar erschienen. Zu allen anderen Dingen, die mit Hilfe der Erfindungskraft entstehen oder intensiviert werden können, zählen Gesundheit, Ausdauer, herzliche Beziehungen. Wie der römische Kaiser Marc Aurel schon vor fast zweitausend Jahren erkannte: »Das Leben eines Menschen nimmt die Farbe seiner Phantasie an.« Wollen Sie lernen, die Farben aufzuhellen? Dann tun Sie folgendes:

13
Machen Sie sich eine Vorstellung von sich selbst

Würden Sie gern Russisch sprechen wie Gorbatschow, Tennis spielen wie Steffi Graf, soviel von Physik verstehen wie Einstein? Wenn Sie Abenteuer lieben, können Sie sich gleich mit einem Weitsprungstart auf den Weg zur Fähigkeit dieser Menschen machen – mittels eines grundlegenden Superlearning-Zeitvertreibs: Verwandeln Sie sich in jemand anderen. Tun Sie so, als seien Sie Steffi Graf oder Gorbatschow, der Golfprofi, der Nobelpreisträger oder irgend jemand, der ein As in dem ist, was Sie lernen möchten. Seit den Anfängen von Superlearning treten Menschen aus sich heraus und in ein neues Selbst hinein. Ranghohe Kommunisten in Moskau ließen damals ihre alten Identitäten an der Tür des Superlearning-Unterrichtsraums zurück. Jeder legte sich einen neuen Namen zu und lernte eine neue Biographie auswendig. In einer Deutschklasse konnte ein Pjotr zum Gerhard werden, einem ledigen Skilehrer aus Garmisch-Partenkirchen, eine Natascha zu Marlene, einer Sekretärin mit zwei Kindern in Berlin. Diese Sowjets, die völlig in dem neuen Ich aufgingen, erfuhren untereinander nie ihre wahren Identitäten. Geheimagenten blieben geheim. Die Partei-Elite konnte ungeniert ihren Status ausnutzen, um das Lernen zu erweitern.

Heute ist »*tue so, als ob, und du wirst es werden*« ein ganz normales Verfahren, das von Superlernern regelmäßig in die Praxis umgesetzt wird. Bei zwölf Personen, die aus zwölf verschiedenen Ländern nach Folkstone/England flogen, um an Mark Fletchers ungewöhnlich unterhaltsamem und effektivem »English Experience« teilzunehmen, erwachte schnell Interesse, als sich eine von Tamara in Georgina Greenpeace verwandelte und eine andere von Klaus in Dr. Martin Makeyouwell (Machdichgesund), einen kahlköpfigen kleinen Mann, der gelbe Schmetterlinge liebt, Kanarienvögel hält und Motorrad fährt. Das Wechseln der Identitäten ist tatsächlich ein Überwechseln in einen anderen, freieren Zustand. Er führt Sie einen Schritt weg von Ihren üblichen Einschränkungen und Ängsten.

(»Ich könnte das nie tun«, aber Georgina Greenpeace kann es.) Charakterlich können Sie mit einer Spontaneität und Kühnheit handeln, vor denen Ihr gewöhnliches Ich zurückschrecken würde. Dieses eine Mal braucht es Ihnen nicht peinlich zu sein, Fehler zu machen, denn es sind ja nicht Ihre. Schließlich war es Dr. Makeyouwell, der den dummen Fehler beging, nicht Sie. Schauspielerei kann das Gefühl überwinden, man müsse kämpfen, und sie kann die Kraft der Gegenwart freisetzen. Es ist nicht so, daß Sie Französisch oder Astronomie lernen *werden*, sondern als der scheinbare Experte verfügen Sie bereits über das Wissen und müssen sich darum jetzt nur entspannen und das Wissen materialisieren lassen. Wir sind alle darin geübt, uns in »andere« Leute zu verwandeln: Vater oder Mutter, Chef, Kind, Liebhaber, einen begeisterten Segler. Es ist gar nicht so schwer, einen Sprung zu sachverständiger Geübtheit zu machen, wenn man aus sich einen Experten modelliert.

Stellen Sie sich vor, daß Sie Steffi Graf oder irgendein Tennisprofi sind, wenn Sie auf den Platz gehen, um Bälle zu schlagen. Wie würde Steffi stehen, reagieren, servieren, zielen? Menschen, die sich im Sport verbessern wollen, schauen oft Videos an, um ihre visuellen Vorstellungen echter gestalten zu können.

Sie wollen lernen, wie man investiert? Lesen Sie Biographien über Finanzgenies, schlüpfen Sie dann in die Haut eines cleveren Börsianers. Welche Strategie würde er anwenden? Wenn Sie Italienisch lernen, tun Sie so, als lebten Sie in Rom; setzen Sie alle Ihre Sinne ein, essen Sie italienische Gerichte, hören Sie italienische Musik – dies sind zwei schnelle Wege zu den Rhythmen und zur Seele einer Kultur. Sie müssen sich keineswegs einbilden, daß Sie ein berühmter Mensch oder ein Ausländer sind. Ihr Talent können Sie auch aktivieren, indem Sie die Person von jemandem annehmen, der neben Ihnen sitzt.

Der mit benachteiligten Kindern arbeitende Dr. Robert Hartley von der Universität in London kämpfte beharrlich gegen die schlechten schulischen Leistungen vieler seiner Schützlinge. Eines Tages erinnerte er sich an etwas: Als Schüler war er bei einem wichtigen Aufsatz völlig steckengeblieben. In seiner Not hatte er sich schließlich gefragt, wie ein bekannter Nachrichtenkommentator das Thema behandeln würde, und schon waren ihm die nötigen Inspirationen gekommen. Konnte solcher Rollenwechsel, so überlegte er nun, vielleicht auch andere auf wunderbare Weise in Schwung bringen?

Hartleys Kinder hatten bei einem Test, in dem zusammenpassende Bilderpaare gefunden werden mußten, schlecht abgeschnitten. »Denkt an jemanden, den ihr kennt und der sehr gescheit ist«, sagte er zu den Kindern. »Und jetzt seid Schauspieler. Macht die Augen zu und stellt euch vor, daß ihr diese gescheite Person seid, und dann macht den Test so, wie ihn diese Person machen würde.«

Eine Zauberformel! Die Kinder stellten sich vor, klug zu sein – und wurden klug. Ihre Trefferzahl stieg signifikant. Die Leistung der Langsamlerner unterschied sich bald nicht mehr von jener der Besten. Für einen der jungen Burschen war dies zuviel. »Nee, war ich gar nicht«, protestierte er beim Anblick seiner Note. »Das hat der Gescheite gemacht!« Hartley erkannte, daß der nächste imaginative Schritt darin bestehen mußte, das klägliche Selbstbild aufzupolieren.

In einem extremen Notfall benutzte die Journalistin Charlayne Hunter-Gault als junges Mädchen die Imagination, um ein sehr positives gesundes Selbstbild unter Umständen aufzubauen, die viele andere auf Lebenszeit aus dem Gleichgewicht gebracht hätten. Im Herbst 1992 kehrte Hunter-Gault an die Universität von Georgia zurück, um sich anzuhören, wie Reverend Jesse Jackson sie und Hamilton Holmes dafür lobte, daß sie dreißig Jahre zuvor an der Universität die Rassenschranke durchbrochen hatten. Wie hatte ein Mädchen im Teenageralter den üblen Rassismus durchstehen können, der von Studenten und staatlichen Behörden gleichermaßen kam? »Ihre Steine, ihre Ziegel, ihr Spucken berührten mich nie«, sagt sie, »weil ich in meinem Kopf eine schwarze Königin war.«

Talent durch »künstliche Reinkarnation«

Die Vorstellung, man sei jemand anderer, und die Übernahme des Verhaltens dieser Person ist eine Abkürzung auf dem Weg zu Sachkenntnis oder fachmännischem Geschick. Das Ganze funktioniert oft so einfach wie Dr. Don Loflands Rat an Menschen, die schneller lesen wollen: »Betrachten Sie einen aufmerksamen Leser. Wie sitzt er? Wie hält er sein Buch? Machen Sie es genauso.« Und es kann so verworren kompliziert sein wie ein Verfahren für beschleunigtes Lernen, auf das wir in der Sowjetunion stießen: Ein den Geist ausweitender Durchbruch zum Talent, »künstliche Reinkarnation« genannt, entwickelt von dem Psychiater Dr. Wladimir Raikow. Mit Hilfe dieses Verfahrens wurden Naturwissenschaftsstudenten, die zuvor auf Strichmännchen-Niveau gezeichnet hatten, plötzlich begabte Maler und schlugen häufig sogar eine Künstlerlaufbahn ein. Das Talent schien aus dem Nichts aufzusteigen, nachdem Raikow die Studenten in einen anderen Zustand versetzte: den Zustand, nicht so zu tun, als ob, sondern aus ganzem Herzen zu glauben, man sei Picasso, Rembrandt, Raffael. Raikow wandte hierbei eine neue Form tiefer, aber aktiver Hypnose an.

Wurden die Studenten ins normale Bewußtsein zurückgeholt, erinnerten sie sich nicht an die Stunden, in denen sie als Rembrandt gelebt hatten. »Machen Sie keine Witze! Das stammt nicht von mir«, so und ähnlich lauteten indignierte Kommentare, wenn Raikow ihnen ihre Gemälde zeigte. Doch im Lauf der Monate sickerte das große Können des Rembrandt-Zustandes in die gewöhnliche Erfahrung durch. Plötzlich waren die Studenten selbst talentiert. Das Verfahren ähnelt dem Zeitausweitungstrick von Masters und Houston.

Raikow, ein meisterlicher Zustandsveränderer, reinkarnierte Menschen als großartige Geiger wie Fritz Kreisler, als Erfindergenies wie Nikola Tesla und in jüngster Zeit als berühmte Heiler, um sie zur raschen Umsetzung von vorhandenem Potential zu bringen. Sie sind keine Picassos oder Teslas, aber sie schrauben das schnelle Studium um eine Spiralenumdrehung nach oben. Künstliche Reinkarnation ist *keine* Technik, die man selbst durchführen kann. Bestimmt werden Sie nicht morgens einfach als Rembrandt aus der Dusche steigen. In Rußland jedoch wird allein mit diesem Verfahren immer noch die leichte Verfügbarkeit des alten »ungeheuren Potentials« demonstriert.[1]

Warum ruft ein Identitätswechsel Können hervor? »Er ist ein Weg, sich selbst die Erlaubnis zu geben, *zu können*«, lautet eine Antwort. Eine andere besagt: »Es ist ein Weg, Zugang zum unermeßlichen kollektiven Unbewußten zu erlangen.« Visionäre auf allen Gebieten scheinen aus dem kollektiven Unbewußten Wissen bezogen zu haben und noch zu beziehen. Vielleicht ist das ein Grund, warum fünf Personen zur gleichen Zeit das Telefon erfanden oder warum Edison seinerzeit beschuldigt wurde, die Gehirne anderer

---

[1] Siehe dazu auch *SuperMemory,* Seite 194 ff.

Wissenschaftler telephatisch und verbal-magisch angezapft zu haben. Vielleicht aber stimmt man sich, wenn man imaginiert, dieser große Künstler oder Wissenschaftler zu sein, auch auf das Gedächtnis der Natur ein.

Das Gedächtnis der Natur

Vor nicht allzu langer Zeit wartete Dr. Rupert Sheldrake, einer der kreativsten Biologen unserer Zeit, mit einer neuen Theorie auf.[1] Nicht das unveränderliche Gesetz hält die Welt in Gang, behauptete er, sondern das Gedächtnis der Natur. Für bestimmte Kreise war diese Idee ketzerisch genug, um in der früher rational ausgerichteten Zeitschrift *Nature* eine Verbrennung von Sheldrakes Büchern zu fordern – was eigentlich impliziert, daß er, wenn er recht hat, ein Revolutionär von der Größenordung eines Galilei ist.

Das Gedächtnis der Natur besteht aus »morphischen Feldern«. Es gibt für alles ein Feld, für das Dasein als Nilpferd ebenso wie für das Japanischsprechen. Je mehr Menschen es gibt, die Japanisch sprechen, desto stärker ist das diesbezügliche Gedächtnisfeld. Weil Sheldrakes Theorie eine wissenschaftliche ist, kann man sie überprüfen. Dies geschah. Forscher ließen beispielsweise von einem türkischen Dichter einen neuen Kindervers verfassen, und zwar nach dem Muster eines beliebten alten türkischen Verses. Menschen, die kein Wort Türkisch verstanden, wurden dann aufgefordert, sowohl den alten als auch den neuen Vers auswendig zu lernen. Den Vers, den bereits Generationen von Türken aufsagten, lernten sie signifikant besser als den neu geschaffenen. Der gleiche Effekt trat bei Versuchen mit anderen Sprachen und mit Codes auf – und schon lange zuvor auf einer anderen Ebene bei solchen Verfahren wie dem Züchten neuer Kristalle, das anfangs langsam ging und dann immer schneller, je mehr Kristalle auf der Welt existierten.

Offenbar fällt es leichter, etwas zu lernen, für das bereits viele Menschen ein robustes morphisches Feld aufgebaut haben, als etwas, das nur wenige beherrschen. Die meisten bisherigen Prüfungen von Sheldrakes Theorie fielen zu seinen Gunsten aus. Sheldrake

---

[1] Darüber Näheres in Rupert Sheldrake: *Das Gedächtnis der Natur,* Scherz Verlag, Bern 1990 und 1992 (Sonderausgabe).

weist auf praktische Anwendungsmöglichkeiten hin, doch bisher hat noch kaum jemand ernsthaft versucht, »die Stromkreise zu verbinden«. Wie könnten Sie sich auf »Japanischsprechen« oder »Physik« einstimmen? Sheldrake glaubt, dies sei eine Sache der Resonanz. Es könnte vielleicht sein, daß Sie, wenn Sie sich im richtigen Superlearning-Zustand befinden und den Japanischsprecher wirklichkeitsgetreu nachahmen, mit seinem morphischen Feld in Resonanz treten.

John Wade fragt sich, ob Sheldrakes Theorie etwa das Seltsame erkläre, das er in beschleunigten Klassen bemerkte. Wade trennt die schneller und die langsamer lernenden Schüler in Klasse A und Klasse B. Er lehrt die A-Klasse eine gründlich geplante Lektion. Am nächsten Tag erhält die B-Klasse die gleiche Lektion. Auch diese Klasse bewältigt sie. Verfährt er jedoch umgekehrt, unterrichtet er zuerst die B-Klasse und danach die A-Klasse, kommt die langsam lernende B-Klasse absolut nicht mit. »Jeder Lehrer weiß, daß dies ein alter Trick des beschleunigten Lernens ist, aber niemand spricht darüber.« Noch besser vereinbar sind Sheldrakes Ideen über »morphische Resonanz« mit Wades »Sickerungsprozeß«. Wade bringt einem Schüler etwas bei, das dieser wirklich *jetzt* wissen will. »Dann lehne ich mich eine oder zwei Wochen lang zurück und warte, bis es in der Klasse durchsickert.«

Das Wechseln des Zustands, um sich auf Informationen einzustimmen, ähnlich wie man Rundfunksender wechselt, ist eine alte esoterische Vorstellung, die Sheldrake in wissenschaftliche Begriffe gefaßt hat. Sie könnte erklären, wie es kommt, daß echte Seher oder Medien ab und zu Informationen auffangen, die eigentlich außerhalb ihres Wissensbereichs liegen. Unsere Zeit wird immer schnelllebiger, bleiben Sie also eingestimmt auf etwas, das ein Durchbruch zu einem neuen menschlichen Lernkreislauf sein könnte. Zumindest ist Sheldrakes Theorie eine ermutigende positive Suggestion, wenn Sie etwas lernen wollen, das viele Menschen wissen oder beherrschen.

Die meisten von uns können bis jetzt noch nicht so glatt in total andere Zustände oder Dimensionen wechseln, wie ein Organist die Tonart in einer Kantate wechselt. Wir müssen Tricks anwenden, zum Beispiel Hypnose. Viele wissenschaftliche Daten über die Anwendung von Hypnose zur Erzielung außergewöhnlicher Leistungen kamen aus der UdSSR, wo die Hypnose fünfzig Jahre lang allgemein üblich war und ganz selbstverständlich auf vielen Gebieten angewendet wurde.

Wie Raikow, so erschloß auch ein anderer aus der Sowjetunion kommender Lehrer für beschleunigtes Lernen, der Ukrainer Wladimir Stefanischin, mittels hypnotischer Zustände neue Bereiche des Geistes. Am Forschungsinstitut für Psychologie in Kiew untersuchte er die Altersregression und noch etwas Verblüffenderes, die in der alten UdSSR gründlich erforschte hypnotische Alters*progression:* Versuchspersonen, die sich in tiefer Trance befinden, werden in die Zukunft versetzt, um Tage, Monate, Jahre. »Was tun Sie, was geht vor?« Die Versuchspersonen werden auch in ihrem Alltagszustand gefragt, was sie für ihre Zukunft voraussehen, und Träume werden aufgezeichnet. Wenn man beides vergleicht, kommt laut Stefanischin die in Hypnose gesehene Zukunft der Realität näher als die eigenen Vorhersagen oder die Träume der Versuchspersonen. Raikow inkarnierte Menschen als »Erfinder der Zukunft« und »Physiker der Zukunft«, doch die Einzelheiten darüber, was sie in der Hypnose »erfunden« oder »entdeckt« hatten, wurden geheimgehalten.

Als Stefanischin mittels Hypnose Zeitreisende erschuf, sprachen einige von ihnen von ihren Zuständen vor der Geburt und nach dem Tod. Derartige Grenzüberschreitungen fanden auch in der Praxis des in Yale zum Mediziner ausgebildeten Dr. Brian L. Weiss statt, als er Leiter der psychiatrischen Abteilung des Mount Sinai Medical Center in Miami war. Sie führten zu Weiss' bekannten (und in Form von Bestsellern vermarkteten) Erforschungen ferner Erinnerungen. Stefanischin gelangte zu dem Schluß, daß der Geist fünf Dimensionen der Zeit erreichen kann – die als angezapftes Potential einzustufen wären. Seine Forschungen wurden seinerzeit nicht veröffentlicht. Jetzt möchte Stefanischin seine Aufzeichnungen gern mit denen anderer interessierter Forscher vergleichen.

Wie andere sowjetische Wissenschaftler verwendete Stefanischin tiefe Trance zur Beschleunigung des Lernens. Er führte beispielsweise einen dreizehnjährigen Jungen in einen schlafwandlerischen Zustand, löste seine Blockierungen gegen Geometrie und verwandelte ihn so in einen klugen Kopf, der Theoreme mühelos zu lösen vermochte. Stefanischin kam jedoch genau wie Losanow zu der Überzeugung, daß es sicherer und auf lange Sicht auch effektiver sei, die Menschen zu lehren, ihre Zustände selbst zu verändern.

Einer der Gründe, warum der ausgezeichnete Hypnotiseur Losanow die Suggestologie und die Suggestopädie entwickelte, war, sich frei zu machen von dem Aggressiven, Invasorischen, das die tiefe Trance zur Ausweitung der Geisteskräfte für ihn nicht zu Unrecht hatte; Suggestion kann einen genauso weit bringen, glaubt er. Es wäre vielleicht interessant, suggestiv-imaginative Techniken anzuwenden, um sich in ein künftiges Ich zu verwandeln und zu schauen, was kommen wird.

Multisensorisches Imaginieren

Um die Jahrhundertwende stellte der französische Urgroßvater der Selbsthilfe, Emile Coué, sein »erstes Gesetz« auf: »*Wenn Phantasie und Wille miteinander in Konflikt liegen, wird die Phantasie gewinnen.*« Damit verwies er auf eine wichtige Dynamik des Geistes. Er erläuterte auch ausführlich, warum unsere guten Vorsätze, uns zu ändern, meist nicht Wirklichkeit werden, obwohl unsere ganze Willenskraft dahintersteht. Der Wille wählt aus. Die Phantasie führt aus. Es ist anstrengend, die Willenskraft in Trab zu halten wie einen schlaflosen Cowboy, der eine Herde treibt, die aus einer störrischen Schar von Gelüsten, Launen, Emotionen und Gedanken besteht. Man muß die Phantasie engagieren, um problemlos in die richtige Richtung zu gelangen, denn sie hat sowohl zu den bewußten als auch zu den unterbewußten Aspekten unseres Selbst Kontakt.

Jetzt, gegen Ende des 20. Jahrhunderts, wissen wir wesentlich mehr, als Coué an dessen Anfang wußte. Uns ist beispielsweise folgendes bekannt: Wenn wir uns etwas lebendig vorstellen, aus ganzem Herzen und mit ganzer Seele, wenn wir zudem alle unsere Sinne und Gefühle ins Spiel bringen, erkennt unser tiefer Geist den Unterschied zwischen diesem imaginierten Ereignis und einem wirklichen nicht. Das ist der Grund, warum mentales Training im Sport so gut funktioniert: Ihr Unterbewußtes registriert Ihre geistige Vorstellung von Ihrer Haltung, Ihren Reflexen, Ihrem Armschwung, dem Schlag, der den Ball voll trifft, und Ihrem siegbringenden Lauf um sämtliche Male des Baseballfeldes als Tatsache und fügt sie in die Bank Ihrer Erfahrungen ein. Imaginatives Proben funktioniert bei Leistung jeglicher Art, läßt Sie beispielsweise die Rede Ihres Lebens halten oder Ihre lähmende Examensangst überwinden.

Seit wir erstmals über Superlearning schrieben, kam noch etwas anderes ans Licht: die kreative Kraft der Erinnerung. »Wenden Sie das ›multisensorische Imaginieren‹ an«, drängen Superlearning-Lehrer. Je mehr Sie sich engagieren, desto stärker wird die gewünschte Wirkung sein. Während Sie neue Gedächtnisschaltungen schaffen, finden in Ihrem Körper und Ihrem Geist winzige Veränderungen statt. Sie brauchen Ihre Emotionen und Ihre Sinne – eben das, woraus Erinnerung besteht –, um starke Geisteskörper-Schaltungen und -Stromkreise aufzubauen, die Ihnen Eingespeistes zurückliefern, wenn es nötig ist.

Machen Sie es sich bequem, und schalten Sie, wenn Sie wollen, beruhigende 60-Schläge-Musik ein. Entspannen Sie sich mit Ihrer Lieblingsmethode, machen Sie dann die Lichter Ihres inneren Hauses an, und beginnen Sie, in Ihrer Phantasie ein erfolgreiches Ereignis zu erleben. Fühlen, sehen, hören, schmecken und durchdenken Sie es, wenn Sie können, genauso lebendig, als erlebten Sie den Erfolg wirklich.

Nehmen wir nun an, Sie sollen eine Rede halten. (Vergessen Sie die Meinungsumfrage, die erbrachte, daß 80 Prozent der Amerikaner größte Angst vor dem Reden in der Öffentlichkeit haben und daß von diesen 80 Prozent sogar die Hälfte es mehr fürchtet als den Tod.) Stellen Sie sich vor, daß Sie in einem Vortragsraum sind. Nehmen Sie mit den Augen, den Ohren und dem Geruchssinn alles rundum in sich auf, während die Zuhörer auf ihre Plätze gehen. Sehen und spüren Sie, was Sie auf dem Leib tragen, und stellen Sie sich auf dem Podium bequem hin. Fühlen Sie Ihr Verlangen, den interessierten Zuhörern Ihr Wissen mitzuteilen. Spüren Sie, wie ruhig und konzentriert Sie sind, wenn Sie zu reden beginnen. Suchen Sie den Blick einer aufmerksamen Person in der dritten oder vierten Reihe, und stellen Sie sich vor, Sie würden mit ihr sprechen wie mit einem Freund. Lassen Sie drei oder vier Hauptpunkte der Rede Ihren Geist beherrschen. Suchen Sie nicht nach eingelernten Wörtern oder Formulierungen, sondern spüren Sie einfach, wie leicht und kraftvoll Ihnen Ihre Rede von den Lippen fließt, samt den eingestreuten Bildern und sogar ein oder zwei Bonmots. Stehen Sie nicht da wie angewurzelt, sondern sehen Sie sich, wie Sie umhergehen, natürliche Gesten vollführen. Empfinden Sie, wie mühelos Ihnen Ihr Gedächtnis alles liefert, was Sie brauchen. Fühlen Sie sich selbstsicher genug, um auf eine Frage, die Sie nicht beantworten können, ruhig zu sagen: »Ich weiß es im Augenblick nicht, aber ich werde es herausfinden.« Hören Sie schließlich den begeisterten Applaus, und spüren Sie die Händedrücke, nachdem Sie vom Podium herabgestiegen sind.

Verleiben Sie sich Ihre künftigen Erinnerungen zehn bis fünfzehn Minuten lang ein, und zwar ein- bis zweimal täglich. Reicht Ihnen die Zeit nicht für zwei Sitzungen, sollten Sie versuchen, einen kleinen, dreißig Sekunden dauernden geistigen Filmstreifen mit den Höhepunkten zu schaffen. Spielen Sie ihn immer ab, wenn Ihnen die bevorstehende Rede in den Sinn kommt. Dies hat den zusätzlichen Vorteil, Sie davon abzuhalten, Ihre imaginativen Gewinne durch neu aufkommende Besorgnis wieder einzubüßen.

Denken Sie aber auch daran, daß die Imagination genau wie der Regen das Gute *und* das Schlechte nährt. Betrüger können die Imagination nutzen, um ihren nächsten Telemarketing-Schwindel zu fördern. Eine viel häufigere Form der negativen Selbstbeeinflussung ist jedoch das unwissentliche Proben schrecklicher Konsequenzen: Sie stellen sich lebhaft vor, daß Ihre schlimmsten Befürchtungen eintreffen. Seien Sie sich bewußt, daß Sie auch diesen Samen säen, und hüten Sie sich davor, ihn aufgehen zu lassen. Sonst könnte es geschehen, daß Sie Ihre Alpträume verwirklichen statt Ihrer Träume.

Die Aktivierung Ihrer imaginativen Talente wird Ihre Fähigkeiten in allen Leistungsbereichen steigern. Der Naturwissenschaftler Lorne Cook, der Jahre damit verbrachte, in seinen Superlearning-Naturwissenschaftsklassen am Upper Canada College in Toronto einen konstant hohen Leistungsstandard zu entwickeln, benutzte die gleichen Methoden, um einem seiner Studenten zu helfen, den Terror schweißnasser Hände beim Geigenspiel in der Öffentlichkeit zu überwinden. Cook machte mit dem Jugendlichen, der Kristian Braun hieß, die vertrauten Übungen zur Entspannung und Beruhigung des Geistes. Dann führte er ihn in das imaginäre Proben ein. Kristian erlebte sich selbst wiederholt, wie er ruhig und gefaßt, mühelos und fehlerfrei spielte, voller Freude an seiner Darbietung. Es funktionierte. Kristian, der oft so nervös war, daß er die Geige fallen ließ, spielt jetzt voll Selbstsicherheit, unabhängig davon, wie viele Augen ihn beobachten.

Der Geist ist ein Heiler. Diese revolutionäre Erkenntnis dringt jetzt allmählich ins Bewußtsein der breiten Masse. Vor ein paar Jahren war Don Schuster, der Hauptinitiator bei der Durchsetzung des beschleunigten Lernens in den Vereinigten Staaten, in dreifacher Hinsicht gefährdet: Krebs, Lungenentzündung, Operation am offenen Herzen. »Ich überlebte, zumindest teilweise«, sagt er, »weil ich immer sah, wie ich es tat.« Wenn Sie imaginativ fit sind, dürften Sie bereit sein für ein sich anbahnendes menschliches Abenteuer. Es führt uns in ein Land, wo die Vorstellungskraft – manchmal – die Zahl der Blutkörperchen steigen und Tumoren schrumpfen lassen kann, die Wundheilung beschleunigen und sogar die Wirkung von Pillen zur Geburtenkontrolle nachahmen kann.

Imaginatives Proben ist ein sehr effektiver Weg zur Verankerung von Wandel. Benutzen Sie dieses Verfahren, um neues Verhalten zu stärken, besonders eines, mit dem Sie ein altes negatives Muster ersetzen. Stellen Sie sich vor, daß Sie beim Klingeln des Telefons zu einem Glas Wasser statt zu einer Zigarette greifen. Wenn Sie sich bei der Imaginationsübung voll und ganz einsetzen, sorgen viele Faktoren für sich selbst: Energie, Motivation und kreative Ideen fließen; ein Gefühl, daß Ihr Leben Sinn und Zweck hat, erfaßt Sie. Geben Sie sich der Vorstellung hin, wie Sie auf das Podium treten und Ihre Hand ein heißbegehrtes Diplom in Empfang nimmt, wie Sie den Kaufvertrag für Ihr Traumhaus unterschreiben, wie Sie eine Krankheit überwunden haben. Je beharrlicher Sie das tun, desto wahrscheinlicher ist, daß Sie es wirklich erleben.

14
Blockierungen beim Lernen, bei Veränderungen im Leben

Was vereitelt unsere Bemühungen, die Zehnprozentschranke des Durchschnitts zu durchbrechen? Die Antwort hat weniger mit Lernen zu tun als mit *Ver*lernen, mit der Beseitigung von drei klassischen Lernblockierungen: der *logischen*, der *emotionalen* und der *ethisch-moralischen Blockierung*. Keiner von uns wurde *gegen* sie geimpft. Tatsächlich werden wir oft sehr früh *damit* geimpft. Nicht nur in unserem persönlichen Leben lassen sie uns stolpern. Wie Otto Altorfer erläuterte, lähmen diese durch uns wirkenden Blockierungen auch unsere Anstrengungen, Institutionen zu ändern: Bürokratie, Bildung, Medizin, soziale Programme. Es sind vielleicht die tief in uns steckenden Hemmschuhe, die es uns unerklärlich schwermachen, alte Ängste abzulegen und zu lernen, mit unseren Nachbarn rundum auf der Welt in Eintracht zu leben. Ein Freund von uns meinte in dem Zusammenhang, als wir über das Gedächtnis sprachen: »Zum Teufel mit dem Erinnern. Wie kann ich lernen zu vergessen?«

Es wird Ihnen gelingen, belastende Eigenheiten zu *ver*lernen. Wenn Sie nicht glauben, mit irgendeinem Sie behindernden angeborenen Mangel behaftet zu sein, sondern sich klarmachen, daß Sie es mit zustandsabhängigen Erinnerungen zu tun haben. Dann verstehen Sie, wie es geschehen kann, daß starke Gespenster aus der Vergangenheit Einfluß nicht nur auf Ihr Denken, sondern auch auf Ihre Emotionen, Ihr Verhalten, Ihre Sinne, Ihr ganzes physisches und nichtphysisches Selbst erlangen und Ihre Fähigkeiten einschränken konnten. Zum Glück ist es leichter, Geister auszutreiben, als einschlägige Filme uns glauben machen wollen.

Logische Blockierungen lassen sich in dem alten Sprichwort zusammenfassen: »Wenn du glaubst, du kannst nicht, dann kannst du nicht.« Wenn Sie überzeugt sind, daß bei jedem Menschen sehr früh in der Schule ermittelt wird, wieviel Intelligenz er besitzt, dann wird das Maß, das man Ihnen zuerkannte, die ganze Klugheit sein, die Sie je einsetzen. Wenn Sie glauben, daß normale Menschen in soundso viel Zeit nur soundso viel lernen können, werden Sie soundso schnell lernen. Und hätten Sie vor gar nicht allzu langer Zeit »gewußt«, daß kein Mensch die Meile unter vier Minuten laufen kann, wäre Ihnen nie gelungen, was Roger Bannister schaffte, und den mehr als 1000 Sportlern, darunter zwanzig High-School-Studenten, die seither die Meile in weniger als vier Minuten bewältigten, wäre es ebenfalls nicht gelungen.

Logische Blockierungen sind bewußt und lassen sich mittels Informationen leicht abbauen. Hunderttausende Menschen in mehreren Dutzend Ländern haben entdeckt, daß sie schneller lernen, sich Gelerntes besser merken und mehr Spaß am Leben haben können, indem sie ihr Selbst in Richtung auf neue Fähigkeiten und Talente ausweiten. Schulen Sie Ihren logischen Geist, um sicherzustellen, daß er mit Ihren Zielen einverstanden ist. Lassen Sie ihn wissen, daß die Ziele realisierbar sind, besonders wenn Sie den Rat des motivierenden Redners Les Brown befolgen: »Gehen Sie nicht dorthin, wohin der Weg führt, gehen Sie dorthin, wohin kein Weg führt, und hinterlassen Sie eine Spur.«

Falls Sie meinen, nicht übermäßig klug zu sein, denken Sie an die vielen Experten, die zu dem Schluß gelangt sind, daß wir nur ein winziges Bröckchen unseres angeborenen Potentials nutzen. Die Zeit, sich über daß Maß Ihrer Klugheit Sorgen zu machen, ist gekommen, wenn Sie bei 98prozentiger Nutzung angelangt sind. Oder vielleicht selbst dann noch nicht, denn derzeit herrscht Einigkeit darüber, daß der Geist potentiell grenzenlos ist. Lesen Sie Berichte über Menschen wie den amerikanischen Lyriker Robert Frost, die Erfinder Nikola Tesla und Thomas Alva Edison oder den Architekten Richard Buckminster Fuller, die in der Schule allesamt Schwierigkeiten hatten und auf ihrem Gebiet alle an die Spitze stiegen. Ihr Versagen, im Bildungsestablishment Fuß zu fassen, war nach Meinung einiger Kenner ein wichtiger Faktor in ihrer Entwicklung zu Genies.

Sie könnten sich auch mit einer seltsamen Tatsache auseinandersetzen, die der britische Neurologe John Lorber aufspürte: Es sieht so aus, als kämen Sie auch dann ziemlich gut zurecht, wenn Sie überhaupt kein Gehirn hätten. Selbst dann könnten Sie gute Noten bekommen, wie Lorber feststellte, als er eine Entdeckung machte, die eine seit mehreren Jahrhunderten bestehende Hirntheorie umstürzte. Lange glaubten die Wissenschaftler, daß das Denken seinen Sitz in der Hirnrinde habe. Lorber untersuchte einen jungen Mann mit leicht vergrößertem Kopf und diagnostizierte einen Wasserkopf (Hydrozephalus): Flüssigkeit füllte den Schädel weitgehend aus. Der junge Mann, Student an der Universität Sheffield, »hatte praktisch kein Gehirn«, doch dank eines IQ von 126 errang er Auszeichnungen in Mathematik und führte ein gutes Sozialleben. Lorber untersuchte 600 »verborgene« Wasserköpfe, um zu prüfen, wieviel Hirnrinde sie besaßen. Eine ganze Reihe hatte 95 Prozent davon an die Flüssigkeit verloren, dennoch lag bei der Hälfte der IQ über dem Durchschnittswert von 100. Lorbers Arbeit zeigt eindeutig, daß das Gehirn überflüssiger und anpassungsfähiger ist, als man gemeinhin glaubt. Beweist sie auch, daß wir nur einen winzigen Prozentsatz unseres Potentials nutzen? Menschen mit nur einem Bruchteil des »denkenden Gehirns« erbrachten genauso gute Leistungen wie wir übrigen.

Toxische Metaphern

Als Sie in Ihrer Kindheit das erste Mal mit dem Rechnen in Berührung kamen, begriffen Sie vielleicht nicht gleich, wie das Malnehmen funktioniert, und niemand erklärte es Ihnen befriedigend. Vielleicht lösten Sie ein paar Aufgaben falsch und fanden von da an alle Aufgaben blöd. Vielleicht mochten Sie die Lehrerin nicht. Ihre Eltern sagten Ihnen möglicherweise, Mathematik sei wirklich sehr schwierig, oder Sie fehlten eine Woche und glaubten danach, nicht mehr mitzukommen. Vielleicht litten Sie auch an einem nicht diagnostizierten Problem, besonders jenem, das Dr. Losanow schon vor langer Zeit als »didaktogenes Syndrom« bezeichnete, eine durch schlechte Lehrmethoden verursache Krankheit. Das Entscheidende ist, daß Sie heute nicht mehr die gleiche Person sind, die Sie damals waren. Außerdem gibt es heute eine ganze Reihe sehr effektiver neuer Lehrmethoden. Schüler, die der Musiklehrer einst ersuchte: »*Bitte* machen Sie nur die Mundbewegungen«, lernen heute, laut und richtig zu singen.

Was ist eine ethisch-moralische Blockierung? Die ersten Klassen für beschleunigtes Lernen stolperten bald darüber – was nicht überrascht. Die ethisch-moralischen Blockierungen sind am schwersten zu fassen, eben weil sie unsere ganze Kultur durchdringen. Sie haben mit Urteilen darüber zu tun, was richtig und was falsch ist. »Ohne Fleiß kein Preis«, »Sei perfekt«, »Was leicht geht, taugt nichts«, »Andere haben immer Vorrang«, »Für Fehler mußt du bezahlen und bezahlen und bezahlen«, »Leiden stärkt den Charakter«, »Ein Reicher kommt schwerer in den Himmel als...« Es mag überraschen, aber Binsenwahrheiten dieser Art sind als toxische Metaphern einzustufen. Solche giftigen Wendungen, die ebenso geräuschlos und schädlich wirken wie Blei in einem Schultrinkbrunnen, können die Lern- und Leistungsfähigkeit des Menschen zerfressen.

Während die »neue Energie«, die Dr. Marian Woodman sichtete[1], in die menschliche Psyche steigt, wird das Gewebe der alten Gesellschaft bewußter erfaßt. Wenn Sie es betrachten, stellen Sie fest, daß es von Fasern der Angst, der Schuld, des Schmerzes, der Bestrafung, der Verurteilung und der Intoleranz durchzogen ist – genug, um einem den Lebenssaft herauszupressen. Das ist vielleicht der Grund, warum die alten Strukturen zu zerbrechen beginnen. Anfangs bezweifeln die meisten Menschen, daß sie von ethisch-moralischen Blockierungen behindert werden. Wir gehörten dazu. Aber wäre es nicht überraschend, würde man, da man in einer solchen Kultur aufwächst, nicht ein paar toxische Partikel aufschnappen? Dr. Joan Borysenko wurde von der Feststellung aufgerüttelt, daß mehr als die Hälfte ihrer Patienten glaubte, sie würden für ihre Sünden bestraft oder müßten dafür bestraft werden. Borysenko verkündete aber nicht das Wort Gottes, sondern leitete die Mind/Body Clinic des New England Hospital in Boston. »Ich glaube, das Gefühl der Unwürdigkeit – die Wunde der Unwürdigkeit – ist *die* Seelenwunde der westlichen Kultur«, sagte uns Borysenko nachdenklich. Sie sieht es als Teil ihrer Heilaufgabe an, Patienten zu helfen, wieder »spirituellen Optimismus« zu erlangen.

Sogar sehr erfolgreiche Menschen denken nach einem weiteren Triumph oft: *Hu, wieder einmal davongekommen!* Es ist viel leichter, sich wie das »Gewürm« in den alten Kirchenliedern zu fühlen, als sich würdig oder verdienstvoll vorzukommen. Es soll hier nicht über Ethik oder Theologie debattiert werden, doch prüfen Sie sich im Hinblick auf toxische Überzeugungen, die definiert werden können als alles, was erniedrigt, einen zum Narren macht, den menschlichen Geist von gesundem, freudigem Wachstum abhält.

---

[1] Siehe dazu Seite 29.

Wie Bruce Tickell Taylor früh erkannte, befinden sich Superlearning-Lehrer in einer einmaligen Position, den Menschen zu helfen, ihre unbewußten Konditionierungen zu löschen. Michael Lawlor, Vorsitzender der britischen SEAL, und seine Frau June McOistrich konzentrieren sich in ihren beschleunigten Inner-Track-Workshops besonders auf die Tilgung von Einschränkungen, um Potential zu wecken. Wenn die Blockierungen verschwinden, fühlen sich die Teilnehmer dank einer neuen Bewußtheit ihrer Möglichkeiten laut ihren Aussagen »zur Hingabe an das Selbstwachstum angespornt«. Hospitierende Lehrer von der Moskauer Staatsuniversität urteilten geradezu überschwenglich. Bei der Bewertung der Workshops schrieben mehrere von ihnen, nachdem die Lawlors ihnen geholfen hatten, ihre unbewußten Drehbücher der Vergangenheit zu löschen: »I love you! Sie haben mich neu geschaffen! Ich bin ein anderer Mensch geworden«, »Ich habe innere Harmonie und Zufriedenheit gefunden.« Dies alles bewirkte der Abbau von Blockierungen. Wollen Sie etwas von dieser inneren Harmonie und Zufriedenheit erlangen?

Blockadebrechen will gelernt sein

Um ein Gespenst auszutreiben, müssen Sie zuerst erkennen, daß es existiert. Oft steigen emotionale und ethisch-moralische Blockierungen keineswegs als Ideen »hell wie der lichte Tag« in den Geist. Gleich Otto Altorfers Klienten können Sie die Methode der Bekräftigung und Reaktion anwenden, um verborgene Blockierungen aufzuspüren. Viele Menschen erlebten eine wirklich große Wandlung, indem sie sich einfach jeden Tag fünf Minuten vor den Spiegel stellten und sagten: »Ich mag mich so, wie ich bin. Ich bin wunderbar!« Wird Ihnen übel dabei, dann suchen Sie nach der protestierenden Blockierung. Oder probieren Sie es mit der Aussage des berühmten amerikanischen Erfinders/Künstlers Walter Russell: »Genie ist selbstverliehen, Mittelmäßigkeit ist selbstauferlegt.« Diese Aussage ärgert viele Menschen. Warum? Welche blockierenden Überzeugungen oder Erinnerungen haben Sie? Falls eine bestimmte Suggestion auf einem Tonband für Selbstverbesserung Sie irritiert oder reizt, verfolgen Sie sie zurück. Teri Mahaney machte mit ihren »Change Your Mind«-Tonbändern die Erfahrung, daß einige Klienten jede Nacht bei der gleichen sie verletzenden Suggestion von einer allzeit wachsamen Blockierung aus dem Schlaf gerissen wurden.

Manchmal gibt auch eine Blockierung selbst eine kleine Suggestion im Schlaf. Eine New Yorker Geschäftsfrau erzählte uns, daß sie sich die begrüßenswerte Bekräftigung angewöhnt hatte: »Ich bin mit mir einverstanden«, und entschlossen war, sie zwei Wochen lang jeden Tag mehr als hundertmal zu sagen. »Ich habe wirklich geglaubt, im allgemeinen mit mir einverstanden zu sein«, versicherte sie uns. Am dritten Tag wachte sie gegen Morgen auf, weil in ihrem Kopf eine laute Stimme erklang: »Wie konntest du mit einem solchen Scheiß einverstanden sein?« Woher kam das? Vermutlich aus ferner Vergangenheit. Das Heute erfordert, daß wir die giftigen Unwürdigkeitssamen erkennen und sie durch andere ersetzen.

Gleichgültig, ob Sie Bekräftigungen, Suggestionen oder imaginative Szenarios verwenden, um Blockierungen aufzulösen, es gibt *eine* Schlüsselfrage, die Sie stellen können, um den Vorgang zu beschleunigen oder wieder anzukurbeln, falls Sie festsitzen: Welches Bedürfnis erfüllt diese Blockierung in meinem Leben? Nehmen wir die Blockierung: »Ich werde immer nur ein durchschnittlicher Lehrer sein, einfach ein normaler Mensch.« Sie könnte dazu da sein, ein Gefühl der Sicherheit zu vermitteln, ein Bedürfnis nach einem sicheren, genau definierten Platz im Leben zu befriedigen, ein Bedürfnis, größere Verantwortung zu vermeiden, oder auch ein Bedürfnis, keine Schuldgefühle zu bekommen, weil man die eigenen Eltern oder Geschwister überflügelt. Falls Sie Schwierigkeiten haben, eine derart positiv erscheinende Blockierung zu zerbrechen, entspannen Sie sich, und sinnen Sie darüber nach, was Sie aufgeben müssen, wenn die Blockierung verschwindet. Schreiben Sie die Bedürfnisse auf, die vielleicht von ihr befriedigt werden. Solche Bedürfnisse können völlig legitim sein: der Wunsch, für das Wohlbefinden anderer zu sorgen, der Wunsch, einer Gemeinschaft anzugehören, der Wunsch, geliebt zu werden. Sie wollen sicherlich nur die Blockierung loswerden, nicht das Bedürfnis. Suchen Sie nach Ideen für andere Wege zur Befriedigung des Bedürfnisses: nach gesunden, weniger einschränkenden Wegen. Sprechen Sie mit »George« darüber, Ihrem Unterbewußten. Wenn Sie eine Lösung finden, die Ihnen beiden richtig erscheint, werden Sie aktiv, und ersetzen Sie die alten Arten der genügsamen Befriedigung durch die neue. Verstärken Sie diese Aktion mit Selbstgesprächen, Suggestion, imaginativen Szenarios.

Noch einmal, um sich von Lernblockierungen zu befreien, sollten Sie:

- sich bewußt sein, daß eine Blockierung besteht,
- sich fragen, ob Sie ein Bedürfnis befriedigt – wenn ja, einen anderen Weg zur Befriedigung suchen;
- die einengende Erinnerung ändern (pflanzen Sie urteilsfrei, geduldig und fest ein positiveres Muster an die Stelle des alten, verwenden Sie Bekräftigungen, Suggestion, imaginative Szenarios usw.);
- Ergebnisse erwarten, aber nicht unbedingt schon morgen.

Emotionale heiße Drähte

Genau wie wir uns selbst in Zwangsjacken verminderter Erfahrung hineinreden, nähren wir oft Emotionen, die unsere klassischen Lernblockierungen bei Kräften und in Aktion halten. Nur wenige von uns haben eine emotionale Bildung erhalten, obwohl die großen Religionen auf ihre Weise ihr Bestes versuchten, sie uns zu vermitteln. Eine unserer schlechtesten Gewohnheiten ist der zackenlinige emotionale Drall, den wir unseren Erfahrungen geben. Wir verbinden sie durch heiße Drähte mit Kritik, Angst, Neid und Verärgerung.

Nehmen wir die Kritik. »Eine der verrücktesten Ideen der modernen Gesellschaft ist, daß Kritik gut sei für den Menschen und ihm helfe zu lernen«, sagt dazu der fruchtbare Schriftsteller Serge King, der auch ein Meisterlehrer der alten hawaiischen Meditationsart Huna ist. Man erhält, was man bekräftigt und verstärkt. »Die Beachtung oder das Erinnern dessen, was wir nicht richtig gemacht haben, stellt sich dem Lernen in den Weg ... Wenn jemand unter Kritik lernt, dann tut er es trotzdem, nicht deswegen.« Die eklektischen Wurzeln der Superlearning-Methoden reichen in alte Lehren wie Zen und Yoga zurück. Weil die Lehre, mit der King sich befaßt, Huna, jahrhundertelang in der Isolation blühte, ist sie vielleicht der reinste Rest, der von der immerwährenden Weisheit noch übrig ist. Es überrascht nicht, daß Huna ganz selbstverständlich kritikfreies

Lehren betreibt, genau das, was viele beim beschleunigten Lernen als revolutionären Durchbruch priesen.

Superlearning-Lehrer müssen manchmal ihre besten kreativen Quellen aktivieren, um direkte Kritik zu vermeiden. »Interessant ist«, meinte einer, »wie schwer es anfangs fällt, *der Versuchung, Fehler zu machen*, zu widerstehen.« Libyan Cassone, die unermüdlich an der Beschleunigung des Sprachenlernens arbeitet, vergleicht ihre Art, die Sache anzugehen, mit jener, wie eine Trainerin ihre Athleten behandelt. »Die Trainerin wird nicht sagen: ›Zu schade, daß du die Norm nicht erfüllt hast; du kommst halt nicht mehr weiter‹«, erklärt Cassone. »Wenn jemand einen Fehler macht, sollten wir, statt eine Alarmglocke zu läuten und eine moralische Ohrfeige auszuteilen, zu dem momentanen Verlierer sagen: ›Schade, du hast es diesmal nicht geschafft, du hast Fehler gemacht – aber das gehört zum Leben, und nächstes Mal wirst du es besser machen!‹« Im Gegensatz zu dem, was viele erwarteten, lernten Schüler jeden Typs, von Drittkläßlern bis zu Facharbeitern, die nicht »heruntergemacht« wurden, ihre Nachhollektion besser und schneller als jene, die man mit konventionellem Tadel bedachte.

Es bedarf keines Beweises, daß, wer mit einer kritischen Haltung durchs Leben marschiert, am meisten Kritik abbekommt. Und die kritische Haltung bewirkt noch etwas anderes: Sie saugt einem die Kraft aus. Eine Erkenntnis, die Mutter Teresa einer Gruppe glühender Kriegsgegner zu vermitteln versuchte. Die Protestler fragten Mutter Teresa, ob sie ihren Namen hergeben und eine große Antikriegsdemonstration anführen würde. »Nein«, sagte die weise, alte Nonne. »Ich werde nicht *gegen* den Krieg marschieren. Wenn ihr je eine Demonstration *für* den Frieden veranstaltet, dann ruft mich.« Ist Ihre Haltung *anti,* gegen etwas gerichtet, müssen Sie eine Menge Abwehrenergie aufbieten: emotionale, geistige, kreative Energie. Da bleibt oft nicht mehr viel übrig, um das zu schaffen, was Sie sich im Leben wünschen.

Wenn Sie den kritischen Stachel aus Ihrer eigenen Haut ziehen wollen, versuchen Sie folgendes zu bekräftigen und zu leben, immer einen Tag nach dem anderen:

Heute gebe ich die Kritik an jedem und allem auf. Ich gebe es auf, mich selbst zu kritisieren und zu verurteilen. Die Dinge, die ich als falsch anzusehen pflegte, betrachte ich jetzt einfach als das, was sich als wunderbare Chance zu Veränderung und Wandel präsentiert.

Es ist auch wichtig zu versagen

Versagen! Oft engt uns der bloße Gedanke daran ein und blockiert uns. Wenn in Ihnen die schrecklichen, deprimierenden Gefühle der Unzulänglichkeit aufsteigen und Sie sich als Verlierer vorkommen, weil Sie bei irgend etwas versagt haben, halten Sie inne und fragen Sie sich: Was ist Versagen überhaupt? Löst man die große Last angelernter Emotionen davon ab, ist Versagen schlicht eine Erfahrung, die Ihnen klarmacht, daß Sie das ändern müssen, was Sie tun, weil es Sie in die falsche Richtung zieht. In einem Segelboot korrigieren Sie, wenn der Wind Ihre Segel nicht mehr bläht, Ihren Kurs. Sie sitzen nicht da und versuchen die schlaffen Segel zu ignorieren, und Sie fühlen sich auch nicht mies oder als Versager, sondern benutzen einen Fehler als Denkpause auf dem Weg zum Ziel. Das ist jene Sicht der Dinge, die Edison durch zweihundert erfolglose Versuche der Erfindung der Glühbirne segeln ließ und dann durch neunhundertneunundneunzig weitere Versuche. Kam er sich als Versager vor? Natürlich nicht, würde er sagen, denn er habe gerade die eintausendste Fehlschaltung erfolgreich behoben, das führe ihn näher an die eine heran, die Licht in die Nacht bringen wird.

»Wenn Sie sich mit dem Versagen abfinden, werden Sie sich nie hervortun.« Diese unerwartete Botschaft erklang laut und klar, als wir für unser Buch *Vorauswissen mit PSI*[1] mit einer ausgewählten Gruppe erfolggewohnter Führungskräfte der Schwerindustrie sprachen und die Frage stellten: »Was geht in Ihnen vor, wenn Sie einen Fehler machen?« Eine naive Frage, wie sich schnell zeigte. Gewiß, sie hatten eine Menge Fehler gemacht, Millionen Dollar versiebt. Doch sie saßen nicht herum und zerfleischten sich deswegen. Einer der Manager faßte es so zusammen: »Wer Entscheidungen treffen muß, wird sich manchmal irren. Das Kunststück ist, aus den Fehlern zu lernen und mehr richtige als falsche Entscheidungen zu treffen.«

Diese Lektion muß man in jungen Jahren lernen. Valanne L. Henderson und Carol S. Dweck von der Brown-Universität untersuchten, wie Kinder einer Junior-High-School auf Schwierigkeiten reagierten. Zwei grundlegende Reaktionen zeichneten sich ab: eine des Meisterns und eine der Hilflosigkeit. Die »Hilflosen« bekommen

---
[1] Scherz Verlag, Bern 1975.

Angst, wenn sie herausgefordert werden. Schwierigkeiten erscheinen ihnen als Falle, die ihren Mangel an Fähigkeiten, ja sogar an Intelligenz aufzeigt, und sie fürchten, es stehe nicht in ihrer Macht, diesem Mangel abzuhelfen. Die Kinder mit der Reaktion des Meisters fühlen sich durch Schwierigkeiten angeregt und angespornt. Sie sind der Überzeugung, daß sie noch intelligenter werden können, wenn sie sich anstrengen. Es hilft nicht, die »hilflosen« Kinder mit Erfolgserlebnissen zu überschwemmen, stellte Dweck fest. Manchmal verschlimmert das ihre Probleme noch. Um auf den Weg des Meisters zu gelangen, erklärte sie, müßten diese Kinder »lernen, negatives Feedback als Informationsquelle für künftige Bemühungen zu akzeptieren und nicht als Urteil über ihre Fähigkeiten«.

Versagen liefert uns Informationen, die wir sonst nicht erhalten würden. Das wichtige ist, daß wir einen Fehlschlag als Wegleitung benutzen und uns nicht von unseren Gefühlen überwältigen lassen. Unsere Gesellschaft hat mit dem Versagen und auch mit Schuldgefühlen, die eine Form des Versagens sind, etwas Seltsames angestellt: Statt darin einen Ansporn zu sehen, überlassen wir ihnen das Ruder. Versagen ist aber ein natürlicher Bestandteil des Lernpakets. Beobachten Sie Kleinkinder, bevor sie sich unsere Versagensängste angeeignet haben: Sie machen einen wackeligen Schritt und fallen hin; sie machen einen weiteren – und wieder plumps. Weil sie nicht mit Emotionen belastet sind wie wir, wissen sie instinktiv, daß Versagen ein Signal ist, es anders zu versuchen. Fehlschläge sind ins Lernen eingebaut. Wenn Sie sich davor fürchten, werden Sie nicht so gut lernen, wie Sie könnten. Wenn Sie wissen, daß ein Fehlschlag ein guter Trainer und kein Ankläger ist, werden Sie auf lange Sicht wahrscheinlich überallhin kommen, wohin Sie wollen.

Was für eine Art Feuer haben Sie im Leib?

Die Menschheit hat im Augenblick so viel Feuer des Zorns im Leib, daß man den Eindruck gewinnt, drei Viertel der Erdbewohner hätten die Fenster aufgerissen und riefen: »Ich werde das nicht mehr hinnehmen!« Wenn wir unser Rufen lange genug unterbrechen, um den anderen zuzuhören, fragen wir uns, worüber die so wütend sind. Die Antworten füllen Bände. Optimisten vergleichen diese ganze Wut mit einem schmerzhaften Furunkel, der schließlich aufbricht:

Ein gesunder Durchstoß, der uns von den Giften befreit, die uns so lange daran hinderten, wir selbst zu sein. Ganz nett, doch riskant. Es kann zu einer Infektion kommen, die Fieber auslöst oder Sie über Nacht sogar tötet. Aus diesem Grund betitelt Dr. Doe Lang, eine weitere Superlearning-Expertin, einen ihrer wirksamsten Workshops: »Zorn – Feuer im Kesselraum: Wie man erreicht, daß es das Haus heizt, aber nicht abbrennen läßt.« Die Psychologin Lang ist Fulbright-Stipendiatin und war eine Schauspielerin und Opernsängerin, die gute Kritiken erhielt. Sie vereinte ihre vielen Talente, um Politiker, Manager und Medienleute – sowie mittels Tonband auch viele Superlerner – darin zu schulen, wie man sich selbst und seine Ideen in der Öffentlichkeit präsentiert. Mit anderen Worten, wie man dieses gewisse Etwas erlangt, das wir Charisma nennen. Langs internationale Klientel lernt, daß ein Angelpunkt auf dem Weg zum Charisma das Wissen ist, wie man den Zorn in Kraft umsetzt, statt sich von ihm schwächen zu lassen. Das ist ein gutes Allgemeintraining, um zu lernen, sich zu ändern.

In unserer Zeit, die einen Wandel bringt, ob es uns paßt oder nicht, wird im Verkauf, in Büros und in Fabriken zunehmend das Wissen gefordert, wie man Ärger und Wut entschärft. »Den Arbeitnehmern und Arbeitnehmerinnen die Fähigkeiten beizubringen, mit Zorn fertig zu werden und ihn aufzulösen, könnte die Produktivität der Arbeiterschaft und die Zufriedenheit am Arbeitsplatz unermeßlich steigern«, erklärt der Rechtsanwalt und Kolumnist Clair Bernstein aus Montreal. Nachdem in immer mehr Schulen die Metalldetektoren piepsen, weil Schüler Waffen tragen, muß man vielleicht Schülern zuerst beibringen, Zorn zu entschärfen, bevor es überhaupt möglich ist, sie etwas anderes zu lehren.

»Steuern Sie den Zorn, oder steuert er Sie?« fragt Dr. Lang ihre Kunden, die so verschieden sind wie etwa die enttäuschte Frau, für die nichts zählt als eine lukrative Heirat, und der Wirtschaftsgigant, der stolz sagte: »Ich bekomme keine Geschwüre – ich rufe sie bei anderen hervor.«

Auch beim Umgang mit Zorn besteht das Kunststück darin, sich klarzumachen, daß es, unabhängig davon, was andere getan haben, *Ihr* Zorn ist und Sie entscheiden müssen, was Sie damit anfangen wollen. Ihn in sich hineinfressen und krank werden oder explodieren und anderen sowie sich selbst schaden? Aus reicher Erfahrung weiß Lang, daß es nicht notwendig ist, Ärger am Verursacher auszulassen. »Die gleiche Befriedigung können Sie durch physisches oder verbales Abreagieren der Wut erlangen, wenn außer Ihnen niemand anwesend ist.« Danach können Sie in Ruhe überlegen, was zu tun ist.

»DU SCHWEINEHUND!« Diese Übung finden Langs Klienten oft am hilfreichsten. Falls es Sie nur amüsiert, »Schweinehund« zu rufen, ersetzen Sie das Wort durch »RATTE!«. Stellen Sie sich hin, die Füße fest auf dem Boden, die Schultern gestreckt, die Knie leicht gebeugt. Beginnen Sie Ihre Arme in einem Bogen zu schwingen, nach oben links wie beim Golfschwung, dann abwärts und nach rechts oben. Atmen Sie mit geschlossenem Mund ein, und zwar beim ersten Aufwärtsschwung nach links. Atmen Sie mit dem Rechtsschwung aus. Atmen Sie mit offenem Mund ein, während Sie die Arme wieder nach links schwingen. Erreichen die Arme den höchsten Punkt, stampfen Sie mit dem Fuß auf, dann rufen Sie »Duuuuuuu«, während Sie den Rechtsschwung machen ... Rufen Sie, sobald die Arme rechts oben sind und zur Abwärtsbewegung ansetzen, »Schweiiinehund!«, wobei Sie den Linksschwung machen und ausatmen. Machen Sie anschließend drei Lockerungsbewegungen, und beginnen Sie wieder von vorn. Wiederholen Sie die Übung mindestens zehnmal. Öffnen Sie den Mund, und brüllen Sie so laut Sie können.

Um den Zorn völlig freizusetzen, ist es wichtig, Ton, Atem, Körper und Worte zu koordinieren. Wenn Sie sich der Wut überlassen, kann das Sie so aufwühlen, daß Sie Krämpfe bekommen, die Sie völlig erschöpfen – aber nicht befriedigen. Die völlige Abreaktion dagegen macht Platz für andere Emotionen. Langs Klienten nutzen ihren steigenden Adrenalinspiegel unmittelbar nach der Zornübung rasch für hohe Gedankenflüge.

Ein gesunder kurzer Zornanfall ist so natürlich wie ein Regenbogen in einem Sommergewitter. In die Zwielichtzone bewegen wir uns jedoch, wenn Ärger noch nach Tagen oder Jahren immer wieder aufflammt. Groll zu hegen bedeutet, unbewußt eine zustandsabhängige Erinnerung zu nähren, ein verrücktes kämpferisches Gespenst, das sich augenblicklich herbeizitieren läßt, um Ihr Blut zum Kochen zu bringen. Es läßt Sie in einer Zeitschleife leben – Körper, Geist und Seele in der Vergangenheit – und beraubt Sie der Gegenwart, des einzigen Ortes, an dem Sie in dieser Welt etwas vollbringen können.

Üben Sie sich in Verzeihen

Unzählige Menschen erlangten in den vielgelobten Selbsthilfe-Workshops von Wayne Dyer Zugang zu einem weiter gespannten Leben. Dyer brachte es fertig, so gut wie nicht vorhanden zu sein. Er hatte in der Kindheit unter einem Vater gelitten, der ihn mißbrauchte und im Stich ließ, und war auch als Erwachsener noch in seinem Zorn gefangen gewesen. Bis er eines Tages zum Grab seines Vaters gegangen war, endlich losgelassen und ihm verziehen hatte. Von da an gedieh er beruflich. Die Wunder der Vergebung kommen jedoch nicht vom heller werdenden Glanz Ihrer himmlischen Krone, sondern entspringen Ihrem Lebendigwerden in der Gegenwart, der Zurückgewinnung jener Energie, die Sie an einen anderen verpfändet hatten. Verzeihen kann sehr, sehr schwer sein, aber die Freiheit, die man dadurch erlangt, ist den Kampf wert. Effektive Methoden des Verzeihens befinden sich auf Teri Mahaneys »Change Your Mind«-Tonbändern. Auch Bekräftigungen und imaginative Szenarios können helfen, ebenso die Übung von Doe Lang, denn sie ermöglicht es, emotionale Erinnerungen loszuwerden, die in unseren Muskeln leben.

Eines Abends schlitterten wir buchstäblich in eine noch praktischere Übung. Wir waren wirklich wütend. Gleich vielen anderen zornigen Menschen hatten wir auch Grund dazu: Ohne eigenes Verschulden waren wir in eine geschäftliche und verlegerische Klemme geraten. Und die Arbeit von zwei Jahren war umsonst, was uns noch wütender machte. Einkünfte aus zwei Jahren *im Eimer*... Jedesmal, wenn wir daran dachten – da lag der Hund begraben: Wir wußten, daß wir jedesmal, wenn wir daran dachten, einem hitzigen, wütenden Gespenst in uns ein wahrhaft sizilianisches Verlangen nach Rache eingaben. Dabei hatten wir im vergangenen Jahrzehnt Bücher geschrieben und Tonbänder angefertigt, die nachdrücklich empfahlen: »Vergeuden Sie Ihre Energien nicht«, »Bleiben Sie ruhig und konzentriert«. Um einen Rückruf, wie ihn Automobilfirmen manchmal machen müssen, zu vermeiden, blieb uns gar nichts anderes übrig, als darauf hinzuarbeiten, loszulassen und zu verzeihen. Wir nahmen eine Kurskorrektur vor und setzten alle uns bekannten und bewährten Methoden in die Praxis um, darunter auch die beiden folgenden:

Entspannen Sie sich, beschwören Sie das Ereignis, das Ihnen Verdruß bereitet – und schreiben Sie das Drehbuch um. Lassen Sie sich Zeit. Erleben Sie so intensiv wie möglich, daß alles gut verläuft und ein gutes Ende nimmt. Das Schlüsselwort hierfür ist *Ende*. Es ist eine seltsame Tatsache, daß Negatives meist länger im Gedächtnis haftet als Positives. Nur wenige Menschen erinnern sich an die vielen Male, wo man ihnen sagte: »Sie tanzen hervorragend.« Fast jeder erinnert sich aber an: »Wo haben Sie denn Tanzen gelernt, in einer Dinosaurier-Schule?« Oder an die Bemerkung eines Kritikers, der schrieb: »Wie *immer* war seine schauspielerische Leistung miserabel.« Negatives hallt nach wie ein Musikstück, das auf einen Schlußakkord, eine Auflösung wartet. Wenn Ihnen tagsüber etwas mißlingt, schreiben Sie es um, bevor Sie schlafen gehen. Das wird Ihnen helfen, es abzulegen, und es wird Ihr Unterbewußtes davon befreien, ständig um etwas kreisen und eine Lösung für etwas suchen zu müssen, das der Vergangenheit angehört. Dieses Verfahren wirkt am besten, wenn man es sofort anwendet – was wir damals leider nicht taten.

Um weiterleben zu können, mußten wir verzeihen. Das wußten wir, weil es in unseren Büchern stand. Rettung brachte uns eine Methode, die Jahre zuvor von den Philosophen des Neuen Denkens entwickelt worden war. Entspannen Sie sich mit Ihrem diesbezüglichen Lieblingsverfahren, und stellen Sie sich vor, daß Sie in einem Theater sitzen. Die Lichter im Saal werden langsam dunkel, und die Scheinwerfer erfassen die mitten auf der Bühne stehende Person, auf die Sie wütend sind. Überlegen Sie, was die Person glücklich machen würde, und lassen Sie ihr das in Gedanken zukommen. Sehen Sie die Person vor Freude und Erleichterung lächeln. Tun Sie dies fünf Minuten lang. Und sagen Sie dann, während der Vorhang fällt: »Ich verzeihe dir. Ich spreche dich zu deinem eigenen Vorteil frei.«

Wir meinten, unseren Zorn überwunden zu haben, offenbar aber war noch immer ein kleiner Funke vorhanden, denn mitten in einer Haushaltskatastrophe flackerte er wieder auf. Abwasser hatte sich angestaut und den Keller von Lynns Haus überflutet. Wir pumpten und schöpften und pumpten und schöpften, bis plötzlich eine von uns begann, unsere ganzen Übel herauszuschreien, jeden Fehler, einen nach dem anderen, platsch, platsch, *in den Eimer damit*. Es machte fast Spaß und war ein ebenso gutes emotionales wie physisches Training. Die Wirkung hielt an und kam Sheila zugute, als sie während der Überschwemmungskatastrophe von 1993 in den Westen flog, um den Keller ihrer Mutter auszupumpen. Nicht alles läßt sich mit entspanntem Körper und geschlossenen Augen bewerkstelligen. Halten Sie, wenn Sie Ihre Hausarbeiten beschleunigen *und* Blockierungen auflösen wollen, Ausschau nach einer ähnlichen Kombination wie der unsrigen.

Wenn Sie über Zorn reden, erklärt Ihnen gewöhnlich jemand, daß er ein großer Motivator sei, daß Zorn Sie jahrelang vorwärtstreibe. Das Problem ist jedoch, daß er im Lauf der Zeit Ihre Stoßdämpfer verschleißt. Befreien Sie sich davon, dann gelingt es Ihnen viel eher, die Behauptung zu beweisen: Gut zu leben ist die beste Vergeltung. Oder mit Frank Sinatras Worten: »Massiver Erfolg ist die beste Rache.«

Einer der Hauptgründe, warum so wenige von uns das gelobte Land verwirklichten Potentials erreichen, liegt wie bereits gesagt darin, daß wir uns nicht im richtigen Zustand befinden, um dorthin zu gelangen. Es ist etwa so, als sei man auf der unbeleuchteten Seite eines Flusses vor Anker gegangen. Ab und zu fängt man ein paar Fetzen Musik von drüben auf, und man blickt sehnsüchtig zu den einladenden Lichtern auf der anderen Seite hinüber. Doch um dorthin zu kommen, muß man den Anker lichten und vor allem das Gepäck der Vergangenheit, das einen an Ort und Stelle festhält, über Bord werfen. Viele Superlearning-Verfahren und -Methoden, von Musik bis zum Mind Mapping, können Ihnen helfen, Lernen und Veränderungen zu beschleunigen. Allen diesen Systemen aber unterliegt die Aufforderung, die Klammer des Gestern zu lösen und in der Gegenwart zu erwachen. Dies öffnet, mehr als alles andere, einen Weg in gelobte Länder. Wenn Sie erst einmal aufgebrochen sind und den Wind in Ihrem Haar spüren, haben Sie ein begeisterndes Abenteuer begonnen.

15
Gehirne sind für Herausforderungen geschaffen

Achten Sie einen Augenblick darauf, wie Sie durch die Nase atmen. Scheint die Luft durch Ihr linkes oder Ihr rechtes Nasenloch zu strömen? Sie haben es vielleicht noch nicht bemerkt, aber Ihr Atem wechselt im Lauf des Tages regelmäßig von einer Seite auf die andere. Dies ist ein – uns unmittelbar vor der Nase liegender – Beweis dafür, daß uns die Natur als ganze und nicht als einseitige Geschöpfe angelegt hat. Wie Sie gleich sehen werden, kann die Anpassung an diese Zyklen ebenfalls das Lernen beeinflussen.

Schauplatz ist ein hell beleuchteter Raum in Folkestone/England: Ständer, Kostüme, wie in einer Schauspielergarderobe. Ein Mann mit goldener Melone erscheint und pflückt mit einer raschen Handbewegung eine Walnuß aus dem Haar des Schülers, der ihm am nächsten sitzt. Die Menschen rundum, plötzlich sehr aufmerksam, verstehen nicht viel Englisch, aber sie verstehen den Mann, Mark Fletcher, als er die zwei runzeligen Hälften der Walnuß hochhält: kleine braune Modelle der beiden Hirnhälften. Sie beginnen sich für die logische Grundlage einiger der Vorgänge rund um sie zu interessieren, während sie in Fletchers »Englisch Experience« superlernen.

Ja, es geht um linkes Hirn/rechtes Hirn, und Sie haben bereits davon gehört. Superlearning trug Anfang der achtziger Jahre zur Verbreitung dieser Auffassung vom Gehirn bei. Gleich der traditionellen Bildung setzt Superlearning das logische, verbale, geradlinig denkende und sich um Details kümmernde linke Hirn ein. Doch es besteht darauf, auch das metaphorische, phantasiebegabte, synthetisierende, intuitive rechte Hirn ins Spiel zu bringen. Links/rechts bedeutet jedoch keine klare Spaltung des Gehirns; oft empfiehlt es sich, die beiden Hirne einfach als verschiedene Denkarten zu betrachten. Denk- und Lernbeschleunigung erfolgt, wenn Sie die Stärken des ganzen Gehirns aufbieten. Trotz all der Reden über linkes Hirn und rechtes Hirn wendet sich die traditionelle Pädagogik, vor allem in den oberen Klassen, noch immer fast ausschließlich an das linke Hirn – was vielleicht der Grund dafür ist, daß so viele Schüler im Unterricht vor sich hin dösen.

»Das Hirn ist darauf angelegt, herausgefordert zu werden.« Diesen Weckruf richtet Dr. Jerre Levy von der Universität Chicago an uns, eine Frau, die international bekannt ist für ihre Fähigkeit, Geheimnisse der beiden zerebralen Hemisphären zu ergründen. Ihr Werk könnte zur Beendigung der üblichen Litanei beitragen: »Was hast du heute in der Schule gelernt?« – »Nichts.« Levy stellte fest, daß man bei der Verrichtung einfacher Arbeiten, die nur eine Hirnhälfte beschäftigen, die Aufmerksamkeitsspanne stark reduziert. Halbhirnig ist gleichbedeutend mit lahmhirnig, »schwachköpfig«. Herausforderung, Vielschichtigkeit, Neuheit – dies sind Faktoren, die beide Hemisphären aktivieren, die Aufmerksamkeit fesseln und eine Verbesserung des Lernens sowie des Gedächtnisses bewirken. Deshalb führt die Beschwörung lebhafter Bilder (rechtes Hirn), während Sie ein Geschichtsbuch lesen (linkes Hirn), zu solidem Lernen. Deshalb treten Superlerner, die Japanisch studieren, aus sich heraus und führen Parodien auf, die auf der Ginza, Tokios Hauptstraße, spielen. Wenn Sie beide Seiten Ihres Gehirns engagieren – egal, was Sie lernen –, schaffen Sie eine breitere Basis, mehr geistige Haken und Ösen, um Langzeiterinnerung sicherzustellen.

Wie sich das Gehirn »aufpumpen« läßt

Eine weitere angesehene Hirnspezialistin ist Dr. Marion Diamond (sie zählt übrigens zu den wenigen, die Zellen aus Einsteins Gehirn untersuchten). Ihr Werk zerschlug die alte negative Meinung, daß das Alter die Lernfähigkeit erstarren läßt. Das Gehirn kann ein ganzes Leben lang Assoziationen herstellen und wachsen, denn *Lernen erzeugt Lernen.* Auf der SALT-Konferenz von 1991 offenbarte Diamond etwas Außergewöhnliches. Sie erklärte, multisensorische Stimulierung verändere buchstäblich die Physiologie, die Anatomie des Gehirns und verleihe ihm größere Kapazität. Andere Forscher stellten ebenfalls fest, daß man, wenn man ständig weiterlernt, das Nervennetz des Gehirns ausweitet und eine wachsende Zahl von Verbindungen schafft. Tatsächlich baut man ein »größeres« Gehirn auf. Dies ist einer der möglichen Wege, um mit den lawinenartig anwachsenden Informationen fertig zu werden, ebenso mit den Anforderungen, die von der zunehmenden Notwendigkeit, Probleme zu lösen, an uns gestellt werden. Superlerner sind oft Menschen voller Selbstvertrauen und geschickt im Selbermachen, aber erst vor kurzem wurde jedermann klar, daß Selbstvertrauen auch das physische »Aufpumpen« des Gehirns bewirken könnte, ein bißchen in der Art, wie Arnold Schwarzenegger seine Körpermaße vergrößert.

Beim Training von mehr Bereichen des Gehirns stehen die Superlearning-Verfahren, die an der Oberfläche einfach »angenehm« oder als »Spaß« erscheinen, in direkter Verbindung mit dem eigentlichen Stoff unserer Gehirne. Dr. Lyelle Palmer, Leiterin des Referats für beschleunigtes Lernen an der Winona-Staatsuniversität in Minnesota, weist darauf hin, daß eine positive Lernatmosphäre die richtigen Noten für Ihre Hirnchemie spielt und die Entstehung jenes chemischen Milieus verhindert, das von Angst sowie Zorn ausgelöst wird und das Lernen behindert. »In einem Zustand, der von Sicherheit, Kompetenz, Vertrauen, Freude, Vergnügen und Forscherdrang geprägt ist, summt das Gehirn vor Effizienz und nimmt große Informationsmengen fast mühelos auf. Die Zeit vergeht schnell und angenehm, was die Reaktion auslöst: ›Ich möchte mehr, mehr von dieser Erfahrung.‹ Manchmal scheint das Lernen ganz nebenbei stattzufinden.«

Schwimmen mit Delphinen – angeblich beschert es freudige Erregung und Erkenntnisse, die an Erleuchtung grenzen. Vielleicht fühlen Sie sich nicht zum Meer hingezogen, aber Sie können mit »Dorphinen« schwimmen, den Lustchemikalien Ihres Gehirns, die Sie allem Anschein nach ebenfalls zu neuen Erkenntnissen emporheben können. Benutzer von Mind-Maschinen beispielsweise stellen fest, daß sie, wenn sie positive, freudvolle Zustände beschwören, auf Wellen über die alten Horizonte hinwegreiten können, um mit neuer Freiheit zu lernen und kreativ zu sein. Dies können auch Superlerner. Darum nannte die Pädagogikprofessorin und Lehrerin für beschleunigtes Lernen Palmer die Methode »Ekstasenexplosion der Erziehung«.

Wir sind für Herausforderungen geschaffen. Unsere Gehirne sind so angelegt, daß sie wirklich summen, wenn man sie voll engagiert. Was bedeutet dies im Hinblick auf sogenannte »pädagogische Fortschritte« wie die Verwässerung der klassischen Kinderbücher, die in ein kleines Gehege aus einer Liste genehmigter Wörter hineingepfercht werden? Wenn Sie Ihre Zeit ausschließlich auf vertrautem

Gelände verbringen, finden Sie nichts, was das Gehirn reizt und verführt. Marva Collins unterrichtet in ihrer Westside-Vorschule in Chicago Grundschüler, Getto-Kinder. Bücher, Filme und Fernsehsendungen schildern Collins Erfolge. Sie schafft es, nicht nur einige, sondern alle Stadtkinder, die ihr über den Weg laufen, in Menschen mit Selbstvertrauen und guter Bildung zu verwandeln. »Unsere Verfahrensweise treibt die Schüler zu guter Leistung an, und Schüler *wollen* angetrieben werden. Sie wollen Erfolg haben. Und wenn sie den einmal gekostet haben, geben sie sich nicht mehr mit Mittelmaß zufrieden.« Marva Collins schlug zweimal das Angebot aus, Bildungsministerin zu werden, weil sie weiterhin ihrer Berufung nachgehen wollte: Kinder mit großen Erwartungen zu erfüllen und ihnen die Mittel zu deren Realisierung an die Hand zu geben.

Fast jeder von uns könnte in seinem Leben eine Marva Collins brauchen. Wie oft begnügen wir uns doch mit niedrigen Erwartungen und lassen unsere sagenhaften drei Pfund »Grütze« ausgeschaltet. Mangel an Herausforderung ist nicht nur langweilig, er wirkt abstumpfend – und tödlich, wenn er sich durchs ganze Leben zieht. Sofern Sie im Alter mehr wollen als dahinvegetieren, ist es wichtiger, Ihr Gehirn herauszufordern, als Ihren Körper zu trainieren.[1]

Das Phänomen der multiplen Persönlichkeit

Es ist an der Zeit, daß wir ein bißchen kühner sind bei der Bewertung unserer Möglichkeiten, Ziele zu erreichen. Es ist auch an der Zeit, daß wir die ganze Ansammlung alter Binsenwahrheiten überprüfen und abservieren, Sprüche wie: »Man kann nur soundso viel lernen...«, oder sogar: »Man kann sich immer nur auf eine Sache konzentrieren.« An der Universität von Colorado ließ Dr. Lyle Bourne schon vor Jahren Psychologiestudenten lesen, während sie einen Aufsatz über ein anderes Thema schrieben. Nach einiger Übung konnten sie auch ein Diktat aufnehmen, gleichzeitig etwas lesen und sich den Inhalt von beidem merken. Dies sollte uns doch einige Hinweise über das Ausmaß unserer Fähigkeiten geben.

---

[1] Wenn Sie wissen möchten, wie Ärzte den Geist älterer Menschen verjüngen, indem sie Hirnzellen wieder einschalten, lesen Sie nach in Kapitel 19: »Alte Gehirne, neue Tricks«, Seite 252 ff.

Milton Erickson hatte eines Tages – genauer, eines Nachts – ein schockartiges Erlebnis, das dazu beitrug, ihn zum Vater der medizinischen Hypnose und zu einem der schöpferischsten Denker unserer Zeit zu machen. Als Vorkliniker an der Universität von Wisconsin nahm er, um seine Finanzen aufzubessern, bei einer örtlichen Zeitung einen Job als Leitartikelschreiber an. Gleich vielen kreativen Menschen wies Erickson sein Unterbewußtes an, den Leitartikel auszuarbeiten, während er schlief, so daß er ihn am Morgen nur noch rasch niederschreiben mußte. Ericksons Unterbewußtes ging einen Riesenschritt weiter. Als er am Morgen aufwachte, steckte der fertige Leitartikel in der Schreibmaschine! Nicht die Zwerge waren hier am Werk gewesen, sondern sein Unterbewußtsein hatte ernsthaft gearbeitet. »Mein Kopf enthielt weit mehr, als ich wußte«, sagte er, ein Thema, das ihn zeitlebens faszinierte: Wir wissen viel mehr, als wir zu wissen glauben; wir haben ein riesiges, unangezapftes Reservoir von Fähigkeiten.

Weitere Hinweise darauf, wieviel ein einziges Gehirn erfassen kann, kamen bei der jüngsten intensiven Erforschung von multiplen Persönlichkeiten ans Licht. Wir selbst funktionieren wie einrillige alte Schallplatten im Vergleich zu den zweiunddreißig Kanälen, auf denen einige Multiple funktionieren. Eines der Alter ego ist ein Elektronikgenie, ein anderes hat eine Ader für Kunst, wieder ein anderes hat den Bürgerkrieg als Hobby und ist Experte in Hämatologie, ein weiteres spricht Suaheli, eines lehrt Kriegskunst und hat die Fähigkeit eines Yogi, Körperfunktionen zu steuern, und so fort... Dies alles trägt sich in ein und demselben Gehirn zu. Vielleicht sollte uns das nicht überraschen. Das Gehirn hat Milliarden Zellen. Die potentiellen Verbindungen zwischen ihnen belaufen sich auf eine Zahl, die für uns unfaßbar ist und die Zahl der Atome im bekannten Universum übertreffen dürfte.

Auf der ersten internationalen Konferenz über multiple Persönlichkeit und dissoziative Zustände im Jahre 1984 erwähnte eine ungewöhnliche Sprecherin, eine Spaltpersönlichkeit, die auf dem Weg zur Erlangung eines akademischen Grads in Psychologie war, den einen hellen Punkt in ihrer schrecklichen Erfahrung: Manchmal konnte sie die Arbeit von vier Menschen ausführen. Während sie geistig ein Experiment durchging, tippte ein anderes Ich ein Manuskript, wieder ein anderes setzte ihre Dissertation auf, und ein viertes bereitete das Abendessen zu. Ein Beispiel aus der äußersten

Randzone, gewiß, aber wachsende Erkenntnis kommt immer vom Rand, und einige Randfasern verweisen auf Bereiche, die mit neuen Mustern aufgefüllt werden könnten.[1]

Am entgegengesetzten Pol von Krankhaftem, bei den Spitzentalenten und Genies, findet man selten einseitig Begabte. Die meisten Menschen, die Spitzenleistungen bringen, sind auf mehreren Gebieten gut. Da gibt es den großartigen Schriftsteller, der auch einer der besten Schmetterlingskenner der Welt ist, oder den Mathematiker, der ein leidenschaftlicher Cellist ist. Auf einer etwas weniger erhabenen, aber nicht weniger realen Ebene, beispielsweise im beschleunigten Lernen, ist es ein Gemeinplatz, daß sich, wenn Sie Ihre Person in größerem Ausmaß engagieren, Ihre Fähigkeiten ausweiten und umfassender werden. Sportler stellen fest, daß ihre künstlerische Kreativität erwacht. Studenten mit dem Hauptfach klassische Literatur merken, daß sie auch ein Gespür für Naturwissenschaft haben. Der Chefpilot Larry Fickel von Pacific Southwest Airlines konstatierte, daß OptimaLearning seine Konzentration und seine Leistungsfähigkeit bei der Arbeit verbesserte, ohne den Streß zu steigern. »Eine positive Nebenwirkung, mit der ich nicht gerechnet hatte, ist mein neues Interesse an Musik und Kunst. Ich ertappte mich bei der Planung meines letzten Urlaubs dabei, daß ich dem Besuch der Museen von Paris Vorrang einräumte.«

Die optimale Atemtechnik

Atmen Sie immer noch durch das gleiche Nasenloch? Etwa alle fünfundvierzig Minuten wechseln Sie die Seiten, und eine andere Hirnhälfte wird dominant. Vor Jahrhunderten bildete sich eine ganze Yoga-Gemeinde, die sicherzustellen versuchte, daß ihre Anhänger während der täglichen Aktivitäten durch das richtige Nasenloch atmeten. Vor kurzem untersuchten Forscher die Nasenlöcher. Wissenschaftler an der Dalhousie-Universität in Halifax/Kanada stellten fest, daß sich die (linkshirnige) verbale Fähigkeit und das (rechtshirnige) räumliche Vorstellungsvermögen deutlich veränderten, wenn der Atem umschaltete und eine Hemisphäre in dem Zyklus die Dominanz übernahm. Am Salk-Institut erklärte Dr. David

---

[1] Siehe dazu auch *SuperMemory,* Seite 201.

Shannahoff-Khalsa, der sich ähnlichen Forschungen widmete, ein Umschalten des Atems zur Anregung der linken Hirnhälfte könne vorteilhaft sein, wenn man nachdenke, die Sprache einsetze oder sich mit Mathematik befasse. Schalten Sie auf rechts um, wenn räumliches, kreatives, synthetisierendes Denken erforderlich ist.

Hier das Wie.

Im allgemeinen kontrolliert das linke Hirn Ihre rechte Körperseite und das rechte Hirn Ihre linke. Drücken Sie, um Ihr verbales linkes Hirn schnell mit Energie zu versorgen, Ihren Finger gegen Ihr linkes Nasenloch, und atmen Sie tief durch das rechte. Wenn Sie den ganzen Zyklus umschalten wollen, legen Sie sich hin. Bleiben Sie eine Zeitlang auf der rechten Seite liegen, dann wird Ihr linkes Hirn die Vorherrschaft übernehmen, und wenn Sie auf der linken Seite liegen, wird Ihr rechtes Hirn dominant. Das Ganze könnte sich allerdings als etwas mühsam erweisen. Brian Hamilton benutzt in seinen Superlearning-Klassen die Nasenatmung in einer weniger komplizierten Weise. Er wendet sie an, um seine Superlerner zu entspannen und ihre Hemisphären vor dem Lernbeginn ins Gleichgewicht zu bringen. Dabei hält er sich an eine altbewährte Vorgehensweise der Yogi.

> Machen Sie einige Minuten lang Bauchatmung. Heben Sie dann eine Hand so, daß Sie ein Nasenloch oder auch alle beide zuhalten können: Strecken Sie den Daumen und die beiden letzten Finger, beugen Sie Zeige- und Mittelfinger, so daß sie nicht im Weg sind. Halten Sie nun Ihr rechtes Nasenloch zu, und atmen Sie langsam, lange und sanft durch das linke ein. Verlagern Sie nun den Fingerdruck auf die andere Seite, und atmen Sie dann den Zyklus um, und führen Sie die Übung ebenfalls dreimal aus. Legen Sie anschließend die Hände in den Schoß, und machen Sie drei weitere, tiefe Atemzüge. Verdecken Sie dann Ihre Augen mit den Handflächen für etwa eine Minute, während Sie die Bauchatmung wieder aufnehmen. »Ihre Nase kann«, wie es ein Wissenschaftler der Dalhousie-Universität ausdrückt, »ein Instrument zur Feineinstimmung Ihres Gehirns werden.«

Die Nase »weiß« übrigens längst etwas, das wir erst jetzt allmählich erkennen: Der Hirnkörper ist ein einziger Organismus. Der Wechsel in unserer Atmung ist schlicht Bestandteil eines viel tieferen, allumfassenden Lebensrhythmus. Unser ganzer Hirnkörper-Organismus, einschließlich des sympathischen und des parasympathischen Nervensystems, durchläuft Zyklen. Offenbar sind wir dazu angelegt, uns eine Weile nach außen zu konzentrieren und dann eine Weile nach innen. Innenwelt, Außenwelt, ein und aus, ein Urrhythmus wie das Atmen, aber einer, den wir oft umstoßen – vielleicht zu unserem Nachteil. Bewußtes Steuern dieses »ultradianen Rhythmus« nach innen kann neben vielem anderen bei der Lösung von Problemen helfen, wie der bekannte Jungianer Dr. Ernest Rossi versichert, der bahnbrechende Untersuchungen über diese Urrhythmen und das zustandsabhängige Gedächtnis durchführte.

Rossi rät Ihnen, wenn Sie sich in einem Zyklus innerer Konzentration befinden, und durch Ihr linkes Nasenloch atmen, mit der Natur zu gehen und sich immer wieder mal ein paar Minuten zu entspannen. Denken Sie über Ihr Problem nach. Arbeiten Sie aber nicht daran. Überlegen Sie einfach träge und müßig, und lassen Sie Ihren inneren Geist fünf bis zehn Minuten lang seine Arbeit tun. Oft löst sich Ihr Problem dann von selbst, sagt Rossi. Zumindest werden Sie erfrischt sein, gelegentlich auch voll Freude, wie es Rossi erlebte.

Superlearning engagiert, sofern Sie das gesamte Paket verwenden, automatisch das ganze Gehirn. Hier nun eine Übung, die einige Lerner auch benutzen, um die beiden Hemisphären ins Gleichgewicht zu bringen und – was sehr wichtig ist – die Kommunikation zwischen ihnen zu verbessern. Stehen die Hemisphären miteinander in Kommunikation, während Sie sich mit einem Problem befassen, so bringen Sie das ganze Gehirn in Resonanz und weiten Ihre Hilfsquellen stark aus.

Machen Sie einen tiefen, entspannenden Atemzug, und schließen Sie die Augen. Schauen Sie nach links oben, und stellen Sie sich den Buchstaben *A* vor. Schauen Sie dann nach rechts oben, und stellen Sie sich die Zahl *1* vor. Schauen Sie nach links oben, und sehen Sie den Buchstaben *B*, nach rechts oben, und sehen Sie die Zahl *2*. Wechseln Sie weiter hin und her, bis Sie oben links zum *Z* kommen und oben rechts zur *26*. Kehren Sie nun das Verfahren um. Schauen Sie nach links oben, und stellen Sie sich die Zahl *1* vor, nach rechts oben, und sehen Sie den Buchstaben *A*. Gehen Sie das Alphabet durch. Möglicherweise stellen Sie fest, daß eine Seite nachhinkt. Üben hilft, die beiden Hemisphären ins Gleichgewicht zu bringen. Nach ein paar Tagen kann es geschehen, daß das Verfahren plötzlich von selbst abläuft und daß das Hin- und Herschauen mit großer Schnelligkeit erfolgt. Gehen Sie mit; Sie trainieren Ihr Gehirn.

Wollen Sie Ihr Gehirn ständig stimulieren? Dr. Win Wenger fand einen legalen, aber unglaubhaft erscheinenden Weg, es zu tun.

Stärken Sie Ihr Gehirn – unter Wasser

Win Wenger befreite sich eines Tages aus den Fesseln der konventionellen Bildung. Er blickte sich in der sonnenüberfluteten Landschaft um und fragte sich, wie er das geschafft habe. Nachdem er sieben Jahre lang durch einen weiten Bereich von College-Kursen gekurvt war, hatte er jetzt, während er einen anstrengenden Sommerschulkurs absolvierte, das Gefühl, eben aufgewacht zu sein. Plötzlich schien das Lernen kinderleicht. Mit der lebhaften Wißbegierde eines Neugeborenen begann Wenger, einfache Verfahren zur Ausweitung der Intelligenz und zur Beschleunigung des Lernens zu erforschen, die in Wissenschaftskreisen unbekannt, aber, wie sich herausstellte, in Fülle vorhanden waren.

Obwohl ein von abstrakten Ideen faszinierter Mensch, arbeitete sich Wenger in der neuen Welt überaus effektiven Lernens wie ein Kind vor. Er baute aus persönlicher Erfahrung Wissen auf. Es dauerte allerdings ein paar Jahre, bis er begriff, daß er sich nicht mehr in der Akademikerwelt bewegte, wenn er seine Zeit teilweise auf dem Boden eines Schwimmbeckens verbrachte.

Wenger sprang jeden Nachmittag in den Pool der Sommerschule und genoß es, unter Wasser zu schwimmen. Das war eine angenehme Unterbrechung, die zum Durchbruch führen sollte. Wenn man unter Wasser die Luft anhält, bildet sich im Blutstrom Kohlendioxyd. Dieses weitet die Halsschlagadern aus, die Sauerstoff zum Gehirn transportieren. Jeder Medizinstudent lernte etwas über das CO_2-Halsschlagader-Expansionsverhältnis, wie Wenger wußte. Offenbar war aber noch niemand auf die Idee gekommen, es zu benutzen, um klug zu werden. Wengers Studenten tun dies jetzt.

Verbringen Sie für ein Intensivtraining drei Wochen lang täglich eine Stunde unter Wasser, halten Sie den Atem jeweils mindestens zwei bis drei Minuten an. Wenn Sie das schaffen, werden Sie Ihre Halsschlagadern *permanent* ausweiten. Dadurch kommt neues Leben ins Gehirn: mehr Sauerstoff bedeutet mehr Brennstoff, mehr Toxine werden fortgespült. Sie besitzen »ein physisch gesünderes, intelligenteres Gehirn, alle Lebensbereiche verbessern sich, nicht nur der intellektuelle«, versichert Wenger. »Und Sie müßten eigentlich«, fügt er hinzu, »fünf bis zehn IQ-Punkte dazugewinnen«.

Wenger drängt alle Eltern, zum Intensivtraining drei Wochen lang mit ihren Kindern Unterwasserfangen und Atem-anhalte-Spiele zu spielen. Viele Heilprobleme würden von selbst verschwinden, sagt er. Es besteht Grund zu der Annahme, daß man auch Menschen, die an zerebrovaskulären Problemen oder an den Folgen von Schlaganfällen leiden, mit der einfachen, kostengünstigen Unterwassertherapie helfen kann. (Führen Sie sie jedoch nur unter Aufsicht eines Arztes durch.)

Als wir erstmals von Wengers Unterwasserverfahren zur Ausweitung des Gehirns hörten, erschien vor unserem inneren Auge ein Bild. Wir sahen einen kleinen Japaner in mittleren Jahren, der im Schneidersitz auf dem Boden eines knapp zwei Meter tiefen Schwimmbeckens saß, ausgerüstet mit selbsterfundenem wasserfestem Block und Schreiber. Er heißt Yoshiro NakaMats – auch den Namen hat er selbst erfunden. Zum Milliardär hatten ihn die Erfindung der Digitaluhr und der Floppy disk sowie mehr als zweitausend patentierte Eingebungen gemacht. Die Ideen zu seinen sämtlichen Erfindungen waren NakaMats gekommen, während er unter Wasser auf dem Poolboden saß und in Spannen von vier bis fünf Minuten die Luft anhielt. »Der Wasserdruck treibt Blut und Sauerstoff in mein Gehirn, was bewirkt, daß es auf Hochtouren arbeitet«, erklärte er.

Um einen echten Kopfstart zu haben, sollte man vielleicht unter Wasser auf die Welt kommen. Superintelligenz, ausgezeichnetes Gedächtnis, gute physische Koordination – dies sind die Merkmale von Wasserbabys, die unter Wasser entbunden werden. Vom Tag zwei an gibt man diese Säuglinge täglich in spezielle Becken, so daß sie ihre ersten Erforschungen der Welt unter Wasser vornehmen können. (Sie schwimmen automatisch, ganz natürlich.) Der Russe Dr. Igor Charkowskij, der vor kurzem von der Columbia-Universität zum Professor h. c. ernannt wurde, ist der wissenschaftliche Vater der Unterwassergeburt, der »Hydroobstetrik«. Jahrzehntelange Dokumentationen ließen ihn zu einer fesselnden Schlußfolgerung gelangen:

Der schwerelose Eintritt in die Welt und das Verweilen unter Wasser während eines Teils der ersten Lebenstage könnten der Menschheit helfen, die Stagnation ihrer Entwicklung zu überwinden. »Wasserbabys können neue Hirnfunktionen erzeugen«, erklärt Charkowskij, »und werden einmal fähig sein, Probleme zu lösen, die wir übrigen nicht zu lösen vermögen.«[1]

Ein Wasserbaby funktioniert vielleicht so erstaunlich gut, weil in seinem ganzen »dreieinigen« Gehirn Verbindungen hergestellt und global aktiviert werden. Wir haben bisher im wesentlichen über die »Denkkappe« gesprochen, nämlich die Hemisphären, »die Mutter der Erfindung und den Vater des abstrakten Denkens«. Doch »das Gehirn hat sich drei Fahrer zugelegt, die alle drei vorn sitzen und aus verschiedenen Geistesregionen kommen«, erklärt Dr. Paul McLean, der Leiter des Labors für Hirnentwicklung und Verhalten im National Institute of Mental Health. Seine lebenslange Forschung brachte ihn auf die Idee mit dem »dreieinigen« Gehirn. Einfach ausgedrückt: Sie haben Evolutionsschaustücke in Ihrem Kopf. Sie besitzen drei verschiedene Gehirne, die in verschiedenen Zeitphasen entstanden sind. Ihre aus den Hemisphären bestehende Denkkappe ist am jüngsten und nicht so vertraut mit dem Gedächtnis und dem Lernen wie die beiden älteren Gehirne.

Aus dem Rückenmark steigt, wie eine dicke Faust, das früheste, das reptilische Gehirn auf, dessen primäre Pflicht das *Überleben* ist. Es ist ein Teil von Ihnen, der nicht viel von Veränderung hält. Dieser Älteste der Alten mit seinem langen, langen Gedächtnis favorisiert Ritual, Routine, Rhythmus, Wiederholung.

Erregung ist hingegen willkommen – wird sogar erzeugt – in Ihrem Mittel- oder Säugetierhirn, einem freundlichen, lustvollen Gehirn, dem Sitz der Emotionen und des Langzeitgedächtnisses. Wie ein Verkehrspolizist steuert das alte Säugetierhirn die von außen eintreffenden und von innen hochsteigenden Signale, bevor sie ins verbale Bewußtsein gelangen. Hier verbinden sich zustandsabhängige Erinnerungen, was das Säugetierhirn mit seiner vibrierenden Palette von Emotionen zu einem starken Antriebsmechanismus Ihrer Lernfähigkeit macht.

---

[1] Die manchmal schwer zu glaubende Geschichte von den unter Wasser geborenen Babys, die überlegene Fähigkeiten entwickeln, finden Sie in *SuperMemory,* Seite 135 ff.

Die Taoisten bezeichnen diese Hirnregion als den »goldenen Raum«, einen Ort, wo man Zugang zu außergewöhnlichen Kräften erlangt. Westliche esoterische Gesellschaften, die behaupten, Nachkommen der alten Ägypter zu sein, konzentrieren sich ebenfalls auf diese Hirnregion und lehren: »Hier kommen Erinnerung und Freude zur Resonanz. Benutzen Sie beides, um die Vernunft zu stärken«, rieten sie, »dann werden Sie es auf dieser Welt zur Meisterschaft bringen.« Die Hirn-Geist-Wissenschaft und die Erfahrung zahlloser Superlerner bestätigen die alten Erkenntnisse. Erinnerung und Freude – wir wissen, daß sie, richtig entfacht, in uns das besagte glückliche Summen eines voll engagierten Gehirns auslösen können.

Denkendes Gehirn, altes Säugetiergehirn, reptilisches Gehirn – eine solche Unterscheidung ist eine linkshirnige Art, etwas zu untersuchen. Es ist etwa so, als würde man sich getrennt auf die Geigen, die Blechinstrumente und die Pauken in einem Orchester konzentrieren. Das rechte Hirn erlebt das Orchester als Ganzes und hört im wahrsten Sinne des Wortes die Sinfonie. Benutzen Sie zum Superlernen einfach die grundlegenden Verfahren, lassen Sie das Orchester einsetzen und alle Musiker mitwirken, um die »Sphärenklänge« zu verstärken.

16
Die High-Tech-Revolution im Bereich der Geisteskraft

Können Sie, indem Sie einen Schalter drücken, Ihre Intelligenz so steigern, daß Sie das Niveau eines Genies erreichen? Kann eine Maschine Sie zu verblüffender Kreativität anregen, Ihnen zu einem Supergedächtnis verhelfen, Ihren Streß in Freude verwandeln? Die Antwort lautet: Ja. Und es handelt sich hier keineswegs um Sciencefiction, sondern um wissenschaftliche Tatsachen. »Geistesmaschinen«, bekannt als Mind-Maschinen, die den Intelligenzquotienten in die Höhe treiben, Gedächtnisverlust beheben, geistiges Unvermögen beseitigen, Hirnschädigungen heilen, von Sucht befreien, Optimismus erzeugen, ja sogar die genetische Prädisposition ändern – solche Geräte gibt es bereits, und laufend kommen weitere auf den Markt.

»Wir haben eine neue Technologie, mit der sich das Bewußtsein fördern läßt, schnell, sicher, jetzt sofort, ohne Nebeneffekte«, berichtete uns ein alter Freund, der Physiker Dr. Bob Beck. Als Berater des amerikanischen Verteidigungsministeriums wurde er teilweise in die hinter den Kulissen ablaufenden Machenschaften hineingezogen, die zur Entstehung einiger dieser ungewöhnlichen Geräte führten. Er bezeichnete die ganze Angelegenheit als »eine der faszinierendsten psychopolitischen Geschichten, die je ans Licht kam«. Einige der Geräte, sind eine positive »Dividende« des kalten Kriegs, die wir in *Super-Memory* enthüllten.[1] Auf dem Höhepunkt des Wettstreits der Supermächte, als diese bei der Jagd nach der High-Tech-Kontrolle des Geistes ihre menschlichen Versuchspersonen höchst rücksichtslos behandelten, gab es freilich auch eine Menge negative Dividenden. Erst vor drei Jahren gewannen Kanadier, die bei mehreren von der CIA finanzierten Krankenhausexperimenten unwissentlich als Versuchspersonen fungierten, einen Kollektivprozeß um mehrere Millionen Dollar gegen die CIA und einen weiteren gegen ihre eigene Regierung, weil ihre Erinnerungen völlig getilgt worden waren.

---

[1] Siehe dort Seite 311 ff.

Sowjetische Wissenschaftler setzten jahrzehntelang Menschen pulsierenden elektromagnetischen Feldern aus. Welche Frequenz führte zu Depression, Streß, Angstgefühlen und sogar Selbstmordgefahr? Welche konnten das Denken verkrüppeln, indem sie das chemische Signalsystem des Gehirns erschöpften, die Neurotransmitter? Welche konnten das Gedächtnis ganz auslöschen? Ließen sich die Erinnerungen einer Person in den Geist einer anderen implantieren? Welche Frequenzen steigerten die Neurotransmitter, die mit dem Gedächtnis zu tun hatten? Welche Frequenz konnte Menschen buchstäblich k. o. schlagen?

Sämtliche Aspekte des Elektromagnetismus wurden untersucht, ebenso die Akupunktur und die psychische Kraft. Bald hatten die Sowjets alle wichtigen Frequenzen erfaßt und kartiert, die Einfluß auf das Gedächtnis, die Hirnkraft, das Bewußtsein und die Emotionen hatten. Sie entwickelten elektronische Methoden zur Auflösung des Gedächtnisses. Geräte, die toxische Geistkörperfrequenzen ausstrahlten, wurden auf Diplomaten, Spione, politische Gefangene, politische Führer und sogar Schachspieler gerichtet. Selbst auf weite Entfernungen sendeten die Sowjets toxische Strahlen. Das klingt nach Science-fiction, ist aber alles dokumentiert.

»Holt auf!« drängten westliche Verteidigungs- und Abwehrorganisationen die Wissenschaftler. Die CIA finanzierte Hunderte streng geheimer Gedächtnisexperimente in Krankenhäusern und Gefängnissen.

Auf der Plusseite der sowjetischen Bemühungen stand die Entdeckung überaus effektiver Wege zur *Ausweitung* des Gedächtnisses und zum Anzapfen der ungeheuren Reserven an geistigem Potential. Die Sowjets fanden auch technische Hilfe gegen ein großes militärisches Problem: massiven Alkoholismus. Nicht wenige Generäle und andere hohe Offiziere litten als Folge von übermäßigem Wodkakonsum unter schwerem Verlust des Kurzzeitgedächtnisses (Korsakow-Syndrom bzw. -Symptomkomplex). Um ihr Gedächtnis wiederherzustellen, entwickelte man Geräte, deren ausgestrahlte elektrische Frequenzen Grundstoffe der Hirnchemie stimulierten, die wichtig für die Gedächtnisfunktionen sind. In Fällen von schwerem, lang andauerndem Alkoholismus sind gewöhnlich *acht* Jahre völliger Abstinenz erforderlich, bis sich das Kurzzeitgedächtnis regeneriert. Bei der Behandlung mit diesen Geräten wurde das Kurzzeitgedächtnis in *fünf* Tagen wiederhergestellt.

Westliche Abwehrorganisationen testeten herausgeschmuggelte Geräte in hochqualifizierten amerikanischen Labors. Sie funktionierten! Sogar viel besser, als man nach den Gerüchten vermutet hatte. Spezifische Frequenzen stimulierten das Gehirn zur Produktion körpereigener chemischer Stoffe, mit deren Hilfe Gedächtnisverlust bei Alkoholikern und Drogensüchtigen *in drei bis fünf Tagen* behoben wurde. Auch Untersuchungen an den medizinischen Fakultäten der Universitäten von Wisconsin, Louisiana und Texas bestätigten diese Ergebnisse.

Dr. Ray Smith, Forschungsleiter der Regierungsklinik für Alkoholiker des District of Columbia, stellte zu seiner Überraschung fest, daß sich »unheilbare« *permanente Hirnschädigungen* bei Alkoholikern mit der kranialen Elektrostimulation in drei Wochen heilen ließen.

Westliche Wissenschaftler erforschten die Elektrostimulation schnell und gründlich weiter. Dr. Clarence Cone, der am Cell and Molecular Biology Laboratory des VA Hospital in Hampton/Virginia für die NASA arbeitete, machte eine bahnbrechende Entdeckung: Geschädigte Hirnzellen konnten mittels elektromagnetischer Stimulierung in der richtigen Frequenz tatsächlich *regeneriert* werden. Die NASA ließ seine Entdeckung patentieren.

Der inzwischen international bekannte Dr. Robert Becker vom Veterans' Administration Hospital in Syracuse wiederum fand heraus, daß Elektrostimulation des Körpers Organe regenerieren und Knochen heilen sowie ihr Neuwachstum fördern kann. Seine Forschungen führten ihn zu speziellen Untersuchungen des Bewußtseins. Gleich den Sowjets stellte er fest, daß das Wachbewußtsein eine Funktion direkter elektrischer Ströme ist, die im Gehirn von negativen zu positiven Polen fließen – ein Strom von vorn nach hinten im Schädel. Kehrt man diesen elektrischen Strom um, werden Sie bewußtlos. Die Sowjets entwickelten Schlafmaschinen, die diesen Bewußtseinsstrom elektrisch umzappen, um Schlaflosigkeit zu heilen. Starke Magnetfelder können das gleiche bewirken: den Strom umkehren und Sie in Schlaf versetzen.

Becker verfolgte den elektrischen Bewußtseinsstrom weiter. Wenn Sie ein chemisches Betäubungsmittel erhalten, wird der Bewußtseinsstrom ebenfalls umgekehrt. Dasselbe geschieht bei der Anästhesie mittels Akupunktur, bei Hypnose, Autosuggestion und der Anwendung von Magnetfeldern. Alle diese Verfahren verändern die Elektropotentiale des Körpers auf die gleiche Weise. Wie zuvor die Sowjets, so bewies auch Becker, daß man, wenn man hypnotisiert wird oder Entspannungs- bzw. Visualisierungsübungen macht, tatsächlich die Elektropotentiale des Körpers verändert. Wie die Sowjets, so entwickelte auch er Geräte, um die Tiefe der Entspannung oder der Hypnose zu messen, indem er das Niveau der Elektroströme an verschiedenen Körperpunkten kontrollierte. Wenn Sie ohnmächtig werden, fällt das negative Elektropotential an der Vorderseite Ihres Kopfes auf Null.

Sind Sie wütend auf Ihren Chef oder Ihr Ehegespons? Fühlen Sie sich heiter und gelassen? Dr. Leonard Ravitz von der Yale-Universität entdeckte, daß Ihre Emotionen und Veränderungen Ihres Bewußtseinszustandes verschiedene Energien ausstrahlen. Es gelang ihm, sie mit einem Voltmeter aufzuspüren. Sogar bloße Erinnerungen an starke Emotionen lassen eine ausgeprägte Veränderung der elektrischen Energie erkennen. Geist, Gedächtnis und Gefühl arbeiten nach seinen Erkenntnissen durch ausgeklügelte Stromkreisläufe.

Der Neurowissenschaftler Aryeh Routtenberg von der Northwestern-Universität entdeckte als einer der ersten, daß die Stimulierung des Gehirns in bestimmten Bereichen die Freisetzung großer Mengen jener Neurotransmitter auslöst, die mit Gedächtnis, Lernen, Kreativität und vor allem Lust zu tun haben. Ihre Wirkung auf das Gehirn ähnelt derjenigen von Kokain, das die Neurotransmitter in genau den gleichen Bereichen stimuliert. Diese chemischen Stoffe sind lebenswichtig für das Signalsystem des Gehirns – und sie sind der Schlüssel zur Funktion des Geistes auf dem Niveau eines Genies. Sie lindern Depression sowie Schmerz und steigern Optimismus sowie Lust.

Der Biochemiker Dr. Ifor Capel von der Marie Curie Cancer Memorial Foundation sagt: »Das interne Kommunikationssystem des Gehirns – seine Sprache – hat eine bestimmte Frequenzbasis.« Und er ermittelte die exakten Frequenzen dieser Sprache. Ein Signal von 10 Hertz beispielsweise fördert die Produktion und die Umwandlungsgeschwindigkeit von Serotonin, einem Neurotransmitter, der Schmerzen und Depressionen lindert und schläfrig machen kann. (Dieser Neurotransmitter wird von dem häufig verschriebenen Antidepressivum Prozac erzeugt.) Betaendorphine werden mit einer Frequenz zwischen 90 und 111 Hertz stimuliert, Catecholamine, die für die Konsolidierung des Gedächtnisses und des Lernens wichtig sind, mit etwa 4 Hertz.

Aus seiner Arbeit mit Spektralanalysatoren und anderen Geräten entwickelte Bob Beck den *Brain Tuner 5+*. Dieser sendet Frequenzen der drei »magischen« Bereiche für Neurotransmitter: Enzephaline, Catecholamine und Betaendorphine. Die Frequenzen bündelte Beck. Statt eine für jeden Neurotransmitter gesondert zu sehen, faßte er 256 Frequenzen zusammen wie zu einem vollen, hallenden Akkord. Sein Gerät, das kleiner ist als ein Walkman, arbeitet mit einer 9-Volt-Batterie und ist vollkommen sicher. Der Brain Tuner hat Elektroden an einem stethoskopähnlichen Kopfhörer, der in die Vertiefungen hinter den Ohren paßt. Diese Akupunkturpunkte hinter den Ohren leiten die Elektrostimulation auf dem Meridian »Dreifacher Erwärmer« weiter. Man trägt das Gerät nur zwanzig Minuten am Tag.

An der Universität von Wisconsin wurde der BT5+ in Doppelblindstudien im Hinblick auf die Überwindung von Drogenentzugssymptomen untersucht; er leistete gute Dienste. Studien an den Universitäten von Wisconsin und Louisiana ergaben, daß er den IQ um zwanzig bis dreißig Punkte steigern kann. Die Stimulation mit dem BT5+ scheint laut den Aussagen von Forschern außerdem die Leistungsfähigkeit der Nerven zu erhöhen.

Verwender des Gerätes berichten, daß der BT5+ Streß reduziert, das Kurzzeit- und Langzeitgedächtnis verbessert, die Energie steigert, die Konzentration stärkt sowie Schmerz, Angst, Depression und das Schlafbedürfnis reduziert.

Dr. Donald Kubitz aus San Francisco, der als einer der ersten amerikanischen Ärzte Elektroakupunktur bei Süchtigen anwandte, vertrat die Ansicht, daß die Elektrostimulation äußerst wohltuend für autistische und andere geistig behinderte Kinder sein könnte. Sowohl die Elektroakupunktur als auch der BT5+ könnten sich als wirksame neue Wege zur Erschließung sagenhafter Dimensionen des Geistes und zur Überwindung von Invalidität und Suchtkrankheiten erweisen, meinte er. Vor kurzem hat jetzt das neueste Modell, der BT6, sein Debüt gegeben.

Was ein Super-Sofa vermag

Kann ein sich seltsam drehendes Sofa die geistige Beweglichkeit entscheidend steigern und geistige Zurückgebliebenheit, Autismus sowie Hirnschädigungen heilen? Über diese Polsterliege gibt es eine umfangreiche Dokumentation, die beweist, daß sie die geistige Effizienz zu verbessern, Streß abzubauen und neue Möglichkeiten zu erschließen vermag. Der *Graham-Potentializer*, wie das Sofa heißt, das sich entgegen dem Uhrzeigersinn in der Minute etwa zehneinhalbmal horizontal dreht, wurde vor zwanzig Jahren von dem kanadischen Elektroingenieur David Graham entwickelt.

Unabhängige Tests erbrachten, daß das Drehsofa tatsächlich den Verstand eines jeden Menschen schärfen konnte. Für Menschen mit Hirnschädigungen und Lernunfähigkeit besaß es sogar lebensverändernde Kräfte. Während der siebziger Jahre begann in Toronto ein ehrgeiziges Testprogramm, das über 1500 hirngeschädigte und geistig zurückgebliebene Kinder einbezog. Mehrere Monate hindurch wurden sie auf dem rotierenden Sofa behandelt, wobei man die Hirnfunktionen, den IQ und die Aktivität der Hirnwellen kontrollierte. Die durchschnittliche Veränderung im Neuroeffizientenquotienten jeder Versuchsperson belief sich auf eine fünfundzwanzigprozentige Besserung – ein enormes Maß! Die Versuchspersonen zeigten eine Zunahme der Alphawellen, ausgeglichene Hemisphären und Veränderungen in den EEG-Parametern, die sehr groß, beständig und hochsignifikant waren. Das Gerät »übt zweifellos eine wohltuende Wirkung auf die Hirnwellen aus«, erklärte Dr. J. P. Ertl, ein angesehener kanadischer Psychologe.

Was dies im täglichen Leben bedeutet, veranschaulicht ein mongoloides zweijähriges Kind, das nach zweimonatiger Behandlung plötzlich alle feinmotorischen Reaktionen eines normalen Zweijährigen entwickelte.

Der fünfjährige Bruce litt an einer schweren Hirnschädigung und war so hyperaktiv, daß er einen Helm tragen mußte. Er schlief keine Nacht mehr als drei Stunden und unternahm in der restlichen Zeit zerstörungswütige Streifzüge durch sein Elternhaus. Nach vierzig Sitzungen schlief er die ganze Nacht normal durch, seine Geistesfunktionen verbesserten sich, und er hatte eine bessere motorische Koordination.

Das Geheimnis des Sofas? Die rhythmische Kreisbewegung, glaubt Graham. Sie beeinflußt alle Körperflüssigkeiten, besonders jene im Innenohr. Die Bewegung bewirkt, daß elektrische Signale aus dem Innenohr und aus den Flüssigkeiten in den Bogengängen in jene Hirnbereiche wandern, die das Gleichgewicht und die motorische Aktivität steuern. Diese Hirnbereiche sind mit dem limbischen System des Mittelhirns und mit dem höheren Gehirn verbunden. Die Bewegung löst elektrische Energie und chemische Stoffe aus, die in allen Hirnbereichen die Aktivität steigern, Neuronen stimulieren und neue Verbindungen schaffen. »Dies... hat eine deutliche Steigerung der motorischen und der Lernfähigkeit zur Folge«, sagt Graham. »Bewegung ist Nahrung.«

Und Dr. Tomatis behauptet: »Schall ist Nahrung.« Offenbar wirken Klänge und Bewegungen wie Elektrostimulation und setzen im Gehirn und im Körper eine ganze Reihe nützlicher, hilfreicher Aktivitäten in Gang.

Meereswellen und die Hirn- und Rückenmarkflüssigkeit des Menschen bewegen sich mit durchschnittlich 10 bis 12 Perioden pro Minute, und das Graham-Sofa arbeitet mit 10,5 Perioden pro Minute. Die Kombination dieses Urrhythmus mit Bewegung trägt zu seiner zutiefst beruhigenden, streßabbauenden Wirkung bei. Eine Vorrichtung an einem Ende des Sofas erzeugt ein schwaches elektromagnetisches Feld von 125 Hertz, das mit den natürlichen elektrischen Feldern des Körpers interagiert, während sich das Sofa dreht. Durch die äußere Veränderung der elektrischen Aktivität werden in Gehirn und Körper chemische Veränderungen hervorgerufen, die einer Energietransfusion gleichkommen. Es ist eine Art Hirntraining, das die Nervenreaktionen verbessert. Graham hat Beweise dafür, daß diese Vorhofstimulation zur Regeneration der Hirnzellen beitragen kann. Die hirngeschädigten Kinder hatten zweifellos verlorene Hirnfunktionen wiedererlangt. Grahams Couch, die in einem schwachen elektromagnetischen Feld rotiert, ahmt die »Erderfahrung« nach: Wir leben auf einer rotierenden Erde, die uns durch ihre elektromagnetischen Felder bewegt.

Dr. Sung Choi vom Medical College von Virginia zeigte auf, daß eine »kinetische Therapie« – eine ständige langsame Kreis- oder Schaukelbewegung – bei Patienten in kritischem Zustand die Zeit, die sie auf der Intensivstation lagen, signifikant verkürzte.

In Amerika ergaben Tests mit Versuchspersonen, die sich auf der

Couch drehen ließen, eine deutliche Lernbeschleunigung bei Rechnen, Lesen und Rechtschreibung. Besonders die mathematischen Fähigkeiten verbesserten sich. Andere Tests bestätigten, daß Grahams Gerät die Neuroeffizienz steigert.[1]

Graham produziert das Sofa nicht mehr, doch es wurden drei neue Bewegungssysteme entwickelt, von denen jedes beeindruckende Ergebnisse zeitigt. Das von Dr. Larry Schultz erfundene *Integrated Motion System* (IMS, Integriertes Bewegungssystem) ist ein Sofa, das krängt und schaukelt wie ein Floß in leicht bewegter See. Ein Arzt machte, als er nach einer Sitzung von dem Sofa aufstand, einen Salto rückwärts, den ersten seit seiner Collegezeit. Seine Muskelkoordination hatte durch das Gerät eine extreme Feinabstimmung erfahren. Bei einem Komapatienten in einem Krankenhaus in San Jose/Kalifornien, der auf das IMS gelegt wurde, trat eine dramatische Linderung des Blutandrangs zur Lunge ein. Der Mann öffnete plötzlich die Augen und war fähig, den Blick zu konzentrieren und Menschen anzusehen. Ein von Geburt an hirngeschädigtes Mädchen war blind, gehunfähig und litt unter einem Dutzend Hirnanfällen am Tag. Nach mehreren Sitzungen auf dem IMS nahmen die Anfälle stark ab, und das Mädchen konnte sich selbständig bewegen.

Das ebenfalls von Schultz erfundene *IQ-Symmetron* ist ein Konturensessel mit einer drehenden Orbitalplattform, die Ihnen eine Multiphasen-Wellenerfahrung vermittelt. Der Sessel führt binnen Minuten zu tiefer Entspannung – zu einer Art »Gezeiten-Gewichtslosigkeit«.

Der *SAMS-Potentializer* (SAMS – Sensory and Mind Stimulation: Sinnes- und Geiststimulation) wurde von dem biomedizinischen Erfinder Marvin Sams konstruiert, nachdem dieser das Graham-Gerät jahrelang getestet hatte. SAMS ist ein Lehnstuhl, der fast unmerklich rotiert, mit nur drei Umdrehungen pro Minute. Die Vorhofstimulierung wird mit einem unhörbaren Ton kombiniert. Hirnuntersuchungen zeigen, daß er den Neuroeffizienzquotienten verbessert.

---

[1] Siehe dazu auch *SuperMemory*, Seite 298.

Abhilfen bei »Gedächtnisverschmutzung«

Verworrenheit im Geist und im Gedächtnis kann von gewöhnlichen Dingen rund um uns verursacht werden: Heizgeräten, Fernsehern, Haartrocknern, Wasserbetten, Computern. Elektromagnetische Verschmutzung in unserer Alltagsumgebung führt, wie inzwischen erwiesen ist, zu Verwirrung, Depression und schlechten Geistesfunktionen. In den Labors der US-Marine in Pensacola/Florida untersuchten Wissenschaftler das Kurzzeitgedächtnis von Personen, während ein schwaches Magnetfeld auf sie gestrahlt wurde. Die Gedächtnisleistung nahm deutlich ab.

Russische Versuche mit Magnet- oder Elektrofeldern von extrem niedriger Frequenz (ENF) erbrachten, daß sie Hyperaktivität auslösen und die Schlafmuster stören konnten. Das Ein- und Ausschalten der Felder desynchronisierte das Gehirn und beeinträchtigte den Hypothalamus, einen für das logische und assoziative Denken bedeutsamen Teil des Zwischenhirns. Die Russen spürten die spezifischen elektrischen ENF-Felder auf, die das Acetylcholin schädigen, einen für das Gedächtnis äußerst wichtigen Neurotransmitter. Ein Mikrowellen-Bombardement mit bestimmten Frequenzen reduzierte im Hirnspiegel zwei weitere für das Gedächtnis bedeutsame Neurotransmitter: Noradrenalin und Dopamin.

Dr. Robert Becker, Verfasser von *Cross Currents: The Perils of Electropollution – The Promise of Electromedicine*[1] fand heraus, daß die Vielfalt künstlicher elektromagnetischer Felder in der durchschnittlichen Großstadt sehr negative Wirkungen auf Geist, Gedächtnis und Körper haben können. Frequenzstarke Übertragungen von Fernseh- und Funktürmen, Hochspannungsleitungen, Radaranlagen auf Flugplätzen und militärischen Einrichtungen sowie Strahlungen von elektrischen Haushaltsgeräten – sie alle erzeugen eine Art elektronischen Smog. Dieser wirkt sich unter Umständen auf das Gedächtnis aus, ruft Lernunfähigkeit hervor und schwächt das Immunsystem. Außerdem kann er eine Vielzahl von

---

[1] Deutsche Ausgabe: *Der Funke des Lebens. Elektrizität und Lebensenergie,* Scherz Verlag, Bern 1991. Es geht darin vor allem um den Einfluß elektrischer Ströme und elektromagnetischer Felder auf unseren Körper, die Chancen der Energiemedizin und die Gefahren der elektromagnetischen Umweltverschmutzung.

Geistes- und Verhaltensstörungen (z. B. Depression) verursachen. Die Magnetfelder in den Wohnungen von Selbstmordopfern waren um 22 Prozent stärker als jene in Kontrollwohnungen. Wie die Weltgesundheitsorganisation außerdem warnend erklärt, können »elektrische ENF-Felder, denen man ausgesetzt ist«, den Menschen physisch bis hinein in seine Zellen beeinflussen und bewirken, daß er sich müde und ausgebrannt fühlt. Becker dokumentierte auch Geburtsschäden, Krebs und die Alzheimer-Krankheit.

Als die Sowjets begannen, ENF-Felder als Gedächtniswaffen zu benutzen und die amerikanische Botschaft in Moskau sowie andere diplomatische Einrichtungen damit zu bestrahlen, stürzten sich westliche Wissenschaftler in intensive Forschungen, um Möglichkeiten zum Schutz der Diplomaten und anderer vor diesen ungesunden, verwirrenden elektromagnetischen Wellen zu entwickeln.

Die Erde hat ihr eigenes Magnetfeld, das mit etwa 8 Perioden bzw. Hertz pro Sekunde pulsiert. Menschen sind darauf angelegt, in diesem natürlichen Erdenfeld zu leben, das für uns als biologische Uhr fungiert. Wird der Körper mit einem verwirrenden Feld und mit dem Achtperiodenfeld konfrontiert, reagiert er auf letzteres und weist das ungesunde Feld ab. Wissenschaftler entwickelten Geräte, die mit der natürlichen Erdenperiode von 8 Hertz pulsieren, und ließen sie gründlich untersuchen. Dr. Sheldon Deal von der Swan-Klinik in Tucson/Arizona demonstrierte, daß Menschen, die einen Achtperioden-Erdresonanzgenerator als Ohrspange trugen und mit ungesunden elektromagnetischen Verschmutzungen bombardiert wurden, keinerlei Symptome zeigten.

Stewardessen berichteten, daß die Geräte ihnen helfen, den Jetlag zu überwinden, die Zeitverschiebung beim Fliegen. Als die ersten Astronauten mit bestimmten gesundheitlichen Störungen zur Erde zurückkehrten, fand die NASA heraus, daß sich die Störungen mittels des Achtperioden-Erdenpulses beheben ließen. Jetzt baut die NASA das pulsierende Magnetfeld der Erde in alle bemannten Raumfahrzeuge ein.

In Toronto entwickelt der Erfinder Niels Primdahl, ein geborener Däne, den Erdenfeldgenerator *Relaxit*. Beurteilungen des Geräts in seinen Akten zeigen, daß er nicht nur gegen Elektrosmog half, sondern auch gegen Schlaflosigkeit, Seekrankheit, Migräne, Krämpfe und Streß. Tests an der Laurentian-Universität in Sudbury/Ontario ergaben, daß das Gerät einen Entspannungszustand herbeiführt.

Dr. André Puharich entwickelte einen winzigen Achtperiodengenerator, der in eine Armbanduhr eingebaut ist. Die US-Marine unterzog ihn gründlichen Tests. Sie erbrachten, daß »das Abschirmungsinstrument Signale abblockt, die für den Körper schädlich sein können«.

Biobatterie – ein Jungbrunnen für Körper und Geist

»Fand etwas, um dem Körper in *jeder* Richtung zu helfen.« – »Notwendig für jeden, der das Gehirn viel benutzt.« Dies sind Botschaften des berühmtesten amerikanischen Sehers, Edgar Cayce, der noch heute auf der ganzen Welt bekannt ist durch die vielen ungewöhnlichen Heilmittel, die er für Hilfesuchende mit Krankheiten aller Art diktierte. In mehr als einem Viertel seiner Gesundheitsberatungen empfahl er die Verwendung einer *Biobatterie*. Cayce diktierte Anfang der dreißiger Jahre in einem seiner *Readings* die Pläne für das Gerät, und diese zeigen uns, daß wir uns vielleicht erst jetzt des ganzen Reichtums seines Vermächtnisses bewußt werden. Im Gegensatz zu anderen erwähnten Geräten wirkt Cayces Biobatterie auf die feinstoffliche Energie des Körpers, die Ch'i-Energie der Akupunktur – und das mutet heute wesentlich weniger abwegig an als damals in den dreißiger Jahren. Die Association for Research and Enlightenment (ARE) in Virginia Beach besitzt Aufzeichnungen aus sechs Jahrzehnten über die Leistung der Batterie. Laut zahlreicher Fallgeschichten linderte sie unzählige Leiden, angefangen von der seltenen Bindegewebserkrankung Sklerodermie bis zu Hirnlähmungen und von Arthritis bis zu Neurasthenie.

Am häufigsten verordnete Cayce die Batterie jedoch in Fällen, die mit Gehirn und Gedächtnis zu tun hatten. »Sie kann beinahe ein neues Gehirn aufbauen«, erklärte er.

Wir reparieren und ersetzen ja die Zellen in unserem Gehirn und Körper ständig. Mittels der Bioenergiebatterie werden die Ersatzzellen laut Cayce auf ihr richtiges Muster eingestimmt. Deshalb könne das Gerät, so sagte er, zur Wiederherstellung der Gedächtniskraft beitragen, ob ihr Verlust nun von altersbedingtem Verfall, von Krankheit oder einem Unfall herrühre. Es verleihe dem ganzen Organismus Stabilität, stärke ihn und bringe ihn wieder ins Gleichgewicht. Außerdem linderte es Streß.

In den achtziger Jahren begann die Welt für die Verheißungen des neuen Gebiets der Energiemedizin zu erwachen. Entdeckungen in der Biomagnetik, der Bioelektrizität, der Akupunktur sowie im Bereich der feinstofflichen Energien und der Vibrationsmedizin erschlossen neue Horizonte des Heilens und der Verjüngung. Das Fetzer Energy Medicine Research Institute leitete strenge Doppelblindversuche mit dem Cayce-Gerät ein. Man fand heraus, daß es die Dopaminproduktion im Gehirn anregte. Dieser Neurotransmitter wiederum produziert zwei weitere starke Hirnbotenstoffe, die von entscheidender Bedeutung sind für ein mentales Funktionieren auf hohem Niveau und für den Abbau von Streß und Depression. Außerdem unterstützt das Gerät das endokrine System.

Trotz der jahrelangen Bemühungen einiger Autoritäten, der Biobatterie den Garaus zu machen, wurden die klinischen Untersuchungen fortgesetzt, zunächst von Dr. William McGarey, dann von Harvey Grady, dem Forschungsleiter der ARE-Klinik in Phoenix/Arizona. Grady, der die Batterie seit Jahren verwendet, hält sie für einen ausgezeichneten Streßlinderer und bezeichnet sie als »bisher nicht eingefordertes Erbe der Menschheit«. Neben den positiven Ergebnissen bei einer Vielzahl von Beschwerden lobten Benutzer tatsächlich vor allem den Streßabbau. Sie nannten das Gerät »einen Harmoniegenerator« und »T« einen Energielieferanten. Auch wir benutzten die Biobatterie und können ihre streßabbauende Wirkung bestätigen.

Der Forscher Phil Thomas von der U.S. Psychotronics Association meldet ebenfalls gute Fortschritte bei Versuchspersonen, die er mit dem Gerät behandelte. So konnte beispielsweise ein siebenundzwanzigjähriger Mann mit Tetraplegie (Lähmung beider Arme und Beine), der kurz nach der Geburt eine Hirnschädigung erlitten hatte, nun ganze Sätze sprechen, und sein Gedächtnis sowie seine Konzentrationsfähigkeit waren stark verbessert.

Bruce Baar aus Downington/Pennsylvania, seit fast dreißig Jahren Batterieforscher, berichtete uns, er habe persönlich miterlebt, daß ein Fall von Mongolismus nach mehrjähriger Behandlung völlig geheilt gewesen sei. Baar konstruierte und produzierte die modernen, leicht anwendbaren Biobatterien, die in den Fetzer-Experimenten getestet wurden.

Gleich der Akupunktur trägt die Biobatterie offenbar dazu bei, Energien neu zu verteilen und auszugleichen, so daß der Geistkörper wieder vollkommen eingestimmt wird. Eine besondere Verwendungsart der Batterie, zusammen mit Goldlösungen, wirkt angeblich verjüngend, ist also vielleicht ein energetischer Jungbrunnen.[1]

Virtuelle Realität – die Technologie der »Künstlichen Welten«

Paul Schuytema ist einer der wenigen Amerikaner, die sich auf einen Planeten des inneren Weltraums begeben haben, auf einen einsamen Planeten mit dürren Ebenen unter purpurrotem Zwielicht, das von zwei niedrig stehenden Halbmondsicheln einsickerte. Ausgerüstet mit der Technik des dreißigsten Jahrtausends, gewann er dort ein Schießduell mit seinem Feind Marasaki. Erst als er sich über eine Druckkabine wieder ins Chicago von 1993 versetzte, merkte er, daß er aufhören konnte, die Luft anzuhalten.

Als Schriftsteller hatte er sich im Kampftechnikzentrum angemeldet, das von Virtual World Entertainment geschaffen worden war. Das Unternehmen besitzt zu Hause in Japan zwei weitere intergalaktische Kommandoposten. Virtuelle Realität – die mit Kopfhörern, Augenbinden sowie Handschuhen arbeitet und bald auch Ganzkörperanzüge benutzen wird – fesselt Ihre Sinne und vermittelt Ihnen ein wirklichkeitsgetreues Erlebnis des »Dort-Seins«. »Dort« ist irgendein Ort, den sich die Technophantasie ausdenkt.

»Virtual World Entertainment«, berichtete Schuytema, »ist in etwas gestolpert, das sich als nächste Droge etablieren könnte: Ein tatsächliches Erlebnis, das so wirklichkeitsgetreu ist, daß mir die Technologie unseres Jahrhunderts, als ich wieder in die Realität zurücktrat, primitiv und schwach vorkam.« Eine Reise durch virtuelle Realität treibt Ihren Puls hoch, »erregt die Schweißdrüsen, schüttet Adrenalin aus und spült Euphorie durch die Venen«. Wird diese Euphorie auf einem fernen purpurfarbenen Planeten oder in Chicago am Ufer des Michigansees hervorgerufen? »Ich bin mir nicht sicher«, meinte Schuytema.

Wie das frühe Fernsehen, so ist auch die Welt der virtuellen Realität voller Verheißungen, was Unterhaltung und Lernen anbelangt. Mit etwas Glück könnten wir eine nützliche Kombination erhalten.

---

[1] Nähere Einzelheiten über die Biobatterie in *SuperMemory*, Seite 303 ff.

Die Superlerner von heute werden vielleicht morgen die Kunstfertigkeiten in allerlei Bereichen beschleunigen, angefangen vom Lenken eines Autos bis zum Fliegen eines Spaceshuttles, vom Slalomfahren bis zum Halten einer Rede und zur Beruhigung von Zwischenrufern – und das alles dank der Erfahrung, die sie in virtueller Realität gesammelt haben. Bei dieser Technik handelt es sich um eine Art potenzierte Version der Superlearning-Verfahren wie dem imaginativen Proben und der Visualisierung. Menschen, die ihre Hirnzustände mit Hilfe von Schlaffrequenzen ändern oder ihren Blutdruck mittels musikalischem Biofeedback kontrollieren, können durch Erfahrung lernen, den gewünschten Effekt ohne Hilfsmittel zu erreichen, und virtuelle Realität könnte ihnen den praktischen Anstoß geben, den sie brauchen, um routinierte, souveräne Imaginierer – und Lehrer – zu werden. Virtuelle Realität ist die flexibelste Technologie, die wir in diesem Kapitel vorstellen. Wundern Sie sich nicht, wenn andere Mind-Maschinen angezogen werden von dieser welterzeugenden Betrachtungsweise, die neuartige, fast unmittelbare Abenteuer in der äußeren und der inneren Realität erschließt.

Um 100 Prozent besser lernen mit dem Mindscope

»Interaktives Fernsehen« gleitet auf dem Informationsweg direkt auf Ihr Wohnzimmer zu. Möglicherweise werden Sie es sehr bald benutzen, um Ihrer Konzentration und Ihrem Lernen eine Steigerung um hundert Prozent angedeihen zu lassen. Mindscope ist das geistige Kind von Dr. Barry Bittman, dem medizinischen Leiter des Headache Center Neurology Institute of Western Pennsylvania in Meadville, und verhilft einer ständig wachsenden Zahl Menschen zu diesem Bonus.

Bittman schaute sich an, auf welche Weise das Biofeedback gewöhnlich stattfindet. Angeschlossen an Monitore, sitzen Sie im Labor, während ein Assistent Ihnen leise Entspannungssuggestionen gibt. Das Feedback – wie gut es Ihnen beispielsweise gelingt, Ihren Blutdruck zu kontrollieren – ist als graphische Darstellung auf einem Computer zu sehen oder als fluktuierender Ton zu hören. Bittman hatte eine großartige Idee: Mach das Feedback nicht nur benutzerfreundlicher, sagte er sich, sondern mach es zum Bestandteil des ganzen Prozesses. Und beziehe die Menschen in einer Weise ein, die es ihnen ermöglicht, einen blutdrucksenkenden Zustand danach überall schnell und ohne Hilfe eines Labors herbeizuführen.

Nur wenige Menschen entwickeln die Fähigkeit, das Bild einer graphischen Darstellung intensiv genug wiedererstehen zu lassen, um eine konditionierte Entspannungsreaktion auszulösen. Bittman entschloß sich zum Einsatz der neuesten Technik, des *Pioneer LD-V 8000*, eines fortschrittlichen Laser-Disk-Spielers, der mit Lichtgeschwindigkeit einen Videorahmen suchen und erfassen kann. Würden Sie sich heute in Bittmans Labor in einem Sessel zurücklehnen, bekämen Sie auf dem Fernsehbildschirm vielleicht eine heiteren hawaiischen Wasserfall zu sehen. Statt der Suggestionen des Technikers würden Sie das Rauschen des Wassers hören, Blättergeraschel, Vogelgesang. Und ein weißer Schwan würde durch den Himmel fliegen. Signale, die Ihre Muskelspannung überwachen, würden auf dem Gerät aufblitzen. Je mehr Sie sich entspannen, desto klarer würde die Szene. Und während Sie sich immer stärker entspannen, würde die Szene immer näher rücken, so daß Sie schließlich das Gefühl hätten, wirklich dort zu sein. Genau dies ist Interaktion: Ihre Physiologie kontrolliert das Fernsehbild.

Für Mindscope gibt es eine ganze Reihe Anwendungsmöglichkeiten: Heilung von physischen Krankheiten und Phobien, Sporttraining... Hilfe für Lernende ist eine dieser Möglichkeiten, die Bittmans Team rasch realisierte.

»Ständige, schnelle Veränderung ist im Amerika der modernen Zeit eine Grundvoraussetzung für Erfolg geworden«, erklären Bittmans Mitarbeiter. »Doch die Evolution der Lernfähigkeit hat nicht Schritt gehalten mit dem enormen Anwachsen der Informationen.«

Zwei Gruppen Freiwillige – aktive und passive – schauten sich eine Liste mit zwanzig Wörtern an und lasen neunzig Sekunden lang eine Geschichte. Bittman testete ihr Gedächtnis und ihr Verständnis. Beide Gruppen genossen zehn Minuten den Anblick eines farbenprächtigen hawaiischen Sonnenuntergangs auf dem Mindscope. Während die aktiven ihre Muskelspannung lockerten, wurde die Szene klarer, und die Sonne sank langsam zum Horizont. Die passiven betrachteten einfach die beruhigende Szene, ohne Einflußnahme auf das Geschehen.

Entspannung wirkt sich aus. Bei der Prüfung der Behaltensleistung und des Verständnisses schnitten die passiven Probanden um 48 Prozent besser ab als zuvor. Doch etwas anderes wirkte sich noch stärker aus. Die aktive Gruppe war um phantastische 135 Prozent besser. Bittman bestätigte einen wichtigen Punkt von Superlearning: Der richtige Zustand für das Lernen erfordert einen entspannten Körper *und* einen wachen Geist. Interaktive Multimedia unterstreichen eine weitere Forderung von Superlearning: Beziehen Sie mehrere Sinne und das ganze Gehirn ein, um das Lernen auszuweiten. Dieses neue, suggestive Fernsehtraining bietet auch Hoffnung für Lernunfähige, z. B. Schüler, die an einem starken Aufmerksamkeitsdefizit leiden.

Wenn Sie an Mindscope angeschlossen sind, können Sie nicht herumlaufen. Eine von Bittmans Migränepatienten fand jedoch heraus, daß das Training sogar wirksam werden kann, während man im Auto durch einen Schneesturm fährt. Als die Straßen immer glatter wurden und der Schnee ihr immer dichter entgegenwehte, spürte sie, wie ihr Hals sich verkrampfte und Kopfschmerzen einsetzten. Sie »griff nicht nach einer Tablette und versuchte auch keine Entspannungsübung«, berichtet Bittman. »Sie zwinkerte vielmehr ein paarmal mit den Augen und rief sich das Bild von einem weißen Vogel ins Gedächtnis, der friedlich durch die Wasserfallszene auf dem Mindscope flog. Zu ihrer Verwunderung verschwanden die Schmerzen in Hals und Kopf tatsächlich sofort.« Mit etwas Übung könnten Sie sich vermutlich genauso blitzartig in einen Optimalzustand für hervorragende Leistung versetzen, sei es im Prüfungsraum, im Büro, auf dem Sportplatz oder anderswo.

Geistige Fitneßgeräte

»Eines Tages könnten Mind-Maschinen zum Hirntrainings-Gegenstück von Strandbädern oder Langlaufmaschinen werden«, sagt der *Meagbrain*-Autor Michael Hutchison. Er sieht voraus, daß Menschen auf oder mit ihren Heim-Mind-Maschinen Neurotransmitter und Hirnanreger ankurbeln, so wie sie jetzt auf dem Laufband trainieren.

Die oben beschriebenen Geräte stellen nur eine Handvoll von Hunderten neuer Mind-Maschinen dar, die auf dem Markt sind. Tagtäglich werden überall auf der Welt hochwertige neue entwickelt und hergestellt. Viele weitere sind für die Verwendung mit Ihrem Heimcomputer konstruiert.

Mind-Tech-Maschinen könnten die Lösung für weit verbreitete Lernprobleme sein. Hirnuntersuchungen bei vielen an Aufmerksamkeitsdefizit leidenden Menschen zeigen, daß bei ihnen die Hirnwellenaktivität extrem langsam ist, von der Art, die mit Schlaf einhergeht. Dr. John Carter und Dr. Harold Russel demonstrierten, daß die Stimulierung von Aufmerksamkeitsdefizit-Kindern mit Licht/Schall oder mit Biofeedback in Betafrequenzen (18–21 Hz) zu stark verbessertem Funktionieren führte. Die beiden Wissenschaftler dokumentierten IQ-Gewinne von 12 bis 20 Punkten. Bei einem der Kinder stieg der IQ um erstaunliche 33 Punkte. Dr. Alan Childs vom Healthcare Rehab Center der Universität von Texas benutzte die kraniale Elektrostimulation mit Erfolg bei Gedächtnisproblemen: Amnesie und Gedächtnisverlust als Folge von Kopfverletzungen.

Carol Rustigan von der California-State-Universität setzte das *Lumatron,* eine Vorrichtung zur Stimulierung der Augen mit farbigem Licht, zur Behandlung von Personen mit Lernstörungen ein und konstatierte wesentliche Besserungen.

Fragen drängen sich hier auf. Was geschieht, wenn man mehrere Modalitäten koppelt: Hochfrequenzschall, Mind-Maschinen, Hirnnährstoffe und Superlearning? Sitzungen in schwimmenden Behältern (zur Entspannung) und Superlearning werden bereits kombiniert – mit glänzenden Ergebnissen. Mind-Maschinen und Selbsthypnose erwiesen sich ebenfalls als eine hochwirksame Kombination.

Mind-Maschinen sind heute vielleicht nur in gewissen extravaganten Kreisen bekannt, aber das Potential der bereits erhältlichen Geräte ist spektakulär. Könnten sie wohl in absehbarer Zeit jemanden von uns auf Genieniveau befördern? Könnten diese geistigen Fitneßgeräte eine immer älter werdende Bevölkerung vor Vergeßlichkeit im Alter bewahren? Könnten sie Babys von Crack-Konsumenten und Drogensüchtigen gesund machen? Könnten sie uns helfen, das massive Analphabetentum schnell zu überwinden? Könnten sie Menschen mit Hirnschädigungen wieder ein normales Leben ermöglichen? Könnten sie die schulischen Leistungen in größerem Umfang steigern? Könnten sie die Wirtschaft fördern und der Arbeitslosigkeit entgegenwirken, indem sie uns helfen, das Defizit an Fertigkeiten und Flexibilität zu beheben? Könnten diese

Geräte andererseits vielleicht in die Hände von »Cyber-Punks« gelangen und gegen das Wohl der Gesellschaft gerichtet werden?

Am Beginn des 20. Jahrhunderts brachte geniale Kreativität außergewöhnliche Erfindungen hervor – Radio, Automoblil, Flugzeug usw. –, die unsere Gesellschaft inzwischen zur informiertesten, beweglichsten und reichsten der gesamten Menschheitsgschichte gemacht hat. Die Währung des 21. Jahrhunderts wird Wissensverarbeitung sein. Wird exzeptionelle Genialität und Schöpferkraft den beängstigend gestiegenen Bedürfnissen und Erwartungen gerecht werden und imstande sein, eine Technologie zu entwickeln, die uns einen neuartigen geistigen Reichtum beschert?

17
Eine Fremdsprache in einem Monat?

»Was halten Sie vom Lernen?« Diese Frage stand ganz oben auf den Fragebogen, die man fünfzehn Siemens-Angestellten am Beginn eines Englischkurses an der Universität München aushändigte. Siemens, der weltweit tätige Elektrokonzern, hatte eingewilligt, die Untersuchung der Effektivität der Suggestopädie durch die Universität zu unterstützen, denn es handelte sich um eine jener Techniken, die Firmen auf dem Weg zum »lernenden Unternehmen« bringen konnten. Für diesen Weg ist der ganzheitliche Ansatz besonders wichtig und besonders effektiv. Die Methode sichert ein Lernen, das schnell verinnerlicht wird und von Dauer ist.

Die Siemens-Angestellten hatten sich bereit erklärt, nach einem langen Arbeitstag jeden Abend zu einem vierstündigen Englischkurs direkt in die Universität zu fahren. Sie sollten vom Institut für pädagogische Psychologie und empirische Pädagogik (Lehrstuhlinhaber Prof. Dr. Heinz Mandl) in besonders gründlicher Weise interviewt, untersucht, auf Video aufgenommen und geprüft werden.

Gail Heidenhain von der Deutschen Gesellschaft für Suggestopädagogisches Lehren und Lernen (DGSL) und Leiterin einer eigenen Trainingsfirma, hatte den Kurs ausgearbeitet und erteilte den Unterricht. Sie wertete die Antworten auf den Fragebogen aus. »Kommt darauf an, was man lernen muß«, hatten die meisten Kursteilnehmer auf die oben zitierte Frage geantwortet.

Schon nach kurzer Zeit spürten die Siemens-Angestellten, wie der Streß des Tages wich, während sie sich entspannten – und sich vorstellten, in Urlaub zu sein, sich im Londoner Covent Garden zu befinden. Dort bekamen sie komplexe, realistische, alle Sinne ansprechende Texte zu beruhigender, langsamer Barockmusik zu hören. Statt eine langweilige, strenge Schulung absolvieren zu müssen, spielten sie vielfältige Spiele, die für jeden Lernstil etwas boten. Englische Wirklichkeit wurde im Unterrichtsraum lebendig.

Nach jeweils vier Unterrichtsstunden anschließend an die Arbeitszeit (16–20 Uhr) an 13 Wochentagen, also insgesamt 52 Unterrichtsstunden, machten die Siemens-Leute eine herausfordernde Englischprüfung, die normalerweise erst nach 230 Unterrichtsstunden stattfindet. Alle bis auf zwei bestanden die Prüfung, und sogar diese beiden lagen an der Grenze. Das ist wirkliche Beschleunigung – besser als eine Temposteigerung um das Dreifache.

Die Schlußfragebogen zeigten, daß sich im Geist der Angestellten etwas geändert hatte. Jetzt schrieben sie, was sie vom Lernen hielten, hänge davon ab, *wie* man lerne und wie ein Thema gelehrt werde. Viele von ihnen gaben auch an, ihnen sei bewußt geworden: *Sie konnten alles lernen.* Die Kursteilnehmer hatten ihr verborgenes Lernpotential entdeckt. Die an der Universität erarbeiteten Statistiken bestätigten ihre Aussagen, denn sie wiesen eine signifikante Verbesserung der angeborenen Motivation zum Lernen nach.

Videos erbrachten den Beweis, daß die neue Gewandtheit im Englischen keineswegs nur angelernte Bücherweisheit war. Als am letzten Kursabend englischsprachige Gäste auf der Party erschienen, fing die Videokamera die Siemens-Angestellten ein, wie sie sich den ganzen Abend lang mit den Gästen selbstsicher auf englisch unterhielten.

Die Ergebnisse des Tests belegten also, daß sich durch suggestopädischen Unterricht, verglichen mit eher traditionellem Unterricht, in sehr kurzer Zeit Wissen aufbauen läßt und das erworbene Wissen zudem von hoher Anwendungsqualität ist.

Spitzenmanager und Fließbandarbeiter wieder »auf der Schulbank«

Die wirtschaftliche Vereinigung Europas, das nordamerikanische Freihandelsabkommen, die Globalisierung der Weltwirtschaft, der Zusammenbruch des Ostblocks und umfassende Bewegungen von Arbeitern und Flüchtlingen von Land zu Land – alle diese Faktoren steigern die Notwendigkeit einer raschen Fremdsprachenschulung weltweit um ein Vielfaches. In ganz Nordamerika steigen die Anmeldungen zu Sprachkursen sprunghaft, denn die Studenten erkennen zunehmend, daß die Beherrschung einer Fremdsprache ihnen auf dem konkurrenzträchtigen Arbeitsmarkt einen zusätzlichen Vorteil verschafft. Sprachkenntnisse erschließen auch den Informationsweg in andere Länder und öffnen den Zugang zu lebensfördernden Neuentdeckungen auf den Gebieten der Medizin und der Wissenschaft.

Die *London Times* schrieb: »Firmen und Marketing-Manager haben längst festgestellt, daß es ein Handikap ist, nicht wenigstens in einer anderen wichtigen europäischen Sprache – besser wären zwei oder drei – einigermaßen Konversation machen zu können.« Und eine Schlagzeile im *Wall Street Journal* lautete: »Amerikanische Manager mit Sprachkenntnissen öffnen mehr Türen.«

Nicht nur Manager polieren ihre Sprachkenntnisse auf. Sogar Fließbandarbeiter in Firmen wie Audi eilen durch einen Superlearning-Englischunterricht, um auf Reisen mehr Spaß und Genuß zu haben. Der neue Tunnel unter dem Ärmelkanal stellt zum erstenmal in der Geschichte eine Landverbindung zwischen dem europäischen Festland und Großbritannien her, was zu einem starken Anwachsen des Reiseverkehrs, des Handels und des kulturellen Austauschs führen wird.

Die Suggestopädie war vom Moment ihrer Entstehung an ein hervorragendes Mittel zum Zweck des Fremdsprachenlernens. Wohlüberlegt führte man die ersten Tests nach der Methode mit Fremdsprachen durch, um sicherzustellen, daß die Schüler das Thema nicht vorher kannten oder gar beherrschten, und als die Suggestopädie dann publik gemacht wurde, sorgte das herrschende Bedürfnis für eine schnelle Verbreitung des beschleunigten Sprachlernens auf der ganzen Welt. Besonders die Sowjets griffen die neue, bessere Lernmethode auf. Sie hatten auch allen Grund dazu. In der UdSSR gab es nicht nur mehr als 160 offizielle Sprachen, sondern man sah die Schulung in Fremdsprachen auch als wichtig an für die Wissenschaft, die Technologie, die Medizin, den Handel, die Verteidigung – und das weltweite sowjetische Spionagenetz. Die Elite der sowjetischen Politik und des Geheimdienstes, ja sogar die Betreuer und Hostessen für die Olympischen Spiele in Moskau lernten mittels der suggestopädischen Methode beschleunigt Fremdsprachen.

Das angesehene Pädagogische Institut für Fremdsprachen in Moskau wurde eines der ersten Zentren auf der Welt für die suggestopädische Ausbildung von Sprachlehrern. Bald lernten Russen von der Militärakademie von Frunse in der an China grenzenden südlichen Sowjetrepublik Kirgisien bis zur Universität von Norilsk am Nördlichen Polarkreis rasch und streßfrei, sich in Fremdspra-

chen zu verständigen. Die *Prawda* war eines der vielen kommunistischen Presseorgane, die triumphierend verkündeten: SIE KÖNNEN EINE FREMDSPRACHE IN EINEM MONAT LERNEN!
Und in diesem Fall hatte sie sogar recht!
Die DDR erzielte einen besonders spektakulären Erfolg. Am Institut für Mnemologie der Karl-Marx-Universität in Leipzig berichteten Dr. Klaus Jänicke und Dr. Dieter Lehmann, daß in einem *typischen* Fremdsprachenexperiment Studenten in 30 Tagen 3182 lexikalische Einheiten und idiomatische Ausdrücke mit einer Behaltensleistung von 94 Prozent lernten. Die Suggestopädie-Forscher beschlossen, langsame Barockmusik für die dramatische sowie für die unterteilte rhythmisierte Präsentation zu verwenden. Ihre verblüffenden Ergebnisse veröffentlichten sie regelmäßig in ihrer Zeitschrift *Wissenschaftliche Berichte*.

Dr. Galina Kitaigorodskaja, Direktorin des Zentrums für beschleunigtes Lehren und Lernen von Fremdsprachen an der Universität Moskau, ist länger als irgend jemand anderer, ausgenommen die bulgarischen Erforscher der Methode, damit beschäftigt, in den Menschen neue Sprachen auf die neue Art zum Leben zu erwecken. Anfangs lehrte sie eine Gruppe von Ingenieuren und Wissenschaftlern Englisch und Französisch nach der beschleunigten Methode. Die Ergebnisse waren so überzeugend – ihre Schüler lernten schneller, sprachen besser und machten weniger grammatikalische Fehler als bei den alten Methoden –, daß sie nie mehr zurückschaute. »Ich habe selbst etwa tausend Lehrer ausgebildet«, erzählte Kitaigorodskaja vor kurzem Michael Lawlor von SEAL. Ihre einstigen Schüler bildeten weitere Lehrer aus, und sie schätzt, daß jetzt auf dem Gebiet der einstigen Sowjetunion etwa zehntausend Lehrer in rund hundertfünfzig Institutionen arbeiten.

»Was sehen Sie als die wesentlichen Elemente der Methode an?« fragte Lawlor sie. Dr. Kitaigorodskaja antwortete: »Freude am Lernen, Entspannung, den Einsatz des Unterbewußten, die Entwicklung des Glaubens an sich selbst bei den Studenten, und Kommunikation im wahren Sinn des Wortes.« Die Freude schien in das Leben der Professorin übergeschwappt zu sein, wie Lawlor feststellte. Als er mit Kitaigorodskaja in der Nähe ihrer Datscha außerhalb Moskaus im Wald spazierenging, kamen sie an einem Spielplatz vorbei. Lawlor beobachtete voller Amüsement, wie sich Galina sofort auf die große Holzschaukel setzte und sich, vor Vergnügen kichernd, immer höher schwang. »Diese Eigenschaft fröhlicher Verspieltheit, nicht gerade üblich bei der Leiterin eines Universitätsinstituts, ist der Schlüssel zu ihrem Erfolg bei der Einführung erwachsener Lehrer in die Suggestopädie«, sagt Lawlor.

Der Zerfall des Sowjetreiches erzeugte eine große Nachfrage nach Kitaigorodskajas Lehrern. Viele helfen, wie sie sagt, den Geschäftsleuten, die neu in ihren Beruf eingestiegen sind, beim Lernen der Sprachen des internationalen Handels. Dies ist jedoch lediglich *eines* der Sprachprobleme in den neuen Republiken. Andere sind unerwartet hinzugekommen. Nur ein Beispiel sei hier angeführt: In Estland, das eine Einwohnerzahl von ganzen 1,5 Millionen hat, befinden sich die Russen plötzlich in der Minderheit und sehen sich starkem Druck ausgesetzt, Estnisch in Sprache und Schrift zu lernen. Die Suggestopädie wird eingesetzt, um die Russen Estnisch, die Esten Russisch und beide Volksgruppen das jetzt zusätzlich nötige Englisch, Deutsch und Schwedisch zu lehren. Seit die Mauern gefallen sind, kommen westliche Lehrer, um in dieser Welt des Sprachenmischmaschs Hilfe zu leisten. Sie bringen die neuen Techniken mit, die sich im Westen ständig weiterentwickeln.

Nachdem Superlearning Amerika erreicht hatte, begannen auch hier Tageszeitungen und Fachzeitschriften Ergebnisse zu berichten, die Aufmerksamkeit erregten. Das Gesundheits- und Fürsorgeamt des Bundesstaates Washington meldete, daß Flüchtlinge aus Indochina bei Anwendung der Superlearning-Verfahren fünfmal schneller Englisch lernten. An der Universität von Iowa lernten Studenten siebenmal schneller Spanisch. Und vom Woden TAFE College in Australien meldeten John Wade: »Ich wende die Superlearning-Methodologie bei erwachsenen Einwanderern an, die Englisch lernen. Die Ergebnisse eines kontrollierten Experiments im Jahr 1984 zeigen, daß die *Behaltensleistung des Langzeitgedächtnisses um das Sechsfache gestiegen ist.*« Auch das berühmte U. S. Foreign Service Institute in Arlington/Virginia griff die Methode auf.

Ein Kurs ist *eine* Sache, aber wie verhält es sich mit dem Erlernen einer Sprache im Selbstverfahren? Weil nicht allzu viele Kurse stattfanden, entstand in ländlichen Gegenden eine Bewegung, in der entschlossene Lehrer die Superlearning-Musik verwendeten, um eigene Bänder herzustellen und sich Sprachen selbst beizubringen. »Ich habe durch die Verwendung Ihrer Bänder meine Zeit zum Lernen griechischer Vokabeln um etwas 60 Prozent verringert«, schrieb uns Phyllis Prince aus Mesa/Arizona. Andere probierten auf Tonband aufgenommene Superlearning-Sprachkurse aus. Einem davon, George Jacobson, dem Direktor der Jacobson Printing Company, passierte es, daß eine Spanisch-Auffrischung mit Superlearning ihm im Nu seine fast vergessenen Spanischkenntnisse vom College wiedergab – gerade rechtzeitig für eine Mexikoreise. Andere Reisende berichteten, daß allein schon das Anhören von fremdsprachigen Sätzen zu leiser Barockmusik auf Nachtflügen nach Europa ihnen längst vergessene Intonationen und Wörter so lebendig ins Gedächtnis rief, daß sie sie problemlos benutzen konnten, wenn sie in Paris oder München aus der Maschine stiegen.

Nach Nordamerika kam das beschleunigte Sprachlernen vor allem dank der Bemühungen von Dr. Jane Bancroft, die an der Universität Toronto Professorin für Französisch ist. Die Sprachenspezialistin mit akademischen Graden von Harvard, der Sorbonne und der Universität von Manitoba sowie mit einer Ausbildung in Musik und Musiktheorie besuchte auf dem Höhepunkt des kalten Krieges Suggestopädieklassen in allen Ostblockländern. Es war eine Zeit, in der Erziehungsgeheimnisse zum Gebiet der Spionage gehörten, doch sie schaffte es, in Sofia samt ihrem versteckten Tonbandgerät wiederholt in Demonstrationskurse zu gelangen, die nur für linientreue Kommunisten vorgesehen waren. Natürlich ging sie auch in Kurse für Westler. Die Bulgaren, aus politischen Gründen sehr zurückhaltend, inszenierten jedoch manchmal verfälschte Demonstrationen für Ausländer.

Das Geheimnis der Beschleunigung

Viele Westler, die auszogen, um das neue »Wundersystem« zu beobachten, besaßen wenig oder keine Kenntnisse über Sprachmethoden. Viele hielten herkömmliche Paukmethoden für das »Geheimnis« der Gedächtniserweiterung und Lernbeschleunigung. Einige besonders naive Beobachter meinten sogar: »Das Geheimnis muß in den Stühlen liegen.«

Bancroft sagte sich, das Tonband, das sie bei den Demonstrationen für die Sowjets aufgenommen hatte, müsse des Rätsels Lösung enthalten. Was machte diese Kurse effektiver? Wie wurden die Beschleunigung, die ausgezeichnete akademische Leistung und die

Streßminderung in Kombination erreicht? Hartnäckig auf der Suche nach Hinweisen, durchforstete sie unsere Akten, Losanows unveröffentlichte Originalthese, die wir besaßen, aus Ungarn mitgebrachte Videobänder, die bislang als Schlaflernforschung klassifiziert worden waren, mentales Yoga und sogar Berichte über kommunistische ideologische Angriffe auf die Superlearning-Methode, die einige Aufschlüsse gaben. Bancroft lud Dr. Losanow ein, am Scarborough College einen Vortrag zu halten, worauf sie von der Polizei überprüft wurde.

Bancrofts Stoppuhr offenbarte schließlich einige kleine Unterschiede. Bei der Demonstration für Westler wurde zu dem konventionell gelesenen Text 74-Schläge-Musik gespielt. Die Demonstration für Russen begann mit 74-Schläge-Musik und verlangsamte sich dann auf gleichbleibende 60-Schläge-Musik, zu der Daten in präzisem Achtsekundenrhythmus gelesen wurden. Dies mußte ein Teil des neuroakustischen Durchbruchs sein, der das Unterbewußte mobilisierte und das Gedächtnis erweiterte, sagte sich Bancroft. Sie enthüllte alles 1975 in einer Broschüre mit dem Titel *The Losanov Language Class* (Der Sprachunterricht nach Losanow). Daraufhin setzten gewisse Elemente in der bulgarischen Regierung sie sofort auf die Liste der »Feinde Bulgariens«. Bekanntlich stachen zur damaligen Zeit bulgarische Agenten noch mit Schirmen, deren Spitzen mit Gift präpariert waren, auf Menschen ein.

Unbeirrt testete Bancroft weiter. Die östlichen Geheimdienste griffen zu ihrer traditionellen Taktik und starteten einen Fehlinformations-Feldzug. Falsche Anweisungen für wertlose oder konventionelle Lernprogramme wurden gleichzeitig in verschiedenen Zentren angeboten und in Zeitschriften veröffentlicht. Die Bulgaren schlugen Kapital aus dem Bericht in unserem Buch *PSI* und verkauften verfälschte Programme an begeisterte Nordamerikaner, die dafür beträchtliche Summen in harter Währung blechten.

Eine wissenschaftliche Erforschung von Musik und Yoga zur Schärfung des Geistes wurde im Westen damals kaum betrieben. Als Folge des interdisziplinären Systems gab es nur wenige Wissenschaftler mit Fachkenntnissen auf allen erforderlichen Gebieten. Die Menschen befolgten blindlings falsche Anweisungen, denn sie hatten keinen Schimmer von Neuroakustik. Sie verwendeten auch die falsche Musik, nämlich solche, die das Gedächtnis malträtierte. Einige probierten, Partyspiele als Sprachübung zu benutzen. Ein eifriges kanadisches Fernsehsendernetz produzierte einen »völlig unhörbaren« Französischkurs, treffend »Französisch im Bett« genannt. Die angebliche Suggestopädie verschwand hinter tosender Musik und brandenden Wellen. Sogar die kanadische Regierung kaufte nach schwierigen Verhandlungen mit den Bulgaren für ihre Beamten ein zweifelsohne *ent*schleunigtes, katastrophal verfälschtes Französischprogramm.

Als sich das schnelle Lernen auf seinem Gleis endgültig festgefahren zu haben schien, konnte eine kleine Gruppe hingebungsvoller, mit der neuesten Mind-Tech vertrauter Menschen es befreien und wieder auf Expreßkurs bringen. Bancroft und Kollegen erreichten bald weltweit eine vier- bis siebenfache Beschleunigung der Sprachenschulung, gekoppelt mit hervorragender Leistung und Streßabbau. Bancroft, deren Stützpunkt die Universität Toronto blieb, veröffentlichte als erste Artikel über die Methode in gewichtigen akademischen Zeitschriften wie *The Modern Language Review*. Sie enthüllte im *SALT Journal* die Ergebnisse ihrer Untersuchungen der Hirn-Geist-Technologien rund um die Welt, einschließlich derjenigen von Dr. Tomatis und Dr. Caycedo. Der schnelle Weg zum schnellen Sprachenlernen begann sich zu verbreiten.

Als der kalte Krieg abzuflauen begann, verhandelte die bulgarische Regierung mit dem Unternehmen Mankind Research Unlimited in Washington über die Vergabe einer Lizenz für Losanows Original-Lernmethode. Sprachkurse vermittelten der Öffentlichkeit erstmals einen echten Eindruck von dieser spektakulären Lernweise. Die bulgarischen Behörden gewährten Dr. Losanow sogar für eine Zeitlang das Privileg, ins westliche Ausland reisen zu drüfen. In vielen europäischen Städten entstanden Suggestopädie-Zentren, die sich auf Sprachunterricht konzentrierten.

Die Ostseeländer schienen eine besondere Vorliebe für die neue Lernweise zu entwickeln. Vor einigen Jahren bat beispielsweise die finnische Regierung um die Erlaubnis, einen Teil von *Superlearning* in ein für ihr öffentliches Schulsystem bestimmtes offizielles Englischprogramm aufnehmen zu dürfen. Inzwischen sind die Finnen sozusagen in die Stratosphäre hochgeschossen mit beschleunigten Methoden, nicht nur beim Sprachunterricht, sondern in ihrem ganzen staatlichen Schulwesen. Die erstaunlichen Fortschritte, die 1992 auf der internationalen Suggestopädie-Konferenz in Finnland bekanntgegeben wurden, verblüfften die Fachleute und inspirierten sie auch. »Ein Zeugnis der außergewöhnlichen Kraft und Kreativität diese kleinen Volkes!« schrieb die britische Zeitschrift *SEAL* begeistert.

Auch die dänische Regierung finanzierte vor kurzem Projekte des beschleunigten Lernens von Fremdsprachen in Schulen, während die Schweden die Methode benutzten, um die durch den enormen Zustrom von Flüchtlingen aus dem Mittleren Osten und vom Horn von Afrika entstehenden Probleme zu bewältigen. Viele dieser Flüchtlinge kennen das lateinische Alphabet nicht, und einige sind sehr erfolgreiche Geschäftleute, ohne einen einzigen Buchstaben schreiben zu können. David Kettlewell und Karin Skoglund lehrten solche gemischten Gruppen mit Hilfe von Supertechniken und Methoden der totalen physischen Reaktion in wenigen Wochen fließendes Schwedisch.

Den frühen Wettlauf der Verankerung des beschleunigten Sprachenlernens in Frankreich führten Fanny Saferis und Jean Cureau aus Paris an. Saferis von der Ecole Française de Suggestopédie beschleunigt seit vielen Jahren den Englischunterricht mit der traditionellen Losanow-Methode. Cureau kombinierte am Lycée Voltaire Superlearning mit Sophrologie und erzielte eine sensationelle zehnfache Beschleunigung des Englischlernens.

Esperanto – eine Sprache mit Zukunft?

Es gibt jedoch noch eine andere Sprache, die sich vielleicht viele Menschen bald im Superlearning-Tempo aneignen müssen: Esperanto, die hundert Jahre alte und lange Zeit links liegengelassene Universalsprache. Die australische Lehrerin Vera Payne hat beschleunigtes Esperanto-Lernen zu ihrem Spezialgebiet gemacht. Sie erzählte uns: »Esperanto spielt eine ganz besondere Rolle bei der Herbeiführung eines besseren Verhältnisses zwischen Menschen aller Nationalitäten.« Es versetze die Menschen in die Lage, einander leicht kennenzulernen, und es sei die ideale Sprache für Reisen und Korrespondenz.

Eine einfache Universalsprache schien schon immer eine gute Idee zu sein, und Menschen, die zuerst Esperanto lernen, nehmen auch andere Sprachen erwiesenermaßen viel leichter auf. Dennoch hat sich Esperanto nie durchgesetzt. Es mußte auf das Computerzeitalter warten. Heute ist Esperanto die offizielle Sprache der International Cybernetics Association. Der Europäische Wirtschaftsrat wählte vor kurzem Esperanto als die kosteneffektivste Brückensprache für die Computerübersetzung. Eine Entscheidung, die zumindest in Europa zu einer rasanten Verästelung des Esperanto führen wird. Wenn Maschinen mittels Esperanto miteinander in Kommunikation treten, müssen es mindestens einige Menschen beherrschen. Nach Paynes Feststellungen genügten glücklicherweise fünfundzwanzig Lernstunden, damit Sie ausreichend Esperanto können. Es wird Ihnen eines Tages vielleicht helfen, sich neue technische oder geschäftliche Möglichkeiten zu erschließen.

Vera Paynes australischer Landsmann John Wade hat in streng kontrollierten Tests demonstriert, daß die Superlearning-Methode Einwanderern helfen konnte, *sechsmal* schneller Englisch zu lernen. Bald bestand am Woden TAFE College in Canberra die größte Lehrstätte für beschleunigtes Lernen in Australien. Die ersten Videos für beschleunigten Englischunterricht finden in Australien verbreitet Anwendung bei der Schulung neu eintreffender Einwanderer. Die Begeisterung der Schüler ist riesig. Das Superlernen der englischen Sprache ermöglicht es den Neubürgern, nach einem Sechstel der üblichen Zeit Arbeit zu suchen und Geld zu verdienen, und es hat sich zudem sehr positiv auf die australische Wirtschaft ausgewirkt. 1990 erhielt Wade von der Regierung den Achievement Award.

Großen Erfolg hat er auch mit einem weiteren beschleunigten Verfahren, *Quick'N' Easy QWERTY,* das Neuankömmlinge (ebenso natürlich alle anderen) die Computersprache lehrt, so daß sie nach acht Stunden mit der Textverarbeitung auf englisch beginnen können. In seinen beliebten Büchern und Workshops verbindet Wade die neuesten Mind-Tech-Entwicklungen mit grundlegenden Superlearning-Verfahren zu einer megastarken Mischung. Ehemalige Sowjets, die offenbar beeindruckt waren von Wades Abwandlungen der Suggestopädie, luden ihn vor kurzem ein, Unterricht an der Moskauer Militärakademie und im Internationalen Raumfahrtzentrum von Krasnojarsk in Mittelsibirien zu halten. Er war einer der ersten Westler, die diese Anlage in der früher streng bewachten Sperrzone zu sehen bekamen. »Ich frage mich, woher sie über mich Bescheid wußten«, schrieb er uns in seinem letzten Brief.

Vielleicht durch das »Druschba-Link«, die Freundschaftsverbindung. Die britischen Sprachexperten Michael Lawlor und June McOistrich, Mitbegründer der britischen Organisation für beschleunigtes Lernen SEAL, richteten ein Unterstützungsnetz zwischen SEAL-Mitgliedern und Suggestopädie-Lehrern im ehemaligen Ostblock ein. SEAL-Mitglieder wagten sich in die Länder der ehemaligen UdSSR; und russische Experten reisten durch Großbritannien, wobei ein reger Gedankenaustausch stattfand. Das Ehepaar Lawlor, Leiter des Forge House in England, eines Zentrums für Sprache und innere Entwicklung, reiste mit seinen vielgepriesenen Workshops kreuz und quer durch Rußland, um zu demonstrieren, daß die Suggestopädie sich ganz natürlich mit westlichen Mind-Techniken wie Kinesiologie, Psychosynthese und Alexander-Technik vereinen läßt.

Auf ihren ausgedehnten Reisen erlebten die beiden, wie notwendig solche Verbindungen sind. Unlängst lud Dr. Alexander Bolachanow sie an seine Universität in Perm ein, in diese bis 1990 vor Fremden völlig abgeschottete alte Industriestadt. Was für ein großer Anglophiler ihr Gastgeber war, erkannten die Lawlors, als sie in sein Wohnzimmer traten: Es war eine genaue Replik jenes Wohnzimmers, das Conan Doyle in seinen Geschichten über den Meisterdetektiv Sherlock Holmes beschrieben hatte. Obwohl Bolachanow Vizepräsident der Sprachenabteilung der Universität war und seit fünfundzwanzig Jahren Englisch lehrte, waren die Lawlors die ersten Menschen mit Englisch als Muttersprache, die er kennenlernte.

Das ultraschnelle Superlernen von Fremdsprachen kann uns bei einem großen Spektrum von Aktivitäten eine Hilfe sein: von Transaktionen in Weltwirtschaft und Welthandel bis zur Einwanderung, von der Nutzung ausländischer Informationswege bis zur gewinnbringenderen, genußreicheren Gestaltung von Auslandsreisen.[1]

---

[1] Superlearning-Verfahren zum Fremdsprachenlernen und Tips von Anwendern aus der ganzen Welt finden Sie in Kapitel 23, Seite 296 ff.

18
Superlernen als Hochleistungs- und Wochenendsport

Heute lehnen sich Profimannschaften, Uni-Teams, Jeden-Tag-Jogger und Wochenendsportler bequem zurück und beschwören vor ihrem geistigen Auge siegbringende Bewegungen. Dieses Vorgehen ist seit den Anfängen von Superlearning ein Bestandteil der Methode. Darum überrascht es nicht, daß Akademiker wie Lorne Cook in Toronto oft zweigleisig arbeiten, daß sie hin- und herpendeln zwischen der Wissenschaftsabteilung und der Sportabteilung des College, um mit Hilfe von Superlearning Menschen heranzuziehen, die Hochleistungen bringen.

Powell Blankenship gibt Tennisunterricht in San Diego. »Anhand der Superlearning-Empfehlungen«, berichtet er, »stellte ich ein Tonband für einen meiner Schüler her, für Brian Teacher.« Teacher machte große Fortschritte und gewann eines der vier Grand-Slam-Turniere. Seine Leistungen waren jedoch nicht stabil. Als er in Australien aus dem Flugzeug stieg, um an den Landesmeisterschaften teilzunehmen, fand der junge Tennisspieler, er sei der Sache ganz und gar nicht gewachsen, und machte auf dem Absatz kehrt, um die nächste Maschine nach Hause zu nehmen.

»Doch Teacher stellte fest, daß ihn seine Füße auf dem Flughafen einfach nicht zu einem Ticket-Schalter trugen«, erzählt Blankenship. »Es war, als hindere ihn eine posthypnotische Suggestion des Inhalts, daß er das Turnier gewinne, an der Flucht vor dem Match und aus Australien. Also machte er erneut kehrt, spielte das Turnier und gewann es. In der Zeit danach spielte Teacher unglaublich gut und stieg in der Weltrangliste von seinem Platz in den Zwanzigern zur Nummer sieben auf. »Diese bemerkenswerte Leistung«, erklärte der Coach, »brachte er unmittelbar nach der Anwendung des Superlearning-Tonbands.«

Verhaltenstips für den Sport sind leicht zu geben, besonders wenn Sie ein Superlerner sind, denn die grundlegenden Methoden, die Sie bereits beherrschen, können Ihnen im Sport – wie bei jeder anderen

Leistung – ungeheuer helfen. Zunächst einmal: Entspannen Sie sich! Autogenes Training ist jedesmal ein guter Start, weil es auch die Regenerationszeit verkürzt, wenn Sie sich nach körperlichem Training mental ausarbeiten. Spielen Sie die Superlearning-Musik, um die Lernweise zu intensivieren, wie es beispielsweise der Judotrainer Dr. Lloyd Migita in Hawaii macht. Beginnen Sie dann mit der mentalen Arbeit, natürlich unter Einsatz aller Ihrer Sinne, als wären Sie tatsächlich am Schauplatz.

Nehmen wir an, Sie sind Turmspringer. Lassen Sie eine mentale Filmkritik Ihrer Sprünge des Tages ablaufen. Korrigieren Sie etwaige Fehler sofort. Halten Sie den Film an, und spielen Sie dann die Szene wieder und wieder durch, bis Ihre Bewegungen perfekt ablaufen. Benutzen Sie, um das mentale Training zu verankern, zwei Perspektiven. Erstens: Beobachten Sie sich selbst. Zweitens: Erleben Sie das Gefühl, wirklich dort zu sein. Sehen Sie sich selbst in einer hellen, klaren Szene einen großartigen Sprung ausführen, der eine glatte 10 einbringt. Springen Sie als nächstes mental in diese Szene hinein, und empfinden Sie in Form einer multisensorischen Imagination, wie Sie von dem Sprungbrett abheben und durch die Luft segeln, den Körper völlig im Gleichgewicht. Spüren Sie das kühle Wasser, wenn Sie durch die Oberfläche eintauchen...

Beim mentalen Training haben Sie eine geradezu köstliche Freiheit. Wenn Sie Ski fahren, können Sie Ihren Slalomlauf jederzeit stoppen, Ihre Haltung korrigieren, zurückspulen, im Zeitlupentempo fahren und eine Nahaufnahme von Ihren Knien heranzoomen. Manchmal kann das mentale Zeitlupentraining in das wirkliche Ereignis eingehen. Sportler, die diffizile Sportarten wie Bogenschießen betreiben, erleben oft eine Zeitexpansion. Subjektiv kommt es ihnen so vor, als hätten sie alle Zeit der Welt, um die Taube auszumachen, anzuvisieren und abzuschießen. Wir hörten auch Tennis-Cracks davon reden, daß sie bei einem Return des Gegners den Ball langsam auf sich zuschweben sehen, groß wie einen Basketball, unmöglich zu verfehlen. Wenn Sie je in einem Auto saßen, das auf Kollisionskurs dahinschlitterte, wissen Sie, daß der Geist die ganze Welt auf Zeitlupe schalten kann. Diese Manipulation der Zeit ist ein weiteres Potential, das erforscht werden muß.

Falls Sie ein Tonband anfertigen wollen, verwenden Sie die Superlearning-Musik, und beginnen Sie mit Entspannung und Beruhigung des Geistes. Kultivieren Sie ein Gefühl der Freude. (Übrigens: Wenn

Sie gelernt haben, mittels Gefühl und Bildvorstellungen mit Ihrem Gehirn in Kommunikation zu treten, stellen Sie vielleicht fest, daß Sie keine äußeren Stimulierungen oder auch Schmerzmittel brauchen, denn Ihr Gehirn hat eine Schatztruhe voller chemischer Stoffe, die größer ist als jede Apotheke.) Fällt es Ihnen schwer, ein regelmäßiges Training zu absolvieren, versuchen Sie folgendes: Visualisieren und durchleben Sie mit allen Sinnen etwas, das Sie wirklich gern tun, beispielsweise sich nach hinten sinken lassen, um Ihre Lieblingsmusik zu hören oder einen spannenden Krimi zu lesen. Zwicken Sie sich ins linke Knie. Imaginieren Sie dann, daß Sie trainieren, und zwicken Sie sich ins rechte Knie. Damit haben Sie Auslöser geschaffen. Visualisieren Sie erneut das, was Sie gern tun, und zwicken Sie sich in beide Knie, betätigen Sie also beide Auslöser, womit Sie die Freude an dem, was Sie gern tun, auf Ihr Training übertragen. (Stellen Sie vor der Übertragung *unbedingt* sicher, daß Ihre feudigen Gefühle stärker sind als Ihre negativen Gefühle in bezug auf das Training.) Geben Sie sich dann eine starke, positive, motivierende Suggestion, und nehmen Sie sie ganz in sich auf. Lassen Sie sich viel Zeit beim mentalen Training, bei dem einzig die Musik spielt, sonst nichts geschieht. Schließen Sie mit einem Schub weiterer intensiver Suggestionen von Kraft.

Egal wie Sie trainieren, schaffen Sie sich einen Auslöser: Pressen Sie zwei Finger zusammen, zwicken Sie sich am Ohr, was auch immer. Lösen Sie Ihren von höchstem Selbstvertrauen geprägten Erfolgszustand aus. Benutzen Sie Ihren Auslöser vor allem, nachdem Sie in der Hitze des Gefechts einen Fehler gemacht haben. Wenn Sie sich auf den Schlag konzentrieren, der Ihren Golfball in den Bunker beförderte, auf die Kugel, die einen übriggebliebenen Kegel verfehlte, auf einen falschen Zuruf, besiegen Sie sich selbst. Die Unmittelbarkeit des Sports unterstreicht, wie notwendig es ist, Überholtes aus der Vergangenheit loszuwerden, *sofort,* und in der unbelasteten Gegenwart zu agieren. Solches Handeln kennzeichnet den Champion in jedem Lebensbereich.

Dyveke Spino ist ein Champion, ein einmaliger sogar, und zwar auf zwei Gebieten. Ausgebildet als klassische Konzertpianistin, komponiert sie unter ihrem dänischen Vornamen Dyveke vielbeachtete New-Age-Musik. Außerdem ist sie bekannt als »die Mutter der New-Age-Fitneßbewegung«, seit sie mit ihrem früheren Mann, dem Rekordläufer Mike Spino, in Kalifornien das Esalen Sports

Center gründete. Dyveke fühlte sich zum Superlearning hingezogen, wie sich eine Langstreckenschwimmerin, was sie ebenfalls ist, zum Wasser hingezogen fühlt. Lernbehinderte Kinder und Börsianer, Menschen aller Art besuchen Dyvekes Superlearning-Sportworkshops, weil sie ihre Technik und auch ihre Einstellung zum Sport verändern wollen. »Der Killerinstinkt«, so erklärt Dyveke, »diese dominierende, aggressive Einstellung beim Sporttreiben, ist aus alter Zeit zu uns durchgesickert, als Sport und militärischer Drill oft eins waren. Es ist an der Zeit, das zu ändern.« Dyveke bringt Kinder auf einen Weg, auf dem sie Sport und lebenslange Fitneß generell als »Möglichkeit zur Erweckung höherer Bestrebungen des menschlichen Geistes« erfahren. Gleichzeitig lernen sie, besser Tennis zu spielen, ihre Jogging- oder Marathonstrecken mit größerer Leichtigkeit, Schnelligkeit und Ausdauer zu bewältigen.

Dyveke trainiert ihre Schüler mit einem kompletten Satz an Techniken: Imaginatives Proben, Übungen zur Energiesteigerung und Herbeiführung des »richtigen Zustands«, tatsächliche praktische Übungen – und Schwung verleihen dem Ganzen spezielle Töne und Spezialmusik. Als Tennisspieler beispielsweise könnten Sie während eines zwanzigminütigen mentalen Satzes Licht durch Ihre Schädeldecke einatmen, Großartigkeit in energiespendenden Mustern durch Ihren Körper wirbeln lassen, Farben einsetzen, um alte Fehler wegzuspülen. Sie könnten sich vorstellen, daß Sie locker an der Grundlinie stehen, den Ball im Superzeitlupentempo auf sich zukommen sehen, totales Selbstvertrauen empfinden und in Ihrer Wirbelsäule eine leichte Wellenbewegung spüren, wie man sie bei einem Bergbach sieht, während Sie zu Ihrem Return ausholen.

Ist Laufen Ihr Lieblingssport, könnte Dyveke Sie in Konzentration und Visualisierung schulen, um Ihnen Krämpfe und lästige Verletzungen zu ersparen. Während Sie dann auf Ihrer imaginären Strecke rhythmisch laufen, beginnt sich Ihr Hals anzufühlen wie ein flexibler Bambusstab, der sanft Ihren Kopf und Ihre Schultern verbindet, und Ihre Knie fühlen sich wie Federn an. Sie rufen Ihren inneren Trainer auf den Plan: die mit dem gesamten Leben verbundene, tiefe zellulare Weisheit. Sie erleben die Kraft, die Energie, den Mut und die Würde des Panthers, Leoparden, Gepards. Sie beginnen reine Energie zu werden...

Selbst wenn Sie ein Lehnstuhlsportler sind, können die Beschwörung von Energie, das Gefühl des Verbundenseins mit jedwedem Leben und die starke Mischung von Musik und Bildvorstellung in Dyvekes Werk Ihnen eine Erweiterungserfahrung bescheren. In bester Superlearning-Tradition löst diese Erfahrung das Training vom rein Mechanischen und Wiederholenden ab. Sie führt Sie zur reinen Freude an der Leistung. In einen sportlichen Killer werden Sie sich nicht verwandeln, aber Sie haben eine gute Chance, ein Sieger zu werden.

Sophrologie und Supersport

Alfonso Caycedo hatte das Gefühl, sein Schicksal erfülle sich, denn der Dalai Lama selbst hatte angeordnet, daß ihm die tibetanischen Texte im Kloster von Lhasa zugänglich gemacht wurden. Ein seltenes Privileg für einen Westler. Für Caycedo bedeutete dies einen phantastischen dreijährigen Aufenthalt auf seiner Suche nach Wegen zur Erziehung von Menschen, die kerngesund waren an Körper, Geist und Seele. Die Sophrologie, das von diesem Mediziner mit der unerschütterlichen Vision geschaffene System, hat vor drei Jahrzehnten in Europa Fuß gefaßt als eine Methode, die Kranke heilt – und erstklassige Sportler hervorbringt.

Raymond Abrezol, der großgewachsene, athletische Schweizer Sophrologe, der Bergsteigen, Skifahren, Tauchen mit Atemgerät und Schwimmen mit Delphinen liebte, führte die Sophrologie völlig natürlicherweise als Vorreiter in den Sport ein. Caycedos spezielle »dynamische Übungen« – teilweise autogenes Training, teilweise meditatives Bewegungstraining, ähnlich den mit feinstofflicher Energie und Ausgleichsprozeduren arbeitenden östlichen Übungen – stehen im Mittelpunkt jeder angewandten Sophrologie. Die dynamischen Übungen würden als solche ein ganzes Buch füllen. Hier wollen wir wenigstens einige Tips aus dem Sophrologie-Training nennen, das sich als ungeheuer erfolgreich erwies bei Weltsportlern, Profis wie Amateuren, die an Hochleistungswettkämpfen teilnehmen. Dr. Abrezol führt acht besonders wichtige Trainingsschritte an.

1. Lernen Sie, sich nach Belieben mental zu entspannen.
2. Lernen Sie, auf Wunsch physisch entspannt zu sein und sich Ihres Körperbildes bewußt zu werden. Stärken Sie mittels Visualisierung und innerer Wahrnehmung Ihr Gefühl für Ihr Körperbild.

(Dies wirkte Wunder bei einem Mitglied der schweizerischen alpinen Nationalmannschaft. Der junge Mann klagte bei Abrezol über Mangel an Koordination und Kraft. Als er ein bewußtes Bild von seinem ganzen Körperschema entwickelte, machte irgend etwas klick. Seine Kräfte nahmen dramatisch zu, und er gewann bei den Olympischen Spielen in Albertville eine Medaille für sein Team.)

3. Entwickeln Sie bewußt übezeugten Optimismus. Lösen Sie negative, kritische Erinnerungen auf, und ersetzen Sie sie durch freudige in der Gegenwart.
4. Lernen Sie, sich im Hier und Jetzt zu konzentrieren, so daß Sie während des Wettkampfs völlig anwesend sind, körperlich wie geistig.
5. Wenden Sie die Caycedo-Übungen an, damit Sie bis zum Rand mit Energie, großer Freude und Dynamik angefüllt sind.
6. Schärfen Sie Ihr Wahrnehmungsvermögen, Ihr Erspüren der Konkurrenten und Mannschaftskollegen.
7. Üben Sie Selbstbeherrschung durch Projektion in die Zukunft. Schulen Sie mittels Imagination Ihr Körperbewußtsein sorgfältig, und seien Sie sich darüber im klaren, daß das, was Sie projizieren, stattfinden wird.
8. Lernen Sie loszulassen.

»Natürlich coacht man ein Profi-Hockeyteam anders, als man einen Sprinter trainiert«, sagt Abrezol, »und bei der Vorbereitung der Menschen auf eine Regatta werden andere Aspekte betont als bei einem Segelwettbewerb, der rund um die Welt führt.« Und wieder anders beim Boxen. Ein siebenundzwanzigjähriger Mittelgewichtler hoffte, die Sophrologie könne ihm helfen, seine schwächende »tiefe emotionale Qual« vor den einzelnen Runden zu überwinden. Er fürchtete sowohl den Ausgang des Kampfes als auch die Blicke der ihn beobachtenden Zuschauer. Abrezol schulte ihn in den Sophrologie-Verfahren, von der Erlangung eines klaren Körperbildes bis zur Ersetzung negativer vergangener Erinnerungen durch freudige gegenwärtige. Der Boxer lernte, die Zehen seines linken Fußes fest zusammenzupressen, um – in jedem Moment – Entspannung auslösen zu können; zwischen den Runden führte er Atemübungen und bestimmte Halsbewegungen aus, um Sauerstoff in sein Gehirn zu befördern und es klar zu machen. Der zuvor so schüchterne, leicht irritierbare Boxer gewann von seinen nächsten sechs Kämpfen fünf, drei durch K. o., und im März 1991 wurde er Europameister im Mittelgewicht. Er schrieb: »Die Sophrologie kam mir auch in meinem Alltagsleben schnell zugute. Ich entdeckte andere Werte, lernte mich selbst kennen und kann jetzt schwierigen Problemen ins Auge sehen.« Für Abrezol ist es ein großes Anliegen, sicherzustellen, daß Sportler über den Sport hinaus für das Leben geschult werden. »Nach ein paar Jahren, in denen sie umschmeichelt werden, müssen sie gezwungenermaßen aufhören – in relativ jungem Alter. Sophrologie führt sie zu Erfolg im Leben.« Immer wieder heißt es, Sport forme den Charakter, erzeuge Führungspersönlichkeiten. Gleich Superlearning dürfte die sophrologische Vorgehensweise, besonders beim Training von Kindern und Jugendlichen, den Menschen ein besseres Rüstzeug für Erfolg in diesem und im nächsten Jahrtausend geben als die alte Vorgehensweise, die nach dem Motto arbeitet: Die Konkurrenten einschüchtern, sich durchsetzen, siegen um jeden Preis.

Mit Hilfe der sophrologischen Grundregeln rettete Abrezol die Tochter eines Skiläufers, der dank Abrezols Trainingsanleitungen bei den Olympischen Winterspielen von Grenoble 1968 eine Medaille gewonnen hatte. Das übergewichtige fünfzehnjährige Mädchen hatte sich das Knie verletzt; jetzt fürchtete es die Geschwindigkeit, eine zweifellos schwerwiegende Blockierung im alpinen Skilauf. Geistkörper-Training mit besonderer Betonung der mentalen Schmerzkontrolle vermittelte dem Teenager ein erhebendes Gefühl der Selbstbeherrschung. Die Pfunde schwanden, als sie an die Spitze der Schweizer Juniorennationalmannschaft rückte und dann Juniorenweltmeisterin wurde.

Wochen vor großen Wettkämpfen beginnen Abrezols Klienten damit, in ihr Körperbewußtsein Erfolgsabläufe einzubauen. Immer wieder stellen sie sich in allen Einzelheiten den bevorstehenden Wettkampftag vor, angefangen von dem Moment am Morgen, in dem sie die Bettdecke zurückschlagen. Vor ihrem geistigen Auge und mit ihren Körpersinnen erleben sie den Tag Schritt für Schritt. Das an Energiespendern reiche Frühstück, die Fahrt zur Wettkampfstätte, das Innehalten, um vor der Aufstellung zum Start einen Erfolgszustand auszulösen, den eigentlichen Wettkampf und schließlich den tosenden Applaus und das Gewicht der Medaille, die ihnen um den Hals gehängt wird. Dies ist Sophrologie vom Stil »den Kampf siegreich bestehen«, und sie funktioniert.

Würden Sie bei Abrezol trainieren, fiele Ihnen auf, daß er eine außergewöhnlich melodiöse, sinnliche Stimme hat, die Sie unwiderstehlich in leuchtende mentale Bilder hineinzuziehen scheint. Dies ist ein Hauptbestandteil der Sophrologie, *Terpnos logos* genannt, ein Ausdruck, der von Platon stammt. Er bezeichnet die Vorstellung, daß bestimmte stimmliche Töne, genau wie Musik, den Zuhörer subtil beeinflussen können. Abrezol verwendet auch Musik, besonders *Turning Sound,* um den Sportlern zu helfen, Schmerzen zu kontrollieren.[1]

Ein Weg zu »transzendentaler Expansion der Persönlichkeit«

In einer französischen Ausgabe der *Caycedian Sophrology Review* von 1993 gab Louis Fernandez einen Überblick über die glänzenden Erfolge der Sophrologie im Hochleistungssport. Er notierte, daß 80 Prozent der Trainer europäischer Nationalmannschaften heute in einer Art vorgehen, die auf Caycedos Vision basiert, und verzeichnete zahlreiche Olympiamedaillen und Weltmeisterschaften: Claude Quittet gewann den Weltcup im alpinen Skilauf und Didier Bouvet jenen im nordischen Skilauf. Die französische Fechtnationalmannschaft wurde zweimal Vizeweltmeister; der Boxer Richard Sylla verteidigte zehnmal erfolgreich den französischen Meistertitel, wurde Europameister, WKA-Titelträger und trat unbesiegt ab. Der Weltrekordhalter über 400 Meter, A. Canti, trainierte mit Sophrologie, ebenso Thierry Vigneron, Olympiazweite über 400 Meter. Die Radsportler P. Da Rocha und Philippe Boyer verursachten einen Skandal, als sie bei der Weltmeisterschaft den zweiten Platz ergatterten. Mit ihren 29 Jahren mußten sie längst auf dem absteigenden Ast sein, also konnten nur Drogen ihnen zu dem Erfolg verholfen haben, wurde behauptet. Untersuchungen erbrachten jedoch, daß es die Sophrologie war, die ihnen den Anstoß in Richtung Sieg gegeben hatte. Das tat sie auch bei der Rugby-Profimannschaft von Béziers, die neunmal französischer Meister wurde, und bei dem Rugby-Team, das 1992 die französische Universitätsmeisterschaft

---

[1] Siehe auch Seite 102 ff.

gewann. Olympiamedaillen im Tischtennis und Welttitel im Rudern sowie im Volleyball sind laut Fernandez nur ein Teil des verblüffenden Erfolgsreichtums.

Die Sophrologie bescherte Frankreich auch Erfolge bei einer Olympiade anderer Art, der Weltschau des Gewerbes, auf der Fachleute aus 37 verschiedenen Gewerben miteinander in Wettstreit traten. Von 1950 bis 1980 errang das französische Team kaum einmal eine ehrende Erwähnung. Mitte der achtziger Jahre wandten sich die Werkzeugmacher, Industriedesigner, Mechaniker, Steinmetze, Küchenchefs und Friseure der Sophrologie zu. 1987 gewannen sie fünf Medaillen. Und 1989 bei den Wettbewerben in Birmingham/England errang Frankreich elf Medaillen und siegte als Gesamtmannschaft.

Wie Abrezol, so orientiert sich auch Fernandez an Caycedos Vision und sieht eine Ausbreitung der Sophrologie weit über Wettkämpfe hinaus. Praktiziert man sie auf hohem Niveau, so sagt er, »wird sie zu einer existentiellen Frage, sie öffnet Sie für maximale Freiheit, Verantwortlichkeit und die transzendentale Expansion Ihrer Persönlichkeit«. Amerikanische Führer würzen ihre Reden gern mit Bildern aus dem Sport. Vielleicht wäre es an der Zeit, daß sie einige Bilder aufgreifen, die aus der Wissenschaft vom harmonischen Bewußtsein, der Sophrologie, stammen.

19
Alte Gehirne, neue Tricks

»Stellen Sie sich eine ziemlich weit heruntergebrannte Kerze vor«, sagt Dr. Monique Le Poncin. »Vielleicht ist nur noch ein Wachsstummel übrig, doch die Flamme brennt genauso hell und so hoch wie zu der Zeit, als die Kerze neu war.« Diese Kerze läßt sich mit unserem Körper vergleichen, wenn wir alt werden, die Flamme kann der Geist sein. Le Poncin verbrachte als kleines Mädchen in Großbritannien glückliche Stunden mit Menschen, bei denen das Wachs des Lebens allmählich knapp wurde. »Diese alten Menschen der ländlichen Gegend Britanniens waren oft wirklich starke Naturen und hatten ein phantastisches Gedächtnis.« Der Zauber, den die weisen Alten in ihrer Kindheit auf sie ausübten, bewog Le Poncin nach einer vielseitigen wissenschaftlichen Karriere, in Bicêtre das französische Nationalinstitut für Erforschung und Prävention des zerebralen Alterns zu gründen und die Leitung zu übernehmen. Sie wußte, daß es mit alternden Menschen keineswegs geistig bergab gehen mußte. Das kann sie inzwischen mit eigenen bahnbrechenden Hirnforschungen beweisen.

Le Poncin, in Neuropharmakologie sowie Physiologie geschult und auf Gedächtnisforschung spezialisiert, verwendete in Frankreich als eine der ersten Technologien, die mit Bilddarstellung arbeiten, etwa die Tomographie, um die in den Gehirnen von Tier und Mensch ablaufende vielfältige Aktivität aufzuzeichnen. Falls Sie fürchten, Ihre Geisteskraft zu verlieren, weil Sie altern, sagt Ihnen Le Poncin rundheraus: »In Ihrem Gehirn findet nicht genügend Aktivität statt. Sie benutzen nur einen kleinen Teil Ihrer Talente und haben zu viele stille, unstimulierte Hirnzellen oder Neuronen.« Sie sind, wissenschaftlich gesprochen, ein Fall von »Hypoeffizienz« des Gedächtnisses. Einfach ausgedrückt: es benutzen oder es verlieren.

Reklame für Hirnfitneß-Zentren

In unserer schnellebigen Zeit fühlen sich ältere Menschen oft aufs Abstellgleis geschoben, wenn sie in Rente gehen oder physisch langsamer werden. Sie beginnen sich vom Leben abzukoppeln. Wenn sich ihr Gesichtskreis verkleinert, mangelt es jedoch immer mehr Bereichen ihres Gehirns an Stimulation, was zur Folge hat, daß sich ihr Gesichtskreis noch mehr verengt – ein Teufelskreis. Dieselbe tödliche Wirkung kann übrigens Überspezialisierung in jedem Alter haben, stellte Dr. Le Poncin fest. Auch in mittlerem Alter kann das gleiche geschehen, wenn die Menschen ihre Neuronen ebenso »Trägheitsfett« ansetzen lassen wie ihre Taillen. Geschieht irgend etwas, das den täglich gleichen Trott durchbricht, verfügen sie nicht über die nötige geistige Flexibilität, um wirksam zu reagieren. Sie haben nicht die geistigen Mittel, sich zu ändern. Das sind die Menschen, die in den Hirnfitneß-Zentren auftauchen, die Le Poncins Institut in Frankreich betreibt, und klagen: »Mein Chef will mich an einen Computer setzen. Ich glaube nicht, daß ich das schaffe.« – »Meine Beförderung hängt davon ab, daß ich Deutsch kann. Ich bin aber zu alt, um eine Fremdsprache zu lernen.« (Le Poncin registriert, daß es vor noch nicht langer Zeit die Sechzigjährigen waren, die sich Sorgen wegen des Nachlassens ihres Gedächtnisses machen. Heute hört man solche Klagen häufig schon von Vierzigjährigen. Amerikanische Ärzte bemerken diesen beklagenswerten Trend ebenfalls.)

Die Anmeldung in einem Hirnfitneß-Zentrum verläuft etwa so, als würden Sie sich auf körperliches Trainig vorbereiten. Sie werden einer raschen Beurteilung Ihres geistigen und körperlichen Zustands unterzogen. Sind Sie deprimiert? Brauchen Sie eine Brille? Vergeßlichkeit ist zu einem großen Teil auf unscharfe Sinne zurückzuführen. Manchmal kommt das Gedächtnis dank einer neuen Brille oder einer Hörhilfe wie durch ein Wunder wieder. Als nächstes wird bei Ihnen ein »Hirnabdruck« gemacht, das heißt, es werden Bilder von der emsigen oder fehlenden Geschäftigkeit in Ihrem Kopf aufgenommen. Um Ihre Angst zu zerstreuen und Sie in den richtigen Zustand zum Üben zu bringen, wird mit Ihnen ein wissenschaftliches Aufmunterungsgespräch geführt.

Der Körper verliert mit zunehmendem Alter an Kraft, aber beim

Gehirn muß das keineswegs genauso der Fall sein. Wir verlieren zwar täglich Hirnzellen, etwa zwei Milliarden bis zum Alter, doch es bleiben uns immer noch 13 Milliarden, und das ist mehr als genug. Im letzten Jahrzehnt stellten Forscher rund um die Welt fest, daß auch die Zellen alter Gehirne neue Tricks lernen können. Die Gehirne entwickeln weiterhin Dendriten, stellen Verbindungen her, lernen – vorausgesetzt, es ist etwas da, das sie verlockt und reizt. Das ist der Schlüssel zur Neubelebung Ihres Daseins: Verlockung, Motivation.

Ins Auge springt die Bedeutung der Motivation bei einer der wichtigsten Entdeckungen Le Poncins, einer Entdeckung bei einem Rattenexperiment, das wieder einmal auch für uns von Wichtigkeit ist. Als Le Poncin bei den Ratten Bedingungen schuf, um die Motivation auszuschalten, wurden sie völlig träge. Ihre Gehirne schalteten die Lichter aus, ganze Scharen von Zellen erstarrten in Bewegungslosigkeit. Binnen kurzem – und dies ist der Punkt, der zum Durchbruch führte – wurde aus der Ruhe ein tatsächlicher Verfall von Neuronen. Hirnschädigungen traten auf. Mit den Zellen ging es rapide bergab, obwohl Le Poncin den Tieren physisch nichts angetan hatte. Lediglich die Motivation hatte sie ausgelöscht. Le Poncin und ihre vielen Kollegen besitzen über Jahre hinweg gesammelte Beweise, daß Menschen in die gleiche Fallgrube stürzen können.

Der »fröhliche Gerontologe« Alex Comfort behauptete: »Alte Menschen werden aus drei Gründen wahnsinnig. Weil sie schon verrückt waren, als sie jung waren, weil sie eine Krankheit haben, oder weil wir sie in den Wahnsinn treiben.« Um einen schwächer werdenden Menschen in die richtige Richtung zu lenken, sollten Sie etwas unternehmen, damit seine Motivation erwacht. Und wenn es nach Le Poncin ginge, sollten Sie ihm zu einem Monat der Hirnfitneß-Übungen verhelfen. Ähnlich wie ein Rätsel in den Büchern mit Denksportaufgaben, trainieren diese mentalen Fitneßübungen verschiedene Arten des Denkens: unter anderem das wahrnehmende, das logische und das visuell-räumliche Denken. »Die geistige Agilität kehrt bei den meisten Menschen mit spektakulärer Geschwindigkeit zurück«, berichtet Le Poncin und untermauert ihre Aussage mit einer ganzen Reihe signifikanter Statistiken.

Erleidet eine voll austrainierte Sportlerin eine Verletzung, erholt sie sich gewöhnlich schneller als ein träger Sofahocker. Eine ähnliche Art von Versicherung ist ein hellwaches Gehirn. »Es verleiht

Ihnen strategische Mobilität«, erklärt Le Poncin, »wenn die scheinbar überwältigenden Veränderungen in der Umwelt Sie erschüttern. Sie verfügen über ein Bataillon fitter Neuronen, das bereit ist, in die Bresche zu springen und sich schulen zu lassen.« Neue amerikanische Forschungen an der New Yorker Columbia-Universität und am Universitätscollege von San Diego stützen diese Aussage. Hochintelligente oder sehr gebildete Menschen mit mehr Nervenschaltstellen und mehr Verbindungen zwischen ihnen überstehen Hirnvernarbungen viel eher ohne merkliche Auswirkungen als Menschen, deren Gehirne weniger entwickelt sind. Außerdem setzen bei ihnen die Verheerungen der Alzheimer-Krankheit, sofern sie davon befallen werden, langsamer ein. Falls Sie Ihr Gehirn ständig trainieren, also nicht zu viele Zellen ruhig und bewegungslos werden lassen, können Sie jede Art von Hirndegeneration verhindern oder zumindest lange hinausschieben. Hirnfitneß ist eine Garantie für die Zukunft. Eine Zukunft voller Leben, wie es jene wunderbaren alten Menschen verkörpern, die – wie der große irische Dichter William Butler Yeats – wissen, daß das Alter eine magere Zeit sein kann, »außer die Seele klatscht in die Hände und singt und singt lauter mit jedem neuen Riß in ihrem sterblichen Kleid«.

Nicht resignieren – sich engagieren

Offenbar gibt es noch einen anderen Weg, Ihren Geist jung zu halten: Werden Sie ein Superlearning-Lehrer. Engagieren Sie sich im Alter statt zu resignieren, um Ihr Gehirn wieder »anzuheizen«. Viele arbeiten im Alter intensiver als je zuvor, denn sie haben genug Zeit und Freiheit, neue Ideen umzusetzen, während sie anderen helfen, bessere Lern- und Lehrverfahren zu finden. Seit Albert Boothby aus dem Schuldienst ausgeschieden ist, hat er nicht nur die »schlimmsten« Klassen in seinem einstigen Schulbezirk übernommen, sondern er schult auch jüngere Lehrer, denn er fand, es sei »an der Zeit, mittels Superlearning die Lehrer rundzuerneuern und auf Tempo zu bringen«. Was uns anfangs überraschte: Es waren die älteren Lehrer, nicht die reformfreudigen jungen, die sich für die Ideen von Superlearning stark machten. Verständlich wurde es, als uns Bruce Tickell Taylor erklärte: »Nach Jahrzehnten des Unterrichtens wird einem schmerzlich bewußt, daß es einen besseren Weg geben *muß*.« Der ältere Lehrer kann aus seinen Lebenserfahrungen schöpfen, um die Superlearning-Methoden zur vollen Entfaltung zu bringen.

Als Ruheständler gründete Taylor das Accelerative Tutoring and Transformations Institute, von dem aus er ein unbezahlbar wertvolles Netz interessierter Lehrer und Lerner knüpfte. Er fertigte auch Tonbänder an, die in einem Dutzend Länder der dritten Welt erprobt werden. Sie basieren auf einer vereinfachten Superlearning-Methode, die sich für alte und junge Menschen gleichermaßen eignet.[1] Wenn die Kinder das Elternhaus verlassen, wenn der Ruhestand erreicht ist, hebt sich für viele Menschen der Vorhang zu Akt drei: Ein Drittel ihres Lebens liegt frei und offen vor ihnen. Manchen bietet sich jetzt erstmals die Chance, überhaupt zu ergründen, wofür sie geboren sind. Der bekannte, selbst schon ältere Psychoanalytiker Rollo May glaubt, Kreativität sei *die* Lösung für das Altern: »Mit Kreativität meine ich, auf die eigene innere Stimme zu horchen, auf die eigenen Interessen und Wünsche.« Man kann sich fast allem zuwenden, fast alles aufgreifen, findet May, »doch es muß etwas Neues sein, irgendeine frische Idee, bei der man Feuer fängt ... *Frisch* muß sie sein, nicht *jung* oder *neu*. Je älter wir werden, desto frischer sollten wir werden.«

Als man in Pflegeheimen Neunzigjährige an Fitneßgeräten trainieren ließ, nahm ihre Muskelkraft dramatisch zu. Um so mehr können Ihnen im Alter von fünfundsechzig oder siebzig Jahren die grundlegenden Superlearning-Verfahren helfen, die nötige geistige Muskelkraft zu erlangen, um den Sprung in ein »frisches« Gebiet zu wagen. Vielleicht handelt es sich um ein Gebiet, das Sie verzweifelt brauchen, sagt Karen Sands. Sie war leitende Angestellte bei Fortune 500 und floh aus der zusammenbrechenden Unternehmenspyramide, um ihre eigene Firma zu gründen: Future Works, womit sie vor allem Frauen helfen will, im Alter neue Erfüllung zu finden und die Möglichkeit zu erhalten, Leistung zu bringen. »Bis zum Jahr 2000 wird etwa ein Drittel unserer Bevölkerung über fünfzig sein«, betont Sands. Nach ihrer Meinung muß es dadurch nicht zu einer Belastung der Wirtschaft kommen. Sie sieht in den älteren Menschen viel mehr ein großes Reservoir an Talent und Erfolg, das für den Aufbau einer humaneren Gesellschaft im neuen Jahrtausend von

---

[1] Siehe dazu Seite 343f.

Nutzen sein wird, und eine besonders nötige Hilfsquelle angesichts der erzieherischen Katastrophen, die sich bei den jüngeren Generationen abzeichnen. Wie alle anderen Strukturen, so beginnt auch die Auffassung vom Altern aufzubrechen. Es ist eine gute Zeit, um alt zu werden; und Sie können dazu beitragen, das künftige »frische Gesicht« des Alters zu formen.

Schrecken Sie nicht davor zurück, wieder zur Schule zu gehen. Sollten Sie das Gefühl haben, daß Ihr Verstand nicht so schnell arbeitet wie jener von Neunzehnjährigen, verlieren Sie nicht den Mut. Denken Sie an die Bemerkung, die der berühmte australische Physiologe Sir John Eccles gegenüber einem schlagfertigen Studenten machte. »Wenn Sie versuchen, etwas zusammenzustellen, haben Sie nur eine einzige Aktenschublade, in der Sie suchen können. Ich habe ganze Schränke voll.« Eine Reihe neuer Studien hat ergeben, daß bei Menschen über sechzig und oft weit darüber die Lernfähigkeit ebenso groß ist wie bei jungen Menschen. Theoretisch müßten die Senioren sogar bessser lernen als die Jungen. Sie verfügen ja über weit mehr Assoziationen und Erfahrungen, mit denen sie den Lernstoff verknüpfen können. Die Jungen verfügen gewöhnlich nur über theoretisches Wissen. Die Alten können mit ein bißchen Anstrengung zu Weisen werden – und den dritten Lebensakt zu dem machen, was er eigentlich sein sollte: zu einem dramatischen, befriedigenden Höhepunkt.

20
Lernen als Chaostherapie

»Mögest du in interessanten Zeiten leben«, lautet ein chinesischer Glückwunsch, der zum Segen gereichen soll – aber auch zum Fluch werden kann. Wir leben offenbar in einer äußerst interessanten Zeit, und es ist etwa so, als hätte das Archiv des Jahrtausends sein Buch aufgeschlagen und unsere Welt derart ins Rampenlicht gerückt, daß man nirgends mehr einen Ort findet, wo man sich verstecken kann. Die Nerven der Menschen sind gespannt, und es wäre nicht sehr klug, auf irgendeine Rettungsmannschaft zu warten. Damit das Sprichwort uns wirklich zum Segen gereicht, müssen wir in uns selbst und in der Welt neue Möglichkeiten aufspüren und nutzen: aussichtsreiche Möglichkeiten, evolutionäre Möglichkeiten, dringend nötige Möglichkeiten in unserer Ära des inneren und äußeren Chaos, kurz: eine wirksame Chaostherapie.

Superlearning-Systeme sind ganz sicher nicht der einzige Weg zu dem, was Win Wenger als »unser erhabenes menschliches Erbe« bezeichnet. Sie sind jedoch eine gute Ausgangsbasis mit mehreren brauchbaren Ansätzen. Im Gegensatz zu vielen anderen guten Ideen bietet das beschleunigte Lernen genau in diesem Moment erwiesenermaßen bewährte Verfahren zur Lösung unserer vertracktesten Dilemmas, von Problemen, die sowohl öffentlicher als auch sehr persönlicher Natur sind: Wie sollen bzw. werden wir lernen? Wie sollen bzw. werden wir Geld verdienen?

»Dies ist ein Weckruf!« erklärte US-Bildungsminister Richard Riley im September 1993, als er die Ergebnisse einer Regierungsstudie bekanntgab, während für die Kinder gerade nach den Ferien die Schule wieder begann. »Siebenundvierzig Prozent der Amerikaner sind Analphabeten! Es mangelt ihnen an den Grundkenntnissen im Lesen, Schreiben und Rechnen, um in unserer immer komplexeren Wirtschaft wettbewerbsfähig sein zu können.«

Betroffen sind also neunzig Millionen Amerikaner. David Toolan, einer der Chefredakteure von *Commonweal,* bezeichnete dies als

»das Erschreckendste, was ich seit Jahren in den Nachrichten gehört habe«. Und die Katastrophe beschleunigt sich: Vor einem Jahrzehnt waren »nur« 33 Prozent der Amerikaner funktionell Analphabeten. Manche Kinder lernen natürlich auch heute sehr gut. Warum aber wird über etwas, das in den dreißiger, vierziger und fünfziger Jahren als halbwegs normal betrachtet wurde, jetzt in den Medien so oft voll tiefster Besorgnis berichtet? Was geht hier vor? Ist Amerika das Land der Freien und das Zuhause der Dummen? Angefangen von wachsender Gewaltbereitschaft und dem Fehlen irgendwelcher moralischer Werte bis zu Drogen, Armut, Verwahrlosung und elterlicher Pflichtverletzung – jedermann kennt eine Begründung für das Unheil und damit wahrscheinlich auch ein Stückchen der Wahrheit. Was jedoch tief im Inneren nicht in Ordnung ist, dürfte grundlegenderer Natur sein, es ist vielleicht eine Wurzeldissonanz, als deren Folge alle Bemühungen scheitern, das System funktionstüchtig zu halten. Zu dieser Erkenntnis gelangten Don Schuster und seine Frau Margaret, eine Künstlerin, als sie sich auf das Wesen des Lernens konzentrierten, statt zu versuchen, die Bildung »vor Ort« besser zu gestalten. Die beiden arbeiteten auf breiter Basis und in einer Weise, wie es bis dahin noch niemand getan hatte.

Die Schusters untersuchten in einer die ganze menschliche Geschichte umfassenden, multikulturellen Studie, welche Arten des Lernens im Ablauf der Zeit mit den einzelnen Kulturzyklen einhergingen. Blickt man durch ihr Weitwinkelobjektiv, wundert man sich nicht mehr darüber, daß viele von uns bei dem Gedanken an Lernen und Veränderung zu ersticken meinen oder daß die Lese- und Schreibfähigkeit rapide abnimmt und die Kinder in Massen aus der Schule davonlaufen. Wir haben uns völlig festgefahren in einem Rahmen von Bezugspunkten, die für unsere letzte Wachstumsphase durchaus geeignet waren, jetzt aber weiteres Wachstum abwürgen. Historisch gesehen muß Lernen, das kompatibel ist mit unserer kulturellen Phase – einer potentiell blühenden, dem Höhepunkt zustrebenden Phase –, offen sein für Spontaneität und Emotion sowie für Vernunft und Verstand. Es muß eine Art des Lernens sein, die auch die Phantasie und die Reichtümer der Kunst einbezieht, also einer Phase gemäß ist, in der selbstverfügte Freiheit die Reglementierung überlagert und das Interesse sich der Erforschung des ganzen Menschen, des Subliminalen bzw. Unterschwelligen und des Sublimen zuwendet.

Darin liegt möglicherweise der Grund, warum so viele verschiedenartige Menschen das beschleunigte Lernen als genau richtig empfinden. Es entspricht unserem gegenwärtigen Standort. Aber auch noch jenem, an dem wir uns im Jahre 2001 zu befinden hoffen? Dr. Mayumi Mori beispielsweise zweifelt daran. Obwohl das Bildungssystem ihres Landes sich ein Jahrhundert lang hervorragend bewährt hat, glaubt sie, daß es für die Menschen wichtiger ist denn je, zu lernen, *wie* man lernt. Nur so ließe sich sicherstellen, daß die »Japaner im 21. Jahrhundert Mitwirkende sind statt Zuschauer«. Wie Mori intuitiv erkannte, beginnen sich die Risse in den japanischen Institutionen zu vermehren, genau wie überall. So nützlich eine Institution in der Vergangenheit auch gewesen sein mag, wenn sie nicht in Einklang mit den ungeheuren Veränderungen steht, die das Leben umformen, befindet sie sich auf einem rutschigen Abhang.

Gleich am Beginn des Lernens im Superstil gab es einen dramatischen Hinweis darauf, daß es etwas bot, was anderswo fehlte. Besonders deutlich sah man das bei jenen Kindern, die für negative Schlagzeilen sorgten. Wurden Kinder, die nahe daran waren, aus dem Schulbetrieb auszusteigen, von fortschrittlichen Lehrern in die »bessere Lernweise« eingeführt, stiegen sie in überwältigender Zahl neu motiviert wieder ein. Die ganz auf den Lerner konzentrierte Methode kam auch bei den sehr guten Schülern gut an, denn nun erhielten sie die Freiheit, sich über Langeweile und Frustration hinaus in weiterreichende Gefilde emporzuschwingen.

Fast die Hälfte der Schulaussteiger kann nicht gut genug lesen, schreiben oder rechnen, um einen einigermaßen befriedigenden oder überhaupt einen Job zu bekommen. Superlearning erwies sich von einem Land zum anderen als ideal für den raschen Erwerb dieser Grundfähigkeiten. Ein halbes Dutzend Professoren hat vollwertige beschleunigte Leseprogramme geschaffen und getestet.

Ein Viertel der neunzig Millionen Analphabeten Amerikas sind Einwanderer, denen Sprachschwierigkeiten die Zunge lähmen. Wie John Wade im australischen Einwanderungsamt eindrucksvoll demonstrierte, vermag schnelles Lernen Neuankömmlinge unterschiedlichsten Herkommens so zu entspannen und zu fördern, daß sie in relativ kurzer Zeit vollwertige Mitglieder der Gesellschaft ohne allzu schwere Traumen werden. Warum tun sich die Verantwortlichen in anderen Ländern so schwer, den gleichen Weg zu beschreiten?

Superlearning kann man überall anwenden, fast ohne Kosten; ein Lautsprecher mitten im Dorf und ein wohlmeinender Kenntnisvermittler genügen. Die ergreifendsten Briefe erhielten wir von jungen Bantu-Männern in Südafrika, die Krankenpfleger werden wollten, und von einer englischen Touristin, die Superlearning-Verfahren sowie die Musik erhalten hatten. Die jungen Männer schrieben von ihren Träumen, die sich jetzt verwirklichten. Zum ersten Mal glaubten sie, eine Zukunft zu haben. Aufmerksamkeitsdefizit, Legasthenie, Schreibunfähigkeit, Autismus – die Lernstörungen breiten sich so rasant aus, daß man sie für ansteckend halten könnte. Wenn Sie sich umsehen, werden Sie aber auch feststellen, daß wir hüfthoch inmitten von Lösungen stehen. Können wir es uns wirklich leisten, einfach so »weiterzuwursteln«, hirntot zu bleiben für die sich bietenden Chancen? Der Feind – das sind wir! Das ist der Ruf eines vergangenen Jahrzehnts. Was wir jetzt brauchen, ist etwas in der Art: »Schickt die Schuld zum Teufel, legt die Opferrolle ab!« Und dann mit Vollgas voraus, dem Aufruf eines Lehrers folgend, der bei Rosella Wallace Superlearning kennengelernt hatte und schrieb: »Jedes Schulamt, jeder Lehrer, Schüler, Rektor, einfach jeder, der etwas mit Erziehung zu tun hat, sollte Rosella Wallaces Kursmaterial nehmen und ihre Prinzipien und Praktiken im Klassenzimmer anwenden, jetzt, jetzt, jetzt!«

»Amerikas Chance wird aus dem Volk kommen«

»Mit ›Die Reichen und die Armen‹ werden künftig jene gemeint sein, die lernen können, und jene, die es nicht können, und die einen werden sich noch weiter von den anderen entfernen«, bemerkte ein Fabrikant, als er von Minister Rileys Statistiken hörte. Menschen, die Leute einstellen, benötigen keine Regierungsangaben, um zu wissen, daß die schwere Last der unbrauchbaren Arbeitskräfte uns auf einem schmalen Grat ins Wanken geraten läßt.

Weil sich das Vertraute rasch fortentwickelt, in vielfältige neue Szenarien hinein, läuft fast jeder Gefahr, auf seinem Gebiet ein Analphabet zu werden. Fast jeder hat das Gefühl, daß es unmöglich ist, auf dem laufenden zu bleiben. Superlearning kann der Schulung, Nachschulung und Umschulung einen kräftigen Schub geben. Es steigert die Fertigkeiten und senkt den Streß, spart Zeit, Geld und

Mittel. Von Ohio bis Heidelberg fällt es älteren Arbeitnehmern, wenn Barockmusik sie umhüllt, wesentlich leichter, sich von alten Gewohnheiten zu lösen und zu neuen Techniken oder Methoden überzugehen. Das beschleunigte Verfahren kann mit fast jeder Lernsituation fertig werden. »Die Produktivität steigt«, wie Dieter Jaehrling von Audi betont, »wenn gesündere Menschen in einer humanen Umgebung arbeiten.« Und der amerikanische Arbeitsminister Robert Reich glaubt: »Amerikas Chance wird aus dem Volk kommen.«

Die Busineß-Psychologin Marsha Sinetar schaute sich Prognosen an, denen zufolge 70 Prozent von uns im nächsten Jahrtausend – oft gezwungenermaßen – unternehmerische Arbeit leisten werden. Sie erkannte, daß wir eine neue Einstellung dazu brauchen. »Persönliche Neuerfindung oder persönliche Unternehmerschaft«, forderte sie und legte das Fundament in ihrem Bestseller *Developing a 21st Century Mind* (Entwicklung eines Geistes des 21. Jahrhunderts). Dies ist ein »kreativ anpassungsfähiger« Geist voll »Findigkeit« im Lernen. Wirtschaftsexperten aus verschiedenen Branchen wiederholen ständig: Lernen Sie, wie man sich ständig »neu erfindet« und »neu schafft«, um im 21. Jahrhundert Erfolg zu haben. Das klingt anstrengend, sogar als Idee, wenn man es aus der alten Montagabend-Denkweise betrachtet. Doch es scheint leicht, wenn man sich auf das neue Potentialbewußtsein des Geistes einstellt, auf den Zustand, ein Superlerner zu sein.

Wir müssen, schlicht gesagt, unsere düsteren alten Gefühle über lebenslanges Lernen aufgeben, welche leider noch immer genährt werden von der altertümlichen Erziehung, die Schüler vollstopft, wie man Würste stopft. Es ist an der Zeit, die Landschaft mit anderen Augen anzuschauen. Fast jeder Baum, den Sie kennen, treibt neue Zweige nach oben und außen, vergrößert seinen Umfang, bringt mit den Jahreszeiten neue Blätter und Früchte hervor. Für uns jedoch gilt, was der Sachbuchautor Tam Mossman feststellt: »Die Menschen vegetieren mental und physisch in einer Weise dahin, die jede gesunde Pflanze entsetzlich fände!«

Wie die Männer und Frauen im Raumschiff Enterprise, so schieben auch die nächsten Generationen von Superlernern die Grenzen garantiert weit hinaus. Einige Welten, auf die sie Anspruch erheben, sind schon in Sicht: die Verwendung von Sound, Duft, Kraftfeldern; die Verwendung interaktiver globaler Informationsnetze und der virtuellen Realität, um dem Klassenzimmerkasten zu entfliehen.

Lerner des 21. Jahrhunderts werden Zustandswechsler sein, manche werden dazu technische Mittel einsetzen, andere nur sich selbst als Instrument benutzen. Geistkörper – wir haben gerade erst angefangen, dieses einheitliche System zu sondieren. Je mehr sich die Erkenntnisse vertiefen, desto besser wird es uns gelingen, die verwandelnde Energie der Künste sowie die ehrfurchtgebietende Schöpferkraft von Phantasie und Gedächtnis zu handhaben. Und wie wäre es, würden wir endlich unsere sogenannten paranormalen Kräfte integrieren, während neue Generationen dorthin drängen, wohin bis jetzt nur Superstars gelangen?

Lernen gebärt Lernen, Phantasie macht von sich aus fröhlich Bocksprünge. »Die Welt ist nicht nur sonderbarer, als wir uns vorstellen. Sie ist sonderbarer, als wir uns vorstellen *können*«, sagte der britische Biologe J. B. S. Haldane Anfang des Jahrhunderts. Nachdem das Leben nun auf Überschall umgeschaltet hat, werden wahrscheinlich viele von uns noch überrascht werden von dem, was sie sich bisher nicht vorzustellen vermochten.

Andererseits wird die Zukunft teilweise der geistigen Vorstellung entsprechen, die wir uns von uns selbst machen. Was Superlearning angeht, steht Ihnen folgendes zur Verfügung, um Ihnen zu helfen, Ihrer Vision Gestalt zu verleihen:

- Die Mittel, schneller zu lernen, das Gedächtnis auszuweiten und ein stärker integriertes Selbst zu entwickeln.
- Eine Perspektive sowie notwendiges persönliches Rüstzeug, um mit dem Chaos fertig zu werden und Veränderungen in den Griff zu bekommen.
- Das Know-how, um ein »Optimalzustands«-Mensch zu werden und immer weiter zu lernen und lebenslang Ihre Grenzen hinauszuschieben.
- Und...

Es gibt noch etwas anderes, weniger Auffälliges, das sich in allen beschleunigten Systemen ausgebreitet hat. Die Wirtschaftspropheten reden ständig davon, daß man sich selbst neu erschaffen, rekreieren müsse – *re-kreieren!* – was nicht zufällig sowohl neu schaffen als auch erholen bedeutet. Und sie haben doppelt recht! Was not tut, ist ein Aufbruch zu neuen Ufern der Kreativität *und* der Entspannung, des Lernens *und* der Freude daran.

Endorphingetriebenes Lernen

Hierbei handelt es sich um den physischen Teil, die lustbringende Hirnchemie von etwas Neuem, Kraftvollem, Hoffnungsbringendem, an dem Sie sich inmitten des Chaos festhalten können. Nicht nur eine neue Weltsicht, eine neue Welt ist im Kommen. Und wenn sich das Spiel verändert, ändern sich auch die Regeln. Angespornt von Pflichtgefühl, Sorge und Angst, haben wir uns mühsam vorangearbeitet und das Beste aus unseren zehn Durchschnittsprozenten gemacht. Das neue Spiel verlangt offenbar eine andersartige Energie, damit es uns über die bisherigen Grenzen hinauszutragen vermag. Hören Sie sich Stimmen von Menschen mit sehr unterschiedlichen Perspektiven an:

»Die Grundlage eines gesunden, unversehrten Lebens ist jene Form von Bewußtsein, die man Glückseligkeit nennt«, beteuert der Arzt Deepak Chopra beharrlich. »Glückseligkeit ist das, was jener Lebenskraft am nächsten kommt, welche die Natur bereithält.« Am anderen Ende des Spektrums schlägt die Pädagogikprofessorin Lyelle Palmer nach langer Erfahrung mit dem beschleunigten Lernen eine neue akademische Note an, wenn sie von einer »Ekstasenexplosion der Erziehung« schreibt. Chris Griscom, die viele Jahre im Friedenskorps tätig war, behandelt das Thema, den Finger am Puls der Zeit, in ihrem beeindruckenden Buch *Die Frequenz der Ekstase*. Kurz ausgedrückt: Sie sollten, um das Beste aus sich zu machen, »Ihrer Glückseligkeit folgen«, wie Joseph Campbell schon vor Jahren riet. Einen attraktiveren Motivator kann man schwerlich verlangen – nur, wie bekommt man die Energien der Freude zu fassen?

»Ich überlege, was das Gegenteil von Freude ist«, sagte die Energie-Expertin Lisa Curtis vor kurzem bei einem Abendessen. »Ich glaube nicht, daß es Trauer ist. Das Gegenteil von Freude ist *Angst*.«

Diese Erkenntnis müßte Sie voranbringen. Sie können sich Freude als den Schaum auf dem Wellenkamm vorstellen. Oder Sie können Freude als die Welle erleben, die Sie zu einer Vielzahl guter Leistungen trägt, eine Welle, die so natürlich ist wie die Meereswellen. Das ist eine uralte Vorstellung. Sowohl die Heilige Schrift als auch die alten Weisheitsschulen des Fernen Ostens vertreten die Ansicht, daß Ordnung, Harmonie und Fülle aus der Freude geboren werden, nicht umgekehrt. Warum empfinden wir nicht öfter Freude?

Wahrscheinlich, weil wir unsere angeborene Lebensfreude abblocken mit Schuldgefühlen, Zorn, Unzufriedenheit, Kritik, Sorge, Minderwertigkeitsgefühlen und all den anderen Negativitäten, die, geht man ihnen auf den Grund, schlicht und einfach Angst sind. Wie Tatiana Radonjic-Matano bei ihren »Hochleistungs«-Klienten feststellte: »Der Schlüssel zur Förderung der Beschleunigungsfähigkeit liegt im völligen Abbau von Blockierungen.« Genau wie Unternehmensstrukturen demontiert werden, um neue Flexibilität und Wachstum zu ermöglichen, müssen die alten Blockierungen in uns selbst demontiert werden. Schließlich weiß jedermann, daß man sein Gepäck fallenlassen muß, bevor man auf den Wellen reiten kann. Die jetzige Zeit ist günstig, um diesen Schritt zu tun. Der Müll kommt zum Vorschein, innen wie außen. Und ist man sich einer Sache erst einmal bewußt, kann man etwas dagegen unternehmen. Beschleunigtes Lernen mit einer humanen, urteilsfreien Einstellung, der Verwendung von sublimer Musik, der Entspannung von Körper und Geist, der Einbeziehung von Sinnen, Emotionen und Phantasie sowie der Harmonisierung von Bewußtsein und Unterbewußtem. Dies ist einer der Wege, um die Blockierungen der Vergangenheit fallenzulassen und die Energien der Freude freizusetzen – und es ist eines der Geheimnisse von Abraham Maslows »selbstverwirklichten« Menschen.

Evolution funktioniert nicht länger »automatisch«

An einem Samstagmorgen in gar nicht ferner Zukunft werden Sie die Augen im 21. Jahrhundert aufschlagen. Und? Vielleicht wird es ein goldenes Zeitalter. »Die Menschheit ist soeben in die wahrscheinlich größte Transformation eingetreten, die sie je erlebt hat. In der Struktur des menschlichen Bewußtseins geschieht *etwas*. Eine andere Spezies von Leben ist es, die soeben beginnt.« Das sagte der überragende französische Denker Teilhard de Chardin um die Mitte dieses Jahrhunderts. Inzwischen verkünden immer mehr überragende Denker, von Physikern bis zu Philosophen, daß wir uns inmitten von *etwas Allesveränderndem* befinden. Für den britischen Wissenschaftler Peter Russell, den Verfasser von *The Global Brain* (1983), ist dieses Etwas ein evolutionärer »Sprung, wie er in einer Milliarde Jahren nur einmal vorkommt«. Für Stanley Burke, den

Nestor des kanadischen Journalismus, ist es »die höchste Wiedergeburt«. Und für den Schweizer Sophrologen Raymond Abrezol »ist es keine Revolution, sondern buchstäblich die Re-Evolution«. Wir befinden uns an einer Bruchstelle, wo Evolution nicht länger »automatisch« erfolgt, sondern von unserem Bewußtsein abhängt, von uns. Eine atemberaubend interessante Zeit.

Archaische, in unzähligen Texten, heiligen wie weltlichen, oder sorgfältig als mündliche Geschichten von Generation zu Generation weitergegebene Voraussagen, die viele Epochen lang nicht aktuell gewesen waren, sind jetzt »pünktlich« wieder ins Bewußtsein der Menschheit getreten. Für uns beginnt ein neues Jahrtausend, das Platon einst als Wende zu einer 26 000 Jahre währenden goldenen Zeit gesehen hat. Gemäß der Mathematik der alten Maya steht dagegen das Ende des letzten Zeitzyklus bevor. Von den Maoris bis zu den hermetischen Weisheitsschulen, zu den Hopi-Indianern und sogar zu den Freimaurern wird Wissen bekannt, das einst ausschließlich den Stämmen oder den Eingeweihten vorbehalten war. Die Tyrana aus Mittelamerika sind das einzige präkolumbische Volk, das noch existiert, was sie der Tatsache verdanken, daß sie all die Jahrhunderte hindurch nie mit Außenstehenden sprachen. Vor kurzem beschlossen sie, ein einziges Mal und dann nie mehr zu sprechen, über BBC! Der Grund: Den »jüngeren Bruder«, also uns, vor den Gefahren der bevorstehenden Veränderung zu warnen.

Man bekommt allmählich das Gefühl, der letzten Szene eines dritten Akts beizuwohnen und daß der Vorhang gleich fallen wird. »Die Welt ist zu gefährdet für irgend etwas Geringeres als Utopia«, antwortete der Zukunftsstratege Richard Buckminster Fuller auf die Frage: »Was nun?« Die Bewußtseinsforscherin Trish Pfeiffer weist darauf hin, daß sich am Ende des Kali-Yuga – des dunkelsten Zeitalters, das die Hindu-Schriften im Zeitzyklus sehen –, nachdem »die Bühne geräumt ist«, angeblich ein goldenes Zeitalter entfaltet, mit dem der Zyklus erneut beginnt. »Für uns vielleicht das kosmische Zeitalter.« Vielleicht.

WENN DU FLIEGEN WILLST, MUSS DIESE HÜLLE FALLEN! So lautet die witzige Aufschrift auf einem T-Shirt, die wir bei der Einführung von Superlearning oft zitieren. Angesichts der heutigen Umwälzungen scheint es ein bißchen gefährlich, umherzuflattern wie ein Schmetterling. Und doch – in der Chaostheorie, die seit kurzem nicht nur die wissenschaftliche Phantasie fesselt, spielt der Schmetterling eine wichtige Rolle. Der Flug eines einzigen Schmetterlings, so heißt es, kann die gewaltigen Wetter der Welt unsichtbar, unvorhersagbar beeinflussen.

Jeder von uns hat ein einmaliges Flugmuster, ein Flattern voller Einfluß, der vielleicht größer ist, als wir uns vorstellen, und zwar jetzt wie in der kommenden Welt. Irgendwo tief im Inneren haben wir alle das rechte Zeug, die Hoffnung, unser erhabenes menschliches Erbe ganz in Besitz zu nehmen. Die Gewißheit, daß dieses Erbe vorhanden ist, und auch die Schlüssel, mit denen man es erschließen kann, sind stärker als je zuvor. Ungewiß ist dagegen unsere Antwort auf die Frage, die uns von dem zyklischen Jahrtausend aufgezwungen wird: Werden wir schlafen, oder werden wir wach sein? Wir sind im 20. Jahrhundert durch eine gewaltige, fiebrige Nacht in einen surrealen Grenzbereich zwischen Schlafen und Wachen geschlingert, wo sich kurze Augenblicke klarer Bewußtheit abwechseln mit dem Drang, sich einfach auf die andere Seite zu drehen.

Vielleicht ist jetzt oder nie die Zeit, einzustimmen in den Weckruf von Maya Angelou, der Dichterin unserer Renaissance, auf daß alle zusammen sagen: »*Guten Morgen!*«

ZWEITER TEIL

Wie man Superlearning optimal anwendet

21
Das Vier-Schritte-Programm

Generell umfaßt Superlearning jedes System *beschleunigten* Lernens, das Streß abbaut, Gedächtnis und Potentiale auf ein Höchstmaß steigert, auf bewußter und unterbewußter Ebene arbeitet, die ganze Persönlichkeit global fördert, Gesundheit sowie Kreativität verbessert und als angenehm empfunden wird.

Unsere spezifische Superlearning-Form wendet folgende Verfahren an, um die genannten Forderungen zu erfüllen: Psychologische Entspannungs- und Visualisierungsübungen, um Streß aufzulösen und Ihnen zu helfen, den optimalen Geistkörperzustand zum Superlernen zu erreichen; 60-Schläge-Barockmusik, die Streß reduziert und Gelerntes im Gedächtnis verankert; in kurze »Schall-Happen« unterteiltes Lernmaterial, das in rhythmischem Tempo und in verschiedenen Intonationen zu langsamer Barockmusik präsentiert wird. Außerdem empfehlen wir das Hochfrequenzmusik-Konzert und das dramatische Lesen des Textes – das dem »Hirngeist« Energie spendet und ihn optimal ausbalanciert. Der erste Schritt zur Beschleunigung Ihres Lernens besteht darin, Ihre Körperrhythmen zu verlangsamen, während Sie Ihren Geist hellwach halten – also der optimale Superlearning-Zustand. Unser Do-it-yourself-Verfahren bringt Sie mit vier leichten Schritten in diesen Bestzustand:

1. Befreien Sie sich von jedwedem Streß und jeder Spannung in Ihrem Körper.
2. Beruhigen und erfrischen Sie Ihren Geist, lassen Sie Sorgen und Ängste los.
3. Durchleben Sie ein Erfolgserlebnis in Ihrem Dasein von neuem, und lassen Sie die positiven Gefühle der Freude und guten Leistungen durch Ihr ganzes Selbst und in Ihre gegenwärtige Lernsituation strömen.
4. Atmen Sie in Mustern, die den Sauerstoffzustrom zum Gehirn steigern und zur Synchronisierung der Hemisphären beitragen.

Viele Menschen erzielen nach einer solchen Einstimmung ausgezeichnete Ergebnisse. Die meisten wenden für die Vierschritteübung zwanzig Minuten auf und machen die einzelnen Schritte in den ersten Wochen nacheinander. Die ganze Übung ist auch auf einem Tonband erhältlich, das der Streßmanagement-Experte Eli Bay von Toronto's Relaxation Response Ltd. hergestellt hat. Ist Ihnen die Übung zur zweiten Natur geworden, gelangen Sie gewöhnlich binnen drei oder vier Minuten in den Bestzustand. Selbstverständlich können Sie vor dem Lernen oder irgendeiner Darbietung jeden der vier Schritte unabhängig von den anderen ausführen. Ein wichtiger Tip: Viele Menschen stellen fest, daß Superlearning-Musik, die im Hintergrund spielt, während man dieses Miniprogramm absolviert, die Kommunikation mit dem Unterbewußten erleichtert und die Wirksamkeit des Programms steigert.

Schritt 1: Auflösung von Streß

Entspannungswelle

Ganz gleich, ob Sie sitzen oder stehen: Spannen Sie Ihre Muskeln kurz und behutsam an; erst die Zehen, dann die Waden, Oberschenkel, Gesäßmuskulatur und Bauch, Oberkörper, Schultern, Brust, Arme und Gesicht. Spüren Sie, wie sich Ihr Körper von den Zehen bis zum Kopf anspannt. Halten Sie die Spannung ein paar Sekunden. Lassen Sie dann eine Welle warmer Entspannung durch Ihren Körper fließen, ausgehend von Ihrem Kopf. Lassen Sie sie über Ihren Hals rollen, über Ihre Arme, Schultern, Ihren Rücken, Bauch, Ihre Beine und Füße. Lassen Sie Ihre Angespanntheit und Müdigkeit von der Welle wegspülen. Achten Sie darauf, wo Sie in Ihrem Körper einen Spannungszustand empfinden, wo Muskeln verkrampft sind. Lassen Sie die Entspannungswelle darüberrollen. Spüren Sie, wie die Spannung mit jeder Welle aus Ihren Muskeln gespült wird. Dann spannen Sie Ihren Körper erneut und entspannen ihn mit einer weiteren Welle. Wiederholen Sie dies drei- bis viermal. Machen Sie außerdem ein paar Rollbewegungen mit dem Hals, um die Blutzirkulation zu Ihrem Kopf zu verbessern. Spüren Sie Ihre völlige Entspanntheit, während Sie sich hinsetzen oder hinlegen und die nächste Übung beginnen.

Visualisierung zur Streßkontrolle

Diese Übung können Sie entweder selbst auf Band aufnehmen oder durchlesen und dann aus dem Gedächtnis ausführen:
Machen Sie es sich so bequem wie möglich. Lockern Sie enge Kleidungsstücke. Fühlen Sie sich völlig entspannt. Machen Sie mehrere langsame, tiefe Atemzüge. Sagen Sie, während Sie leicht und tief atmen, zu sich selbst:

»Während ich leicht und tief atme und mich ganz entspannt fühle, versetze ich mich geistig ins siebte Stockwerk eines Gebäudes. Die Wände, die ich sehe, sind in *lebhaftem, warmem Rot* gestrichen. Ich gehe diesen roten Gang entlang und erreiche am Ende eine Rolltreppe, über der steht: ›Abwärts‹. Es ist eine ganz besondere, silberfarbene Rolltreppe. Sie läuft ruhig und geräuschlos, ist vollkommen sicher und zuverlässig. Ich trete auf die Treppe und spüre, wie ich abwärts gleite. Ich halte mich mit den Händen am Geländer fest und fühle mich vollkommen sicher. Ich fahre lautlos abwärts, ganz langsam, ganz ruhig und sicher. Ich gleite auf einer sehr entspannenden Reise abwärts zu meiner inneren Hauptebene, auf der ich, wie ich weiß, Verbindungen zu meinem inneren Selbst herstellen kann. Ich fahre weiter abwärts, spüre, wie ich mich entspanne und lockere – entspanne und lockere.
Ich atme tief ein. Beim Ausatmen sage ich ›sieben‹ und wiederhole es mehrmals. Ich stelle mir bildlich eine große Zahl 7 vor, die sich von den lebhaften roten Wänden dieses siebten Stockwerks abhebt. Rote Farbe scheint an mir vorbeizufließen, während ich meine entspannende Abwärtsfahrt fortsetze.
Ich verlasse die Rolltreppe. Jetzt habe ich den sechsten Stock erreicht. Während ich durch den Korridor zur nächsten Abwärtstreppe gehe, sehe ich auf den *leuchtend orangefarbenen* Wänden dieses sechsten Stockwerks eine große aufgemalte 6. Umgeben von dem leuchtenden Orange, trete ich auf die oberste Stufe der ›Abwärts‹-Rolltreppe. Wieder gleite ich langsam und mühelos nach unten. Ich atme tief ein. Beim Ausatmen sage ich mehrmals ›sechs‹ und nehme deutlich die angenehm orangefarbenen Wände ringsum in mich auf.
Ich spüre, wie ich lockerlasse und mich entspanne, während ich abwärts gleite in einen noch ruhigeren, noch angenehmeren Be-

reich. Ich bin jetzt im fünften Stock. Ich sehe das Zeichen für den fünften Stock und bemerke, daß die Wände in *glänzendem Goldgelb* gehalten sind. Ich verlasse die Rolltreppe und gehe durch den gelben Korridor zur nächsten Abwärtstreppe. Ich atme tief ein und stelle mir beim Ausatmen die Zahl 5 vor. Im Geiste sage ich mehrmals ›fünf‹, während ich mich an diesem schönen, fröhlichen Goldgelb erfreue. Ich trete auf die nächste Rolltreppe und gleite weiter abwärts. Ich fühle mich sehr wohl. Ich lasse locker und erfreue mich einfach an den Farben.

Ich sehe das Zeichen für den vierten Stock und bemerke, daß die Wände in einem *wohltuenden, satten Grün* gestrichen sind. Ich trete im vierten Stock von der Rolltreppe und gehe durch dieses klare Smaragdgrün zur nächsten Rolltreppe.

Ich atme tief ein und stelle mir beim Ausatmen die Zahl 4 vor. Ich wiederhole im Geist mehrmals ›vier‹. Ich genieße das satte Grün rund um mich, während ich auf die nächste Rolltreppe trete und durch das wunderbare Grün ruhig abwärts gleite in einen noch angenehmeren, noch entspannenderen Bereich.

Ich bemerke das Zeichen für den dritten Stock und sehe, daß die Wände hier in *hellem Blau* gehalten sind. Ich spüre, wie mich dieses friedvolle, ruhige Blau durchdringt. Ich bin eingehüllt in Blau. Im dritten Stock mache ich einige Augenblicke Pause und stelle mir eine ruhige Szene aus der Natur vor: einen Lieblingsplatz, an dem ich immer das Gefühl hatte, am entspanntesten zu sein, einen blauen See oder ein ruhiges blaues Meer, Wiesen oder Berge, über denen sich ein weiter blauer Himmel spannt. Von neuem spüre ich dieses Gefühl der Harmonie und tiefen Entspannung, das ich seinerzeit empfand. Ich genieße das fließende Blau rund um mich und bin erfüllt von einem sehr angenehmen, sehr ruhigen, sehr entspannenden Gefühl. Ich atme tief ein und stelle mir beim Ausatmen die Zahl 3 vor. Mental wiederhole ich ›drei‹ mehrere Male.

Ich trete auf die nächste Abwärtstreppe und beginne erneut ruhig und leicht nach unten zu gleiten, in einen noch angenehmeren, noch entspannenderen Bereich.

Ich sehe das Zeichen des zweiten Stocks und gewahre, daß die Wände dieses Stockwerks von *kräftigem, vibrierendem Purpur* sind. Ich trete von der Rolltreppe, atme tief ein und stelle mir beim Ausatmen die Zahl 2 vor. Im Geist wiederhole ich ›zwei‹

mehrere Male. Ich spüre dieses kräftige Purpur rund um mich und fühle mich außergewöhnlich wohl und entspannt. Ich bewege mich durch dieses Purpur und spüre, wie die Farbe sich durch mich bewegt, während ich durch den Korridor zur nächsten Abwärtstreppe gehe.

Als ich durch das tiefe Purpur auf eine noch angenehmere, noch entspannendere Ebene zugleite, sehe ich das Schild ›Eins‹. Ich bemerke, daß dieses Hauptstockwerk *leuchtend ultraviolett* ist, und verlasse die Rolltreppe im ersten Stock.

Ich atme tief ein, stelle mir beim Ausatmen die Zahl 1 vor und wiederhole ›eins‹ mehrere Male. Ich genieße das leuchtende Ultraviolett rundum und fühle mich in sein Glühen getaucht. Ich habe jetzt einen Zustand völliger Entspannung erreicht, fühle mich ausgeruht, gesund und entspannt. Ich bin jetzt auf meiner inneren Hauptebene. Auf dieser kann ich mühelos mit anderen Bewußtseinsbereichen in meinem Geist Verbindung aufnehmen. Ich genieße die völlige Entspannung. Ich atme tief und gleichmäßig. Ich genieße diese völlige Entspannung.« (Pause)

»Ich bekräftige, daß ich ein einzigartiger Mensch bin.
Ich erreiche meine Ziele.
Lernen und Erinnern sind leicht und machen Spaß.
Ich bin vollkommen ruhig.«

Fügen Sie Bekräftigungen an, die Ihren Geist auf Ihr augenblickliches Ziel lenken.

»Um diese innere Hauptebene zu verlassen, werde ich rückwärts zählen: 3, 2, 1. Wenn ich 1 sage öffne ich die Augen. Ich fühle mich wach, heiter, konzentriert, erfrischt und frei von jeglicher Spannung.«

Falls Sie das vierstufige Programm in einem Stück durchziehen, verwenden Sie das Rückwärtszählen zum Zweck der Rückkehr in Ihre täglichen Aktivitäten erst *nach* der vierten Übung. (Anmerkung: Wenn Sie wollen, können Sie die Rolltreppe durch Treppenfluchten ersetzen. Weitere Verfahren zum Streßabbau und zur Entspannung finden Sie in Teil III, Seite 359 ff.)

Bekräftigungen

Diese können jederzeit helfen, besonders hilfreich sind sie jedoch, wenn Sie sich in einem entspannten Bewußtseinszustand befinden. Schneidern Sie sich eigene Bekräftigungen nach Maß, halten Sie sie kurz, rhythmisch und positiv. Wiederholen Sie jede Bekräftigung vier- bis fünfmal.

a) Für das Lernen
   Ich befreie mich von meiner vergangenen Leistung.
   Ich kann es schaffen.
   Lernen fällt mir leicht.
   Erinnern fällt mir leicht.
   Es ist leicht, (Gebiet nennen) zu lernen.
   Ich zeige neue Fähigkeiten.
   Mein Geist arbeitet rasch und effektiv.
   Ich bin erfolgreich.

b) Vor einer Prüfung, einem Interview, einem Vorstellungsgespräch
   Ich bin äußerst ruhig und voller Selbstvertrauen.
   Ich erinnere mich an alles, was ich wissen muß.
   Mir fallen die richtigen Antworten zum rechten Zeitpunkt ein.
   Mein Gedächtnis arbeitet perfekt.
   Ich habe alle Zeit, die ich brauche, um die Prüfungsaufgaben zu vollenden.
   Ich konzentriere mich mühelos vom Anfang bis zum Schluß.
   Ich hinterlasse den besten Eindruck.

Schritt 2: Visuelle Vorstellungen zur Beruhigung des Geistes

Die Befreiung von Sorge, Furcht und Versagensangst gibt Ihren Fähigkeiten die Chance zu glänzen. Sich vorzustellen, daß man an einem schönen Ort in der Natur weilt, ist ein bewährtes Verfahren, um den Geist zu beruhigen, Sorgen und Druck loszuwerden.

Sie können sich vorstellen, daß Sie einen Spaziergang in Ihrem Lieblingspark oder im Wald machen, daß Sie über Hügel oder Berge wandern oder daß Sie einfach in einer Sommer- oder Winterlandschaft an einem See sitzen. Wählen Sie irgendeinen Ort in der Natur, der Sie heiter stimmt. Nachdem Sie auf dem Regenbogen zum untersten Ende der Rolltreppe gefahren sind und Ihre Fähigkeiten bekräftigt haben, empfiehlt sich folgendes:

Gehen Sie in Ihrem Lieblingsbadeort an den schönsten Strand. Spüren Sie die warme Sonne. Riechen Sie die köstliche, frische Seeluft. Wandern Sie am Strand entlang, direkt am Rande des Wassers. Spüren Sie die Wärme des Sandes unter Ihren Füßen, und spüren Sie, wie er beim Gehen durch Ihre Zehen quillt.

Nehmen Sie das intensive, sonnige Blau des Himmels und das Türkisgrün des Wassers in sich auf. Spüren Sie, während Sie am Wasser entlanggehen, die Wellen, die Ihre Knöchel umspielen. Die Wellen fühlen sich sehr erfrischend an.

Spüren Sie die leichte Brise, die über Ihre Haut streicht. Sorgen, Ängste und Probleme driften mit dem Wind davon. Jetzt sind sie weit, weit weg.

Beobachten Sie das funkelnde Muster der auf dem Wasser tanzenden Sonne.

Genießen Sie diese Szene so intensiv wie möglich.

Wenn Sie die Übung zur Beruhigung des Geistes gesondert ausführen, möchten Sie vielleicht die Wirkung durch Hintergrundmusik steigern, beispielsweise durch die »Anti-frantic«-Musik von Steven Halpern oder »Naturklänge«, die es auf CDs gibt. Den Mini-Urlaub zur Beruhigung des Geistes können Sie von Tag zu Tag variieren. (Weitere Übungen finden Sie in Kapitel 30, Seite 374 ff.)

Schritt 3: Erinnerung an Lernen mit Freude

Zelebrieren, feiern Sie Ihre exzellenten Fähigkeiten und Leistungen! Ihr ganzes Potential liegt bereit, es wartet nur darauf, an die Oberfläche kommen zu können. Womit lassen sich diese Fähigkeiten herbeirufen? Mit Emotionen, besonders den Gefühlen der Freude, Lust, Dankbarkeit. Freude ist ein überaus starker emotionaler Bote, der mit Ihrem inneren Geist in Kommunikation steht, so daß dieser mit Ihnen und für Sie arbeitet statt gegen Sie. Die Philosophie des »ohne Fleiß, kein Preis« bzw. »ohne Mühe, kein Gewinn« engte uns auf ganze 5 Prozent unseres Potentials ein. Jetzt, mit dem endorphingetriebenen Superlearning, lautet die Devise: *Durch Hei-*

terkeit zu Beschleunigung. Freude kann der Schlüssel zur Freilegung der restlichen Prozente unseres Potentials sein.

Freude stellte ihre Kraft sogar im Labor unter Beweis. Der Neurowissenschaftler Dr. Aryeh Routtenberg von der Northwestern-Universität entdeckte als erster, daß die gleichen Bahnen im Gehirn, die lustauslösende Endorphine erzeugen, auch die Zentren der Gedächtnis-Konsolidierung sind. Selbst Ratten, die eine »Freuden-Behandlung« bekamen (Endorphine, ausgelöst mittels Elektrostimulation), wurden »superlernende« Ratten. Dr. James Olds kartierte die hohen Werte dieser Ratten in IQ-, Gedächtnis- und Labyrinth-Tests. Die Tiere verdoppelten ihre Lerngeschwindigkeit. Freude und deren Nebenprodukte, Neurotransmitter, steigern das Lernen und verbessern das Gedächtnis. Menschen, die »gern tun, was sie tun«, produzieren Botenstoffe im Gehirn, die ihre Befähigung für das steigern, was sie gern tun. Mind-Maschinen verbessern Lernen und Gedächtnis, indem sie diese intelligenzfördernden Endorphine auslösen. Das gleiche können Sie kostenfrei mit Ihrem angeborenen Rüstzeug tun. Das Wiedererleben eines freudigen Moments oder einer Feier und die Überlagerung des gegenwärtigen Moments oder der gegenwärtigen Herausforderung mit diesem positiven Gefühl ist ein Schlüssel zu exzellenter Leistung.

Hervorrufung einer besten Erinnerung

Kehren Sie in eine Zeit Ihres Lebens zurück, in der Sie sich wegen eines Erfolgs oder einer glänzenden Leistung wirklich großartig fühlten. Es kann eine Zeit aus der jüngsten Vergangenheit oder aus Ihrer frühen Jugend sein. Es kann sich um einen Erfolg handeln, der mit Lernen zu tun hat, oder um eine Zeit, in der Ihr Gedächtnis fabelhaft funktionierte. Es kann der Augenblick sein, in dem Sie das Schlüsselwort zur Lösung eines schwierigen Rätsels fanden oder sich über etwas Faszinierendes in einem Buch, Film oder Fernsehprogramm freuten. Es kann der Tag sein, am dem Sie etwas Verblüffendes entdeckten. Es kann ein Sportereignis sein, beispielsweise ein Sieg in einem Tennismatch. Es kann ein Kindheitserlebnis sein, die Stunde, in der Sie erstmals ohne Hilfe Fahrrad fuhren. Es kann eine Szene in der Schule oder Universität sein, die Feier, bei der Sie besondere Anerkennung fanden oder eine Belohnung erhielten. Natürlich kann es auch der Tag sein, an dem Sie die Fahrprüfung bestanden und Ihren Führerschein bekamen. Es kann jeder Augenblick sein, in dem Sie Freude und Begeisterung fühlten und sich als perfekt empfanden.

Rufen Sie sich das Siegesgefühl dieses Erfolgserlebnisses in Erinnerung. Spüren Sie alle Einzelheiten der angenehmen Erfahrung so vollständig wie möglich. Versetzen Sie sich wieder in diese Situation. Sehen Sie genau, wo Sie sich befanden. Waren andere Menschen anwesend? Waren Sie in einem Haus oder im Freien? Wie fühlten Sie sich körperlich? Prüfen Sie Ihren Kopf, Ihre Hände, Ihren Bauch. Versuchen Sie Ihre Gedanken wiederzubeleben, die Erregung und die Freude über Ihre glänzende Leistung. Empfinden Sie die Wonne, die es bereitet, das mühelose Zusammenwirken von Geist, Gedächtnis und Körper zu genießen. Halten Sie diesen speziellen »Nervenkitzel« fest, dieses berauschende Gefühl. Lassen Sie sich von ihm durchströmen, wenn Sie sich entspannen und ein Superlearning-Lernband anhören.

Schritt 4: Rhythmisches Atmen

Tiefes, rhythmisches Atmen bringt Sauerstoff ins Gehirn, und Sauerstoff speist Lernfähigkeit und Gedächtnis. Rhythmisches Atmen synchronisiert außerdem die Hemisphären, und die Synchronisation fördert die Kreativität. Langsames, rhythmisches Atmen hilft auch, die Geistkörper-Rhythmen zu verlangsamen und so den besten Lernzustand herbeizuführen:

Setzen Sie sich gemütlich in einen Sessel, oder legen Sie sich auf eine Couch oder ein Bett. Entspannen Sie sich mit der Methode, die Sie bevorzugen. Schließen Sie die Augen, und atmen Sie langsam und tief durch die Nase ein. Atmen Sie so viel Luft ein, wie Ihre Lunge bequem aufnehmen kann. Versuchen Sie nun, noch ein kleines bißchen mehr Luft aufzunehmen. Atmen Sie dann ganz langsam aus. Verspüren Sie tiefe Entspannung, während Sie ausatmen. Versuchen Sie, noch ein kleines bißchen mehr Luft herauszupressen.

Führen Sie diese tiefen Atemzüge ein paar Augenblicke lang aus. Atmen Sie möglichst viel Luft mit wirklicher »Bauchatmung« ein. Atmen Sie langsam aus, und ziehen Sie gleichzeitig den Bauch ein. Atmen Sie anschließend wieder möglichst viel Luft ein. Halten Sie diesmal die Luft an, bis Sie auf 3 gezählt haben, und atmen Sie ganz langsam aus. Entspannen Sie sich. Versuchen Sie in einem gleichmäßigen, stetigen Strom einzuatmen.

Beginnen Sie nun, Ihre Atmung zu rhythmisieren. Atmen Sie ein, während Sie bis 4 zählen. Halten Sie die Luft an, zählen Sie dabei bis 4. Atmen Sie aus, während Sie bis 4 zählen. Pausieren Sie, während Sie bis 4 zählen:

Einatmen	– 2, 3, 4
Halten	– 2, 3, 4
Ausatmen	– 2, 3, 4
Pausieren	– 2, 3, 4

Wiederholen Sie die Übung ein paarmal. Entspannen Sie sich, versuchen Sie, Ihre Atmung noch weiter zu verlangsamen; zählen Sie diesmal bis 6.

Einatmen	– 2, 3, 4, 5, 6
Halten	– 2, 3, 4, 5, 6
Ausatmen	– 2, 3, 4, 5, 6
Pausieren	– 2, 3, 4, 5, 6

Wiederholen Sie die Übung ein paarmal. Entspannen Sie sich, versuchen Sie ein noch langsameres Atemmuster, bei dem Sie bis 8 zählen.

Einatmen	– 2, 3, 4, 5, 6, 7, 8
Halten	– 2, 3, 4, 5, 6, 7, 8
Ausatmen	– 2, 3, 4, 5, 6, 7, 8
Pausieren	– 2, 3, 4, 5, 6, 7, 8

Wiederholen Sie die Übung mehrmals. Wenn möglich, sollten Sie vor jeder Superlearning-Sitzung eine Zeitlang rhythmisch atmen.

Falls Sie eine Gruppe von vier Superlearning-Übungen ohne Unterbrechung absolviert haben, hilft Ihnen das folgende einfache Rückwärtszählen, in Ihre Alltagsaktivitäten zurückzukehren: »Nach dem Rückwärtszählen 3, 2, 1 öffne ich jetzt die Augen und fühle mich wach, erfrischt, frei von jeder Spannung. Drei, zwei, eins – die Augen gehen auf. Ich fühle mich wach, heiter und konzentriert.« Schütteln Sie Ihre Hände seitlich an Ihrem Körper, und strecken Sie sich.

Während der tatsächlichen Gedächtniserweiterungs-Sitzung mit Barockmusik werden Sie nach einem anderen, kürzeren Muster atmen; Sie werden die Luft während der vier Sekunden anhalten, in denen Sie Lerninformationen erhalten, und in der vier Sekunden währenden Pause ein- und ausatmen. Dies sollten Sie vielleicht vor dem Lernen ein bißchen üben.

Superlearning-Gedächtniskonzert

Es empfiehlt sich, vor einer Superlearning-Sitzung das Material durchzugehen, das Sie lernen oder repetieren wollen. Tun Sie dies in möglichst lebendiger Weise. Erinnern Sie verrückte, übertriebene Bilder, um die Verankerung technischer Daten im Gedächtnis zu unterstützen. Probieren Sie Spiele, Puzzles oder Rätsel aus, schreiben Sie Informationen auf Kartons, breiten Sie diese auf dem Boden in einem Muster aus, und gehen Sie zwischen ihnen durch, um sie sich beim Gehen kinetisch einzuprägen. Setzen Sie alle Sinne ein. Unterstreichen Sie bestimmte Passagen mit verschiedenfarbigen Markern oder mit Markern, die verschiedene Duftstoffe enthalten. Oder tupfen Sie diverse Aromastoffe (z. B. Schokolade, Pfefferminz usw.) oder Parfüms auf die Seiten spezifischer Lernmaterialien, die Sie sich einprägen müssen. Bilden Sie eingängige Reime aus den Lerninformationen, und verbinden Sie die Worte mit Schlagermelodien.

Vielleicht halten Sie es für nützlich, Ihr Material abends vor dem Schlafengehen fünf Minuten lang zu repetieren, dann wieder eine Woche später und erneut einen Monat später, um es wirklich in Ihrem Langzeitgedächtnis auf Dauer zu verankern.

Für eine Superlearning-Sitzung zur Gedächtniserweiterung brauchen Sie lediglich ein Tonbandgerät und/oder jemanden, der Ihnen das Material laut vorliest.

1. Machen Sie die in vier Schritte unterteilte Entspannungsübung, um in den optimalen Zustand zum Lernen zu gelangen.
2. Starten Sie auf dem Tonbandgerät Ihren Superlearning-Kurs. Enthält er achtzig bis einhundert Dateneinheiten, wird das Band etwa fünfzehn Minuten laufen. Es kann ein Band sein, das Sie selbst vorbereitet oder das Sie von einem Superlearning-Center

erhalten haben. Die Stimme wird das Material rhythmisch lesen – vier Sekunden Daten, dann vier Sekunden Pause. Variierte Informationen werden dafür sorgen, daß das Material interessant bleibt.
3. Lesen Sie Ihren Lernstoff stumm mit, während er rezitiert wird. Versuchen Sie den Atem anzuhalten, während Sie das Material hören. Atmen Sie während der Pausen aus und ein. Sollten Sie dieses Atemmuster schwierig finden, lassen Sie es einstweilen weg und orientieren Ihre Atmung am Rhythmus der Musik, dann wird sie ganz natürlich rhythmisch werden. Versuchen Sie nach Möglichkeit, während der Pausen aus dem Material Bilder zu formen.
4. Nachdem Sie die ganze Lektion durchgegangen sind, werden Sie hören, daß langsame 60-Schläge-Musik einsetzt. Lehnen Sie sich zurück, entspannen Sie sich, schließen Sie die Augen, und lauschen Sie dem gleichen Material noch einmal. Strengen Sie sich nicht an, lassen Sie Ihren Geist einfach zwischen der Musik und den Daten schweben. Das Konzert dauert etwa zwölf bis fünfzehn Minuten.

Nach der Gedächtniserweiterungs-Sitzung wollen Sie sich vielleicht testen, um festzustellen, wieviel Sie aufgenommen haben. Wichtig ist dabei, daß Sie jenes Material verwenden, das Sie gehört haben. Handelt es sich um eine neue Fremdsprache, probieren Sie einige Spiele oder Rätsel aus, um mit dem neuen Vokabular zu üben, oder lassen Sie sich von einem Freund bzw. einer Freundin Fragen stellen. Handelt es sich um wissenschaftliche Daten, repetieren Sie sie, und prüfen Sie, wieviel Sie behalten haben. (Spezifische Vorschläge finden Sie in den weiteren Kapiteln dieses Teils.)

Am folgenden Tag oder auch etwas später werden Ihnen mehr Daten in den Sinn kommen. Superlearning wirkt nach dem Schneeballsystem. Je mehr Sie lernen, desto schneller und leichter geht es. Anfangs wollen Sie vielleicht die gleiche Lektion mehrmals wiederholen, um sie sich hundertprozentig einzuverleiben. Wie jede Fertigkeit, so wird auch das Lernen mit zunehmender Dauer immer leichter. Bei der zehnten Lektion werden Sie mehr lernen als bei der ersten, und Sie werden nicht mehr so viele Wiederholungen brauchen.

Zusätzlich zur Beschleunigung des Lernens, die ganz von selbst erfolgt, fördert dieser globale Superlearning-Prozeß Ihre Gesundheit, Ihr Gedächtnis und Ihre Kreativität und trägt zur Erschließung neuer Fähigkeiten in Ihnen bei.

22
Anfertigung eines eigenen Superlearning-Programms

Superlearning können Sie für fast alles verwenden. Adaptiert wurde das System bereits für gesetzliche Verordnungen, Regeln im Sport, den Morse-Code, wissenschaftliche Daten, Medizin, Rechtschreibung, Mathematik, grammatikalische Regeln, Computerprogramme, Maschineschreiben, Fremdsprachen und sogar für Hygienebestimmungen. Es hilft Vertretern, sich Produktbezeichnungen, Preislisten und Kundennamen einzuprägen. Börsenmakler verwenden es, um sich Aktiennamen und ihre Codes zu merken. Auch für Telefonnummern, Astrologie, Bibelverse, Ernährungsdaten, Ausdrücke auf Speisekarten, Weinlisten und ähnliches mehr können Sie es einsetzen. Wenn Sie viel reisen, können Sie Fahr- und Flugpläne auswendig lernen. Eine große Hilfe ist Superlearning bei Hobbys, angefangen von der Vogelbeobachtung bis zu allem Sammelbaren. Manche Menschen benutzen es sogar, um Wettbewerbe zu gewinnen.

Die Übung zur Gedächtnisstärkung läßt sich am einfachsten mit einem Tonband durchführen. Sie besteht aus zwei Teilen: dem Lesen rhythmisch unterteilter Daten oder Informationen *ohne* Musik; dem rhythmischen Lesen der gleichen Daten oder Informationen *mit* Superlearning-Musik.

Ihr Tonband fertigen Sie am besten folgendermaßen an: Stellen Sie Ihre Daten bzw. Ihr Lernmaterial zusammen. Bringen Sie alles in Kurzform, und versuchen Sie, jede Notiz auf etwa sieben bis neun Wörter zu reduzieren. Die Forschung hat erbracht, daß kleine Datenhappen vom Gedächtnis bereitwillig aufgenommen werden.

Rhythmisierung des Lernmaterials

Ist Ihr Material soweit vorbereitet, daß Sie es aufnehmen können? Dann geht es weiter: Superlearning arbeitet mit einem Achtsekundenzyklus: Sie sprechen Ihre Informationen in den ersten vier Sekunden, schweigen während der nächsten vier Sekunden; sprechen die nächsten Informationen in vier Sekunden, pausieren vier Sekunden und so fort.

Wissenschaftliche Forschungen haben erbracht, daß die Viersekundenpause den Hirnzellen und dem Gedächtnis genügend Zeit gibt, Informationen und Daten exakt aufzunehmen und zu registrieren, so daß sie später leichter abrufbar sind.

Nehmen wir an, Sie bereiten eine Multiplikationstabelle mit dem kleinen Einmaleins vor:

1 2 3 4	*1 2 3 4*
»Einmal eins ist eins.«	Pause
»Zweimal zwei ist vier.«	Pause
»Dreimal drei ist neun.«	Pause
»Viermal vier ist sechzehn.«	Pause

Wie können Sie die vier Sekunden bremsen? Die alte Zählmethode »Einundzwanzig, zweiundzwanzig, dreiundzwanzig, vierundzwanzig« – vermittelt Ihnen eine ungefähre Vorstellung, doch es gibt mehrere einfache Methoden, das Zeitmaß präzise festzulegen. Verwenden Sie ein Takttonband, ein Metronom oder eine Stoppuhr, oder fertigen Sie sich selbst ein Taktband an.

Dazu brauchen Sie ein leeres Sechzigminutenband, ein Stöckchen oder einen Löffel und eine Uhr mit Sekundenzeiger. Lassen Sie das Gerät auf »Aufnahme« laufen, und klopfen Sie mit dem Stöckchen oder Löffel genau nach dem Sekundenzeiger alle vier Sekunden auf irgendeine Fläche.

Damit Sie Ihr Material im Achtsekundenzyklus aufzeichnen können, müssen Sie sich vorstellen, daß es in zwei Einheiten unterteilt ist, die jeweils vier Sekunden umfassen: Sprecheinheit – Pauseneinheit, Sprecheinheit – Pauseneinheit, Sprecheinheit – Pauseneinheit. In den vier Sekunden der ersten Sprecheinheit sprechen Sie Ihren Stoff, in den nächsten vier Sekunden, der Pauseneinheit, schweigen Sie. Sie brauchen nicht die ganzen vier Sekunden der Sprecheinheit auszufüllen. Wenn Ihr Materialhappen sehr kurz ist, wird einfach die Pauseneinheit länger. Müssen Sie viel Material in die Sprecheinheit hineinpacken, sprechen Sie schneller. Denken Sie an einen Anrufbeantworter, bei dem Sie Ihre Nachricht zu Ende gesprochen haben müssen, bevor der Signalton erklingt. Falls Ihr Stoff in die Pauseneinheit hineinreicht, kann die Pause auf zwei Sekunden verkürzt werden. Sind Ihre Informationen generell ziemlich lang, so unterteilen Sie sie einfach und verteilen sie auf mehrere Sprecheinheiten. Wenn Sie erst einmal angefangen haben, mit dem Acht-Sekunden-Zyklus zu üben, werden Sie sehen, daß er bald wie automatisch abläuft.

Intonationen

Wie Experimente zeigten, sind variierte Informationen eine große Hilfe beim Wachhalten des Interesses am Lernstoff während der Abfolge der Zyklen, weil sie der Gefahr der Monotonie entgegenwirken. Superlearning verwendet drei verschiedene Stimmtönungen und -stärken: a) normal; b) leise, flüsternd, verschwörerisch; und c) laut, befehlend. Diese drei Intonationen wiederholen sich ständig:

Bei der Multiplikationstabelle klingt dies so:
»Einmal eins ist eins.« normal
»Zweimal zwei ist vier.« leise, flüsternd, verschwörerisch
»Dreimal drei ist neun.« laut, befehlend
»Viermal vier ist sechzehn.« normal
»Fünfmal fünf ist fünfundzwanzig.« leise, flüsternd

Manche Menschen wenden Superlearning auch ohne Variation des Tonfalls mit großem Erfolg an. Sollten Sie also Probleme damit haben, lassen Sie es weg. Superlearning wird trotzdem funktionieren. Doch je mehr Komponenten des Systems Sie benutzen, desto erfolgreicher ist es. Bei fremdsprachigem Vokabular werden die Intonationen nur für die fremdsprachigen Wörter verwendet, nicht für die deutsche Übersetzung, die etwas weniger wichtig ist.

Menge des Lernstoffs pro Sitzung

Haben Sie sich erst einmal an die Methode gewöhnt, können Sie pro Sitzung 50 bis 140 neue Informationseinheiten in sich aufnehmen. Je länger Sie mit der Methode üben, desto mehr werden Sie speichern können. Die Resultate steigen sozusagen im Schneeballsystem, und das Lernen wird immer einfacher. Ein Do-it-yourself-Lerner, der sich der Möglichkeiten des Verfahrens voll bewußt ist, kann Rekorde an gelerntem Stoff erzielen. Wenn Sie sich für die Ihnen innewohnenden Fähigkeiten öffnen, müssen Sie ein Datenband wahrscheinlich nicht öfter als drei- bis viermal abhören.

Mit dem Achtsekundenzyklus decken Sie 7,5 Informationseinheiten pro Minute ab (60: 8 = 7,5). Nach dem gleichen Ansatz nehmen 100 Informationseinheiten etwa 13 Minuten in Anspruch, 50 fremdsprachige Wörter ungefähr 6,5 Minuten und 80 Wörter rund 10 Minuten.

Zwölf-Sekunden-Zyklus

Was können Sie tun, wenn Ihr Lernstoff aus langen, komplizierten Sätzen besteht? Es gibt zwei Lösungen. Verwenden Sie zwei Sekunden der Pauseneinheit für Informationen, und fügen Sie sie zu den vier Sekunden der Sprecheinheit hinzu, so daß Sie sechs Sekunden Zeit für Informationen haben. Oder gehen Sie zum Zwölfsekundenzyklus über.

Dieser Zyklus eignet sich gut zum Lernen von Regeln, mathematischen Prinzipien, langen Definitionen, Gesetzestexten usw. Wie Tests ergaben, merken sich die Menschen eine lange Definition oder Regel besser, wenn sie den gedanklichen Inhalt als Ganzes vorgesetzt bekamen. Solches langes Material kann also in drei Viersekundenabschnitten gesprochen oder notfalls auch als Ganzes ohne Unterbrechung gelesen werden.

Hier ein Beispiel, wie das Lesen in einem Zwölfsekundenzyklus erfolgen kann: Sagen Sie das Wort; buchstabieren Sie das Wort; definieren Sie das Wort, oder gebrauchen Sie es in einem Satz.

1 2 3 4	1 2 3 4	1 2 3 4
begeisternd	b-e-g-e-i-s-t-e-r-n-d	Es ist begeisternd, schnell zu lernen.
Endorphin	E-n-d-o-r-p-h-i-n	Chemischer Botenstoff im Gehirn, der Schmerzen lindert.

Beim Zwölfsekundenzyklus sieht das Atemmuster folgendermaßen aus: Einatmen – 4 Takte; anhalten – 4 Takte; ausatmen – 4 Takte.

Aufnahme des Programms auf Band

Nehmen Sie Ihr Material auf Tonband auf, damit Sie es sich jederzeit anhören können. Beginnen Sie mit kurzen Informationsabschnitten, und fertigen Sie längere Bänder erst an, wenn Sie mehr Erfahrung haben und es gewohnt sind, im Achterzyklus zu sprechen. Falls Sie ein Taktband verwenden, brauchen Sie zwei Geräte, eines zum Abspielen des Taktbandes, das andere zum Aufnehmen Ihres rhythmischen Lesens zu den Signalen des Taktbandes. Verwenden Sie jedoch zur Kontrolle Ihres Sprechtempos ein Metronom, so benötigen Sie nur ein einziges Gerät zum Aufnehmen Ihres Lernstoffs.

Die schnellste und einfachste Weise zur Ausarbeitung Ihrer Superlearning-Konzertsitzung besteht darin, daß Sie Ihr rhythmisiertes Lesen *ohne* Musik auf Band aufnehmen. Um Ihre Hörsitzung dann mit Musik zu untermalen, verwenden Sie zwei Geräte. Auf dem einen Gerät spielen Sie Ihre 60-Schläge-Musik ab und auf dem anderen Ihr Band mit den Lehrstoffdaten.

Falls Sie eine komplette Superlearning-Lektion aufnehmen wollen – mit dem zweimaligen Lesen Ihres Stoffs, einmal ohne und einmal mit Musik –, benötigen Sie drei Geräte. Spielen Sie auf einem Gerät das Taktband und auf dem zweiten die Musik. Stellen Sie das Musikband leise ein. Auf dem dritten Gerät nehmen Sie sich selbst beim Lesen des Materials im Achterzyklus zu der leisen Musik und zu den Signalen des Taktbandes auf. Halten Sie das Musikband wie gesagt leise, und prüfen Sie, ob Sie vor der Hintergrundmusik auch klar zu hören sind. Der Achtsekunden- und der Zwölfsekundenzyklus werden auf die gleiche Weise aufgenommen, einmal ohne und einmal mit Musik.

Wenn Sie alles fertig haben, um Ihr erstes Superlearning-Band anhören zu können, sollten Sie sich zunächst einige Minuten entspannen, damit Sie in den streßfreien, optimalen Zustand zum Lernen gelangen.

Sofern Sie mit einer zweiten Person lernen oder jemanden trainieren, brauchen Sie die Lektion nicht aufzunehmen. Sie benötigen nur ein Tonbandgerät, um die Superlearning-Musik abzuspielen. Zuerst lesen Sie die Daten einfach laut im Zeitzyklus. Dann lesen Sie das Ganze ein zweites Mal, während die Musik spielt. Beim ersten Vorlesen liest Ihr Zuhörer den niedergeschriebenen Stoff stumm mit. Beim zweiten Lesen zu der Musik entspannt sich Ihr Zuhörer und lauscht mit geschlossenen Augen.

Dramatische Präsentation

Zusätzlich zum rhythmischen Lesen mit Intonationen präsentieren einige Superlearning-Verwender bei der »aktiven« Konzertsitzung ihren Text oder ihr Material in einem ausdrucksvollen, dramatischen Lesestil, weil sie festgestellt haben, daß dies überaus effektiv sein kann. Die hierbei gespielten klassischen Werke enthalten über weite Passagen Hochfrequenzmusik, die erwiesenermaßen Geist und Gedächtnis revitalisiert.

Lesen Sie den Stoff, den Sie lernen müssen – eine Geschichte, einen Dialog oder einen Satz Daten bzw. Informationen –, bei der Bandaufnahme laut, voll Begeisterung und emotionaler Kraft. Ihr dramatisches Lesen können Sie aufnehmen, während die Musik im Hintergrund spielt, oder Sie verwenden beim Abspielen zwei Geräte: eines mit der Musik und eines mit Ihrem aufgenommenen Stoff. Der Vorteil des aktiven Konzerts ist, daß Sie es überall und jederzeit abspielen können, während Sie im Haus beschäftigt sind oder irgendwelche einfacheren Arbeiten ausführen.

Dr. Iwan Barsakow fand in seinen langjährigen Experimenten heraus, daß einfaches lautes Lesen zu Musik (ob auf Band aufgenommen oder nicht) das Gehirn offenbar befähigt, große Mengen an Informationen jeder Art und über jedes Thema mühelos zu absorbieren und weitgehend zu behalten. Er unterweist Schüler, Studenten, Lehrer, Trainer und Manager in der Technik »Lautes Lesen mit Musik« und erzielt seit vielen Jahren gute Ergebnisse. Er verwendet übrigens für seine Lautlese-Sitzungen stets Barockmusik.

Lesen Sie jeweils fünf bis fünfundzwanzig Minuten laut vor der Hintergrundmusik. Barsakow empfiehlt, dieses Lesen kurz vor dem Schlafengehen am Abend und/oder gleich nach dem Aufstehen am Morgen anzusetzen. Betonen Sie die Informationen, die Sie lesen, emphathisch, und legen Sie nach jedem Satz eine Pause ein. Unterteilen Sie lange Passagen in kurze Abschnitte, und pausieren Sie nach jedem Satz. Versuchen Sie, während Sie der Musik lauschen und zu lesen beginnen, sich an ihr zu orientieren. Horchen Sie auf die Musik, und variieren Sie Ihre Stimme gemäß deren Tempo und Stimmung. Wenn Sie erste Anzeichen von Ermüdung spüren, machen Sie eine Pause. Schüler berichten, daß die Technik einfach sei und ein allgemeines Wohlgefühl vermittle.[1]

Vorteile von Programm-Kombinationen

Sofern Sie mit dem ganzen Superlearning-System arbeiten, stellen Sie vielleicht fest, daß einige Elemente Ihnen mehr helfen als andere. Manche Menschen fanden heraus, daß das nochmalige Abspielen nach der Lektion, während sie ein Kontrollquiz über das Lernmaterial durchführten, ihnen zu »totaler Erinnerung« verhalf.[2]

Viele machten die Erfahrung, daß das Abspielen von Superlearning-Musik, während sie die Entspannungsübungen und die Bekräftigungen absolvierten, auch dem Programm zur Streßauflösung größte Wirksamkeit verlieh.

Einige Forscher ermittelten, daß die Synchronisierung der Atmung mit den rhythmisierten Daten zu außergewöhnlichen Ergebnissen führte.

Alle diese Elemente interagieren. Frühen Untersuchungen zufolge bewirkten Bekräftigungen für besseres Lernen, allein als solche angewandt, eine Verbesserung um 60 Prozent. Die Synchronisierung der Atmung mit den rhythmisierten, vor Hintergrundmusik gelesenen Daten ergab eine Verbesserung um 78 Prozent. Alle diese Elemente zusammen brachten bei Tests, die Dr. Don Schuster durchführte, eine Verbesserung um 141 Prozent.

Superlearning-Musik in der Praxis

Langsame Superlearning-Barockmusik können Sie von Superlearning-Zentren beziehen.[3] Wenn Sie ein eigenes Band mit Superlearning-Musik anfertigen wollen, wählen Sie langsame Barockmusik aus

---

[1] Bruce Tickell Taylors erfolgreiche Methode der Anwendung des »aktiven« Superlearning-Konzerts finden Sie in den Abschnitten »Die beschleunigte Einführungsmethode« und »Umgekehrter Unterricht«, Seite 343, 345f.

[2] Siehe dazu auch Seite 322.

[3] Deutsche Bezugsquellen für Superlearning-Musik siehe Seite 397ff.

der Liste auf Seite 293 aus. Die genannten Werke sind in der Regel sehr kurz, umfassen zwei bis vier Minuten, so daß Sie mehrere Stücke von verschiedenen Tonbändern, CDs oder Schallplatten kombinieren müssen, um ein Musikband von 20 Minuten Dauer zu bekommen. In den meisten Bibliotheken gibt es Musikabteilungen, die Barockmusik haben. Nehmen Sie am Ende Ihres Tonbands etwas schnellere Musik als Wecksignal für den Übergang aus dem entspannenden Konzert in die Alltagsaktivität auf.

Der langsame Teil in einem Barockkonzert ist gewöhnlich das Largo oder Andante. Bevor Sie die Aufzeichnung irgendeines Konzerts überspielen, müssen Sie mit Hilfe eines Metronoms oder einer Stoppuhr kontrollieren, ob die Musik tatsächlich mit 60 Schlägen pro Minute oder wenigstens mit annähernd dieser Schlagzahl gespielt wird. Der Dirigent eines Orchesters kann ein Tempo bestimmen, das wesentlich schneller als 60 Schläge pro Minute ist; denn das Tempo hängt ganz davon ab, wie er die Musik interpretieren will.

Falls Sie ein Instrument beherrschen, können Sie selbst 60-Schläge-Musik zur Verwendung für Superlearning auf Band spielen.

Für das »aktive« Superlearning-Konzert wird ein ganzes klassisches Musikstück verlangt, also müssen Sie sich lediglich eine Kassette oder CD mit einer Sinfonie oder einem Konzert besorgen.

Die Elemente, aus denen sich Musik zusammensetzt – Tempo, Schlag, Tonart, hohe Frequenzen –, können uns beachtliche Vorteile bringen, wenn sie für den richtigen Zweck mit der richtigen Anweisung verbunden werden. Außer das Band einzuschalten und zuzuhören, brauchen Sie nichts zu tun. Wenn Sie Grund zu der Annahme haben, daß Ihr Gehör nicht hundertprozentig funktioniert, oder wenn Sie Lernschwierigkeiten haben, lesen Sie in Kapitel 28 unter »Schalltherapie« (Seite 347 ff.) und »Ohrakupunktur« (Seite 352 f.) nach.

Falls Sie als Freund, Freundin, Vater, Mutter oder Lehrer andere Personen mit der 60-Schläge-Musik bekanntmachen wollen, empfiehlt es sich, das Neuartige daran ein bißchen herunterzuspielen. Läuft die Musik leise im Hintergrund, während Informationen laut gelesen werden, bemerken die Lerner, vor allem Jugendliche, die Musik oft gar nicht. Sollte es erforderlich sein, die Musik anzukündigen, sagen Sie einfach, es handle sich um speziell gestaltete Musik mit einem bestimmten Taktmaß, die dem besonderen Zweck dient, das Lernen zu beschleunigen und ein Supergedächtnis zu erzeugen.

Es sei eine Musik, die seit dreißig Jahren erfolgreich angewendet werde, die Sie aber nicht zu Unterhaltungszwecken ausgewählt hätten.

Haben Ihre Zielpersonen so starke ethnische, kulturelle oder andere Vorurteile, daß sie sich weigern, barocker Superlearning-Musik zu lauschen, verwenden Sie neu komponierte Musik aus der nachfolgenden Liste. Stellen Sie klar, daß alle alten Kulturen spezifische Musik zur Auslösung von Entspannung und optimalen Bewußtseinszuständen entwickelt haben. Lassen Sie sich nicht verleiten, nur um akzeptiert zu werden, andere Musik als jene mit 60 Schlägen pro Minute zu verwenden. Alle Arten von Musik sind gründlich getestet worden, angefangen von Country- und Westernmusik bis zu Rock, Pop und Jazz. Die 60-Schläge-Musik brachte die besten Ergebnisse. Ist es Ihnen nicht möglich, 60-Schläge-Musik zu benutzen, können Sie als Ersatz ein Metronom nehmen.

Ein Vergleichstest, in dem Rockmusik über eine gleich lange Zeit erprobt wurde wie die 60-Schläge-Musik, war für viele sehr überzeugend, wie Dr. Bancroft und Leo Wood demonstrierten. Manche Menschen sind offenbar versessen auf Rockmusik, um Energie und Hirnstimulation zu erlangen. Inzwischen weiß man, daß Hochfrequenztöne wie einige derjenigen, die in Superlearning-Musik enthalten sind, das Gehirn noch besser mit Energie versorgen können. Erleben potentielle Superlerner einmal diese Hirnaufladung, ist es meist wesentlich leichter, sie zu überreden, zum Lernen die Barockmusik auszuprobieren.

Als uns Forscher sagten, sie hätten vor, Superlearning bei stark schwerhörigen Schülern zu verwenden, hegten wir nicht viel Hoffnung, daß ein Audiosystem hier funktionieren würde. Doch die Schwerhörigen waren tatsächlich in der Lage, den langsamen Musikschlag »mittels der Knochenleitung zu spüren«, und profitierten von dem langsamen, rhythmischen Tempo. Mit Hilfe der Gebärdensprache trainierten die Forscher schwerhörige Schüler in Entspannung und Streßkontrolle. Zu der Musik vermittelten sie ihnen den Lernstoff durch Gebärdensprache in einem rhythmischen, tanzartigen Tempo. Superlearning, als musikalische Gedächtnisschulung, beschleunigt also auch bei stark schwerhörigen Menschen das Lernen.

Profitieren können Sie vom Schall außerdem durch die Verwendung spezieller Stimmgabeln. Jede Gabel in einem Satz schwingt mit einer bestimmten Frequenz und kann auf spezifische Akupunkturpunkte am Körper gelegt werden, um zu helfen, den Körper ins Gleichgewicht zu bringen und den Geist mit Energie zu versorgen.

Falls Ihre Zielpersonen Musikstudenten sind, sollten Sie das Ergebnis von Tests kennen, die Dr. Bagriana Belanger am Scarborough College der Universität Toronto durchführte. Wie sich zeigte, neigen Musikstudenten dazu, der Musik mit dem analytischen linken Hirn zu lauschen und die Darbietung oder die Aufnahme zu kritisieren, statt sich von der Musik in den optimalen Lernzustand versetzen zu lassen. Den Musikstudenten kann ein zusätzliches Entspannungstraining helfen, von dem sie dann auch als Berufsmusiker profitieren.

Für Superlearning geeignete Musikstücke

Diese Liste ist selbstverständlich weder verbindlich noch erschöpfend. Die genannten Werke haben sich bei den Sitzungen zwar besonders gut bewährt, sie können aber durch andere langsame Sätze aus anderen Barockkompositionen oder aus Werken von Mozart ersetzt bzw. ergänzt weden. Alle Musikstücke sind bei den im Anhang aufgeführten Unternehmen, die Superlearning-Lernmittel vertreiben, als Kassette oder CD erhältlich, größtenteils auch in Schallplattengeschäften mit einer reichhaltigen Klassikabteilung.

TOMMASO ALBINONI
Adagio in g-Moll
Andante aus der Sinfonia in G-Dur

JOHANN SEBASTIAN BACH
Largo aus dem Cembalokonzert Nr. 5, Satz für Flöte in g-Moll, BWV (= Bach-Werkverzeichnis) 1056
Aria in G-Dur aus den Goldberg-Variationen, BWV 988
Largo aus dem Konzert für Cembalo, Streicher und Basso continuo Nr. 5 in f-Moll, BWV 1056
Die Largos aus den Konzerten für Cembalo solo in g-Moll, C-Dur und F-Dur, BWV 975, 976, 978

DOMENICO CAUDIOSO
Largo aus dem Konzert für Mandoline und Basso continuo in G-Dur

ARCANGELO CORELLI
Alle langsamen Sätze aus den Concerti grossi, op. 6, Nr. 1–12, besonders Konzert Nr. 10 in C-Dur

GEORG FRIEDRICH HÄNDEL
Alle langsamen Sätze aus den Concerti grossi, op. 6, Nr. 1–12
Largo aus dem Concerto grosso Nr. 2 in B-Dur, op. 3
Largo (»La Paix«) aus der Feuerwerksmusik Nr. 3

JOHAN PACHELBEL
Kanon in D für Streicher und Basso continuo

GEORG PHILIPP TELEMANN
Largo aus den Fantasien für Cembalo Nr. 17 in g-Moll
Largo aus dem Konzert für Viola, Streicher und Basso continuo in G-Dur

ANTONIO VIVALDI
Largo-Teil aus dem »Winter«-Satz der »Vier Jahreszeiten«, op. 8, 1–4
Largo aus dem Konzert in D-Dur für Gitarre, Streicher und Basso continuo
Largo aus dem Konzert für Mandoline, Streicher und Basso continuo Nr. 1 in C-Dur
Largo aus dem Konzert für Viola d'amore, Laute, Streicher und Basso continuo Nr. 2 in d-Moll

Musik für das »aktive« klassische Superlearning-Konzert

LUDWIG VAN BEETHOVEN
Konzert für Violine und Orchester in D-Dur, op. 61

JOHANNES BRAHMS
Konzert für Violine und Orchester in D-Dur, op. 77

MAX BRUCH
Konzert für Violine und Orchester Nr. 1 in g-Moll, op. 26

FRÉDÉRIC CHOPIN
Walzer Nr. 1–19

JOSEPH HAYDN
Die Sinfonien Nr. 67 in F-Dur, Nr. 68 in B-Dur, Nr. 93 in D-Dur, Nr. 94 in G-Dur (»mit dem Paukenschlag«), Nr. 101 in D-Dur (»Die Uhr«) und Nr. 102 in B-Dur

WOLFGANG AMADEUS MOZART
»Haffner«-Sinfonie (Nr. 35, KV 385)
»Prager«-Sinfonie (Nr. 38, KV 504)
Konzert für Violine und Orchester Nr. 4 in D-Dur (KV 218)
Konzert für Violine und Orchester Nr. 5 in A-Dur (KV 219)
Konzert für Klavier und Orchester Nr. 18 in B-Dur (KV 456)
Konzert für Klavier und Orchester Nr. 23 in A-Dur (KV 488)

PETER TSCHAIKOWSKY
Konzert Nr. 1 für Klavier und Orchester in b-Moll, op. 23
Konzert für Violine und Orchester in D-Dur, op. 35

Hochfrequenzmusik zur Aufladung des Gehirns und zur Steigerung der Vitalität

Hier eine Auswahl an Musik, die den Geistkörper rasch wieder auflädt:

MOZART: Violinkonzerte Nr. 1–5; Sinfonien Nr. 29, 32, 39, 40; Streichquartette; Sinfonia Concertante; Konzerttänze.

Losanows aktives Suggestopädie-Konzert, das viel Mozart-Musik als Hintergrund für eine dramatische Präsentation des Lehrtextes enthält, verknüpft nicht nur das rechte und das linke Hirn, sondern soll laut Alfred Tomatis gleichzeitig einen Energieschub vermitteln sowie Gehirn und Körper ins Gleichgewicht bringen.

Dr. Tomatis schlägt auch gregorianische Gesänge zur »Aufladung des Gehirns« vor und bezeichnet sie als »sublime Hirnnahrung«. Es gibt mehrere ausgezeichnete Kassetten von Mönchen der Benediktinerabtei Solesmes in Frankreich und von den Benediktinerinnen der Saint Cecilia's Abbey auf der Insel Wight. Choräle eignen sich jedoch nicht für das Lesen des Lerntextes im »aktiven« Superlearning-Konzert.

23
Superlernen von Fremdsprachen – das Know-how

Wie Sie Ihr Fremdsprachenpotential ordnen und auf Band aufnehmen können

Wir zeigen Ihnen, wie eine Folge fremdsprachiger Sätze auf den rhythmisierten Achtsekundenzyklus abgestimmt werden kann. Der Stoff wird in der Muttersprache auf die linke Seite geschrieben und in der Zielsprache auf die rechte Seite. Der Grund dafür ist, daß Sie sich so ein geistiges Bild machen können, das mit den neuen fremdsprachigen Wörtern verknüpft ist.

Durchschnittlich passen neun kurze Wörter in die Zeiteinheit von vier Sekunden. Ein langer Satz kann auf mehrere Achtsekundenzyklen aufgeteilt werden. Es ist besser, Vokabeln in einem Satz zu präsentieren als in einzelnen Wörtern.

Intonationen (normal, leise/vertraulich, laut/befehlend) werden nur für die Sätze der Zielsprache verwendet, nicht für die Version in der Muttersprache. Den Stoff ordnet man auf die Seite in Dreiergruppen an, damit er mit dem Intonationszyklus übereinstimmt. Intonationen tragen dazu bei, daß man sich Satzgruppen und Vokabeln leichter merkt, und sie vermeiden Ermüdung. Sollten Sie jedoch Probleme damit haben, können Sie sie auch weglassen.

Hier ein Beispiel:

1 2 3 4	1	2	3	4	Intonation
Stille	Danke.		Thanks.		normal
Stille	Vielen Dank.		Many thanks.		leise
Stille	Bitte.		Please.		laut
Stille	Ja/Nein/Vielleicht.		Yes/No/Maybe.		normal
Stille	Entschuldigen Sie.		Excuse me.		leise
Stille	Ist schon gut.		That's all right.		laut

Stille	Guten Morgen.	Good morning.	normal
Stille	Guten Tag.	Good afternoon.	leise
Stille	Guten Abend.	Good evening.	laut
Stille	Wie geht es Ihnen?	How are you?	normal
Stille	Danke, gut.	Fine, thanks.	leise
Stille	Und Ihnen?	And you?	laut

Beispiel aus *Superlearning Spanisch,* das zeigt, wie fremdsprachige Sätze auf den Achtsekundenzyklus aufgeteilt werden:

Essen im Restaurant
Guten Tag.   Buenos días.
Einen Tisch für zwei, bitte.   Una mesa para dos, por favor.

Die Speisekarte, bitte.   El menú, por favor.
Der Ober/die Bedienung.   El camarero/la camarera.
Einen Aschenbecher, bitte.   Un cenicero, por favor.

Ein Messer/eine Gabel   Un cuchillo/un tenedor
Ein Löffel   Una cuchara
Ein Teller   Un plato

Ein Glas/eine Tasse   Un vaso/una taza
Eine Serviette   Una servilleta
Ein Stuhl   Una silla

Pfeffer und Salz   Pimienta y sal
Zucker   Azúcar
Wasser   Agua

Noch etwas Butter.   Más mantequilla.
Nichts mehr, danke.   Nada más, gracias.
Lassen Sie es sich schmecken!   ¡Que aproveche!

Auf Ihr Wohl!   ¡A su salud!
Wo ist die Toilette?   ¿Dónde está el lavabo?
Die Rechnung, bitte.   La cuenta, por favor.

Wie Sie Ihre Superlearning-Bänder zum Fremdsprachenlernen verwenden

1. *Lernen Sie, sich zu entspannen – entspannen Sie sich, um zu lernen!*
   Das Programm zur Streßkontrolle bewirkt, daß Sie Ihre Spannungen und Lernblockierungen auflösen.
2. *Atmen und lesen Sie!*
   Lesen Sie den Lerntext, und atmen Sie zum Takt der rhythmisierten fremdsprachigen Sätze – was erwiesenermaßen das Gedächtnis ankurbelt.
3. *Entspannen Sie sich zu Superlearning-Musik!*
   Entspannen Sie sich, während Sie den fremdsprachigen Sätzen zu den Klängen der 60-Schläge-Musik lauschen, die Streß lindert und geistiges Potential erschließt.

Falls Sie überlanges Material haben, verwenden Sie den Zwölfsekundenzyklus, der auf Seite 286f. erklärt wurde, oder lesen Sie einfach den ganzen Test während mehrerer Achtsekundeneinheiten.

Weil in diesem Fall viel Material auf einmal präsentiert wird, sollte der schriftlich niedergelegte Text rundum auf der Seite reichlich Platz aufweisen, damit er nicht erdrückend wirkt: Ein in kleinen Buchstaben die Seite bis zum Rand füllender Text suggeriert, daß das Lernen mühsam wird. Beginnen Sie bei den ersten Sitzungen mit den aufgeführten 21 Sätzen und Ausdrücken (siehe obiges Beispiel) in der Fremdsprache. Wenn Sie erfahrener sind, können Sie die Sitzungen auf 50 oder sogar 100 Sätze ausdehnen.

Die als Hilfen gedachten fremdsprachigen Sätze in modernen Reiseführern lassen sich leicht dem Superlearning-Verfahren anpassen, und sie betreffen gewöhnlich Alltagssituationen, in die Sie bei einem Aufenthalt in einem fremden Land geraten: Essen im Restaurant, Erledigungen auf der Bank oder Post, Besichtigung von Sehenswürdigkeiten.

Anmerkung: Zahlreiche Unternehmen haben Fremdsprachenkurse herausgebracht und behaupten, die im vorliegenden Buch behandelte beschleunigte Methode zu verwenden. Viele von ihnen benutzen in Wahrheit jedoch alte, überholte Sprachkurse, weil deren Copyright abgelaufen ist und man sie ausschlachten kann. Die meisten dieser alten Kurse eignen sich wesentlich weniger für die beschleunigte Methode als die speziell dafür geschaffenen neuen Kurse.

Sobald Sie Ihre fremdsprachigen Sätze geordnet und gegliedert haben, können Sie sie aufnehmen. Dazu brauchen Sie zwei Geräte. Geben Sie das Viersekundentaktband in das eine Gerät, und zeichnen Sie mit dem zweiten Gerät Ihre Stimme auf, während Sie die fremdsprachigen Sätze im Achtsekundenzyklus lesen.

Wenn Sie bereit sind, Ihr Band abzuhören, versetzen Sie sich zunächst mit den Übungen aus Kapitel 21 (Seite 271 ff.) in den besten Lernzustand. Lassen Sie Ihr Vokabelband einmal durchlaufen, und lesen Sie den Text stumm mit, während Sie die fremdsprachigen Wörter hören. Atmen Sie in den Pausentakten aus und ein. (Stellt Ihr Atemzyklus für Sie ein Problem dar, lassen Sie ihn außer acht, bis Sie ein erfahrener Benutzer Ihrer Bänder sind.) Spielen Sie anschließend das Band erneut ab, und lassen Sie dieses Mal auf dem zweiten Gerät gleichzeitig die Superlearning-Musik als Untermalung laufen. Lehnen Sie sich zurück, entspannen Sie sich, und hören Sie zu, während die 60-Schläge-Musik die Sätze und Ihre Aussprache in Ihrem Gedächtnis verankert.

Falls Sie in einer Fremdsprache keinerlei Vorkenntnisse haben, besorgen Sie sich am besten eine der erhältlichen Kassetten, die von einem *native speaker* aufgenommen wurde, also von jemandem, der Ihre Zielsprache als Muttersprache hat. So stellen Sie sicher, daß Sie die Aussprache richtig lernen. Viele Lehrer in beschleunigten Kursen dokumentierten übrigens bessere Sprachfertigkeiten und größere Beschleunigung, wenn sich die Schüler die Superlearning-Bänder erst einmal zu Hause anhörten.

(Anmerkung: Sofern Sie eine Fremdsprache lehren und Ihre Zeit mit der Klasse begrenzt ist, lassen Sie Ihre Schüler die Visualisierungsbänder zur Auslösung des optimalen Lernzustands oder die Vokabelbänder als Ergänzung zu dem Kurs daheim abhören. Auf diese Weise kann die Unterrichtszeit neuem Material, sprachlichen Aktivitäten und Spielen mit möglichst komplettem Einsatz aller Sinne gewidmet werden.)

Um ein Fremdsprachenband mit »aktivem« Superlearning-Konzert aufzunehmen, benötigen Sie zwei Geräte. Wählen Sie dramatisches, interessantes Material in Ihrer Zielsprache, vielleicht einen Dialog, eine Geschichte oder einen Artikel aus einer Zeitschrift oder Zeitung. Lassen Sie das eine Band mit der geistschärfenden »aktiven« Konzertmusik laufen, und lesen Sie vor dieser Hintergrundmusik die ganze Geschichte oder den ganzen Artikel so ausdrucksvoll wie möglich. Nehmen Sie Ihre Stimme dabei mit dem zweiten Gerät auf. Spielen Sie das so entstandene »aktive« Konzert-Lernband, während Sie im Pendelverkehr zur Arbeit oder nach Hause fahren, während Sie irgendwelche Routinearbeiten erledigen oder wann immer Sie wollen. Es wird nicht nur Ihr Verständnis der neuen Sprache fördern, sondern die Spezialmusik wird auch Ihre Geisteskraft insgesamt steigern.

Sofern Sie für sich allein arbeiten, sollten Sie möglichst häufig die Visualisierungsübungen anwenden, die in Teil III (Seite 359 ff.) dieses Buches beschrieben werden, besonders jene Übung, in der Sie sich in der Zukunft sehen. Imaginieren Sie sich in der nahen Zukunft, wie Sie es genießen, in Ihrer neuen Sprache fließend mit Menschen zu plaudern, deren Muttersprache sie ist. Sehen Sie sich im Land dieser Menschen, wie Sie voll Freude an einem speziellen Ereignis, einer Party, einer geschäftlichen Besprechung oder einem Einkaufsbummel teilnehmen und sich gewandt und locker unterhalten.

Nutzen Sie, wenn Sie allein arbeiten, jede Gelegenheit, um Ihre neuen Sprachkenntnisse auszuprobieren. Gehen Sie in Restaurants, die auf die Küche Ihres Sprachenlandes spezialisiert sind. Die Wahrscheinlichkeit, daß Sie dort Einheimische treffen, ist groß. In vielen Städten gibt es auch nationale Kulturvereine.

Falls Sie einen Superlearning-Sprachkurs für Auslandsreisende ausprobieren wollen, wenden Sie sich an Superlearning-Institute in Ihrer Stadt bzw. Ihrem Land.[1]

Das originale suggestopädische Programm zum Erlernen einer Sprache binnen eines Monats

Ideale Kursgröße: zwölf Schüler. Sehr bequeme Sessel sind im Unterrichtsraum in einem offenen Kreis aufgestellt. Der Raum ist möglichst attraktiv dekoriert. Poster bieten Sprachmaterial, das in die Bilder eingebettet ist.

Am ersten Tag beginnt der Kurs damit, daß die Lerner eine fik-

---

[1] Adressen von Instituten im deutschsprachigen Bereich siehe Seite 397 ff.

tive Identität erhalten. Jede Person bekommt einen typischen neuen Namen, Lebenslauf und angesehenen Beruf des Landes, dessen Sprache gelehrt wird: Botschafter, Arzt, Architekt, Filmemacher, Firmenchef usw. Sind die Kursteilnehmer einander fremd, wird ihre wirkliche Identität nicht enthüllt. Die neue Identität befreit die Lernfähigkeiten von vergangenen Leistungen. Die Lerner brauchen keine Angst zu haben, Fehler zu machen und sich zu blamieren. Unter dem Schutz der neuen Identität fühlen sich die Menschen auch frei genug, um ihre Wünsche und Bestrebungen zu äußern oder Schüchternheit und Hemmungen zu überwinden.

Ablauf eines Kurses: in der Regel dreißig Tage, vier Stunden pro Tag. Der mündliche Kurs umfaßt vier thematische Dialoge mit sechshundert lexikalischen Einheiten, das Vier- bis Fünffache des Inhalts eines normalen Sprachkurses. Der gesamte Kurs lehrt mindestens zweitausend Vokabeln, die das grundlegende Arbeitsvokabular einer Sprache abdecken. Jeder der vier Dialoge besteht aus 120 bis 220 Sätzen. Der geschriebene Text ist auf den Seiten in Dreiergruppen angeordnet. Während der ersten acht Tage findet ausschließlich mündlicher Unterricht statt. Das Kursmaterial wird auf den Alltag ausgerichtet, auf konkrete Situationen, in die man während einer Reise in das Land der Zielsprache gerät: Fahrt in eine Stadt, Restaurantbesuch, Sportwettkampf, Einkaufsbummel, Bankerledigung oder Besuch einer Familie in deren Heim.

Bei der ersten Lesung des Textes führt die Lehrperson zahlreiche Gesten und eine Art mimischer Scharaden aus, um den Sinn mit möglichst wenig Übersetzungen zu vermitteln. Die Körpersprache und die nonverbalen Hinweise müssen System haben, um Kommunikation und Lernen zu fördern. Die geistige Einstellung der Lehrperson sollte unbedingt Erfolgsbekräftigungen beinhalten, *keinesfalls* darf sie eine Haltung haben wie etwa: »Warum muß ich mich mit diesen Nieten abplagen?« Das Kursmaterial wird ein zweites Mal gelesen, diesmal wiederholen die Teilnehmer die Sätze, nachdem die Lehrperson sie gesprochen hat. Die Schüler können Lieder singen, die Vokabeln aus dem Lehrstoff enthalten, oder in einem kurzen Sketch ein Stück des Dialogs spielen.

»Aktives« Konzert

Musik: Klassische Musik von Mozart oder einem anderen Komponisten aus der Liste auf Seite 293 ff. Die Lehrperson liest den Text so ausdrucksvoll und lebendig wie möglich und orientiert sich an der Dynamik der Musik, indem sie die Stimmlage passend zur Musik verändert. Die muttersprachliche Version des Lernstoffs wird zuerst gelesen, damit sich die Lerner ein Bild von einem Gegenstand machen oder eine Situation visualisieren können. Dann liest die Lehrperson den gleichen Satz in der Fremdsprache. Zwischen den einzelnen Sätzen legt sie eine kurze Pause ein. Die Lerner versuchen, während sie den Test mitlesen, jeden Satz im Geist auszusprechen.

Nach Abschluß des Lesens stehen die Kursteilnehmer auf und strecken sich. Sie können den Kopf einige Male kreisen lassen oder ein paar andere körperliche Übungen machen; außerdem sollten sie mehrmals tief durchatmen.

Sitzung zur Gedächtnisstärkung

Teil 1 (Äußere Konzentration): Die Lerner atmen tief und rhythmisch und entspannen sich vollständig. Sie lesen den Text mit und wiederholen ihn im Geist, während die Lehrperson die fremdsprachigen Sätze in Viersekundenabschnitten liest, auf die eine Viersekundenpause folgt. Jeder Satz wird in einer anderen Intonation gelesen, gemäß dem Zyklus: normal/erklärend, leise/vertraulich, laut/befehlend.

Teil 2 (Innere Konzentration): Das gleiche Material wird wiederholt, während im Hintergrund langsame Barockmusik spielt. Die Lerner legen den Text weg und entspannen sich mit geschlossenen Augen zu der beruhigenden 60-Schläge-Musik. Die Lehrperson liest die Sätze ein zweites Mal rhythmisch zu der leise eingestellten Musik. Die passive Konzertsitzung endet mit einigen Minuten flotter, heiterer Musik.

Nach den beiden Konzertsitzungen wendet die Lehrperson eine ganze Reihe Methoden an, um das aufgenommene Sprachmaterial zu aktivieren. Die Lernenden können sich in Konversationsgruppen von zwei bis drei Personen aufteilen. Sie können Spiele spielen, Lieder singen, einander Rätsel aufgeben und Scherze machen, Probleme lösen, Wettbewerbe veranstalten, etwas mimisch darstellen, Fragen beantworten. Manchmal wirft die Lehrperson den Schülern einen Ball zu, während sie Fragen stellt, und jeder muß bereit sein, ihn aufzufangen und zu antworten. Andere Kursgruppen teilen sich in Zweierteams. Während sie einen Strandball hin und her werfen, müssen sie in der neuen Sprache eine Zahl sagen. Als nächstes müssen sie der Zahl eine Farbe beifügen: »Rosarot Sechs«, »Blau Vier« und so fort.

Eine zweite Art der Wiederholung: Die Lerner lesen und übersetzen Ergänzungstexte mit dem gleichen Vokabular, aber in anderen Kombinationen. Dazu können sprachwissenschaftliche und grammatikalische Erklärungen gegeben werden. Um Fehler zu korrigieren, nennt die Lehrperson richtige Beispiele in sensibler, nicht demütigender Art. Die Kursteilnehmer können aus dem Material auch Sketche gestalten, Geschichten ersinnen und kurze Schauspiele aufführen.

Häufig werden Tests in Quizform veranstaltet, denn sie liefern Feedback und beweisen den Schülern, daß sie die Sprache wirklich viel schneller lernen als normal.

Einige westliche Variationen des originalen Superlearning

»Dem Mittelalter angemessen!«, so beurteilt die Philologin Dr. Bancroft die gegenwärtigen Unterrichtsmethoden an den amerikanischen Colleges. »Die Studenten arbeiten unter sehr viel Streß, der alles einschließt, angefangen von komplexen familiären Problemen und den Ablenkungen durch Rockmusik und das Fernsehen.« Auf ihrer Streßliste stehen auch fensterlose Klassenzimmer mit schlechter Belüftung und Beleuchtung. Sie kämpfte gegen das »Syndrom krankmachende Gebäude«, lange bevor Regierungsstudien bestätigten, daß versiegelte Gebäude, in denen die Luft keine negativen Ionen enthält, Gesundheitsprobleme verursachen können. Als weiteren Streß bezeichnet sie »junk food« (minderwertige Ernährung) und »rückenunfreundliche Stühle«, die schlechte Haltung fördern.

Als Bancroft ihr Fremdsprachenprogramm ausarbeitete, suchte

sie Hilfe bei Eli Bay vom Relaxation Response Center in Toronto, zu dessen Kunden die Creme der kanadischen Unternehmerschaft gehört. Bay gestaltete ihr ein Programm zur Streßkontrolle, das sich für ihre Französischkurse an Colleges eignete. Bancroft betonte, daß die Bewohner der westlichen Halbkugel unbedingt ein Entspannungstraining brauchen, um den optimalen Lernzustand zu erreichen. Wegen des hohen Streßniveaus genügte das Abspielen der Musik allein meist nicht, um diesen für das Lernen so entscheidenden Zustand herbeizuführen.

In ihrer Version der Superlearning-Methode strich Bancroft das »aktive« Konzert und konzentrierte sich auf das langsame Barockkonzert, weil es besondere gedächtnisstärkende Kräfte hat. Da die meisten westlichen Studenten Walkmen und Kassettenrecorder besaßen, konnte mit Tonbändern eine gesonderte Gedächtnisstärkung zu Hause statt während der kostbaren Unterrichtszeit durchgeführt werden. Bancroft nahm ihren ganzen Kurs auf Band auf. In unserem New Yorker Superlearning-Institut arbeitete Sheila, die eine Ausbildung in Sprachenunterricht und Musik hat, nach dem Superlearning-Verfahren grundlegende Fremdsprachenkurse mit Musik aus und stellte davon Kassetten her. Jane Bancroft stellte u. a. fest, daß der Französischkurs auf Tonband ihren Studenten half, das Vokabular wesentlich besser zu behalten; sie verwendet ihn seither auch zur Firmenschulung. Eine interessante Wirkung bemerkte sie, als sich Geschäftsleute aus Toronto, die eine Abneigung gegen Französischlernen hatten, bereits zwei Wochen vor dem Beginn von Bancrofts Kurs die Bänder anhörten. Die Musik und die Methode trugen offensichtlich zur Verankerung des Klangs der französischen Sprache im Unterbewußtsein der Geschäftsleute bei.

Jedenfalls erzielte Bancroft außergewöhnliche Ergebnisse. Ihre Schüler lernten nicht nur schneller und leichter Französisch, wie an anderer Stelle bereits erwähnt, sondern waren fast noch begeisterter über das gleichzeitige Verschwinden verschiedener Gesundheitsprobleme. Zusätzlich zu den Fremdsprachenkenntnissen erwarben sie die Fähigkeiten zum Streßabbau und zur Steigerung ihres Wohlbefindens, die es ihnen ermöglichten, Lernsituationen künftig voll Selbstvertrauen zu meistern und mit Beziehungsproblemen besser fertig zu werden.

Schalltherapie beim Sprachenlernen

Die meisten Sprachlehrer erinnern sich an Fälle, in denen Schüler es trotz geduldigen Trainings nicht schafften, Wörter phonetisch korrekt nachzusprechen. Dank der Entdeckungen von Dr. Alfred Tomatis stehen jetzt wirksame praktische Hilfsmittel zur Verfügung.

»Wir sprechen und lesen mit unseren *Ohren*!« erklärt Tomatis. Jede Sprache habe eine eigene »Klangwelt«. Um sie sprechen zu können, muß man fähig sein, sie richtig zu *hören*. Der Hörbereich unterscheidet sich bei den Menschen je nach der Sprache, die sie in ihrer Kindheit gelernt haben. Man gewöhnt sich daran, auf jene Frequenzen zu hören und zu reagieren, die Bestandteil der Muttersprache sind. Französischsprachige Menschen, die gewohnheitsmäßig in einem engen Bereich von 800 bis 1800 Hertz hören, haben mehr Schwierigkeiten, von britischen Lehrern Englisch zu lernen als von amerikanischen. Der Grund liegt darin, daß die Briten das Englisch im Bereich von 2000 bis 12 000 Hertz sprechen, die Amerikaner dagegen im Bereich von 750 bis 3000 Hertz.

Das italienische Ohr kann Frequenzen zwischen 2000 und 4000 Hertz hören. Das russische Ohr ist auf einen Bereich von den niedrigsten bis zu den höchsten Frequenzen eingestimmt, die das menschliche Ohr normalerweise wahrzunehmen vermag.

»Es heißt seit jeher, daß die Slawen ›ein Ohr haben‹ für Sprachen«, stellt Jane Bancroft fest, »und Tomatis' Forschungen beweisen das statistisch.« Man muß Töne erst einmal hören, um fähig zu sein, sie zu reproduzieren. »Seine Arbeit zeigt, daß ein Mensch mit Englisch als Muttersprache ›taub‹ sein könnte für die Feinheiten französischer Vokale, die alle in einen engen Frequenzbereich hineingepackt sind.« »Wenn man die Töne nicht hört, sind die Stunden in Sprachlabors und -kliniken vergeudet«, sagt Tomatis. Weil in Nordamerika die Beeinträchtigung des Hörvermögens sehr verbreitet ist (eine Studie ergab, daß mehr als 60 Prozent der neu in ein College eintretenden Studenten an Hörverlust litten), könnte sie einer der Faktoren sein, die zu schlechten Leistungen beim Sprachenlernen führen.

Tomatis schuf eine eigene Sprachmethode. Er kombinierte ein audiovisuelles System mit seiner Schalltherapie, die das Elektronische Ohr einsetzt und das Innenohr für einen weiteren Hörbereich öffnet. Seine Methode hat ganz viel gemein mit Superlearning, das Hochfrequenzmusik und Yoga-Konzentrationsübungen anwendet. Die Superlearning-Musik mit den hohen Frequenzen fördert ebenfalls die Erweiterung des Hörbereichs.

Die Musikkassetten der Schalltherapie lassen sich mit jedem Sprachensystem kombinieren. Besonders hilfreich ist die Schalltherapie für Studenten, die eine Sprache zu lernen versuchen, deren Frequenzbereich sich stark von jenem ihrer Muttersprache unterscheidet, oder die Schwierigkeiten haben, eine Fremdsprache zu verstehen und phonetisch richtig auszusprechen. Auch die Ohrakupunktur erwies sich als überaus wirksam bei der Wiederherstellung eines verminderten Hörvermögens.

John Wades »Super Study«

John Wade, dem die Medien des fünften Kontinents den Beinamen »der australische Guru des beschleunigten Lernens« gaben, bereiste zuerst sein Heimatland, dann den Rest der Welt und hielt überall seine vielgepriesenen »Super Study«-Workshops ab. Sein Buch und seine Kassette mit dem Titel *Super Study* – ein Do-it-yourself-Verfahren, um sich in einen Zustand gesteigerten Lernens »zu schalten« – sind Bestseller.

Wades beschleunigte Englischkurse, die das Sprachenlernen für Einwanderer um das Sechsfache schneller machten, wurden im Woden TAFE College in Canberra auf Video aufgenommen und finden nach wie vor verbreitete Anwendung. Wades letztes Buch *Teaching without Textbooks – Accelerated Learning in the Language Classroom* (Lehren ohne Textbücher – beschleunigtes Lernen im Sprachen-Klassenzimmer) erweist sich als Schatztruhe voller bewährter Ideen für Englisch als Zweitsprache. Er hat Yoga-, T'ai chi-, Shiatsu- und Kinesiologie-Methoden übernommen, um die Energie zu verstärken und die Konzentration in den Klassen zu steigern. Ein weiterer großer Hit unter seinen Beschleunigungsprogrammen ist *Quick 'N' Easy Owerty,* das Computerbenutzer befähigt, die Tastatur in weniger als acht Stunden beherrschen zu lernen. Das für Kinder entworfene Verfahren macht jedermann Spaß.[1]

---

[1] Siehe dazu auch Seite 241.

Was soll man tun, wenn man feststellt, daß man unter Bedingungen unterrichten muß, die alles andere als ideal sind? Hier eine Lösung, die Wade aus seinen Lehrabenteuern in Außenposten von Neuguinea bis Timor ableitete.

Wade errang nicht alle seine Triumphe beim Vermitteln von Sprachkenntnissen unter den günstigsten Umständen, wie sie in einem modernen Klassenzimmer der australischen Hauptstadt herrschen. Einmal beispielsweise schloß er mit der Vorstellung, vier erholsame Monate in einem tropischen Paradies verbringen zu können, einen Vertrag über die Schulung englischer Universitätsdozenten auf der kleinen indonesischen Insel Timor ab. Die Universität Nusa Cendana in der Inselhauptstadt Kupang bestand, wie sich zeigte, aus halbrunden Wellblechbaracken. Der Regen trommelte so laut auf die Blechdächer, daß Wade sich kaum Gehör verschaffen konnte. Hupende Minilaster schmetterten Popsongs aus HiFi-Lautsprechern in die Gegend, während sie unter den Klassenzimmerfenstern vorbeifuhren, die wegen der drückenden Hitze weit offenstanden. Und am unteren Gangende probte ein großer Chor. Wade fand heraus, daß die in Timor praktizierte Lehrmethode recht einfach war. Die Person »mit dem Buch« war die Lehrkraft, und sie las etwas völlig Unverständliches vor. Die Zahl der Schüler, die nach kurzer Zeit das Handtuch warfen, betrug fast 100 Prozent, doch die Verwaltung reagierte auf Neuerungsvorschläge nur mit Achselzucken.

Wade bot seinen besten *Super Study*-Zauber auf. Er führte seine Schüler durch eine Serie von Imaginationen und brachte sie soweit, daß sie die Eisenrahmenstühle mit den geraden Sperrholzsitzen als höchst bequem empfanden. Sie lernten, Lärm auszuhalten, indem sie ihre Aufmerksamkeit auf die Musik konzentrierten, die immer leiser wurde. Während sie die auf englisch erteilten Anweisungen zur Beruhigung des Geistes ausführten, konnte es geschehen, daß sie sich als rote Blutkörperchen wiederfanden, die fröhlich durch den Blutstrom flossen – und die englische Naturwissenschaftslektion vom Vortrag vertieften. Wade nutzte besonders die Scheinidentitäten, die seine Schüler für den Unterricht annahmen. Worauf war die andere, neue Person aus? Was hatte sie gestern abend getan? Die Schüler schilderten auf englisch erfundene Heldentaten, die dann zum Material für die Lektion des Tages wurden. Das ist eine besonders wirksame Technik. Sie kann von jedermann angewendet werden und spart dem Lehrer einige Mühe. Wichtiger ist jedoch, daß die Schüler, wenn sie selbst den Inhalt der Lektion liefern, engagiert und interessiert sind... Die Ergebnisse waren großartig.

Neurolinguistisches Programmieren und »Teds Tränen«

Die Kombination von Neurolinguistischen Programmen (NLP) und Superlearning ist überaus dynamisch und wird von vielen Experimentatoren auf der ganzen Welt bevorzugt. In Japan besuchten wir Dr. Charles Adamsons herausragendes Suggestopädie-Zentrum am Trident College in Nagoya. Adamson gab Englischunterricht für junge Frauen, die sich auf den Eintritt in die Geschäftswelt vorbereiteten – der in Japan für Personen weiblichen Geschlechts immer noch sehr schwierig war. Wie in vielen Abhandlungen dokumentiert, machten Adamsons begeisterte Schülerinnen außergewöhnliche Fortschritte im Englischen, ohne die übliche Angst und Scheu vor dem Sprechen zu zeigen. Als sich Adamson mit uns zu einer Superlearning-Präsentation in der berühmten Kaidanren-Halle in Tokio zusammentat, wurden einige seiner Innovationen auf einem Video groß herausgestellt.

Adamson, heute am Shizuoka-Institut für Wissenschaft und Technologie in Fukuroi tätig, nennt seine Arbeit »TEDS TEARS« – »*Teaching English to Disinterested Students*« und »*Teaching English as a Required Subject*« (TEDS TRÄNEN – Uninteressierte Studenten Englisch lehren; Englisch unterrichten als erforderliches Fachgebiet). Auch Adamson hat die üblichen Lehrbücher weggelegt. Statt dessen erfindet er Erzählungen in der Art der bei jungen Japanern unverändert populären Abenteuergeschichten, die an unsere Comic strips erinnern. Adamson weicht nicht nur von Texten ab, die seine Studenten langweilig oder unwichtig finden, sondern räumt auch mit der Vorstellung auf, man könne nur eine offiziell festgelegte Zeitspanne lang lernen. Vor kurzem legte er außerdem die Prüfung als NLP-Lehrer ab, weil er findet, »daß NLP die größte Verbesserungsaussichten bietet«.

Britische Beschleunigung

Nähmen Sie in England an einem von Geoffrey Pullens höchst erfolgreichen Kursen für beschleunigtes Lernen teil, bekämen Sie Papier und Farbstifte und würden aufgefordert, bunte Zeichnungen jener Bilder anzufertigen, die nach geführten Visualisierungen vor Ihrem geistigen Auge erscheinen. Pullen, der an der Universität von Brighton lehrt, hat Techniken aus der transpersonalen und der Jungschen Psychologie übernommen. »Diese Zeichnungen können sehr aufschlußreich sein«, sagt er, »und sie lassen sich verwenden, um den Studenten Einblicke in ihre eigene Person zu vermitteln sowie ihre Selbsteinschätzung zu fördern.«

Neben der Lehrerausbildung an der Universität veranstaltet Pullen an Wochenenden vierundzwanzigstündige beschleunigte Französisch-Intensivkurse für Geschäftsleute. Mittels einer Reihe objektiver Tests kam er der Ursache der Davor- und Danach-Ängste bei Studenten auf die Spur, und er registrierte »bemerkenswerte Veränderungen« durch den Abbau der Angst. Die Kursteilnehmer waren am Kursende so frisch, energiegeladen und begeistert, daß sich eine Gruppe zusammentat, um in Frankreich ein Château zu mieten und dort beschleunigte Französischkurse zu veranstalten.

In Lyminge bei Folkstone/Kent begrüßte man die Schüler in »The English Experience« mit einer »Partytasche« voller phantasiereicher Überraschungen. In diesem Zentrum, das 1987 von den Superlearning-Pionieren Mark Fletcher und Richard Munns gegründet wurde, finden Sie sich umgeben von Requisiten, Kostümen, Perücken und Hüten für die Aufführung kurzer Schauspiele. Geboten werden zweiwöchige Intensivkurse in Fremdsprachen und Lehrerschulung. Die Kursteilnehmer machen imaginäre Reisen an faszinierende Orte in England. Eine der Unterrichtsmethoden von Fletcher und Munns besteht in einem »Souvenir-Tagebuch«, das jede Person mit Bildern, Notizen und Erinnerungen füllt, als befände sie sich auf einer einzigartigen Reise in ihrem Leben – was vielleicht zutrifft, sofern sie sich der wirklichen Breite ihrer angeborenen Fähigkeiten bewußt wird.

Das schöne Forge House, ein stattlicher Landsitz in Kemble am Rande der Costwold Hills, ist ein großes britisches Zentrum für den Erwerb von Fremdsprachenkenntnissen und für Persönlichkeitsentfaltung. Die Direktoren Michael Lawlor und June McOistrich erklären: »Forge House existiert, um durch das Erlernen von Fremdsprachen und anderen kommunikativen Fertigkeiten das persönliche Wachstum zu fördern.« Es entstand aus ihren gemeinsamen sechsundzwanzigjährigen Erfahrungen mit dem Western Language Centre und ihren über zehn Jahre hinweg veranstalteten Workshops »Inner Track Learning«. Es verschmilzt innovative Methoden von beschleunigtem Lernen und Suggestopädie mit Yoga, Erziehungskinesiologie (Hirngymnastik), autogenem Training, der Alexander-Technik und der Psychosynthese. »Inner Track« konzentriert sich darauf, Lehrern ihr eigenes weitreichendes Potential zu erschließen, bevor sie beginnen, Schüler oder Studenten auf den beschleunigten Weg zu bringen. Yoga-Methoden helfen den Lehrern, Körper und Geist zu befreien und mit ihren Zielen in Einklang zu bringen. Die Reaktionen der Lehrer auf die »Inner Track«-Schulung grenzt an Ekstase.

Französische Beschleunigung

In Sixt, einem kleinen Ort in den französischen Alpen, leitet die aus Südafrika stammende Jenny Vanderplank ein Zentrum für beschleunigtes Sprachenlernen. Sie arbeitete als Yoga-Lehrerin in Paris und besuchte dort eines der Seminare von Losanow. Sofort erkannte sie die Wurzeln des Schnell-Lernens im Yoga. Vanderplank hat zwei Texte und ein Buch mit Spielen für beschleunigtes Lernen verfaßt. Neben ihren Sprachkursen hält sie Einführungsvorträge in ganz Europa. Sie übernahm Dr. Stephen Krashens Ideen über die »natürliche Ordnung«, in der wir grammatikalische Strukturen in uns aufnehmen. Das durchschnittliche analytische, unterteilte Lehrbuch verstößt gegen diese natürliche Ordnung, sagt sie. Wenn das Material eines Sprachkurses global, umfassend und grob aufeinander abgestimmt ist, werden Sprachstrukturen und die Grammatik schneller gelernt.

Es gibt auf der Welt Zehntausende von Lehrern und Trainern, die Superlearning-Methoden im Fremdsprachenunterricht einsetzen, und jeder von ihnen bringt in die grundlegenden Verfahren seine eigene Note ein. Es sind zu viele, als daß wir sie hier nennen könnten. Um in Ihrer Nähe eine geeignete Lehrperson zu finden, wenden Sie sich am besten an SEAL, SALT oder eine Gesellschaft für beschleunigtes Lernen in Ihrer Gegend, zum Beispiel an die Deutsche Gesellschaft für Suggestopädisches Lehren und Lernen (DGSL), Breitensteinstraße 31, 85567 Grafing, Telefon 0 80 92 / 3 24 02, Telefax 0 80 92 / 65 30.

24
Betreuung Ihres Kindes von der Vorschule bis zur höheren Schule

Kleine Kinder lernen lieber als große

In Moscow/Idaho hörte Dr. Mary Lang zufällig mit an, wie ihr zweijähriger Sohn seine Spielsachen zählte. Er sagte Zahlen, laut, leise, in verschiedenen Intonationen. Es klang sehr ähnlich wie ihr spezielles Superlearning-Programm. Sie wußte, daß sie gut war in ihrem Beruf: als Pädagogin mit Lehrauftrag an der Universität Auburn, als Sprachenpathologin für Vorschüler und jetzt als Doktorandin auf dem Gebiet der Computergraphik und Videoproduktion an der Universität von Idaho. Trotzdem reizte die traditionelle Erziehung Lang nicht mehr, sie hatte den Plan gefaßt, ein Graphik-Unternehmen zu gründen. Doch einen bestimmten Faktor der Erziehung konnte und wollte sie nicht zu den Akten legen. Sie war entschlossen, ihrem kleinen Sohn sehr früh gute Lernerfahrungen zu vermitteln, um einigen Fallgruben vorzubauen, die ihn später in der Schule erwarteten. Ihr wurde schnell klar, daß die Unterrichtsmethoden, nach denen Schulanfänger Lesen und Rechnen lernten, für ihren aktiven, an allem interessierten Zweijährigen viel zu viele Wiederholungen vorsahen. Sie zog das Superlearning-Buch zu Rate.

In einer ruhigen Stunde des Tages setzte sie dann ihren Sohn in einem bequemen Kindersessel vor den Fernseher und tupfte ihn mit etwas Parfüm ein, um »einen zusätzlichen Sinn zu aktivieren«. Durch eine Marionette kündigte Lang den Unterricht über Mengen an. Daraufhin füllte ein Farbvideo den Bildschirm mit roten Kugeln, die eine Menge veranschaulichten: zwei, sechs und so fort. Während eines Viersekundenabschnitts wurde die Zahl viermal in verschiedenen Intonationen gesprochen. Es folgte eine Viersekundenpause, während das Bild verschwand. Anschließend leuchtete die nächste Menge auf. Diese Superlearning-Sitzung für Kleinkinder dauert nur achtundvierzig Sekunden, und präsentiert werden drei Zahlen. Genau wie beim Programm für Erwachsene erfolgt der

Unterricht zuerst ohne Musik, dann wird er mit der speziellen Barockmusik wiederholt. Später am Tag tupfte Lang ihren kleinen Sohn erneut mit dem gedächtnisstärkenden Parfüm ein und spielte mit ihm etwa fünf Minuten lang Addieren und Subtrahieren.

Nicht alle Eltern können Videos herstellen, aber es dürfte ihnen keine Mühe bereiten, eine andere von Lang angewandte Technik zu nutzen. Sie nahm ihren Sohn auf Band auf, als er selbst positive Bekräftigungen vor sich hin sagte: »Ich mag Rechnen. Ich lese gern Wörter. Mir geht es gut.« Nach einer dreimonatigen medizinischen Behandlung wegen einer Ohrinfektion ließ sie ihn sagen: »Meine Ohren sind gesund.« Lang berichtet: »In den sechs Monaten, seit er sich die Bänder selbständig anhört, war er kein einziges Mal krank.« Der kleine Junge lauscht seinen eigenen aufbauenden Suggestionen im Schlaf und am Morgen. Seine Erfolge beim Lernen wirkten auf seine Mutter als großartige positive Suggestion. Sie sah einen neuen beruflichen Horizont für sich und bleibt nun doch der Pädagogik treu, entwickelt jetzt aber Hilfsmittel für frühkindliches Lernen.

»Um die einmalige Fähigkeit von Kleinkindern zum Einsatz des fotografischen Gedächtnisses auszunutzen«, testet Lang ein Programm für Kinder, die jünger als zweieinhalb Jahre sind. Vom Parfüm als Verbindung zum Gedächtnis ist sie abgekommen. Um die Erinnerungen eines Kleinkindes zu verankern, schlägt sie jetzt die Verwendung von Essensgerüchen vor. Ihr neues Rechenprogramm umfaßt ein Video, zwei interaktive Spiele und zwei Kassetten. Eine davon enthält einfache Rechenaufgaben, untermalt mit Barockmusik. Die andere Kassette bietet Rhythmen und Verse zur Gedächtnisstärkung im Stil der Spiele, mit denen Rosella Wallace in Alaska Kinder zum Lernen verlockt.

Im Gegensatz zu einer weitverbreiteten Theorie glaubt Lang, genau wie andere Superlearning-Lehrer – darunter Wallace und die Autorinnen dieses Buches –, daß Lernen Kleinkindern ungeheuren Spaß bereiten kann. (Das soll nicht heißen, daß Sie Ihr Kind mit Gelehrsamkeit traktieren und es sowie sich selbst unter Druck setzen sollen.) »Fast allen unseren Größen in Philosophie, Wissenschaft und Literatur wurde lange vor dem Schulalter gezielt das Lesen beigebracht«, hat Dr. Ragen Callaway vom Ontario Institute for Studies in Education herausgefunden. Callaway schuf erfolgreiche Leseprogramme für Drei- und Vierjährige im Kindergarten der Kingslake Public School von North York/Ontario. Der Schlüssel zum Erfolg bestand bei den Kleinkindern in Ontario – die von sich aus lesen lernen wollten, wie die Lehrkräfte versicherten – in kurzen Perioden des Einzelunterrichts.

Eine Vorschullehrerin in Alaska gab George Guthridge die Möglichkeit, an ihren Kleinkindern seinen »Umgekehrten Unterricht« auszuprobieren.[1] Die Lehrerin berichtete, daß sie bald mit Anrufen von Eltern belagert wurden, die wissen wollten: »Wie kommt es, daß mein Kind auf einmal so gut lernt?« Guthridges Programm, das mit Hilfe von Superlearning eine solide Grundlage des Elementarwissens schafft, kann den Lehrern viel Zeit sparen, ebenso Eltern, wenn sie den gleichen Weg einschlagen wie Pat Joudry. Deren kleine Tochter fragte sie eines Tages mit Tränen in den Augen: »Mami, *müssen* Kinder in die Schule gehen?« Joudry sann einen Augenblick über ihre oft geäußerte Meinung nach, daß man Kinder nur vom Lernen abhalten könne, indem man sie in die Schule schicke, dann antwortete sie: »Nein«, und begann ein Abenteuer in häuslichem Unterricht. Amerikanische Eltern, die ihre Kinder selbst unterrichten, stellten fest, daß alle Bestandteile von Superlearning oder zumindest die wichtigsten mit jeder »Philosophie« des häuslichen Unterrichts vereinbar sind.

Was immer Ihre Kinder lernen: Wenn Sie dafür sorgen, daß sie das Elementarwissen beherrschen, tun Sie sehr viel dafür, ihre Zukunft zu sichern. Der Psychologe David Geary von der Universität von Missouri gab zwei Erstkläßlergruppen, einer chinesischen und einer amerikanischen, eine Reihe Rechenaufgaben. Die chinesischen Kinder erreichten dreimal so viel richtige Lösungen wie die amerikanischen. »Chinesen sind keineswegs von Geburt an gescheiter«, erklärt Geary, »doch sie verfügen über das Elementarwissen. Durch Übung haben sie es automatisiert, so daß das Bewußtsein seine Energien zum Denken und Problemlösen verwenden kann, während die amerikanischen Kinder beim Rechnen ihre Finger gebrauchen müssen.« Üben, üben, üben, lautet Gearys Empfehlung. Und dabei kann Superlearning von Nutzen sein: Es vermittelt das Elementarwissen ohne langweiliges gewohnheitsmäßiges Üben. Fangen Sie früh an; der zusätzliche Gewinn potenziert sich. Geary stellte fest, daß schon in der dritten Klasse die amerikanischen Kinder bedrückend hinter ihren chinesischen Altersgenossen herhinkten.

---

[1] Siehe dazu auch Seite 345 f.

Hätten Sie je die Lernleistungen einjähriger Wasserbabys in Rußland beobachtet, wüßten Sie, daß Kinder in vielfältiger Weise gesund gedeihen können. (Wir verzichten darauf, hier zu schildern, was einige von ihnen schaffen, weil dies ohne ausführliches Hintergrundmaterial einfach unglaublich klingt.) Wasserbabys sind keineswegs Wasserwesen. Fünfzehn Jahre später sind sie ausgeglichene, ungezwungene, gesellige und oft wunderbar begabte Menschen. Auch Callaway leitete aus seinen Studien die Erkenntnis ab, daß frühes Lernen ein Plus ist, daß es die Flexibilität und die Komplexität des Zentralnervensystems steigert.

Während Mary Lang experimentiert und Möglichkeiten erforscht, um Vorschülern die Welt zu erschließen, machen ihre Lernhilfen einen Sprung ins 21. Jahrhundert. Sie weitet die Grenzen zu einem neuen Gebiet aus, paart virtuelle Realität und Lernen. Erziehung dieser Art konnten wir in Newcastle upon Tyne beobachten, wo Kugelschreiber und Rechner durch die Track-ball-controls von Videospielen ersetzt werden. Englische Teenager bauen Fabriken, drechseln auf der Drehbank, fahren Gabelstapler – alles auf ihren Computerbildschirmen im ersten europäischen Schulexperiment mit virtueller Realität.[1] Ein Schüler, der sich Bilder aus einer Computerbibliothek holt, errichtet eine neue Fabrik oder erschafft nach Originalzeichnungen eine ganze Renaissance-Stadt. Danach gehen die Schüler in den von ihnen erschaffenen Werken auf Abenteuer aus. Sie »erleben die Erregung, die aus der Fähigkeit erwächst, eine selbst entworfene Welt zu erforschen und zu kontrollieren«, sagt Projektleiter Trevor Pemberton. Seine Schüler wurden bereits von einer örtlichen Firma beauftragt, ein dreidimensionales Modell eines neuen Gebäudekomplexes zu entwerfen. Das ist ein gewaltiger erster Schritt. Wir werden voll Interesse beobachten, wohin Mary Lang im nächsten Jahrtausend gelangt.

Mittels virtueller Realität in natürlicher Größe gelangen Sie »durch den Bildschirm hindurch« in eine simulierte dreidimensionale Welt. Sinnesdaten werden Ihnen über Datenhelme, Datenhandschuhe und Ganzkörperanzüge geliefert, so daß Sie taktile, optische und Bewegungsempfindungen erleben, als seien Sie an Ort und Stelle. Es handelt sich um eine High-Tech-Einrichtung, die jedes Training im Stil des 21. Jahrhunderts prägen wird. Doch wie alt

---

[1] Siehe dazu auch Seite 226f.

Sie auch immer sind, die Möglichkeiten dieses Verfahrens für Superlearning sind erregend: An Ort und Stelle sein, sich auf einem mentalen Urlaub am Ufer ausstrecken und der Brandung lauschen, die Begeisterung spüren, wenn Sie in einer imaginativen Probe eine Verkaufsvorführung mit einem Vertrag abschließen oder mit Barockmusik in höhere Dimensionen schweben...

Viele Eltern schreiben uns, daß sie mit ihren Kindern immer wieder aus dem Augenblick heraus Superlearning machen. Die meisten Vorschulkinder reagieren gut auf Musik, Suggestion und Phantasiespiele. Es überrascht nicht, daß sie beim Sprechenlernen oft glänzen. Von Kleinkindern, die im Ausland leben, hört man häufig, daß sie die Landessprache so leicht aufnehmen, wie sie die fremde Luft atmen, während ihre Eltern sich abplagen, um auch nur eine Einkaufsliste in der fremden Sprache zu erstellen.

Lernen schon im Mutterleib

Ist es je zu früh, um Ihrem Augapfel einen guten Start ins Leben zu geben? Sollten Sie ein »Schwangerschaftstelefon« kaufen und durch ein auf den Mutterleib gepreßtes Rohr mit dem Fetus sprechen? Oder sollte die werdende Mutter, »um die Geisteskapazität des Kindes auf Lebenszeit zu verbessern«, ihren Bauch sanft reiben, bis der Fetus mit einem Stoß reagiert? Der kalifornische Geburtshelfer Dr. René van de Carr und einige andere Experten beantworten die Frage mit einem klaren Ja. Die Zeit wird zeigen, ob sie recht haben. Fest steht jedoch, daß die wissenschaftliche Ansicht über die Fähigkeiten von Neugeborenen eine grundlegende Veränderung erfahren hat. Verschwunden ist die alte Vorstellung, daß ein Baby sozusagen als unbeschriebenes Blatt zur Welt kommt.

»Kleinkinder sind viel mehr, als wir dachten«, erklärt der Psychologe Dr. David Chamberlain aus San Diego, der darum kämpft, »Babys des 21. Jahrhunderts davor zu bewahren, daß sie mit dem Vorurteil des 19. Jahrhunderts betrachtet werden«. Um seine Behauptungen zu untermauern, führte Chamberlain auf einem Vortrag beim 10. Weltkongreß für pränatale und perinatale Psychologie mehr als 150 wissenschaftliche Studien ins Treffen. Es mehren sich die Meldungen, daß das Gedächtnis bereits im Mutterleib funktioniert; das gleiche gilt für Träume und Sinne, besonders das Gehör.

Neugeborene können erwiesenermaßen lernen, sich erinnern und sogar addieren. Dieses Wissen verbreitet sich jedoch nach Chamberlains Meinung nicht schnell genug. Er weist darauf hin, daß die Beschneidung und verschiedene medizinische Eingriffe noch immer routinemäßig ohne Anästhesie durchgeführt werden, aus dem inzwischen widerlegbaren Glauben, Säuglinge seien bloße Reflexgeschöpfe, die keine Schmerzen spüren. Sie spüren sehr wohl Schmerzen. Die meisten Eltern wissen, daß ihr Kind eher ein reagierendes Freudenbündel ist als ein Bündel mechanischer Reflexe. Chamberlain prophezeit, daß sich im nächsten Jahrhundert die Wissenschaft auf das Selbstgefühl, die Emotionen, die Kommunikations- und die Lernfähigkeit des Neugeborenen konzentrieren wird.

Vielleicht wollen Sie Ihrem Ungeborenen ein kleines musikalisches Ständchen bringen. Dr. Thomas Verny aus Toronto ist ein Mediziner, der einen ganzen Stoß faszinierender Beweise dafür gesammelt hat, daß es sich bei den im Mutterleib gebildeten Erinnerungen um Langzeiterinnerungen handeln kann und daß diese später nicht selten das Leben außerhalb des Mutterleibs beeinflussen. Vernys Detektivarbeit ist hochinteressant. Er testete die Auswirkungen von Musik auf Kinder im Mutterleib: Mozart übt eine gute Wirkung aus, vielleicht wegen der vielen Hochfrequenztöne. Verny empfiehlt jedoch vor allem Barockmusik, und das ist der Grund, warum einige werdende Mütter solche Superlearning-Musik spielen. Ein Elternpaar erzählte uns, das Abspielen der gleichen Musik *nach* der Geburt wirke Wunder bei der Beruhigung des gereizten Kleinkindes, vielleicht weil es dadurch an die behagliche Wärme im Mutterleib erinnert werde.

»Coachen« von Schulkindern

Dr. Rosella Wallaces Reime, Rhythmen und Springseilsprüche sind ein großartiger Weg, Kinder zum Lernen zu verlocken und das Elementarwissen in ihnen zu verankern. Schüler, die zu Hause unterrichtet werden, üben regelmäßig damit. »Ich hatte das große Glück, mit Drittkläßlern arbeiten zu können, deren Vorstellungskräfte nicht durch das Bildungssystem total gestört waren«, sagt Wallace, die mittlerweile Beraterin und Lehrerausbilderin für die Universität von Alaska ist. »Die Welt der Kleinen ist voller Phantasie, und ich erlebte, daß ihre Bereitschaft groß ist, die Phantasie zu nutzen, um in den Lerngewohnheiten oder im Verhalten positive Veränderungen herbeizuführen.« Wird die Schule Ihres Kindes Ihren Erwartungen nicht gerecht, können Sie seine Vorstellungskräfte nachhaltig schulen, beispielsweise mit dem Spiel »Der sorgfältige Beobachter«.

Als bei Wallace ein Museumsbesuch mit fünfunddreißig lebhaften Kindern anstand, beschloß sie, ihren Zöglingen »neue Köpfe zu geben«. Schon Tage vorher setzte jeder Schüler seinen »Beobachterkopf« auf und machte eine Reise in die nahe Zukunft, in das Museum. »Nehmt euch Zeit«, riet Wallace, als die Kinder im Geiste das Museum betraten. »Drängelt nicht, sondern laßt die anderen vorausgehen, während ihr aufmerksam wie Neuland-Entdecker durch die Säle streift.« Als sorgfältige Beobachter registrierten die Schüler Farben, Gewebe, Gerüche und das besonders Schöne an jenen Dingen, die im Unterricht bereits behandelt worden waren: Arktische Vögel, Werkzeuge, Fossilien... Nach einigen Minuten dieses stummen Abenteuers beschrieben Wallace' Kinder in verblüffenden Einzelheiten, was sie in dem Museum »gesehen« hatten.

Am Anfang des Klassenausflugs fragten sich die Kinder vor dem Aufbruch, was für ein Lied sich ihre »Rhythmus- und Reimlehrerin« für diese Lernstunde wohl ausgedacht habe. Bald sangen sie: »Ich bin ein sorgfältiger Beobachter / Ich berichte, was ich sehe / Ich sehe Farben, rieche Düfte / superlerne für dich und für mich.«

Die Museumsführerin merkte schnell, daß sie es mit einer ungewöhnlichen Klasse zu tun hatte. An der Tür taten einige Kinder so, als stülpten sie sich etwas über die Köpfe, dann begannen sie langsam und gezielt umherzugehen. Sie betrachteten die Austellungsstücke sehr genau; einige erzählten sich selbst leise, was sie sahen. Bald beantwortete die Führerin »die interessantesten Fragen, die mir je von so einer jungen Gruppe gestellt wurden«. Sie flüsterte Wallace zu: »Die Kinder bemerken Dinge, die nicht einmal mir bisher aufgefallen sind!« Wochen später konnten die Kinder sich geistig zurückversetzen, um die Farbe eines Gefieders oder die Form eines Knochens zu rekonstruieren; wie einst bei den Alten der Gedächtnispalast, so wurde bei ihnen das Museum zum Bestandteil ihrer Phantasie.

Nicht nur Wallace' »sorgfältiger Beobachter«, sondern fast alle Verfahren in unserem Buch lassen sich für Kinder adaptieren.

Außerdem können Sie dem Beispiel George Guthridges folgen und Ihr Kind sogar dazu ermutigen, selbst ein Thema zu erforschen und Superlearning-Bänder herzustellen.[1]

Don Schuster brauchte dank seiner reichen Erfahrung in beschleunigten Methoden nur zwei Stunden, um seinen neunjährigen Enkel Jim, der sich in Rechnen mit denkbar schlechten Noten mühsam durchschlug, umzuorientieren. In der ersten Stunde brachte er dem Jungen bei, sich im Geist ein Spielzimmer einzurichten, einen Ort, an dem er sich entspannen konnte. Dorthin sollte Jim gehen, sobald er ans Rechnen dachte. »Darf mein Kätzchen Mickey auch in dem Spielzimmer sein?« fragte Jim. »Klar«, antwortete Schuster, »aber in dem Spielzimmer ist Mickey ein ganz besonderer Kater. Er kennt alle Antworten auf Fragen, die du im Rechnen oder sonstwo hast.« Jim brauchte nichts zu tun, als sich zu entspannen, den Zauberkater zu streicheln und auf seine Antwort zu horchen.

In der zweiten Stunde streckten Großvater und Enkel sich auf einem Bett aus. Schuster ging die Sechsermultiplikationstabelle durch. Während er sprach, imaginierte Jim. Dann wiederholte Schuster zu den Klängen langsamer Barockmusik die Zahlen rhythmisch. Schließlich veranstaltete er ein kurzes Quiz mit Jim. Monate später präsentierte der Junge sein Zeugnis. »In Rechnen hatte er eine Eins bis Zwei!« sagt Schuster. Den Grund für das gute Funktionieren der beschleunigten Methode bei Jim sah er im Vorhandensein aller notwendigen sechs Elemente: Suggestion, Entspannung, Spaß, Bildvorstellungen, rhythmische Wiederholung und ein Quiz.

Hausaufgaben

»Die Hausaufgaben oder auch der Unterricht zu Hause sollten Bestandteil der gesamten Beziehung zwischen Eltern und Kind sein und nicht eine Forderung, die von seiten der Eltern gegen acht Uhr abends an das Kind ergeht«, bemerkte Hamilton, der lange Erfahrung in Familienberatung hatte, bevor er Superlearning-Lehrer wurde. Unter anderem schlägt Hamilton den Eltern vor, im Zimmer zu bleiben, während die Kinder Hausaufgaben machen. »Wenn die Kinder fertig sind, sollen sie sich auf der Couch ausstrecken oder zu

---

[1] Siehe dazu Kapitel 22, Seite 283 ff.

Bett gehen, falls es Zeit dazu ist. Spielen Sie ihnen die Superlearning-Musik vor, und lesen Sie laut die Hausaufgabe Ihres Kindes: Rechtschreibung, Erdkunde oder was immer. Das verstärkt nicht nur das Lernern, es stärkt auch die Verbindung zwischen Eltern und Kind.«

Walter Deehring aus Peoria/Illinois, ein Spitzenmann auf dem Marketing-Gebiet, hat Firmen gegründet, geleitet, gekauft und verkauft. Nach der Lektüre unseres ersten Superlearning-Buches beschloß er, jemanden aufzubauen, der ihm wesentlich mehr am Herzen lag, nämlich seine zwölfjährige Tochter. Sie nahm in der Schule offenbar so gut wie nichts auf, vor allem verabscheute sie das Lesen, was sich in ihrem Notendurchschnitt von 4 bis 5 ausdrückte.

»Ich begann mit der Übernahme der Superlearning-Entspannungstheorie. Ein ausgeruhter Geist zeigt viel mehr Bereitschaft, Informationen aufzunehmen«, berichtet Deehring. Als nächstes führte er seine Tochter durch umfassende Bildvorstellungen, wobei er ihr Selbstvertrauen aufbaute und in ihr den Glauben weckte, daß sie jederzeit fähig sei, Einser und Zweier zu bekommen. Im Geiste erlebte sie, wie es wäre, einen ganzen Schultag lang für jede Stunde voll vorbereitet zu sein, und wie sie sich fühlen würde, wenn ihre Angehörigen und Freunde sie für eine gute Lernerin hielten.

»Dieses Lockmittel verstärkte ich, nachdem es zu wirken begonnen hatte, etwa jede halbe Stunde während unserer Sitzungen, die in den ersten beiden Wochen täglich drei Stunden dauerten. Ich übernahm die Superlearning-Methode, Daten oder Informationen mit leiser, mittlerer und lauter Stimme zu sprechen und sie mindestens einmal zu wiederholen.« Deehring trug auch Sorge dafür, vorgefaßte Meinungen des Mädchens abzubauen wie etwa: Dieses Thema ist echt langweilig, jenes ist viel zu schwer. »Was ist daran interessant?« fragte er bei jedem Thema, und die Antwort suchte er dann zusammen mit seiner Tochter. Außerdem richtete er es ein, daß Leseübungen mitten in einer spannenden Situation endeten.

Deehrings Tochter stellte fest, daß sich ihr zunächst nur vorgestellter Erfolg verwirklichte. »Noch immer bekräftigte ich den Erfolg am Anfang und am Ende unserer Sitzungen, die jetzt kürzer sind«, sagte Deehring. Vater und Tochter beginnen mit zehn Minuten Entspannung, danach lernen sie zwei weitere Themen und enden mit unterstützenden Bildvorstellungen. »Zur Semestermitte war meine Tochter noch eine Vierer- und Fünferschülerin; am

Schluß des Semesters hatte sie glatte Dreier. Mit anderen Worten, sie stellte sich allmählich auf ein Arbeiten ein, das Einser und Zweier bringt. Im laufenden Semester bekommt sie Zweier oder bessere Noten. Denn jetzt ist sie geradezu hungrig auf Lernen. Superlearning war es, das mir half, ihre Lernkurve umzustrukturieren und ihr Potential zu erschließen.« Die Erfolge seiner Tochter ermutigten Deehring so sehr, daß er auch ein Auge auf die Lehrmethoden zu werfen begann, denen seine anderen Kinder ausgesetzt waren, so auf den Spanischunterricht seines Sohnes. Ihm war sofort klar, daß es einen besseren Weg gab. Nun will er Kurse zusammenstellen, die andere Eltern mit ihren Kindern absolvieren können. Irgend jemand muß das machen, findet er. »Wenn unsere Kinder in einer globalen Wirtschaft gedeihen sollen, ist es unumgänglich, daß sie die Methoden globalen Lernens beherrschen.«

»Wir müssen im Rahmen des Erziehungsprozesses den Wert globalen Verständnisses lehren. Wir müssen junge Menschen erziehen, globales Bewußtsein, globalen Ehrgeiz und globale Freude zu üben. Die ganze Welt ist ihre Arena«, sagte die international bekannte Schriftstellerin und Mystiklehrerin Chris Griscom. Kinder so ausstatten, daß sie in dieser Arena geben und nehmen können, darum bemüht sich die ehemalige Direktorin des Peace Corps in Santa Fe/New Mexico in ihrer Nizhoni-Schule, was in der Sprache der Navaho-Indianer »schöner Weg« bedeutet. Teenager aus Europa, Asien und Afrika leben dort zusammen und lernen gemeinsam vieles über globale Wirtschaft und Unternehmerschaft. Der weit gespannte Lehrplan regt sie dazu an, ihre inneren Welten genauso abenteuerfreudig zu erforschen, wie sie die äußere Welt ergründen, während sie sich Griscoms Version von »Gesundheit an Geist, Körper und Seele in einer gesunden Menschheit« nähern.

Kindern beizubringen, wie man im nächsten Jahrhundert optimal »gedeiht«, ist auch ein wichtiges Anliegen von Dr. Mary Harris aus Atlanta. Die experimentierfreudige Pädagogikprofessorin an der TH von Georgia gab Teenagern Superlearning-Vokabelbänder mit nach Hause. »Die Bänder funktionierten auf Anhieb sehr gut. Oft ist nicht mehr nötig als ein bißchen Hilfe seitens der Eltern, eine Hilfe, wie beispielsweise der Vater sie leistete, der entschlossen die Bänder abspielte, während seine Kinder abends einschliefen und morgens frühstückten.« Harris hat jetzt ein eigenes Unternehmen, und ihr von der Regierung gefördertes Millar Harris Project hilft

Teenagern in Training Camps für Junior Reserve Officers, sich das sprachliche Elementarwissen anzueignen. »Ein großer Teil von ihnen ist wirklich vielversprechend«, sagte Harris, »doch gerade wenn sie die Flügel ausbreiten wollen, stoßen sie auf Prüfungen und scheitern. Oft sind es die Schulen, die sie im Stich lassen, denn den Kindern fehlt einfach das Basiswissen, das sie haben müßten.«

Wenn Sie mit Kindern superlernen, sollten Sie daran denken, daß wir *trotz* Kritik lernen, nicht *wegen* ihr. Falls Sie mit Ihren eigenen Kindern arbeiten, ist es schwer, aber sehr wichtig, »der Versuchung zu widerstehen, etwas falsch zu machen«. Statt »falsch!« zu rufen, können Sie oft indirekt korrigieren, indem Sie Lieder, Spiele und Zeichenprojekte ersinnen, in denen die richtige Antwort offensichtlich wird. Seien Sie zumindest neutral, urteilen Sie bei Verbesserungen nicht, erörtern Sie klar und deutlich die Arbeit und nicht die Fähigkeit oder Persönlichkeit Ihres Kindes. Wie Forscher an der Brown-Universität herausfanden, entwickelt sich die Reaktion des Menschen auf Fehlschläge sehr früh: Es ensteht entweder ein Gefühl der Hilflosigkeit oder eines des Meisterns. Wichtig ist, daß man das Gefühl des Meisterns stärkt und daß man momentanes Versagen als Anregung, einen anderen Weg zu versuchen, oder als Hinweis auf die Lösung des Rätsels betrachtet.

Die Wirtschaftswissenschaftlerin Marylin Kourilsky von der Universität von Kalifornien in Los Angeles sagt, potentielle künftige Unternehmer erkenne man bereits, wenn sie erst einen Meter groß seien. »Sie trennen Fehlschläge von ihrer eigenen Person und verfolgen einfach einen anderen Gedanken oder aussichtsreicheren Weg weiter.« Laut Kourilsky ist solches Tun bei fast 25 Prozent der Kindergartenkinder völlig normal, aber nur etwa 5 Prozent bewahren sich diese Fähigkeit bis zur High-School. »Viele meiner Kollegen glauben, daß die Art der Schulerfahrung jeden Wagemut erstickt«, erklärt Kourilsky. »Man macht einmal einen Test, und wenn man ihn nicht besteht, hat man ›total versagt‹.« Die »Quiz-Veranstaltungen« am Ende von Superlearning-Sitzungen dienen als Tests der Schüler wie auch der Lehrbücher oder -programme. Die Lerner vergleichen ihr Wissen und ihre Notizen mit der Lektion und entscheiden jeweils, wer »recht hat«, bzw. wer den Sachverhalt am treffendsten wiedergibt. Dasselbe Quizspiel können Sie mit Ihrem Kind machen, so daß es statt eines mechanischen Gedächtnisses die Fähigkeit entwickelt, zu suchen, zu lernen, zu formulieren und zu kontrollieren.

In einer perfekten Welt würden wir alle zunächst lernen, wie man lernt, bevor wir zu unserem Abenteuer durch das Leben aufbrechen. In vielen Klassenzimmern atmen die Kinder jedoch noch immer die Luft des 19. Jahrhunderts. Was läßt sich dagegen tun? »Wenn genügend Eltern wütend werden über die Verwirrung, die Erzieher anrichten, erreichen wir vielleicht, daß die Schulen, statt quasi nur Babysitting zu betreiben, sich zukunftsorientiertem Lehren und Lernen widmen«, meint Bruce Tickell Taylor. Engagieren Sie sich in Ihrer Schule, verbreiten Sie Informationen über Superlearning. Bis die Auswirkungen der großen Lernrevolution die alten Erziehungsstrukturen zum Einstürzen bringen, müssen Sie selbst dem Kind von heute helfen, das Lernen zu beschleunigen. Wie Alvin Toffler, der Verfasser des bereits erwähnten Werks *Der Zukunftsschock,* konstatierte: »Elternschaft bleibt das größte Einzelmonopol des Amateurs.« Die Grundbedeutung des Wortes »Amateur« bezeichnet eine Person, die etwas aus Liebe betreibt. Erschließen Sie Ihrem Kind das Belebende, Erheiternde des Lernens, geben Sie ihm Werkzeuge, mit denen es das Beste aus seinen Fähigkeiten machen kann, und Sie werden ein Kind haben, das in mehr als einer Hinsicht begabt und lebenstüchtig ist.

25
Superlearning in den Naturwissenschaften, in der Datenverarbeitung und High-Tech

»Klimaanlage: Carrier«, sagt der Naturwissenschaftler Lorne Cook. Seine weiche Stimme intoniert: »Willis Carrier erfand die Klimaanlage. Elektrisches Licht: Edison. Das elektrische Licht wurde von Thomas Alva Edison erfunden.«

Zehn Kinder, die mit geschlossenen Augen auf dem Teppichboden liegen, sehen aus, als würden sie schlafen, während im Hintergrund leise Musik spielt. Schauplatz dieses Geschehens ist die Vorbereitungsschule des Upper Canada College in Toronto, wo Superlearning seit mehr als einem Jahrzehnt im Naturwissenschaftsunterricht angewendet wird. In sorgfältig kontrollierten Vergleichstests mit traditionellen Methoden des Unterrichtens erreichten die Kontrollgruppen Punktezahlen zwischen 70 und 75 Prozent. Die Superlearning-Gruppen erreichten bei naturwissenschaftlichen Prüfungen wiederholt einen Durchschnitt von 95 *oder mehr Prozent.*

Die Jugendlichen zeichneten sich nicht nur in Naturwissenschaften aus und beschleunigten nicht nur das Lernen, sondern viele profitierten, wie sie berichteten, auch von der Streßkontrolle. »Superlearning macht wirklich Spaß, und es half mir, eine Menge zu schaffen«, sagt einer.

Seit zehn Jahren ist Cook auch in den Vorlesungen, die er an der Universität York hält, ein Superlearning-Pionier. »Es besteht eine riesige Kluft zwischen unserem Wissen über das Gehirn und der Art unseres Unterrichtens«, konstatiert er. »In allen unseren Schulsystemen herrscht eine Art Verschwörung gegen den Erfolg. Viele Menschen werden sehr mißtrauisch, wenn wir Techniken anwenden, bei denen die Durchschnittspunktezahl der Klassen in den Neunzigern liegt. Sie geben sich mit Mittelmäßigkeit zufrieden, statt Erfolg anzustreben.«

»Zufriedensein mit Mittelmäßigkeit« in der wissenschaftlichen Ausbildung kann ein direkter Weg zur mittelmäßigen Laufbahn und zu Arbeitslosigkeit sein. Schnelle High-Tech-Schulung zählt zu den wichtigsten Voraussetzungen für den Erfolg, Wohlstand und sogar Überleben in der neuen globalen Wirtschaft. Eine unzulänglich geschulte, ungelernte Arbeiterschaft wird zum Teil als Grund für das Abgleiten Großbritanniens in ein wirtschaftliches Desaster angesehen. Und Experten fürchten, daß Nordamerika mit seinen 30 Prozent Schulaussteigern bzw. -versagern im Informationszeitalter eine ungelernte Arbeiterschaft wie in Ländern der dritten Welt zu bekommen droht.

Superlearning eignet sich besonders für Wissenschaft und High-Tech, weil es Streß lindert und Ermüdungserscheinungen ebenso ausschaltet wie die oft mit technischer Schulung verbundene Vorstellung, daß Mathematik, Statistik und Technologie tödlich langweilig seien. Superlearning ist für Wissenschaft und High-Tech sogar leichter einzurichten als für Sprachenlernen, weil keine Konversationspraxis erforderlich ist. Und die Aufnahme auf Band bereitet keinerlei Probleme.

Die Beschleunigung mittels Superlearning spart bei der High-Tech-Schulung Zeit und Geld. Angesichts der immer rascher erfolgenden Veränderung in der High-Tech selbst stehen Sie vor der Situation, daß Sie, sofern Sie mittels veralteter Methoden in einer Technologie des Raumzeitalters geschult werden müssen, nach dem Ende der Schulung gleich wieder von vorn anfangen müssen, weil sich während Ihrer Lernzeit das ganze Gebiet erneut verändert hat.

Einer der ersten, der eine zehnfache Beschleunigung in wissenschaftlichem Lernen meldete, war Dr. Donald Vannan vom Bloomsburg State College in Pennsylvania. Er lehrte grundlegende wissenschaftliche Methoden. Um die Mitte der siebziger Jahre begann er damit, seinen Superlearning-Unterricht in den naturwissenschaftlichen Fächern auf Band aufzunehmen, komplett mit Barockmusik. Seine Studenten unterwies er in Entspannungstechniken, dann ließ er sie die Bänder anhören. Kontrollgruppen erhielten den üblichen naturwissenschaftlichen Unterricht. Fachprüfungen, die mittels Computer bewertet wurden, ergaben einen verblüffenden Unterschied. In der 220 Studenten umfassenden Kontrollgruppe erreichten 11 Prozent die Note Eins. Von den 200 superlernenden Studenten erreichten 78 Prozent eine Eins. Je mehr Semester und Studienjahre vergingen, desto besser wurden Vannans superlernende Naturwissenschaftsstudenten. Schließlich schafften 84 Prozent Einser.

Textlegierungen und Chemie-Songs

Wissenschaftliches Material läßt sich gewöhnlich sehr leicht in einfache Notizform bringen und in die für Superlearning erforderlichen kleinen Datenhappen unterteilen. (z. B. »Messing: eine Legierung aus Kupfer und Zink«). Das International Learning Center in Garland/Texas stellt für Naturwissenschaftsstudenten ein ganzes Band mit chemischen und sprachlichen Legierungen zusammen. »Phänomenal! Fehlerfreie oder fast fehlerfreie Ergebnisse«, berichtet man uns.

In der Woodrow Wilson Junior High-School von Des Moines/Iowa findet seit Jahren ein ähnliches Szenario Anwendung. Der Superlearning-Pionier Charles Gritton sagte in variierenden Intonationen: »Eisen, Symbol Fe. Stark wie Eisen. – Quecksilber, Symbol Hg. Wenn die Tage wärmer werden, steigt die Quecksilbersäule.« Fünfzig bis hundert neue wissenschaftliche Ausdrücke wurden an jedem Schultag gebracht. Die Schüler lauschten der Barockmusik, entspannten sich und atmeten im Rhythmus der Musik. Bei Tests erreichten alle 115 Schüler Grittons aus der achten Klasse einen Durchschnittswert von 97 Prozent der möglichen Punkte – und sie hielten dieses Niveau.

Die freudige Erregung der Schüler wirkt ansteckend. Gritton läßt sich viel einfallen, um wissenschaftliche Daten interessant zu gestalten. So nehmen Schüler beispielsweise die Identität von Wissenschaftlern an und forschen auf einer Pazifikinsel nach Phosphaten. In seine den Geist beruhigenden Sitzungen baut er Schilderungen der landschaftlichen Umgebung ein.

Leo Wood aus Tempe/Arizona fühlte sich ausgebrannt und war drauf und dran, den Schuldienst zu quittieren, nachdem er sich vierundzwanzig Jahre lang bemüht hatte, gelangweilten, immer seltener erscheinenden Schülern Chemie beizubringen. Als er durch Iwan Barsakow vom beschleunigten Verfahren hörte, gab er ihnen noch eine Chance, mit dem Ergebnis, daß sich im Jahr 1991 87 Prozent seiner Schüler im Notenbereich von Einsern bis Dreiern befanden. (Zuvor hatte die Versagerrate 52 Prozent betragen.) Die Schüler hatten fünfmal so schnell gelernt, und die Einschreibungen für Chemie stiegen an!

Zusätzlich zu der Entspannungstechnik und der langsamen Barockmusik verwendet Wood in seinem Chemie-Unterricht Spiele, Geschichtenerzählen, Scherze und Demonstrationen. Er schuf fünfundzwanzig Chemie-Songs nach populären Melodien. Nachrichten über Erfolg mit Superlearning tragen zur Erzeugung einer psychologischen Atmosphäre bei, die eine zusätzliche Verstärkung der Wirksamkeit dieser Mind-Technologie bewirkt – und »Barrieren de-suggeriert«, wie Dr. Losanow sagt. Woods Schülerin Jennifer Morrow erlebte in einer örtlichen Pizzeria, daß dies zutrifft: Sie machte ihre Chemiehausaufgaben, während sie dort zu Mittag aß, und summte leise Woods Song »Polyatomic Ions« vor sich hin. Zu ihrer Überraschung stimmten plötzlich eine Menge Gäste in ihr Singen ein. Die Mitsänger waren ehemalige erfolgreiche Schüler Woods, die sich noch an die »polyatomigen Ionen« erinnerten. Bei einem lokalen Football-Spiel fingen diese ehemaligen Chemieschüler plötzlich zu singen an: »Ide – ate – ite«, ein Lied über Endungen chemischer Verbindungen.

Wood erhielt in Tempe den Distinguished Teaching Award und wurde 1990 ausgewählt, um den beschleunigten Chemie-Unterricht zu demonstrieren. Beschrieben wird Woods Arbeit in einem neuen Buch über »hirngestütztes« Lehren: *Making Connections, Teaching and the Human Brain* von R. und G. Caine.

Visualisierungen und dramatische Szenarios, um den Kosmos zu begreifen

»Schließt die Augen, entspannt euch, und bereitet euch darauf vor, eine aufregende Phantasiereise durch den äußeren Weltraum zu machen. Tut so, als wäret ihr Astronauten, die gerade für eine eintägige Weltraumfahrt in ein Raumschiff steigen.« Diese imaginäre »Reise ins Universum« entwickelte Nancy Ellis von der Guggenheim School in Chigago, einer Grundschule, die im gesamten Lehrplan beschleunigte Methoden benutzt. Die Schüler entspannen sich in Liegestühlen und hören leise Musik, während die Geschichte weitergeht. »Seht euch, wie ihr in das Schiff steigt. Wenn ihr euch umschaut, erblickt ihr viele neue Instrumente, die ihr während eurer Reise benutzen werdet. Ihr seht ein großes Spektroskop, ein Gerät, das die Zusammensetzung der Sonne und der Sterne analysieren wird.«

Die Visualisierungsübung stellt immer den Lerner in den Mittelpunkt der Aktion. Ellis erklärt: »Man merkt sich die Dinge besser, wenn man sozusagen ein Teil davon ist.«

Für das dramatische »aktive« Konzert mit der hirnanregenden Musik hat Ellis spannende Texte wie »Das Urteil« geschrieben, das Astronomie für junge Sternforscher bietet: »*Richter:* Ordnung im Gerichtssaal! Unser heutiger Fall betrifft eine Klage von Miss Milchstraße. Miss Milchstraße, bitte treten Sie vor.«

Ellis wendet diese Methoden nicht nur zum Lehren von Fakten an, sondern auch zur Vermittlung von Konzepten zu Problemlösungen. »Zu den schwierigsten Aufgaben gehört es, Schülern beizubringen, Sachzwänge zu erkennen und zu bewerten«, berichtet Ellis. »Nur 60 bis 70 Prozent der Kinder begriffen beim ersten Mal, wie das geht.« Mit Hilfe der beschleunigten Verfahren schaffen sie es alle in einer Woche, sagt sie. Weil die Superlearning-Methoden die umfassenden Hilfsquellen des Unterbewußten für das Lernen mobilisieren, fördern sie nicht nur das Gedächtnis, sondern auch das abstrakte Denken, die Kreativität und die Fähigkeit, Probleme rechtzeitig zu entdecken und zu lösen.

Der Rektor der Guggenheim School, Michael Alexander, suchte nach einer Möglichkeit, eine »halb ausgebrannte Fakultät« zu verjüngen, und ließ alle Lehrer der Schule bei Losanow Learning in Washington eine Ausbildung in beschleunigtem Lehren machen. Seine Schule war die erste im ganzen Land, deren gesamter Lehrkörper einen solchen Kurs absolvierte. Dank der beschleunigten Verfahren schwang sich die Guggenheim School, die zuvor von den 17 Schulen des Bezirks (mit ähnlich starker Frustration der Lehrer) die Nummer 17 gewesen war, binnen eines einzigen Jahres zur Nummer eins auf.

»Ich werde neu belebt«, meinten Nancy Ellis und andere Mitglieder des Kollegiums. Die Schüler gewannen Selbstvertrauen, als ihre Möglichkeiten ans Licht kamen. »Zuerst dachten die, wir seien dumm«, erzählt ein Siebtkläßler, »aber dann sind wir grinsend wiedergekommen und haben ihnen alles gesagt, was wir gelernt haben.« Die nahe gelegene Glenbrook North High-School gründete ein Human Potential Center, in das Eltern ihre Kinder schicken konnten, um ihnen etwas von diesem Ganzhirnlernen angedeihen zu lassen. Die *Chicago Sun-Times* berichtete darüber unter der Schlagzeile: *Hier ist die »Superlearning«-Ära angebrochen.*

Es ist keineswegs neu, fade Daten in interessante, fesselnde Vorstellungsbilder und dramatische Szenarien zu verwandeln (eine der Autorinnen erinnert sich noch an einen Kurs in organischer Chemie auf der High-School, der als »Carbon-Jones« präsentiert wurde – eine Anspielung auf das Musical *Carmen Jones*). Doch erst die Kombination dramatisch gestalteten Materials mit den anderen Superlearning-Elementen, nämlich der Rhythmisierung und der geiststärkenden Musik, ergibt die synergistische Wirkung, die das Lernen extrem stark beschleunigt.

Expreßverfahren zur Beherrschung des Computers

Der Physikprofessor Dr. Don Lofland war so begeistert von den Ergebnissen, die er durch Anwendung von Superlearning in Physik erzielte, daß er seine Stellung als Leiter der Physikabteilung des West Valley College in Saratoga/Kalifornien aufgab. Er gründete in Santa Cruz die Firma PowerLearning Systems und ging buchstäblich auf die Straße, um die Kunde von dem Verfahren zu verbreiten.

Computersprache – das ist jene Sprache, in der heute immer mehr Menschen bewandert sein müssen. Im Kapitel über die »Lern-Sinne« (12) können Sie nachlesen, welch großartige innovative Methoden Peter Ginn entwickelte, um die Schulung im Computerprogrammieren zu beschleunigen. Die High-Tech-Schulung muß nicht unbedingt auch hohe Kosten verursachen. Ginns »Game Show«-Sieger lernten die Computersprache Assembler mit einer Behaltensleistung von 90 Prozent. Die Teilnehmer an seiner Show trugen Poster mit Symbolen der Computer-Montagesprache – AHLX, IP, ALU und BUS – und gingen durch einen simulierten Computer, wobei sie begriffen, wie man ihn bediente; sie machten eine Endlosschleife ausfindig und lernten, wie man sie unterbrach. Ein Kollege gestand zerknirscht: »Du hast mit einer Postertafel im Wert von zweihundert Dollar mehr geschafft als ich mit Computern im Wert von achttausend Dollar plus einem interaktiven Videokurs für zweitausend Dollar!«

Eine unerläßliche grundlegende Voraussetzung zur Bedienung des Computers ist die Beherrschung der Tastatur, und es ist für junge und alte Menschen gleichermaßen wichtig, sie zu lernen (sofern sie nicht bereits Maschineschreiben können). »Bees queue for an hour to see the Queen« (Bienen stehen eine Stunde an, um die Königin zu sehen); »Flying fish with fleas« (Fliegender Fisch mit Flöhen). Diese Sätze sind Bestandteile von *Quick 'N' Easy QWERTY,* dem bereits erwähnten phänomenal beschleunigten Programm, das die Computertastatur in *weniger als acht Stunden* lehrt. Entwickelt wurde es von dem Australier John Wade, und es hat mittlerweile schon vielen tausend Jugendlichen auf beschleunigte Weise das Computer- und das Maschineschreiben beigebracht. Das Verfahren macht solchen Spaß, daß auch Erwachsene es interessant finden könnten, mit dem Programm zu lernen.

»*Quick 'N' Easy QWERTY* ist wirklich ein Meisterwerk unter den Strategien beschleunigten Lernens«, bestätigt Dawn Griggs, die Präsidentin der Accelerative Learning Society von Australien. »Dank der Eingliederung von NLP-Prinzipien lernen die Schüler simultan mit ihren visuellen, auditorischen und kinästhetischen Kanälen. Durch das einmalige Kreuz-Und-Quer-Muster der Tastaturübungen können die Schüler das gesamte Hirnlernsystem nutzen, das Kinesiologie heißt. Und die Spezialmusik, die die Positionen der Tasten im Gedächtnis fixiert, ist eine geschickte Nutzung von Superlearning.«

Ein anderes ausgezeichnetes Computer-Tastaturerlernungsprogramm hat Gote Berqvist in Schweden entwickelt. Es findet Anwendung im staatlichen Schulwesen Finnlands, das seit zehn Jahren ein einziges Zentrum beschleunigten Lernens ist. Die Finnen verfügen über eine Schatztruhe an Materialien, Berqvists einzigartiges Lernprogramm enthält Bachmusik, Übungsanweisungen und Memotechnik wie einen Ring (für Ringfinger) mit einem Bonbon, das man auswickeln und essen kann. Es schmeckt nach Limone: L für den L-Finger! Die Computertastatur oder das Schreiben nach der Berührungstechnik erlernen Sie mittels dieses Systems in fünfzehn Stunden. *The SEAL Journal* bezeichnet es als »reine Zauberei«.

Dr. Hideo Seki aus Tokio war vor seiner Pensionierung Professor für Informatik. Seine Studenten sind in Computerfirmen der ganzen Welt zu finden. Seki hatte rasch erkannt, daß Superlearning sich für große Hörsäle mit vierhundert oder mehr Studenten adaptieren ließ, so daß man auf die aus zwölf bis fünfzehn Teilnehmern beschränkte ideale kleine Gruppe verzichten konnte.

Der Kurs, in dem er die Adaption vornahm, basierte auf der Neuausgabe seines japanischen Lehrbuchs *Elektrizität und Magnetis-*

mus und fand in der Tokai-Universität statt. Sekis Adaptionen sind so hilfreich, daß jeder das Verfahren bei beliebig großen Gruppen zur Vermittlung technischer Themen verwenden kann.

Suggestionen benutzte Seki nur am ersten Semestertag, sie enthielten Bekräftigungen von Erfolg und ausgezeichneter Leistung für die Studenten. Das reguläre Vorlesungsprogramm lief folgendermaßen ab.

- Zehn Minuten einstimmende Musik, während die Studenten in den Hörsaal kamen. (Er verwendete japanische Koto-Musik oder Mozarts »Eine kleine Nachtmusik« für diese Einleitungsphase.)
- Präsentation von neuem Stoff: Eine mündliche Vorlesung mit Projektion von Diagrammen, Gleichungen usw. über den Köpfen der Studenten.
- Aktive Sitzung: Präsentation rhythmisch gegliederter Daten mit synchronem Atmen.
- Display-Sitzung: Visuelle Daten werden mit einem Deckenprojektor auf der Leinwand gezeigt.
- Passive Sitzung: Rhythmisierte Daten werden zu den Klängen langsamer Barockmusik präsentiert.
- Schluß: Einige Minuten flotter Musik in lebhaftem Tempo.

Bei der aktiven Sitzung wies Seki die angehenden Ingenieure an, gemeinsam rhythmisch zu atmen, während er die Kursdaten in rhythmischem Tempo mit wechselnden Intonationen las. Das Atemtempo wurde durch ein sehr attraktives Tonsignal bestimmt, das Seki aus Naturgeräuschen abgeleitet hatte: aus dem Plätschern eines fließenden Bachs. Rhythmisches Atmen ist eine klassische Technik zur Synchronisierung der Hirnhemisphären, es bringt den Geistkörper in Einklang und steigert durch die bessere Sauerstoffzufuhr zum Gehirn die Leistungen des Intellekts.

Die Display-Sitzung ist eine Neuerung Sekis. Man könnte sie als eine Art visueller Konzertsitzung bezeichnen. Mit Hilfe eines hoch oben plazierten Projektors übertrug er farbige Datendias, wie die Maxwellschen Gleichungen, auf die Projektionswand im Hörsaal, während im Hintergrund Meditationsmusik spielte. Diagramme von elektrischen Strömen und Stromkreisen waren leuchtend rot. Diagramme von Magnetfeldern und Kraftlinien hellblau. Seki streute Bilder von berühmten Wissenschaftlern ein, von Instrumenten, Landschaften und Formelmodellen. Die meditative Hintergrundmusik hatte die Aufgabe, den Studenten zu helfen, sich zu entspannen und gleichzeitig zu konzentrieren, außerdem steigerte sie die Wirksamkeit dieser Gedächtnis-Rekapitulationssitzung.

Die Vorlesung endete mit dem nochmaligen rhythmischen Lesen der Daten vor dem Hintergrund langsamer Barockmusik. Auch hier synchronisierten die Studenten ihren Atemrhythmus zu dem »Bachgeplätscher«-Tonsignal, das in die Musik eingebettet war.

Sekis Studenten besuchten nur einmal in der Woche eine solche Vorlesung, die sechzig bis neunzig Minuten dauerte. Bei den Prüfungen am Semesterende lag die Zahl derjenigen, die mehr als 80 Prozent der möglichen Punkte erreichten, fast dreimal so hoch wie vorher. Diese Form einer beschleunigten technischen Schulung großer Gruppen läßt sich in großen Universitätshörsälen leicht und problemlos anwenden, versichert Dr. Seki. Sie eignet sich ideal zum Lernen wissenschaftlicher Daten.

26
Superlearning im Geschäftsleben

Die Möglichkeiten der »lernenden Unternehmen«

Mit beschleunigtem Schulen spart man viel Geld und Zeit, und dies war der ursprüngliche Anreiz zahlloser Unternehmen und Firmen auf der ganzen Welt, Superlearning-Methoden anzuwenden. Die Informationsexplosion und die rasend schnellen Veränderungen auf dem Gebiet der High-Tech zwangen viele Gesellschaften, zu beschleunigten Verfahren überzugehen, denn nur so können sie mitschwimmen im Strom der Veränderungen, die zu den neuartigen Märkten und Unternehmensstrukturen des 21. Jahrhunderts führen. Diese Firmen ernten jetzt den reichen Lohn der globalen Lernmethode. Die fortgebildeten Arbeitnehmer haben nicht nur neue Fertigkeiten mit großer Geschwindigkeit gelernt, sondern als Folge der streßauflösenden Strategien, die in Superlearning eingebaut sind, verbessert sich auch die Gesundheit. Die Fehlzeiten nehmen ab. Die Leistungsfähigkeit und die Motivation der Beschäftigen nehmen zu. Und als Nebeneffekt der humaneren, verwandelnden Schulungsmethode erfährt oft das gesamte Klima am Arbeitsplatz eine entscheidende Verbesserung.[1]

»Das Volk muß eine ernsthafte Verpflichtung zu lebenslangem Lernen eingehen«, fordert Nell Eurich, die Verfasserin von *Corporate Classrooms* (Firmenschulungsräume). Die Reaktion auf die Bedürfnisse der gesamten Arbeiterschaft wird Amerikas Produktivität und Position in einer zunehmend von Wettbewerb beherrschten und zunehmend interdependenten Welt bestimmen.

Die zeitsparenden, harmonisierenden, kostengünstigen Komponenten von Superlearning können lebenslanges Lernen zu etwas machen, das man nicht als mühselig oder unangenehm empfindet, sondern auf das man sich freut. Ob Sie zur »lernenden Industrie«

---

[1] Siehe dazu auch Kapitel 11, Seite 147 ff.

oder zum unternehmerischen Amerika gehören, ob Sie ein kleines Unternehmen mit nur einer Handvoll Beschäftigter haben oder ein Unternehmen sind, der seinen Betrieb ausbauen will, die Elemente des beschleunigten Lernens können Sie schneller voranbringen.

In Amerika wird Superlearning am Arbeitsplatz mittlerweile auf vielfältige Weise angewandt. Angestellte Trainer oder Ausbilder machen sich im Do-it-yourself-Verfahren mit dem System vertraut und experimentieren dann in ihrer Firma, um es deren Bedürfnissen anzupassen. Immer mehr Firmen holen sich außenstehende Berater. David Meier, Leiter des Center for Accelerated Learning in Lake Geneva/Wisconsin, schlug vor gut zehn Jahren als Pionier diesen Weg ein und bediente sich dabei einer wirksamen Mischung aus Erklärungen, geliefert vom linken Hirn, und Einsatz des rechten Hirns als Eisbrecher sowie Spielen und praktischen Erfahrungen. Nach Beendigung eines von der Regierung finanzierten großen Forschungsprojekts, das einwandfreie Beweise für die Kraft der Visualisierung bei der Verankerung von Lehrstoff lieferte, ließ er sich eine »rechtshirnige Lernmaschine« patentieren, die den Schülern Bilder als Ergänzung zu ihren Tonbändern und zur Musik lieferte.

Immer mehr SALT-Mitglieder folgen Meiers Weg und gehen in die Industrie, um Trainer auszubilden. Das System 2000 Accelerative Training and Development Program von Libyan und Philip Cassone in Minneapolis beispielsweise wird ganz als beschleunigtes Verfahren angeboten. Die Trainer üben, ihre bisherigen Kurse der neuen Vorgehensweise anzupassen, sie finden heraus, wie sich die Wirksamkeit durch die Gestaltung individueller Lernstile steigern läßt, und sie lernen, in das Training Verfahren zum Gedächtnis-Management einzugliedern.

Dank der bewährten betrieblichen Workshops und Seminare gibt es mittlerweile Hunderte von Enthusiasten, die sowohl die Kunde davon als auch Beweise ihrer gestiegenen Leistung in die verschiedenartigsten Unternehmen tragen. Viele ließen sich von Dr. Don Lofland begeistern, dem Leiter von PowerLearning in Santa Cruz. Lofland, ein großer, schlanker, eleganter Herr mit sauber geschnittenem Bart und Baskenmütze, sieht wie ein Künstler alter Schule aus. Er ist jedoch Physikprofessor und hat die Kunst perfektioniert, den Menschen ihre eigenen Möglichkeiten bewußtzumachen. »Mein Gott, ich kann Portugiesisch!« rufen Klienten nach Loflands Einführungsdemonstration, die sie aus dem alten Trott herausreißt. Danach sind sie bereit, das in ihnen vorhandene Ventil zu öffnen, während sie gezeigt bekommen, wie man Musik einsetzt, das Gedächtnis stärken, Denkkarten schaffen, Schnell-Lesen und die Zeit managen kann. Die Begeisterung ist bei den meisten Schulungsteilnehmern auch nach Monaten noch groß, wenn sie feststellen, daß sie weiterhin 85 bis 90 Prozent ihres im Schnellverfahren gelernten Portugiesisch beherrschen. In seinem Buch *PowerLearning,* das aufgrund der Schulung von mehr als 14 000 Personen entstand, konzentriert sich Lofland darauf, den Menschen den optimalen Lernstil nahezubringen. Auf diese Weise können Sie das Beste aus Ihren persönlichen Neigungen machen, und Sie lernen effektive Wege zur Kommunikation mit Kollegen und Kunden kennen.

In die Geschäftswelt finden Superlearning-Methoden außerdem deswegen zunehmend Eingang, weil Firmen die Kosten zu reduzieren suchen, die als Folge streßbedingter Gesundheitsprobleme entstehen. Der »Streßvernichter« Eli Bay von Relaxation Response in Toronto liefert seine Programme zur Streßkontrolle an viele Finanzmaklerfirmen und Berufsorganisationen. In Europa steigern die gesundheitsfördernden Programme der Sophrologie die Konzentration sowie das Selbstvertrauen und werden in einer Vielzahl von Handelsunternehmen und Gewerben zur Schulung benutzt.[1]

Mustergültige Trainingsmethoden in Deutschland und den USA

Die Gründer des LIND Institute in Kalifornien, der mittlerweile verstorbene Dr. Charles Schmid und Dr. Lynn Dhority, veranstalteten weltweit Workshops über die Anwendung beschleunigter Verfahren in der Geschäftswelt, der Industrie und anderen Berufszweigen. Dhority ist ein vielseitiger Lehrerausbilder, der an der Universität von Massachusetts große Aufmerksamkeit erregte, als seine Studenten in einem einzigen Studienquartal so viel Deutsch lernten, wie man normalerweise in zwei Jahren aufnimmt. Sie beherrschten es gut genug, um ein Schauspiel auf deutsch aufzuführen, was die meisten Sprachenstudenten nicht einmal nach mehrjähri-

---

[1] Siehe dazu auch Kapitel 18, Seite 243 ff.

gem Studium schaffen. Dhoritys Buch *Moderne Suggestopädie. Der ACT-Ansatz des ganzheitlichen Lehrens und Lernens* (1984) kam zahlreichen Lehrern und Trainern zugute.

Die künftigen Technologien werden Schulungen in High-Tech-Fertigkeiten erfordern, die sich noch rascher ändern als bereits heute. »Ich entdeckte, daß es keinen langweiligen Stoff gibt, sondern nur eine langweilige oder uninteressante Art seiner Vermittlung«, berichtet Helmut Hüttenrauch, der quirlige Trainer von Philips in Nürnberg. Als er in die Welt des beschleunigten Lernens eintauchte, blühte auch seine eigene Kreativität auf, zum Beispiel, als er stumpfsinnige Handbücher in aufregende Lektüre umwandelte. Arbeitnehmer saugen technische Fakten in Form von Puzzles, Postern und Spielen regelrecht in sich auf. So spielten seine Kursteilnehmer in kleinen Gruppen ein monopolyähnliches Spiel, das er erfunden hatte. Während sie begeistert würfelten und sich über das Spielbrett bewegten, lernten sie schnell und leicht die MS-DOS-Befehle des Computerbetriebssystems.[1]

In Deutschland beschleunigt Superlearning das Erlernen von Fertigkeiten auf zahlreichen Gebieten – von der Stenographie bis zur Elektronik, von Fremdsprachen bis zur Informatik – in Schulungszentren, die verbunden sind mit Großunternehmen wie Audi, Goodyear, Hewlett-Packard, IBM, Karstadt, Olivetti, Opel, Quelle, Rank-Xerox, Siemens, Unilever, der Sparkassenakademie und verschiedenen Berufsförderungswerken.

Die Mitarbeiter von Hartmut Wagners SKILL-Trainingsinstitut in Bammental bei Heidelberg stecken mitten in den Turbulenzen beschleunigter industrieller Aktivität. Sie kooperieren mit Trainern aus jedem Wirtschaftszweig, um einen Superlearning-Pilotkurs zu schaffen, wie etwa die Automobil-Robotertechnologie. Der Plan für den Pilotkurs ist fertig, bis zu den Graphiken, die ein Künstler angefertigt hat, und zu Tips für die Dekoration des Schulungsraums. Wenn Sie nach Wagners Methode Trainer schulen wollen, gehen Sie folgendermaßen vor:

- Beginnen Sie mit geführten Zielvisualisierungen zur *Selbstmotivierung*. Bereiten Sie Visualisierungen vor, in denen die Schulungsteilnehmer sich bildhaft vorstellen, wie sie und andere von

[1] Siehe dazu auch Seite 147f.

dem neuen Wissen und den neuen Fertigkeiten, die sie lernen, profitieren.
- Helfen Sie den zukünftigen Trainern bei der Vorbereitung geführter Visualisierungen, in denen die Schulungsteilnehmer sich in der *Zukunft* sehen, wie sie eine neue Maschine bedienen oder richtig programmieren.
- Bringen Sie den Teilnehmern bei, das NLP- und Entspannungs-Training zu absolvieren.
- Lehren Sie die Teilnehmer, mehr »Zugangskanäle« zu benutzen, um später Ihren Schülern Informationen effektiver vermitteln zu können, und zeigen Sie ihnen, wie man visuelle, auditive und kinästhetische Schulungsverfahren anwendet.
- Zeigen Sie ihnen, wie man Maschinensimulatoren herstellt.
- Lassen Sie sie üben, Daten laut zu Musik im sechziger Puls zu lesen.
- Lehren Sie sie, Lernkonzerte zu gestalten, die den Lehrstoff im Gedächtnis verankern.
- Zeigen Sie ihnen, wie man langweilige Daten in fesselnde visuelle, auditive, interaktive und kinästhetische Lernmaterialien verwandelt: Rätsel, Spiele, begehbare und andere Modelle, Poster, Tabellen, Transparente, Brettspiele, Puzzles.
- Zeigen Sie ihnen Übungen zum Energieaufbau, die sie machen können, wenn sie die Arbeit körperlich anstrengt.
- Lehren Sie sie die Anwendung neuer Verfahren, die den Arbeitern helfen, eigene Möglichkeiten zu erschließen und ihre Persönlichkeit zu entwickeln sowie im Team zusammenzuarbeiten.

Mittels Fragebogen läßt sich die Wirkung des Trainings bei den Schulungsteilnehmern feststellen und das Programm genau auf ihre Bedürfnisse abstimmen. Die Schulungsteilnehmer im IBM-Trainingszentrum in Herrenberg beispielsweise antworten: »Es gab kein Absacken der Energie um die Mittagszeit.« – »Man hätte uns sogar noch mehr Material vorsetzen können.« Die Frage, ob sie auf der Persönlichkeitsebene etwas gewonnen hätten, beantworteten 30 von 49 mit: »Sehr viel.«

Die amerikanische Firma OptimaLearning in Kalifornien versorgt mit ihren breit angelegten Kursen die Geschäftswelt auf dem amerikanischen Kontinent und in Übersee. »Superproduktivität durch bessere Gesundheit« lautet der Titel eines Seminars, mit dem

Iwan Barsakow nach Polen und in seine bulgarische Heimat ging, um seinen früheren Landsleuten zu helfen, in der schwierigen Phase des Übergangs zur freien Marktwirtschaft ihr seelisches Gleichgewicht zu behalten. Er lieferte technischen Fachleuten und Personen, die in der Gesundheitsfürsorge arbeiten, das Know-how, sich gezielt zu entspannen, Selbstvertrauen zu bewahren und die Konzentration sowie die Merkfähigkeit zu steigern. Der Psychologe Dr. Iwan Sojanow beobachtete die Mitglieder der beschleunigt arbeitenden Klassen zwei Jahre lang. Ihr Selbstbewußtsein stabilisierte sich, stellte er fest, und die positiven Ergebnisse würden sich im Lauf der Zeit nicht verlieren, sagte er, sondern seien »kumulativ: Konzentration, Gedächtnis und Kreativität verbessern sich laufend weiter«.

Ultraschnelle berufliche Schulung erschließt nicht nur neue Möglichkeiten, sondern macht einen Berufswechsel leichter und weniger teuer, wie Brian Hamilton aus New York erlebte. Nachdem er ein Jahrzehnt als Psychotherapeut praktiziert hatte, beschloß er den Beruf zu wechseln, und schrieb sich an der Columbia-Universität für einen Vorklinikerkurs ein. Damals stieß er auf Superlearning und probierte es an sich selbst aus. Es funktionierte so gut, daß er bald den Beruf erneut wechselte und selbständiger Unternehmer wurde. Er gründete Hamilton Accelerated Learning Systems, und seither haben Hunderte Berufstätiger aus Medizin, Krankenpflege, Justiz, Erziehung, Maschinenbau und sogar Fluglotsen mit seinem »Study Mate«-Programm beschleunigt gelernt. »Ich habe Dutzende Lernmethoden untersucht«, erzählte er uns. »Aber ich kehre immer wieder zu den grundlegenden Superlearning-Verfahren zurück. Sie enthalten etwas Tiefwirkendes. Sie funktionieren am besten.« Vor kurzem erschienen zu seinem Workshop in der Learning Community der Brown-Universität fünf Ärzte. Hamilton richtete es ein, daß er einen von ihnen während der ganzen Doktorandenzeit beobachten konnte, um Daten für sein großes Ziel zu sammeln: ein spezielles Superlearning-Programm für die American Medical Students' Association (Verband amerikanischer Medizinstudenten).

27
Superlearning, um schneller zu lesen, zu rechnen und zu verstehen

Ein Superlearning-Leseprogramm

An der Huntley Hills Elementary School in Atlanta/Georgia entwickelten Dr. Allyn Prichard und Jean Taylor ein Superlearning-Leseprogramm, das den Schülern eine Beschleunigung um das Vierfache (der Stoff eines Jahres in zwölf Wochen) bringt, sie glücklich macht und ihnen Selbstvertrauen gibt. Es hat eine lange Bewährungszeit hinter sich. Seit mehr als einem Jahrzehnt macht es gute Leser aus Schülern, die »als so unlenkbar, wie man es sich schlimmer nicht vorstellen kann«, eingestuft worden waren. Viele hatten nach sieben Jahren Unterricht und zwei Jahren Nachhilfeunterricht noch immer nicht lesen können, als sie dieses Programm erhielten. Das leicht anwendbare Verfahren bewirkte sogar bei den zurückgebliebensten Kindern eine Verbesserung der Aufnahmefähigkeit. Im Lauf weniger Wochen machten die Schüler mit Hilfe von Superlearning einen Sprung von durchschnittlich acht Monaten, was ihre Lesefähigkeiten anbelangte. In einigen Klassen kam es zu einer Beschleunigung um fast das Fünffache.

Eines der Geheimnisse dieses erfolgreichen Programms ist eine Variante von Losanows »aktivem« Konzert. Zusätzlich zum üblichen rhythmisierten Lesen des Textes vor leiser Hintergrundmusik führen Prichard und Taylor das *dramatische* Lesen einer ganzen Geschichte vor Hintergrundmusik ein, doch statt Mozart-Musik verwenden sie langsame Superlearning-Barockmusik. (Das gleiche Verfahren wurde auch in der DDR jahrelang mit großem Erfolg angewendet.)

Erster Tag

1. Aufwärmaktivität: Phonetikspiele (Kommerziell hergestellte Phonetikspiele gibt es in Geschäften für Lehrbedarf.)

2. Präsentation neuer Vokabeln: Prichard und Taylor nutzen Kontext und Kinästhetik, um Wörter einzuführen. Für jedes Wort gibt es eine auszufüllende leere Stelle in einem Satz (z. B.: »Kunststück«. Was für ein ————- kann der Hund?«). Die Schüler suchen das Wort, schreiben es in die Lücke und lesen der Reihe nach ihre Sätze vor.
3. Entspannungswiederholung mit Musik: Die Schüler legen sich auf Decken, schließen die Augen und entspannen sich, während die Lehrperson drei oder vier Minuten lang Visualisierungssuggestionen gibt. Sie machen eine Phantasiereise oder imaginieren, sie hätten sich mit Bildmustern entspannt, die sie sich selbst ausdachten, beispielsweise: »Mein Kopf fühlt sich an wie türkischer Honig – meine Augen sind wie kleine Gummibälle – meine Arme sind wie Spaghetti.« Die Schüler werden aufgefordert, sich einen geistigen Bildschirm vorzustellen, auf dem sie Bilder sehen, die mit ihren neuen Vokabeln verknüpft sind. Die Lehrperson liest die neuen Vokabeln zu der Superlearning-Musik in rhythmischem Tempo und mit verschiedenen Intonationen. Sie spricht das Wort, buchstabiert es und gebraucht es dann in einem Satz. Nach einer Pause, in der das Gelernte sich dem Gedächtnis einprägen kann, gibt die Lehrperson Suggestionen allgemeiner Gesundheit und guter schulischer Leistungen. Danach holt sie die Schüler in den Wachzustand zurück.
4. Die Schüler machen ein Spiel, in dem die gelernten Wörter vorkommen. Anschließend werden die neuen Wörter noch einmal laut gelesen, bevor die Schüler das Klassenzimmer verlassen.

Zweiter Tag

1. Phonetikspiele.
2. Wiederholung der Vokabeln vom Vortag.
3. Darbietung von Geschichtenmaterial mit Superlearning-Musik im Hintergrund: Die Schüler legen sich hin, entspannen sich, synchronisieren ihre Atmung mit der Musik und machen Übungen zur Beruhigung des Geistes. Die Lehrperson liest zu der Hintergrundmusik eine Seite Text direkt aus dem Manuskript, dieses Mal in sehr gefühlsbetonter, dramatischer Art. Die Schüler entspannen sich und öffnen sich für die Bildvorstellungen, die ihnen die Geschichte suggeriert.

4. Pause. Rückkehr in den Wachzustand.
5. Lesen von Geschichten: Die Schüler lesen laut aus einem Buch vor, und die Lehrperson verbessert etwaige Fehler.
6. Verständniskontrolle: Die Schüler beantworten Fragen, die im Text enthalten sind.

PhotoLesen

»Einige Tage Schnell-Lese-Training bedeuten eine große Hilfe vor dem Beginn beschleunigten Lernens«, versichert Dr. Hideo Seki. Er war das erste SALT-Mitglied, das Daten über eine neue Form des Schnell-Lesens veröffentlichte. PhotoReading nennt man sie in den Vereinigten Staaten und in Europa. Statt daß Ihre Augen sich abplagen müssen, lassen Sie Ihr Unterbewußtes die Verarbeitung vornehmen und mit Lichtgeschwindigkeit die erhaltenen Daten mit dem verbinden, was Sie bereits wissen. Informationsverarbeitung, das ist Sekis Gebiet. Er hat persönliche Erfahrungen mit Losanows Methode vom Lehren auf zweifacher Ebene (der bewußten und der unterbewußten), und es war nur natürlich, daß er dieses schnelle Lesesystem, das Akihiro Kawamura während der achtziger Jahre in Japan entwickelt hatte, sofort testete.

PhotoLesen öffnet buchstäblich die Augen. In einem Kurs, den Sekis Gruppe veranstaltet, würden Sie lernen, Ihren Blickwinkel zu erweitern, also auch Daten an der Peripherie aufzunehmen, während die Sätze auf einem PC an Ihnen vorbeiziehen. Das Ziel: Ihr Unterbewußtes soll einen Schnappschuß aufnehmen und sich dabei die ganze Seite auf einen Blick aneignen. In den Vereinigten Staaten beispielsweise, wo es Verfahren zum schnellen Umblättern von Seiten gibt, würden Sie sich dann rasch durch ganze Bücher arbeiten. Seki schrieb in einem veröffentlichten Bericht, sein eigenes Lesen und das seiner Studenten sei dank des Verfahrens um das Zehnfache schneller geworden.

PhotoLesen könnte eine Idee sein, für die jetzt die Zeit reif ist. Unabhängig von den Japanern berichten auch Amerikaner von »Überschall-Lesegeschwindigkeiten«, die nach denselben Prinzipien erreicht wurden. NLP-Trainer in vielen Städten lehren ebenfalls PhotoLesen, desgleichen manche Lehrer für beschleunigtes Lernen. In gewissem Sinne ist PhotoLesen ein Spezialfall von Superlearning. Angewandt werden die gleichen grundlegenden Verfahren – Herbeiführung des richtigen körperlichen und geistigen Zustands, Aufnahme von Daten und deren Bewertung durch das Unterbewußte und Auflösung von Lernblockierungen –, doch nicht für Fremdsprachenlernen oder ähnliches, sondern für das Lesen. Auch diese Methode erfordert eine Änderung der Perspektive. Sie »steht im Begriff, die alte Verfahrensweise zu liquidieren, die unsere Wahlmöglichkeiten beim Lernen und Lesen einschränkt. Sie steht im Begriff, dem nichtbewußten Geist größere Möglichkeiten zu erschließen«, sagt ihr führender Verfechter Paul Scheele von der Learning Strategies Corporation in Wayzata/Minnesota. Sind Sie erst einmal mit Ihrem hochintelligenten zweiten Selbst verbunden, Ihrem Unterbewußten, können Sie laut Scheele und anderen binnen sehr kurzer Zeit – in wenigen Minuten – Hunderte von Seiten fotolesen und sind dann in der Lage, die Schlüsselpunkte anzuvisieren, um beispielsweise einen Gerichtsprozeß zu gewinnen, einen Verkauf erfolgreich abzuschließen, eine These überzeugend zu verfechten... Die Experten verweisen auf die Zeitausweitung, die Erickson, Raikow sowie Houston und Masters erreichen, indem sie die Menschen veranlassen, sich selbst aus dem Weg zu gehen und ihr Unterbewußtes die Arbeit in einem Bruchteil der üblichen Zeit tun zu lassen.

Das Schnell-Lesen besteht und funktioniert seit mehr als einem halben Jahrhundert, trotzdem wird es in der Geschäftswelt und in der Bildung bisher ziemlich selten angewandt. PhotoLesen ist ein wesentlich organischeres System als das Schnell-Lesen und entspricht mehr der Art unserer sich ausweitenden Kenntnis von uns selbst. Es sollte für die Superlerner des 21. Jahrhunderts zur Standardausrüstung werden.

Superlernen von Mathematik

»Die Mathematikkenntnisse der Schüler sind ungenügend«, hieß es im April 1993 auf der Titelseite von *USA Today*. Einmal mehr zeichnete das von einer Regierungsbehörde zur Beurteilung der landesweiten Bildungsfortschritte erstellte »Zeugnis der Nation« ein düsteres Bild. Von den in die Bewertung einbezogenen Schülern an den Public Schools, einer Viertelmillion, hatten nur 25 Prozent in

Mathematik Noten erreicht, die für den Aufstieg in die nächsthöhere Klasse genügten.

Superlearning hilft vielen Schülern, sich vom Hinterherhinken in Mathe zu befreien und vom einfachen Rechnen direkt zur höheren Mathematik, einschließlich Algebra und Trigonometrie, weiterzugehen.

Bei vielen Berufen, vom Ingenieur bis zum Buchhalter, ist schneller und sicherer Umgang mit Zahlen äußerst wichtig. Nancy Marresh versuchte beschleunigte Verfahren in der Buchhaltung anzuwenden und entwickelte schließlich »The Accounting Game« (Das Buchhaltungsspiel), ein volles Buchhaltungsprogramm, das man ohne weiteres in nur zwei Tagen bewältigen kann.

Dr. Allyn Prichard hat prototypische Tonbandkurse geschaffen, die sogar Mathematik in Mathephilie verwandeln können. Prichard beginnt jeden Mathematikkurs mit Visualisierungen, die Matheabneigungen und Versagensangst abbauen. Matheprüfungen werden im voraus visualisiert, in der gleichen Weise, wie ein Skiläufer mental ein erfolgreiches Rennen bei den Olympischen Spielen schon mental erlebt.

Die Beschleunigte Einführungsmethode

Weil er spürte, daß es eine bessere Lehrmethode geben mußte, begann Bruce Tickell Taylor im kalifornischen Windsor School District mit der schlechtesten von vier fünften Klassen seiner Grundschule intensiv zu arbeiten. Nach einem halben Jahr mit Superlearning ergaben Standardtests, daß seine »langsamen« Kinder einen Sprung nach vorn gemacht hatten und im Lesen den »besten« Klassen nun sogar um ein Jahr voraus waren. Nicht nur die Noten der Kinder stiegen, sondern auch ihr Selbstwertgefühl. Seit damals hat Taylor in vielen Ländern mit Lernern jeden Alters gearbeitet. Aus seinen Erfahrungen filterte er die Accelerative Introductory Method oder AIM (Beschleunigte Einführungsmethode). Schulen in Kalifornien und in Australien erzielten gute Erfolge mit der Methode, und Taylor adaptierte sie zur »Verwendung für unmittelbares Selbststudium«. Dieses vereinfachte Einführungsverfahren besteht aus vier Schritten:

1. Bereiten Sie Ihre Ausrüstung vor: Geben Sie ein leeres Band in Ihr Tonbandaufnahmegerät und eine Musikkassette in Ihr Abspielgerät. Bei der ersten Runde werden Sie die Musik des »aktiven« Konzerts hören, dramatische Musik, oft Hochfrequenzmusik wie jene von Mozart.[1] Legen Sie sich auch ein Band mit langsamer Barockmusik zurecht, mindestens einen Kopfhörer und, wenn möglich, zwei getrennte Ohrhörer.
2. Bereiten Sie sich selbst vor: Atmen Sie langsam und tief, denken Sie *ruhig,* während Sie einatmen, und atmen Sie dann mit einem zufriedenen Lächeln aus. Atmen Sie zehnmal ruhig ein und lächelnd aus. Schließen Sie die Augen, und schauen Sie zu Ihren Brauen hoch. Zählen Sie abwärts von zehn bis eins. Stellen Sie sich vor, daß Sie auf einer Wolke zu einer wunderschönen tropischen Insel schweben. Strecken Sie sich am Strand in der warmen Sonne aus, und erleben Sie alle die angenehmen Eindrücke, Geräusche, sanften Luftströme. Liegen Sie völlig entspannt da, denken Sie sich *ein Wort aus, das nur Sie allein kennen,* eine Art Geheimcode, der künftig diesen Zustand in Ihnen auslösen wird, wenn Sie lernen wollen. Machen Sie sich bewußt, daß Lernen jetzt leicht und vergnüglich ist. Driften Sie zurück auf Ihren Stuhl, auf dem Sie jetzt leicht und schnell lernen. Zählen Sie von eins bis fünf, und öffnen Sie die Augen, wach und erfrischt.
3. Stecken Sie den Kopfhörer in Ihr Gerät ein. Sie werden der dramatischen »aktiven« Musik lauschen, während Sie das Material aufnehmen, das Sie lernen wollen. Das Wichtigste ist, daß Sie die Musik zwar hören, aber nicht auf Ihr Datenband gelangen lassen. Nehmen Sie, »während Mozart spielt«, Ihre Daten oder Ihr Material auf. Sprechen Sie langsam und deutlich.
4. Spulen Sie nach der Aufnahme das Band zurück. Geben Sie das Band mit der langsamen Musik in das Gerät. Machen Sie es sich bequem; legen Sie sich hin, wenn es geht. Spielen Sie Ihr Material zusammen mit der gedächtnisstärkenden langsamen Musik. Taylor empfiehlt die Verwendung zweier Einzelkopfhörer. Lauschen Sie mit einem der Musik und mit dem anderen Ihren Daten. Oder verwenden Sie einfach Ihre Lautsprecher.

---

[1] Eine empfehlenswerte Auswahl finden Sie am Ende von Kap. 22, Seite 293 ff.

Benutzen Sie die AIM-Bänder bei jeder Gelegenheit: Musik und Daten zusammen, wenn Sie zu Hause sind, das Datenband allein beim Autofahren, im Bus usw. Taylor rät, den AIM-Bändern auch beim Einschlafen und beim Aufwachen zu lauschen. Er erfand einen Do-it-yourself-Kissenlautsprecher. Geben Sie die zwei getrennten Ohrhörer, die an das Musik- und das Datenband angeschlossen sind, in einen weichen Plastikkassettenbehälter, in den Sie auf der Seite ein Loch gestanzt haben. Lauschen Sie abends den Daten mit Barock- oder Mozart-Musik und morgens den Daten mit wachrüttelnder dramatischer Musik, damit Sie munter werden.

Umgekehrter Unterricht

»Es gibt den Lernstil des Daniel Boone und jenen des Benjamin Franklin«, behauptet der Lehrer und Romanautor George Guthridge, der seinen bemerkenswerten umgekehrten Unterricht an Daniel Boones Vorgehensweise orientierte. Boone war ein amerikanischer Grenzer und Pionier, den seine Tapferkeit im Kampf sowie seine Taten als Wildwestpionier so berühmt machten, daß er zum Vorbild von Coopers *Lederstrumpf* wurde. Guthridges Erfolge bei dem Bemühen, Kinder mit starken Benachteiligungen zu ausgezeichneten schulischen Leistungen zu führen, übersteigen das, was man in einem erfundenen Roman glauben würde. Seine Methode ist »umgekehrt«, weil sie die Erziehungsweise der letzten dreißig Jahre buchstäblich auf den Kopf stellt. Diese entspricht dem herkömmlichen Franklin-Lernstil: Lernen durch Ausprobieren und Fehler, vom Allgemeinen zum Speziellen gehen. Die grundlegenden Fakten, die wesentlichen Dinge, die zum Leben erweckt werden sollen, kommen am Ende – laut Guthridge am falschen Ende: »Das ist, als versuche man ein Haus ohne Fundament zu bauen.« Es fällt zusammen, genau wie sich à la Franklin Gelerntes nach den Abschlußprüfungen bald verflüchtigt.

Lernen im Stil Daniel Boones dagegen baut von unten auf. »Bist du überzeugt, daß du recht hast, dann zieh los!«, lautet ein lapidarer Rat, den Boone laut Guthridge tatsächlich aufgeschrieben haben soll. Inspiriert von Boones Grenzerleben schildert Guthridge, wie ein junger Eskimo jagen lernt. Zuerst prägt er sich ein, was sein Vater tut oder getan hat. Als nächstes macht er sich mit den Werkzeugen, Schußwaffen und Fallen vertraut. Danach beginnt er sich Vorstellungen über das Wetter und über die Bewegung der Eisschollen zu machen. Schließlich kann er dank der erworbenen Erfahrung innovativ und kreativ werden.

Ob Guthridge High-School-Mathematik unterrichtet, Geschichte für Sechstkläßler oder Naturkunde für Drittkläßler, er vollführt immer die gleichen Schritte. Zuerst legt er ein starkes Fundament aus den gewichtigen Elementen oder Hauptsachen, also den entscheidenden Fakten oder Konzeptionen eines Themas. Als nächstes werden den Schülern verschiedene Aspekte des Themas nahegebracht. Auch hier ist Superlearning hilfreich. Jeder Schüler informiert sich speziell über einen anderen kleinen Daten- oder Informationsteil, dann stellt die ganze Klasse ein Superlearning-Tonband her. Schließlich fertigt jeden Tag ein Schüler ein Band für die Klasse an. Dabei nehmen die Kinder das Thema aus drei Gesichtswinkeln in sich auf: aus akademischer Erfahrung, persönlicher Erfahrung und emotionaler (künstlerischer) Erfahrung.

Guthridges dritter Schritt führt zu selbständiger Konzeptentwicklung und -verwirklichung. Die Schüler beginnen über das nachzudenken, was sie wissen, untersuchen Probleme und Sachzwänge, für die es keine probaten Lösungen gibt. Zum Schluß kommt die innovative Phase. Die Schüler schaffen ein Produkt von dauerhaftem Wert: Es könnte sich dabei um Anschauungsmaterial für das nächste Schuljahr, die nachrückende Klasse oder um Artikel bzw. Kurzgeschichten handeln, die sich zur Veröffentlichung eignen.

Der umgekehrte Unterricht hat in Alaska bei Menschen jeder Schicht und jeden Alters das Lernen ungeheuer beschleunigt und zu außergewöhnlichen Leistungen geführt. Die Methode »schubst sie zu vorzüglicher Leistung«, wie Guthridge sagt. Er hat für das Lernen ganz spezifische Schritte festgelegt, die Ihnen helfen können, auf der schnellen Spur zu bleiben und Ihr Interesse wachzuhalten. Jetzt ist er an der Universität von Alaska in Fairbanks mit Telekommunikation beschäftigt: Er unterrichtet zahlreiche Klassen mittels Satelliten-Audioübertragung. Material, das Sie selbständig benutzen können, einschließlich der Lehrmethodologie, steht zur Verfügung. »Lehrer brauchen siebenunddreißig Stunden, um das System beherrschen zu lernen, danach sparen sie *ungeheuer* viel Zeit«, betont Guthridge. »Ich muß kaum je ein Blatt Papier mit nach Hause nehmen.«

28
Bahnbrechende Lernmethoden für Behinderte

»Hören ist der Weg zum Lernen«, sagt Dr. Alfred Tomatis, der Pariser Hals-Nasen-Ohren-Spezialist, dessen Entdeckungen über die Verbindung Ohr/Psyche seit fast einem halben Jahrhundert weltweite Auswirkungen haben. Die Funktion des Hörens, so stellte er fest, hat weitreichenden Einfluß auf die körperliche und geistige Entwicklung, das Lernen und die sozialen Fähigkeiten.[1]

Jüngste Forschungen zeigen, daß das Anhören von Hochfrequenzmusik sogar noch stärker wirkt, als man bisher annahm. Dokumentiert ist, daß es in vielen tausend Fällen zur Überwindung eines großen Bereichs von Lernstörungen und damit verbundenen Verhaltensproblemen beitrug, ganz abgesehen von Hör- und Sprachschwierigkeiten. Es half Menschen, die an Legasthenie, Aufmerksamkeitsdefizit, Hyperaktivität, Autismus und Mongolismus leiden.

Geschädigt werden kann das Gehör durch Infektionen, Krankheiten, Drogen, Lärmbelästigung, Unfälle, pränatale Beeinträchtigungen oder emotionale Traumen. Manchmal stellen auch die Muskeln des Innenohrs als Verteidigungsmechanismus, um ein Kind vor beunruhigenden Informationen zu bewahren, ihre Funktion ein. Eine Unterminierung des Selbstvertrauens von Kindern durch Hörschwierigkeiten führt häufig zu schweren, zerstörerischen Verhaltensproblemen in der Schule und zu Hause.

Die Schalltherapie lindert nicht nur die Symptome, sondern visiert die Grundursache der Probleme an. In der großen Mehrzahl der Fälle beginnen sie mit einer beeinträchtigten Funktion des Ohrs. Die Schalltherapie stellt die volle physische Reaktion des Ohrs und die emotionale Empfänglichkeit der Person für Schall wieder her.

Akustikwissenschaftler am Virginia Merrill Bloedel Hearing Re-

---

[1] Diesbezügliche Fragen wurden bereits in den Kapiteln 6–9 (»Superlearning-Musik«, »Hinwendung zum Barock«, »Geheimzutaten in der Musik« und »Das Wunder der Schalltherapie«) angeschnitten.

search Center in Seattle berichten, daß man ein Nachwachsen der für das Hören verantwortlichen Corti-Zellen erreichen kann. »Hörhilfen gehören bald der Vergangenheit an«, behaupten verschiedene Wissenschaftler. Sowohl die Schalltherapie als auch die Ohrakupunktur förderten, wie eine reiche Dokumentation belegt, die Wiederherstellung der Corti-Zellen.

Schalltherapie bei Legasthenie

Die Sprache wird in der linken Hemisphäre des Gehirns verarbeitet. Das rechte Ohr steht in direktester Kommunikation mit der linken Hemisphäre. Damit Sprachenklänge das Gehirn effektiv erreichen, muß das rechte Ohr beim Hören die führende Rolle übernehmen. Dr. Tomatis behauptet, bei Menschen mit Legasthenie, also Lese- und Schreibschwäche, gebe es keine Dominanz des rechten Ohrs, darum sei die Reihenfolge, in der sie Töne hören, durcheinandergeraten. Die Töne erreichen das Gehirn mit verschiedenen Geschwindigkeiten, und Buchstaben werden vertauscht – so wird aus *rot* dann *Tor*.

Zur Überwindung der Legasthenie muß laut Tomatis das Gleichgewicht zwischen den beiden Hemisphären wiederhergestellt werden. Bei Legasthenie hat der Weg für die phonetische Analyse – die Zuerkennung von Tönen zu visuellen Symbolen – Schaden gelitten. Die Schalltherapie macht ihn wieder funktionsfähig und beseitigt den Ursprung des Problems. Die in die Schalltherapie integrierten Übungen mit dem Elektronischen Ohr unterziehen die Innenohrmuskeln einem Fitneßtraining, so daß die Ohren zur Bahn für die Sprachassimilation werden. Musik ist eine stark geordnete Abfolge von Tönen, die das Ohr analysieren muß. In der Schalltherapie wird das rechte Ohr so geschult, daß es die Führungsrolle übernimmt. »Ist die Dominanz des rechten Ohrs erreicht, verschwindet die Vertauschung der Töne«, versichert Tomatis. Behandlungen in seinen Kliniken haben mehr als zwölftausend Fälle von Legasthenie geheilt.

Menschen mit Legasthenie entwickeln, weil sie immer wieder versagen, häufig ein Minderwertigkeitsgefühl. Viele ersinnen raffinierte Wege, um ihr Leiden zu verbergen. Die Schalltherapie bringt neben dem physischen auch emotionalen Gewinn, der keine gesonderte Anstrengung kostet und auch nicht schmerzhaft an irgendeine Unzulänglichkeit erinnert. Kann ein Mensch Töne erst einmal richtig und leicht interpretieren, verbessert sich seine Konzentration, die Motivation zum Lernen nimmt zu, und die Selbstachtung steigt sprunghaft.

Legastheniker sollten sich die Schalltherapie-Bänder jeden Tag dreißig bis sechzig Minuten oder länger anhören. Geschehen kann das im Schlaf, beim Spielen, bei Hausaufgaben oder während Pendlerfahrten zwischen Heim und Arbeitsplatz oder Schule. Die kleinen Ohrhörer kann man beim Schlafen verwenden, wenn man will, indem man sie am Hals oder Gesicht mit Heftpflaster befestigt. Spezialisten für Schalltherapie empfehlen Legasthenikern eine besondere Übung: Laut lesen, während man ein imaginäres Mikrophon in der rechten Hand hält.

Dr. Tomatis hat bewiesen, daß ein nicht einwandfrei funktionierendes Gehör die Nervenleitung und die Lesefähigkeit beeinflussen kann. Lassen sich Amerikas massive Probleme mit dem Analphabetentum vielleicht teilweise auf die weitverbreiteten Beeinträchtigungen des Gehörs zurückführen, die durch Lärmbelästigung und Infektionen verursacht werden?

Als Herr und Frau Westerhof aus Winnipeg/Kanada die Schalltherapie-Tonbänder von Patricia Joudry an ihrem Sohn John ausprobierten, fiel ihnen an erster Stelle eine »großartige Verbesserung im Lesen« auf. Johns Legasthenie verschwand zwei Monate nach Beginn der Verwendung des Bandes, und er mußte das Medikament Ritalin, das ihm gegen seine Lernstörungen verordnet worden war, nicht mehr einnehmen. »Es ist wie ein Wunder«, schrieb seine Mutter. Pat Joudry erhielt unzählige ähnlich lautende Briefe über die Kraft von Akkorden zur Heilung der Legasthenie und Verbesserung des Lesens.

Was tun bei Aufmerksamkeitsdefizit?

Hierbei handelt es sich um ein angeborenes Leiden, von dem 20 Prozent der Jungen und 8 Prozent der Mädchen betroffen sind. Die Ursache glaubt man in einer Störung im Übertragungssystem des Gehirns feststellen zu können. Ohr und Gehirn arbeiten nicht effektiv, ein ungeordneter Empfang von Tönen führt zu Konzentrationsproblemen. Oft beobachtet man bei Kindern mit Aufmerksamkeitsdefizit auch Verhaltensprobleme und mangelhafte soziale Fähigkeiten. Die Schalltherapie bringt durch Training den auditiven Empfangsvorgang wieder in Ordnung und öffnet das Ohr für bestimmte Schallfrequenzen. Dieses Rehabilitationsverfahren für das Ohr stellt außerdem die phonetische Übertragung zum Gehirn wieder her. Töne werden nun analysiert, statt daß sie ablenken. Streß und Spannung lassen nach.

Auch bei diesem Leiden wird empfohlen, die Schalltherapie-Bänder täglich eine halbe bis eine Stunde anzuhören. Ist ein an Aufmerksamkeitsdefizit leidendes Kind hyperaktiv, kann es das Band im Schlaf anhören. Bei überaktiven Kindern nehmen Aktivität und Aggression ab, unteraktive Kinder erhalten neue Energie. Und wenn die Untergeordnetheit beim Hören behoben ist, verbessern sich Gedächtnis und Konzentration genauso wie die Motivation und das Lernen.

Dr. Tomatis' Schallgeburtsprogramm für Autisten

»Der Sturm klingt nicht mehr wie ein Maschinengewehr«, sagte Georgiana Stehli zu ihrer Mutter Annabel. Schalltherapie hatte ihr Gehör wieder ausgeglichen, so daß sie jetzt ohne schreckliche, groteske Verzerrungen hörte. Sie erinnert sich, daß während ihres mehrjährigen Aufenthalts in einer Anstalt für Autismuspatienten die Meereswellen wie tosende Flutwellen geklungen hatten, Wasser in Leitungsrohren wie die Niagarafälle, Regen wie Erdbeben oder eine Überschwemmung. »Ich dachte, daß jeder so hört«, sagte sie zu ihrer Mutter, »und daß die anderen nur besser damit fertig werden als ich.« In dem Buch *The Sound of a Miracle* beschreibt Annabel Stehli ihren langen Weg durch eine Art Hölle der medizinischen Versorgung, bis sie schließlich in Europa herausfand, daß überfeines, verzerrtes Hören ein Faktor mancher Formen des Autismus sein kann. Georgiana ist inzwischen geheilt, hat ein College absolviert, eine Künstlerlaufbahn eingeschlagen und schmiedet jetzt sogar Heiratspläne.

Die in jüngster Zeit von medizinischen Fachzeitschriften veröffentlichten neurobiologischen Daten bestätigen, daß Autismus durch Hinschädigungen verursacht wird. Tomatis glaubt, daß autistische Kinder wegen dieser Schädigung bestimmte Töne als peinigend schmerzhaft empfinden und zur Abwehr die Muskeln des Innenohrs entspannen. Die Muskeln verlieren rasch ihren Tonus, dann hören die Kinder alle Töne sehr ungenau und schotten sich von der mündlichen Kommunikation ab. Die Schalltherapie vermochte durch ein Ausbalancieren des Schallfiltermechanismus im Gehirn vielen Menschen zu helfen, das überfeine Hören zu überwinden und die normale verbale Kommunikation wiederherzustellen.

Tomatis entdeckte, wie bereits beschrieben, daß unsere früheste bzw. älteste Erinnerung die Stimme unserer Mutter ist, wie sie in unserer flüssigen Welt als Ungeborene zu uns dringt. Bei diesen ersten Tönen handelt es sich ausschließlich um Hochfrequenztöne – mit mehr als 8000 Hertz. In seinen Kliniken für Autismuspatienten schuf Dr. Tomatis ein Programm der »Schallgeburt«. Wird damit bei dem Kind die Fähigkeit entwickelt, hohe Frequenzen zu hören, erinnert es sich an seine früheste auditive Erfahrung und erlangt die Fähigkeiten zum emotionalen Kontakt mit der Mutter, später dann auch mit andern. Im Rahmen der Therapie hört das Kind die Stimme der Mutter, die durch das Elektronische Ohr auf 8000 Hertz gefiltert wird.

Die Walkman-Form der Schalltherapie mit Hochfrequenzmusik zeitigte ähnliche Erfolge wie das Anhören der Stimme der Mutter. Sie kann auch über einen längeren Zeitraum angewandt werden. Aus Berichten geht hervor, daß bei autistischen Kindern, nachdem sich ihr Hören verbesserte, eine intensivere Interaktion und Kommunikation mit Angehörigen einsetzte, so daß sie aus ihrer emotionalen Isolation herausfanden. Die Schalltherapie ließe sich in Verbindung mit einem Ernährungsprogramm anwenden, bei dem auch Octacosanol verabreicht wird, das in unzähligen Fällen zur Heilung von Hirnschädigungen beitrug.[1]

Signaturschall gegen verschiedene Behinderungen

Die Schalltherapie empfiehlt sich bei Stottern; bei Hörproblemen wie Hörverlust, Schwindel und Ohrensausen; zur Integration der motorischen Kontrolle und sogar für pränatales Anhören, was zu

---

[1] Näheres dazu siehe *SuperMemory*, Kapitel »Essen, um sich zu erinnern«, Seite 267 ff.

glücklicheren Babys führt. Einige Zentren bezogen Schalltherapie-Bänder für eine Gruppe von Kindern, die sie sich der Reihe nach anhörten. Aus Pat Joudrys Leserzuschriften geht hervor, daß bei einem weiten Bereich schwerer Störungen zumindest eine gewisse Reaktion auf Hochfrequenzschall erfolgte. Die Eltern von Carla Gaunt, einem hirngeschädigten, geistig behinderten Teenager aus Saskatoon, schrieben ihr, daß sich nach dreimonatiger Hörbehandlung Claras Sprache und Gedächtnis verbesserten. Das Ehepaar Bentley aus Edmonton gab Bericht über seine Tochter, eine Musikerin, die bei einem Verkehrsunfall zwei Schädelfrakturen und eine Hirnquetschung erlitten hatte, ins Koma gesunken und als »unheilbar« eingestuft worden war. Nach fünfwöchiger Hörbehandlung konnte sie wieder Klavier spielen und Noten lesen.

Die National Association for Child Development (Landesverband für die Entwicklung des Kindes) in Utah hat die Schalltherapie-Bänder schon vielen Eltern empfohlen, und der Leiter Bob Doman vermeldet, daß man bei Legasthenie, Hyperaktivität und vielen anderen Störungen hervorragende Ergebnisse erzielt habe.

Die Schallforscherin Sherry Edwards entwickelte ein neues computergestütztes System zum Analysieren der Frequenzen in der Stimme eines Menschen, die einen einzigartigen »Signaturschall« bilden. Fehlen in dem Schallmuster spezifische Frequenzen, weist dies häufig auf bestimmte Krankheiten hin. Die Wiederherstellung dieser Frequenzen mittels Schallbehandlung kann die Genesung einer Reihe von Krankheiten fördern, berichtet Edwards. Ihre Schallbehandlungen halfen vielen Menschen bei Stottern, Lernstörungen, einschließlich Zurückgebliebenheit und Autismus.

Ohrakupunktur: Theorie und Praxis

Glücklicherweise findet ein weiterer neuer Weg zur Wiederherstellung eines nachlassenden Gehörs immer mehr Befürworter: die Ohrakupunktur. Die Stimulierung spezifischer Punkte auf der Ohrmuschel mittels verschiedener Formen der Akupunkturbehandlung bewirkt eine völlige Genesung von Taubheit. Die Chinesen berichten, daß von vollkommen tauben Menschen, die mit Akupunktur behandelt wurden, 90 Prozent ihr Gehör wiedererlangten. Dr. Mario Wexu, Leiter des Quebec Institute of Acupuncture, führte im

Montrealer Taubstummeninstitut umfassende Tests des Verfahrens durch und meldet einen »ausgezeichneten Erfolg«. Schon nach wenigen Behandlungen trat bei den meisten Kindern eine fünfzehnprozentige Besserung ein und bei manchen sogar eine vierzigprozentige.

Der Ohrakupunktur-Theorie zufolge sind unsere Ohren ein umgekehrtes Spiegelbild des ganzen Körpers. Die Stimulierung spezifischer Punkte am Ohr mit Nadeln, Elektrizität oder Schallfrequenzen erwies sich als wirksame Behandlung für den ganzen Körper. Die Stimulierung des Punktes 86 auf dem Herz-Lungen-Meridian auf der unteren Ohrmuschel produziert gewissermaßen Endorphine, diese natürlichen körpereigenen Schmerzlinderer und Lusterzeuger. Er ist auch der Hauptakupunkturpunkt für eine Ganzkörperanästhesie. Die Schallstimulierung der Akupunkturpunkte mit Geräten wie dem Sonafon, das gemischte Tonfrequenzen im Bereich von 10 000 Hertz aussendet, führt zu ähnlichen Ergebnissen wie die Elektroakupunktur. Schalltherapie-Musik mit Tonfrequenzen bis zu 8000 Hertz, über Kopfhörer gespielt, die das ganze Ohr bedecken, stimulieren mit ziemlicher Sicherheit Akupunkturpunkte, die dem ganzen Körper Energie liefern. Dies könnte ein Faktor der Wirksamkeit der Schalltherapie sein.

Superlearning bei Lernunfähigkeit

»Der lohnendste und produktivste Kurs meiner Berufslaufbahn als Lesespezialistin.« Mit diesen Worten beschrieb Jean Taylor aus Atlanta/Georgia ihre Erfahrung als erste Lehrerin in Nordamerika, die Superlearning bei lernbehinderten Kindern anwandte, und zwar 1974 in der Huntley Hills School. Die Ergebnisse? Eine Beschleunigung des Lernens um das Vierfache. Zusammen mit Dr. Allyn Prichard gestaltete sie auch Lesehilfeprogramme für stark zurückgebliebene Kinder. Das Selbstwertgefühl der Schüler stieg sprunghaft, als sie feststellten, daß sie das Versäumte leicht aufholen konnten. Die Schüler halfen sogar, neue »Entspannungsspiele« zu gestalten. Sie entdeckten sehr schnell, daß Visualisierungsabenteuer dem Lernen das Mühsame und die Angst nahmen. Prichard und Taylor schildern ihre Methoden und Erfahrungen ausführlich in ihrem bemerkenswerten Buch *Acceleration Learning: The Use of*

Suggestion in the Classroom. Irgendeine Form des Entspannungstrainings sollte Bestandteil der Schulung jedes Kindes sein, finden sie. Die Fähigkeit zur Entspannung fördert die Gesundheit und das Lernen auf Lebenszeit. Alle Schüler der beiden profitierten viel, und einige zurückgebliebene Zwölfjährige entwickelten ihre Lesefähigkeiten sogar so weit, daß sie ein College besuchen konnten. Prichard und Taylor ermittelten in ihren Forschungen, bei welchen Schülern die Wahrscheinlichkeit groß war, daß sie mit Superlearning spektakuläre Erfolge erzielen: Sie sollten zehn Jahre oder älter sein, einen IQ von mehr als 90 haben und Geschick im Entspannungstraining sowie im Visualisieren entwickeln.

Furcht und Versagensangst treten bei praktisch allen lernunfähigen Schülern auf, wie der Pädagoge Wally Nelson aus Kansas City beobachtete. Nach seinem Eindruck konnten Superlearning-Verfahren wie das Entspannungstraining, die beruhigende Musik und die unterbewußte Verarbeitung für solche Schüler ungeheuer nützlich sein. Deshalb führte Nelson im Medical Center der Universität von Kansas in Kansas City eine kontrollierte Untersuchung des Superlearning-Systems bei lernunfähigen Kindern zwischen sechs und acht Jahren durch. In vier vierzigminütigen Sitzungen sollten sich die Kinder Wörter einprägen. Die Testergebnisse zeigten eine um 75 Prozent verbesserte Behaltensfähigkeit, die signifikant höher war als bei der Kontrollgruppe. Jene lernunfähigen Kinder, die am besten auf das Entspannungstraining reagierten, erreichten die besten Werte, betonte Nelson in seinem Bericht, den das *SALT Journal* veröffentlichte.

Bloßes Entspannungstraining allein erbrachte 1983 außergewöhnliche Ergebnisse in einem Test, der mit 801 lernunfähigen und emotional gestörten Kindern an vierundzwanzig verschiedenen Schulen in vier amerikanischen Staaten durchgeführt wurde. Sämtliche Kinder wendeten ein Tonbandprogramm von Dr. John Carter zur Entspannung und Verbesserung der Handschrift an. Der IQ stieg bei allen, und die Schüler holten im Lesen, Rechtschreiben und Rechnen den Stoff eines halben Jahres in einem Quartal auf. Carter stellte fest, daß solche hochsignifikanten Lerngewinne, wenn Kinder sie erst einmal erzielten, auch in der Folgezeit zustande kamen.

Die Sonderschullehrerin Debbie Evensen aus Alaska berichtet, daß Superlearning-Verfahren sehr erfolgreich bei Schülern waren, die als Feten unter der Alkohol- oder Drogensucht ihrer Mütter gelitten hatten. Zusammen mit der Superlearing Pionierin Rosella Wallace schuf sie einen Lehrplan, der auf die Bedürfnisse dieser Schüler zugeschnitten war. Ein Entspannungstraining half ihnen, Überstimulierung und Frustration zu vermeiden und sich nicht abzukapseln. Der Lehrstoff, in gereimter Form zu Hintergrundmusik präsentiert, war nicht nur vergnüglich, sondern stärkte auch das Gedächtnis und erleichterte es, gelernte Informationen wieder abzurufen. Kinästhetische Aktivitäten (Seilhüpfen zu mathematischen Fakten), Spiele und auf Videoband aufgenommene Aktivitäten halfen gegen die neurologischen Handicaps der Kinder. In Rosella Wallaces Bericht heißt es: »Ihre Lehrer waren verblüfft. Die Leistungen der Kinder verbesserten sich signifikant.«

Auch Erfolge, die in jüngster Zeit mit Mind-Maschinen erzielt wurden, bieten vielleicht neue Hoffnung für Menschen, die an einem fetalen Alkoholsyndrom leiden oder als Crack-Süchtige zur Welt kamen.[1]

Der Lehrer Charles Gritton aus Iowa benutzte Superlearning, um zwei lernbehinderten Schülern Nachhilfe in Mathematik und Rechtschreibung zu geben. Ihre erste Superlearning-Sitzung nach dem Entspannungstraining umfaßte fünfzig schwer zu schreibende Wörter. Bei dem anschließenden Quiz erreichten beide 90 Prozent der möglichen Punkte. Zuvor hatten sie lediglich 20 bzw. 30 Punkte geschafft. Beide Schüler waren über sich selbst erstaunt. Nach weiteren Sitzungen lagen ihre Punkte in Rechtschreibung und Mathematik zwischen 90 und 100 Prozent. Aufgeregt sagten die Kinder zu Gritton: »Lernen ist ja ganz leicht.«

Dr. Donald Schuster unterrichtete lernbehinderte Neuntkläßler nur ein Zehntel des Schuljahres mit Superlearning im Rechnen und Lesen. Im Rechnen holten die Kinder den Stoff von 1,4 Jahren auf und im Lesen den von 2,2 Jahren.

Cecilia Pollack verwendete spezielle Bildvorstellungen, Musik und Entspannung, um lernbehinderten Kindern das Rechtschreiben beizubringen. Mit einem »Zauberstift« zeichneten die Kinder in ihrer Vorstellung Buchstaben in den Sand eines Strandes. Die Trefferzahl betrug 18 Richtige von 20.

Gegenwärtig mehren sich die medizinischen Begriffe dafür, daß Musik, wie sie in Superlearning und der Schalltherapie verwendet

---

[1] Siehe dazu auch Kapitel 16, Seite 214 ff.

wird, besonders segensreich bei Menschen mit geistigen, emotionalen und physischen Beeinträchtigungen wirkt. Aus der Ivymount School in Rockville/Maryland berichtet die Musiktherapeutin Rughlee Adler: »Schwerbehinderte ignorieren gewöhnlich andere Arten der Stimulierung, doch auf Musik reagieren sie.« An der Verarbeitung von Musik sind beide Hemisphären des Gehirns beteiligt. Die neurologische Basis von Musikreaktionen ist sehr robust und wird offenbar selbst durch Schädigungen beider Hemisphären nicht irritiert.

Viele Kinder haben einen schlechten Start ins Leben, weil ihr Geburtsgewicht zu niedrig ist oder sie verfrüht geboren wurden. Klinische Forscher an der Schwesternschule der Universität von Kalifornien in Los Angeles und im Baptist Medical Center in Atlanta probierten bei solchen Kindern Musik mit eingeblendeten Herztönen aus. Die Frühgeburten nahmen schneller an Gewicht zu und konnten den Sauerstoff effektiver verwerten. Im Regional Medical Center von Tallahassee/Florida verbrachten untergewichtige und zu früh geborene Säuglinge, die täglich eineinhalb Stunden lang beruhigende Musik hörten, durchschnittlich 11 Tage auf der Intensivstation für Neugeborene, während der Durchschnitt bei der Kontrollgruppe 16 Tage betrug.

Andere Studien zeigen, daß Musik nicht nur die Produktion von Endorphinen steigert, sondern erwiesenermaßen auch ein Element im Speichel verändert, das Speichel-Immunglobulin A, das die Heilung beschleunigt, die Anfälligkeit für Infektionen reduziert und zur Steuerung der Herzfrequenz beiträgt.

Die Entdeckungen von Dr. Losanow und Dr. Tomatis über spezifische Elemente der Musik, wie die Kraft des Hochfrequenzschalls und das streßabbauende 60-Schläge-Tempo, ermöglichen es, Musik so einzusetzen, daß sie eine ganz präzise Wirkung hat.

Der Komponist Steven Halpern, dessen *Spectrum Suite* gemäß wissenschaftlicher Dokumentation Entspannung herbeiführt, sagte voll Hoffnung: »Es ist durchaus möglich, daß die Menschen lernen, eine gesunde Schalldiät zu befolgen, um sich tipptopp in Form und strahlend gesund zu *halten*.«

Die Sophrologie führt, wie umfangreiches Material zwingend belegt, ebenfalls zu außergewöhnlichen Ergebnissen bei zurückgebliebenen und lernbehinderten Kindern. Der Madrider Kinderarzt Dr. Mariano Espinosa wendet die sophrologischen Schulungsmethoden von Dr. Caycedo seit Jahren bei Problemkindern aus Spanien, Nord- und Südamerika an. In seinem Institut führen Kinder mit schweren motorischen Koordinationsproblemen körperliche Sophrologie-Übungen mit erstaunlichem Geschick aus. Tests nach mehrmonatigem koordiniertem Körper-Geist-Training ergaben, daß ihr IQ beträchtlich gestiegen war. Dr. Espinosa erhielt 1974 für seine Erfolge bei den Lernbehinderten die internationale Goldmedaille in Pädiatrie.

Erfolgreiche Lernhilfen für Blinde und Lernbehinderte

Mark Rew, vierundzwanzig Jahre alt und von Geburt an blind, las unser erstes *Superlearning*-Buch in der Blindenschrift und erkannte, daß diese gedächtnisstärkende Audio-Methode von großem Nutzen für Blinde sein konnte. Er wandte sich an Dr. Carl Schleicher vom Losanow Learning Center in Silver Spring/Maryland, weil er zusätzliche Verfahren lernen wollte. 1984 machte er einen gewaltigen Sprung vorwärts! Rew, der Computerprogrammierer war, stellte fest, daß sich seine Fähigkeiten zum Aufspüren von Programmierungsfehlern plötzlich ausgeweitet hatten. Seine Vorgesetzten waren so beeindruckt, daß sie ihn beauftragten, Programmierungsprobleme aufzuspüren und zu beseitigen.

Rew wandte die gelernten Entspannungstechniken und Visualisierungsübungen an, spielte langsame Barockmusik, die eine Verbindungsaufnahme zum Unterbewußten erleichtert, und konnte sich dann ein ganzes Computerprogramm mühelos vorstellen. Es fiel ihm leicht, sich das Programm einzuprägen und es geistig zu sehen. »Ich vermag Störungen mental zu finden, weil ich erkenne, was mit dem Programm geschieht«, erklärte er. Mark brauchte nicht einmal die Ausdrucke der Programmieranleitungen in Blindenschrift mit den Fingern zu lesen. Er entwickelte ein ebensolches Visualisierungstalent wie der große Physiker Nikola Tesla, der im Geist völlig neuartige Laborexperimente durchführen konnte.

Schleicher, der auch Direktor der Mankind Research Foundation ist, sagte sich, daß andere Blinde in den Genuß der gleichen Vorteile kommen sollten wie Mark. Mit einem Zuschuß des amerikanischen Gesundheitsministeriums half er dem Losanow Learning Center im

American Technical Institute, einen Kurs einzurichten, in dem Mark Rew und ein sehender Berater blinde Computerprogrammierer schulten. Zu Beginn des Kurses machten die blinden Teilnehmer die üblichen Entspannungsübungen. Der anschließende Kurs umfaßte automatisierte Industrieterminologie, den Abbau von Blockierungen und Barrieren gegen das Lernen, Wege zur Verbesserung des Gedächtnisses und der Konzentration sowie der Kreativität und der Problemlösungsfähigkeit, des weiteren ein Programm mit der Bezeichnung: »Erfolg, Selbstachtung und Lebensfreude.« Außerdem erhielten die Teilnehmer Tonbänder mit High-Tech-Schulungsmaterial, die sie zu Hause verwenden konnten. Dr. Schleicher war überzeugt, daß Blinde mit Hilfe des Programms zu Datenverarbeitern und Programmierern ausgebildet werden konnten, die genauso tüchtig waren wie Sehende. Bei den ersten kontrollierten Tests schnitten die beiden Spitzenleute, die vollkommen blind waren, wesentlich besser ab als die meisten in der Kontrollgruppe, die aus sehenden Personen bestand.

Dieses Projekt, das erste seiner Art im Lande, begann vor zehn Jahren und bewährt sich noch immer. Die Schulung Blinder und anderer Körperbehinderter in der Foundation brachte Fachkräfte zur Bedienung der verschiedensten EDV-Anlagen hervor. »Die Methode trägt zum Abbau von Schranken bei, die eine Beschäftigung Blinder oder körperbehinderter Personen erschweren oder verhindern«, sagte uns Schleicher. Die Computertechnik *und* Superlearning erschlossen Blinden einen ganz neuen Bereich gut bezahlter Jobs in den sich rasch ausweitenden Computer- und Informationsverarbeitungs-Industrien. Dieses Programm erwies sich als so erfolgreich, daß es von der President's Commission für Behinderte einen Preis erhielt.

DRITTER TEIL
Übungen

29
Streßkontrolle – Kraftgewinn

»Danke, daß Sie wieder Sonne in mein Leben gebracht haben!« schrieb eine Schweizerin an Pierre Schwaar in Lausanne. Schwaar, als erfolgreicher Geschäftsmann eine »Säule der Gemeinde«, geht einer ungewöhnlichen Nebenbeschäftigung nach. In Zusammenarbeit mit Dr. Raymond Abrezol koordiniert er die Bemühungen des Schweizer Sophrologenverbandes, Streß unter Kontrolle zu bekommen. Er erhielt zahllose ergreifende Schreiben von Menschen, die begeistert sind über die Genesung von verschiedenen Leiden, angefangen von Depression und Schlaflosigkeit bis zu Rückenschmerzen, Atembeschwerden und Darmstörungen. Alle diese befreiten, glücklichen Menschen hatten gelernt, ihre Geistkörper-Zustände mittels Verfahren zu ändern, die von Dr. Alfonso Caycedo entwickelt worden waren.

Das Ziel des Verbandes ist es, den Menschen zu neuer Lebenszuversicht zu verhelfen, doch den Geschäftsmann Schwaar fesselte noch ein anderes großes Plus der Sophrologie, und genau wie ihm erging es den schweizerischen Krankenversicherungen, die den Aussagen ihrer kalten, nüchternen Statistiken gar nicht recht glauben konnten. Bei den in Sophrologie geschulten Mitgliedern ging die Inanspruchnahme von Kassenleistungen wegen Krankheit *um 40 Prozent* zurück! Eine der führenden Schweizer Versicherungsgesellschaften war so begeistert von der Wirksamkeit der Sophrologie bei der Verbesserung der physischen und psychischen Gesundheit – sowie von der damit verbundenen Kostenreduzierung, besonders bei langdauernder Medikation –, daß sie ab 1991 eine spezielle Versicherungspolice ausgab. Diese Police sah die teilweise Bezahlung einer Schulung in Streßkontrolle mittels Sophrologie vor, desgleichen die Übernahme der Kosten von Alternativbehandlungen durch Sophrologie-Ärzte, falls die so Versicherten erkrankten. Bis 1992 hatten bereits mehr als sechzigtausend Schweizer Kurse in Sophrologie absolviert. Den zahlreichen Berichten zufolge hilft sie in sämtlichen Lebensbereichen: Arbeit, Erziehung, zwischenmenschlichen Beziehungen, Sport. Die findigen Schweizer haben offenbar einen neuen Weg entdeckt, sowohl ihre Finanzen als auch sich selbst zu kurieren.

Jenseits des Atlantiks lautete eine Schlagzeile auf der Titelseite der überregionalen kanadischen Zeitung *The Globe and Mail:* GESTRESST UND ANGEWIDERT. Eine 1992 durchgeführte landesweite Studie enthüllte, daß sich beunruhigende 47 Prozent der befragten Kanadier »echt gestreßt« und »ausgebrannt« fühlten, daß außerdem 33 Prozent deprimiert waren. Die Kosten der Behandlung streßbedingter Krankheiten für die kanadische Wirtschaft? Eine Milliarde Dollar pro Jahr.

Ein schöner Batzen, aber ein Klacks im Vergleich zu dem Aufwand für streßbedingte Krankheiten in den Vereinigten Staaten. Hier werden leidenschaftliche Debatten darüber geführt, wie man eine effektive Gesundheitsfürsorge gestalten solle. Warum erörtert man nicht auch die Idee, zu dem alten Vorgehen zurückzukehren, immer mehr Menschen zu einer besseren, tiefergehenden Gesundheit aus eigener Initiative zu verhelfen? Unsere Schulprobleme kann man aus einem neuen Blickwinkel betrachten, wenn man statt der Erziehung das Lernen in den Brennpunkt rückt. Warum sollte man nicht, parallel zu einer guten medizinischen Versorgung, die Fähigkeiten der Menschen erkunden, sich selbst zu helfen, und ihnen zeigen, wie man dies ohne Pillen oder Rezepte bewerkstelligt? Angesichts der Erfahrungen in der Schweiz, wo die Inanspruchnahme von Versicherungsleistungen um 40 Prozent niedriger liegt, sind neue Wege zur Erlangung physischen und psychischen Wohlbefindens vielleicht eine Möglichkeit zur Lösung des Problems der Krankenversicherungskosten.

Die Streßverhütung beim Lernen, vom Kindergarten bis zur beruflichen Schulung, gehört zu den grundlegenden Elementen von Superlearning und verwandten Systemen. Um Ihnen eine Wahlmöglichkeit zu geben, stellen wir anschließend einige wirksame, bewährte, klassische Programme vor, die Ihnen zu der befreienden Fähigkeit verhelfen können, Ihren Körper und Ihren Geist in gesünderen Zustand zu versetzen.[1]

---

[1] Bezugsquellen für Tonbandkassetten und anderes Superlearning-Material siehe Seite 397 ff.

Geisteskraft durch bewußtes Atmen

Es gibt ein erwiesenermaßen wirksames, kostenloses Verfahren zur Stärkung des Geistes, bei dem keine spezielle Ausrüstung und keine Tonbänder erforderlich sind. Das Verfahren ist vielseitig und »tragbar«, läßt sich also überallhin mitnehmen. Es ist unsichtbar, kann also auch in einem Prüfungsraum oder bei einer geschäftlichen Besprechung dabei sein – kurz, praktisch an jedem Ort. Es geht schnell, läßt sich jederzeit durchführen und zeitigt binnen Minuten Ergebnisse. Bei diesem Verfahren handelt es sich um rhythmisches Atmen.

Dr. Robert Rivera vom Valley College in Van Nuys/Kalifornien testete Studenten, nachdem sie mehrere Minuten lang eine einfache Atemübung gemacht hatten. Im Durchschnitt sprang ihr IQ um 10 bis 20 Punkte in die Höhe. Es fand ein besserer Blut- und Sauerstoffzustrom zum Gehirn statt, und eine bessere Sauerstoffversorgung des Gehirns verbessert bekanntlich die Denkfähigkeit. Um zu funktionieren, benötigt das Gehirn Energie, und es benutzt Sauerstoff, um sein Brennmaterial, Glukose, zu verbrennen. »Je weniger Sauerstoff ins Gehirn gelangt, desto größer ist die Wahrscheinlichkeit, daß Sie falsche Urteile bzw. Entscheidungen fällen oder sich emotional bedrückt fühlen«, sagt Rivera. Nach seiner Überzeugung verdanken Genies ihre Genialität der Tatsache, daß sie über eine gute Sauerstoffversorgung des Gehirns verfügen. Neben der Förderung der Intelligenz trägt rhythmisches Atmen zur Synchronisierung der beiden Hemisphären des Gehirns bei, was zu gesteigerter Kreativität führt.

Diese grundlegenden Atemübungen können regelmäßig gemacht werden und sind besonders nützlich, wenn man sie unmittelbar vor einer herausfordernden Situation ausführt, beispielsweise einer ausschlaggebenden Besprechung, einer Prüfung oder Rede.

Atmen Sie ein, während Sie bis 8 zählen. Halten Sie den Atem an, während Sie bis 12 zählen. Atmen Sie langsam aus, während Sie bis 10 zählen. Wiederholen Sie die Übung zehnmal hintereinander.

Blaugoldene Energieatmung

Diese Farbatemübung ist ein wahrer »Sorgenvertreiber«. Sie kann Ihre Energien nachladen, wenn Sie müde und erschöpft sind; sie fördert die Konzentration und unterstützt die Visualisierungen.

Legen Sie sich an einem gemütlichen Ort bequem hin, und zwar so, daß Ihr Kopf nach Norden und die Füße nach Süden zeigen. Strecken Sie die Arme mit den Handflächen nach oben seitlich am Körper aus. Atmen Sie langsam, tief durch die Nase ein, und stellen Sie sich vor, daß *sonnengoldene* Energie durch Ihre Schädeldecke in Sie strömt, durch Ihren Körper fließt und an den Fußsohlen wieder ausströmt. Visualisieren Sie, während Sie langsam und gleichmäßig ausatmen, daß *kühle blaue* Energie durch Ihre Fußsohlen in Ihren Körper tritt, langsam emporsteigt und durch Ihre Schädeldecke wieder austritt. Atmen Sie zehn bis fünfzehn Minuten golden *ein* und blau *aus*. Sie werden bald spüren, daß bei jedem Ein- und Ausatmen ein kribbelnder Energiestrom durch Ihren Körper pulst. Die blaugoldene Energienachladung hilft Ihnen, Ihre Aufmerksamkeit und Ihre Konzentration müheloser zu fokussieren.

Schallbad

Diese Übung hilft Ihnen, hirnentleerenden Lärm und Schall, mit dem Sie tagsüber bombardiert worden sind, wegzuspülen.

Wählen Sie eine Kassette oder CD mit Ihrer bevorzugten Entspannungsmusik aus. Legen Sie sich in einer bequemen Stellung hin, und schalten Sie die Musik ein. Machen Sie mehrere tiefe Atemzüge, und lösen Sie jedwede Spannung auf. Lassen Sie die Musik durch und über Ihren Körper fließen und dabei den üblen Lärm sowie die schädlichen Geräusche, die den ganzen Tag auf Sie einhämmerten, gründlich abwaschen. Lassen Sie die Musik jede Lärmbelästigung wegspülen. Tauchen Sie in der Musik unter. Beobachten Sie, wie die Musik in einzelnen Körperbereichen nachhallt. Stellen Sie sich verschiedene Zellen in Ihrem Körper vor, wie sie zu den nährenden Schallschwingungen tanzen und sich bewegen. Lassen Sie sich von der Musik mit Energie versorgen und entspannen. Machen Sie, wenn die Musik endet, mehrere langsame, tiefe Atemzüge, und lassen Sie locker, so daß jede Spannung verschwindet.

Kraftdusche zur Reinigung und Konditionierung

Diese Visualisierungsübung ist ein großartiger Einstieg in den Tag.

Stellen Sie sich beim Duschen vor, daß Sie unter einem goldenen Wasserfall aus reiner, kribbelnder Energie stehen.
 Atmen Sie tief und gleichmäßig, nehmen Sie die gesunden negativen Ionen aus dem plätschernden Wasser in sich auf.
 Spüren Sie, wie die goldene Energie durch Ihre Schädeldecke fließt, an Ihrem Rückgrat entlang, durch Ihre Arme und Beine, wie sie in jede Zelle dringt.
 Spüren Sie, wie sich Ihr ganzer Körper mit reiner, vibrierender Energie füllt.
 Stellen Sie sich den vor Ihnen liegenden Tag bildhaft vor. Imaginieren Sie, daß Sie etwas erreichen, was Sie sich sehr wünschen. Bekräftigen Sie, daß Sie grenzenlose Kraft und Energie haben, um das zu tun, was Sie erreichen wollen. Erzeugen Sie in sich Gefühle der Begeisterung über Ihr Tun und über die Gewinne oder Wohltaten, die Ihnen dieses Tun bringt. Nehmen Sie sich bewußt und intensiv vor, daß es wirklich getan wird.
 Spüren Sie, während das Wasser über Sie rinnt, wie jede Spannung, Sorge und Angst, die Sie vielleicht empfinden, abgewaschen wird, so daß Sie erfrischt, mit neuer Energie versorgt und bereit sind, den neuen Tag voll Freude und Zuversicht zu beginnen.

Progressive Entspannung

Mit dieser Übung können Sie Muskelverspannungen und Streß lösen, die sich in Ihrem Körper angestaut haben. Spannen Sie Ihre Muskeln sanft an, nicht so wie bei einer anstrengenden körperlichen Übung. Sollten Sie einen Krampf bekommen, lassen Sie sofort locker. Sinn der Übung ist, die in den Muskeln vorhandenen Verspannungen zu lösen.

Machen Sie es sich an einem ruhigen Ort bequem. Rollen Sie den Kopf einige Male, um den Blutzustrom zum Gehirn zu verbessern. Lassen Sie das Kinn auf die Brust sinken, und rollen Sie den Kopf in einem vollen Kreis nach rechts und nach links.
Setzen Sie sich in einen Sessel, oder legen Sie sich, wenn Ihnen das lieber ist, auf eine Couch oder auf den Boden. Lockern Sie alle engen Kleidungsstücke. Machen Sie es sich ganz bequem. Tasten Sie im Geist Ihre Knochen und Muskeln ab, und lassen Sie deren Gewicht in den Sessel oder den Boden hineinsinken.
Schließen Sie die Augen. Machen Sie einen langsamen, tiefen Atemzug. Atmen Sie aus. Spüren Sie beim Ausatmen, wie die Spannung wegzufließen beginnt. Sagen Sie zu sich: »Entspanne dich!« Machen Sie einen zweiten, langsamen, tiefen Atemzug, und spüren Sie beim Ausatmen, wie die Spannung fortgetragen wird, während Ihr Atem wegströmt. Entspannen Sie sich. Machen Sie einen dritten langsamen, gleichmäßigen, tiefen Atemzug. Atmen Sie aus. Imaginieren Sie, daß die Spannung aus Ihren Muskeln weicht. Sagen Sie wieder zu sich: »Entspanne dich!«
Spannen Sie nun Ihre Zehen so fest wie möglich. Biegen Sie die Zehen ganz fest, ganz fest. Halten Sie dieses straffe Spannungsgefühl, während Sie von 1 bis 5 zählen... Entspannen Sie jetzt Ihre Zehen. Lassen Sie diese Spannung wegströmen. Entspannen Sie Ihre Zehen vollkommen, und spüren Sie den Unterschied zu vorher.
Spannen Sie nun Ihre Zehen, Ihre Füße und die Muskeln Ihrer Unterschenkel. Spannen Sie diese Muskeln ganz, ganz fest, während der Rest Ihres Körpers völlig entspannt bleibt. Halten Sie dieses Spannungsgefühl, während Sie langsam von 1 bis 5 zählen... Entspannen Sie sich jetzt. Genießen Sie das Gefühl des völligen Freiseins von Spannung.
Spannen Sie nun die Muskeln Ihrer Oberschenkel sowie die Muskeln der Zehen, Füße und Unterschenkel. Straffen Sie diese Muskeln so fest wie möglich. Und noch ein bißchen fester. Spüren Sie diese Spannung. Halten Sie sie, während Sie langsam von 1 bis 5 zählen... Entspannen Sie sich jetzt. Spüren Sie bei jedem bißchen Spannung, wie sie verschwindet. Spüren Sie, wie die Muskeln sich

lockern und loslassen; lockern und loslassen. Weisen Sie alle diese Muskeln an, sich noch ein bißchen mehr zu entspannen.
Spannen Sie nun die Gesäßmuskeln. Halten Sie die Spannung, während Sie langsam von 1 bis 5 zählen... Lösen Sie jetzt die Spannung. Lassen Sie sie wegdriften.
Spannen Sie nun die Muskeln Ihres unteren Rückens und Ihres Bauchs. Spüren Sie, wie es sich anfühlt, Ihren Körper in starker Spannung gestrafft zu haben. Spannen Sie diese Muskeln noch ein bißchen mehr, während Sie von 1 bis 5 zählen... Lassen Sie jetzt wieder locker, völlig locker. Entspannen Sie sich, und lassen Sie die Spannung aus jedem Muskel weichen. Lassen Sie Ihr ganzes Gewicht los. Weisen Sie Ihren Körper an, diese Muskeln noch ein bißchen mehr zu entspannen. Achten Sie darauf, wie gut es sich anfühlt, die Spannung aus den Muskeln weichen zu lassen.
Spannen Sie nun die Muskeln Ihres Oberkörpers. Ziehen Sie beide Schultern hoch. Spannen Sie die Muskeln Ihrer Brust und Ihres Rückens. Steigern Sie die Spannung noch ein bißchen. Spüren Sie die Spannung, während Sie langsam von 1 bis 5 zählen... Entspannen Sie sich wieder. Atmen Sie aus, und spüren Sie, wie sich alle die Muskeln in Ihrer Brust und Ihrem Rücken entspannen. Spüren Sie, wie auch die Spannung zwischen Ihren Schulterblättern weicht. Spüren Sie, wie sich alle diese Muskeln entspannen, lockern, wie Sie loslassen. Spüren Sie, wie jede Straffheit und Spannung sich auflöst, weicht.
Spannen Sie nun Ihre Arme an, und ballen Sie beide Hände zu Fäusten. Spüren Sie die Spannung intensiv in Ihren Händen, während Sie langsam von 1 bis 5 zählen... Entspannen Sie sich jetzt. Ihre Arme sollen sich anfühlen wie weiche Nudeln. Genießen Sie das Freiwerden von Spannung. Spüren Sie, wie gut es tut, entspannt zu sein.
Straffen Sie nun alle Muskeln Ihres Gesichts. Spannen Sie Ihre Kiefer. Pressen Sie die Zähne aufeinander. Straffen Sie Ihre Kopfhaut. Kneifen Sie die Augen zusammen. Spannen Sie so viele Muskeln, wie Sie können. Glätten Sie alle Muskeln auf der Stirn. Entspannen Sie Ihre Kopfhaut. Entspannen Sie Ihre Augen. Entspannen Sie Ihren Mund. Entspannen Sie die Kiefer. Lösen Sie jegliche Straffung und Spannung. Entspannen Sie alle Muskeln Ihres Gesichts und Ihres Kopfes. Achten Sie darauf, wie gut es sich anfühlt, die Spannung weichen zu lassen.

Spannen Sie nun jeden Muskel Ihres Körpers. Beginnen Sie bei den Zehen, machen Sie weiter mit den Beinen, dem Bauch, dem Rücken, der Brust, den Schultern, Armen und Fäusten, dem Hals und dem Gesicht. Seien Sie so angespannt, wie Sie können. Kneifen Sie jeden einzelnen Muskel Ihres Körpers zusammen. Halten Sie diese Spannung. Zählen Sie von 1 bis 5... Entspannen Sie sich wieder. Lassen Sie jetzt locker. Lassen Sie die Spannung aus jedem Muskel Ihres Körpers weichen. Entspannen Sie sich. Lockern Sie sich. Lassen Sie einfach los.

Spüren Sie das angenehme Gefühl der Entspannung, das sich in Ihrem ganzen Körper ausbreitet. Es ist ein behagliches, angenehmes Gefühl. Achten Sie darauf, wie gut es tut, völlig entspannt zu sein. Untersuchen Sie durch geistiges Abtasten Ihren ganzen Körper vom Kopf bis zu den Zehen. Gibt es einen Bereich, der noch nicht entspannt ist? Spannen Sie ihn, halten Sie die Spannung, entspannen Sie ihn. Ihr Körper ist jetzt völlig entspannt.

Genießen Sie das angenehme Gefühl der Entspannung, das Sie vom Kopf bis zu den Zehen und in umgekehrter Richtung durchströmt. Achten Sie darauf, wie gut es tut, alle Ihre Muskeln völlig zu entspannen. Lassen Sie Wellen der Entspannung ungehindert vom Kopf bis zu den Zehen und wieder nach oben fließen. Genießen Sie dieses Gefühl. Während Sie sich entspannen, können Sie einige der Bekräftigungen (z. B. wie auf Seite 275) sprechen. Nun beginnen Sie, während Sie von 1 bis 5 zählen, die Augen zu öffnen. Fühlen Sie sich beim Zählen wach, erfrischt, voller Energie und frei von Spannung. 1, 2, 3, 4, 5: Die Augen sind offen.

Bei jedem neuen Üben wird es leichter, Spannung auf Kommando zu lösen. Bald werden Sie in der Lage sein, sich schnell in einen entspannten Zustand zu versetzen, in dem Muskelverkrampfungen verschwinden. Einige wenige Minuten der Entspannung lindern Angespanntheit, Müdigkeit und Streß, fördern die Konzentration und lassen Ihren Geist wach und aktiv bleiben.

Scannen und entspannen

Eine ausgezeichnete Variante dieser progressiven Entspannungsübung ist das Verfahren »scannen und entspannen«, das Eli Bay von Relaxation Response in Toronto wärmstens empfiehlt. Sie machen die obigen Übungen in genau der gleichen Reihenfolge, doch statt Ihre Muskeln anzuspannen, tasten Sie sie im Geist ab, scannen sie auf Verspanntheit und lösen dann die Spannungen. Mit dieser Scanning-Strategie vermeidet man Probleme, die eventuell durch übermäßiges Spannen oder Verkrampfung der Muskeln entstehen können.

> Beginnen Sie mit Ihren Zehen. Tasten Sie sie geistig auf Verspanntheit ab, und lösen Sie dann die Spannung. Scannen Sie Ihre Beine mental auf Muskelknoten und verspannte Bereiche. Lockern Sie dann diese Spannung. Scannen Sie Ihre Gesäßbacken, Ihren unteren Rücken und Ihren Bauch auf verspannte, verkrampfte Muskeln. Lösen Sie dann die Spannung. Kontrollieren Sie Ihren Oberkörper, die Schultern, die Brust und den Rücken. Lösen Sie jede Verspannung und Verkrampfung. Scannen Sie Ihre Arme, den Hals, die Kiefer, das Gesicht und den Kopf auf Verspanntheit. Lösen Sie jegliche Spannung. Lassen Sie locker. Achten Sie darauf, wie gut das tut. Scannen. Entspannen. Lockern. Loslassen.

Autogenes Training

Als einen fast automatischen Streßauflöser bezeichnet der russische Arzt A. G. Odesskij das autogene Training. Beherrschen Sie diese einfache Übung erst einmal, wird bei Ihnen, sobald Streß einsetzt, auch die Entspannung einsetzen und den ganzen Geistkörper wieder in Harmonie bringen. Dr. Odesskij entwickelte ein spezielles Programm, um Tänzern, Sportlern, Lehrern, Schauspielern, Kosmonauten und Schachmeistern zu glänzenden Erfolgen zu verhelfen.

Schon sieben bis zehn Minuten täglichen Übens dieser Grundtechniken wird früher oder später die gewünschte Wirkung bringen. Ideal ist das autogene Training für Geschäftsleute, sagt Odesskij. Es ist eine Art psychologische Gymnastik zur Erlangung psychischer Fitneß und nützt auf jedem Gebiet, im Geschäftsleben ebenso wie im Sport und im Rentenalter. Außerdem hat das autogene Training eine lange Geschichte der Heilung ernster physischer Erkrankungen. Wenn Sie diese Grundverfahren gelernt haben, besitzen Sie eine Fähigkeit fürs Leben: Sie sind in der Lage, diesen kraftreichen

Zustand binnen Sekunden zu erreichen, überall und unter allen Bedingungen.[1]

Fernöstliche Methoden zur Energieaufladung

Die chinesisch/japanische Bewegungs- und Atemtherapie Ch'i-Kung (Qigong) befähigt dazu, Geistkörper und Schwerkraft zu vereinigen und die universelle Ch'i-Energie anzuzapfen. Die Ch'i-Energie erschließt Fähigkeiten, steigert sportliches Können, heilt, gleicht aus, lädt Energie nach und schützt. Angeblich ist sie das Geheimnis der Langlebigkeit und ein Weg, die Reserven des Geistes zu öffnen. Ein geeigneter Geistkörper, der mit der Natur in Harmonie ist, bildet die Grundlage für die japanische Kriegskunst des Aikido.

Die chinesische Regierung richtete im ganzen Land militärische Qigong-Kliniken ein, nicht nur für die Behandlung militärischen Personals, sondern auch für die Schulung von Soldaten in der Methode, damit sie Zivilisten helfen können. Das Zentrum in Peking behandelte sogar den Sohn des chinesischen Führers Deng Xiaoping.

In Hawaii führte das Bildungsministerium in Grundschulen ein *Ki*-Training ein, in der Hoffnung, das Lernen, das Selbstvertrauen und die Selbstdisziplin der Schüler zu verbessern.

Um den kraftreichen geeigneten Qigong-Zustand zu erreichen, der neue Fähigkeiten und Kräfte erschließt, beginnen Sie damit, sich in der Schwerkraft der Erde zu verwurzeln.

Schritt eins: Spüren Sie Ihren Schwerkraftpunkt

Setzen Sie sich auf einen Stuhl oder mit gekreuzten Beinen auf den Boden, den Rücken gerade halten. Schauen Sie nach vorn, die Nase in einer Linie mit Ihrem Nabel. Konzentrieren Sie sich auf einen imaginären Punkt, der zweieinhalb Zentimeter unter Ihrem Nabel liegt: das Schwerkraftzentrum Ihres Körpers. Machen Sie sich mit allen Sinnen diesen Schwerkraftpunkt be-

---

[1] Siehe dazu auch Seite 71 ff. – Die Literatur über autogenes Training mit Übungsanleitungen ist inzwischen beinahe unüberschaubar. Jede Buchhandlung führt sie.

wußt, stellen Sie sich einen Augenblick lang vor, daß Sie auf einem Fahrrad fahren, kurz vor dem Anhalten sind und trotzdem das Gleichgewicht bewahren, ohne mit den Füßen den Boden zu berühren. Spüren Sie das Zentrum in Ihrem Körper, das ausgerichtet bleiben muß, damit Sie Ihr Gleichgewicht bewahren. Lenken Sie Ihr Bewußtsein wieder zu Ihrem auf dem Stuhl sitzenden Körper zurück, und konzentrieren Sie sich wieder einige Augenblicke lang auf den Punkt zweieinhalb Zentimeter unter Ihrem Nabel. Legen Sie, wenn es nötig ist, einen Finger auf diesen Punkt, um die Aufmerksamkeit besser darauf zu sammeln.
Spüren Sie jetzt sich selbst im Zentrum des Universums. Verkleinern Sie die Kugel des Universums um die Hälfte, um die Hälfte, um die Hälfte, und holen Sie sie herein in Ihren Mittelpunkt. Konzentrieren Sie sich weiter darauf, verkleinern Sie sie um die Hälfte, endlos... Lassen Sie Ihr Bewußtsein in diesen Punkt sinken. Halten Sie das Gefühl der Zentriertheit und Einheit mit dem Universum mehrere Augenblicke lang. Wo immer Sie sich befinden, Ihr Schwerkraftpunkt ist stets das Zentrum der unendlichen Kugel des Universums.

Schritt zwei: Entspannen Sie sich völlig

Wenden Sie Ihre Lieblingsmethode zur völligen Entspannung an, oder machen Sie folgende Übung:
Setzen Sie sich auf einen Stuhl, und lassen Sie die Arme locker hängen. Schütteln Sie Ihre Hände möglichst schnell, so daß Ihr ganzer Körper mitgeschüttelt wird. Konzentrieren Sie sich dabei weiterhin auf Ihren Schwerkraftpunkt, den Punkt zweieinhalb Zentimeter unter Ihrem Nabel. Hören Sie auf mit Schütteln, und bleiben Sie ruhig sitzen. Entspannung kombiniert mit Konzentration auf den Schwerkraftpunkt versetzt Sie in einen Zustand der Kraftentspannung.

Schritt drei: Lassen Sie Ihr Gewicht fallen, lassen Sie sich von der Schwerkraft tragen

Lassen Sie das ganze Gewicht jedes einzelnen Körperteils auf Ihren Stuhl oder auf den Boden fallen. Läßt man einen Gegenstand los, fällt er. Lassen Sie jetzt die Schwerkraft der Erde Ihren Körper entspannen. Spüren Sie, wie das Gewicht Ihrer Arme, Beine, Schultern, Ihres Rückens und Ihrer Hüften vollkommen und bequem auf Ihrem Stuhl oder dem Boden lastet. Spüren Sie, daß der Stuhl und der Boden Ihr Gewicht voll und ganz tragen, so daß Sie es nicht tun müssen. Die Schwerkraft kümmert sich um das ganze Gewicht, das Sie mit sich herumtragen. Sie fühlen sich leichter, verwurzelt, völlig entspannt und ruhig.

Schritt vier: Strahlen Sie aus Ihren Händen Ki-Energie aus

Spüren Sie, wie Ki-Energie durch Ihren Körper strömt und aus Ihren Händen hinausgeht. Lassen Sie diese lebensspendende Energie in Ihren Armen abwärts fließen und aus Ihren Händen und Fingerspitzen in den unendlichen Raum strömen. Neue Ki-Energie ergießt sich aus dem Universum, lädt Ihren Körper und Geist neu auf, heilt, gleicht aus, liefert Energie. Wenn irgendeine Stelle Ihres Körpers gereizt ist oder schmerzt, legen Sie Ihre aufgeladenen Hände darauf. Halten Sie diesen geeinten Zustand mehrere Minuten. Machen Sie dann mehrere tiefe Atemzüge. Strecken Sie sich, und fühlen Sie sich mit Energie versorgt und erfrischt.

Üben Sie dieses Verfahren zur Erlangung des beschriebenen, konzentrierten Zustands, der Geistkörper, Schwerkraft und Ki-Energie eint. Wenn Sie einmal fähig sind, schnell und leicht in diesen geeinten Zustand zu gelangen, können Sie dieses Verfahren überall anwenden. Es ist ein Verfahren, das Sie befähigt, für Herausforderungen irgendwelcher Art, physische wie psychische, zusätzliche Energien zu mobilisieren. Ein einfacher Test zeigt, ob Sie sich wirklich in dem geeinten Zustand befinden. Er kann von einem Freund oder einer Freundin durchgeführt werden. Fordern Sie, wenn Sie in Ihrem Schwerkraftpunkt fixiert sind, die betreffende Person auf, Sie durch einen Stoß an Ihre Brust oder Schulter umzuwerfen. Falls der Stoß Sie umwirft, brauchen Sie noch mehr Übung.

Asiatische Kriegskünste wie Aikido basieren auf der Vorstellung von einer Koordinierung und Einigung des Geistkörpers, damit Ki-Energie aus dem Universum ihn durchströmen kann. Aikido bedeutete ursprünglich »der Weg zur Harmonie mit der Energie des Universums«. Wenn Sie auf der Basis eines koordinierten Geistkörpers funktionieren, gibt Ihnen dies einen Extravorteil für jede Herausforderung, sei es ein Vorstellungsgespräch, eine Prüfung, eine geschäftliche Verhandlung oder ein Sportwettkampf.

Falls Sie studieren oder etwas auswendig lernen müssen, atmen Sie tief, konzentrieren Sie sich auf den Schwerkraftpunkt, und strahlen Sie Ki-Energie aus Ihren Händen aus. Dies wird die Konzentration, das Gedächtnis und das Lernen fördern. Wahrscheinlich stellen Sie auch fest, daß Sie dadurch zusätzliche Stromkreise nutzen können, denn diese Technik ist das Geheimnis, das den außergewöhnlichen Leistungen der Ch'i-kung- oder Qigong-Meister zugrunde liegt.

30
Geführte visuelle Vorstellungen

Erzeugung vergangener, gegenwärtiger und zukünftiger Erinnerungen

In jeder Minute des Tages erzeugen Sie Erinnerungen. Der Zeitpunkt, um Macht über Ihre Erinnerungen zu erlangen, ist immer *jetzt.* Erinnerungen sind *reelle* Energie. Die Beschwörung von Erinnerungen kann die elektrischen Ströme in Ihrem Körper verändern, und diese Veränderungen lassen sich mit Instrumenten aufspüren. Erinnern von etwas, das einen zornig oder unglücklich machte, hat tatsächlich eine physische Auswirkung auf den Körper. Erinnern von etwas Freudigem hat eine positive Auswirkung auf Geistkörper, Gedächtnis und nicht zuletzt auf die Lernfähigkeit.

Mit Hilfe der folgenden Erinnerungsprogramme verändern Sie die Energieladung negativer Erinnerungen ins Positive. Viele Menschen berichten, daß sie sich nach der Auflösung negativ geladener Erinnerungsmuster belebt, voller Tatkraft und wesentlich gesünder fühlen. Diese Menschen sind nun auch frei davon, den gleichen Fehler immer wieder zu machen oder den gleichen falschen Weg erneut einzuschlagen.

Die Fähigkeit, die Ihnen die nachstehenden Programme vermitteln, ist sehr wichtig für Leistungs- und Sporttraining. Sie können »Schädliches aus der Vergangenheit« jederzeit ausräumen und erregende künftige Erinnerungen von Ihrem »zukünftigen Ich« schaffen, einem Ich mit neuen Fähigkeiten und Fertigkeiten. Sie können »Erinnerungen« schaffen, in denen Sie sich selbst in der Zukunft begegnen und sehen, daß Sie ein erfolgreiches Leben in genau jenem Stil führen, den Sie sich wünschen.

Tips für die Ausführung der Übungen

- Vermeiden Sie logische Fragen und Spekulationen. Konzentrie-

ren Sie sich einfach auf Ihr Thema, und schalten Sie sich von jedweden Ablenkungen ab.
- Beziehen Sie, wenn Sie sich visuelle Vorstellungen machen oder imaginieren, alle Sinne ein. Vergegenwärtigen Sie sich möglichst viele Einzelheiten: Farben, Formen, Erscheinungsbilder, Gewebe, Strukturen, Aromen und Töne.
- Um eine maximale Wirkung zu erzielen und Energie zu speichern, sollten Sie die Übungen, wenn es irgend geht, in sitzender Stellung machen, wobei Sie nach vorn schauen und Ihr Rückgrat geradehalten. Die korrekte Ausrichtung ist wichtig, damit der Energiefluß entlang der Wirbelsäule nicht blockiert wird. Legen Sie die Hände im Schoß aufeinander (die Handflächen nach oben), und kreuzen Sie die Beine an den Knöcheln.
Setzen Sie bei visuellen Vorstellungen den ganzen Körper ein. Sofern Sie Ihr Unterbewußtes nicht trainiert haben, faßt es Ihre Visualisierungen vielleicht irrtümlich als Tagträume auf. Ein physischer Reiz erzeugt jedoch in Ihrem Unterbewußten einen stärkeren Eindruck von Wirklichkeit. Ein paar leichte körperliche Übungen wie der »Hampelmann« oder kurzes Laufen auf der Stelle vor dem Beginn Ihrer Visualisierung machen Ihrem Unterbewußten klar, daß Sie es ernst meinen. Nach mehreren Wiederholungen dieser Kombination müßten Sie so weit sein, daß Sie die physische Stimulierung einstellen können und Ihre Superaufladung allein mittels Atmung und Visualisierung erreichen, unter allen Bedingungen und an jedem Ort.
- Das richtige Timing ist wichtig. Besonders günstig ist es, kreative Visualisierung abends kurz vor dem Einschlafen oder morgens gleich nach dem Aufwachen zu praktizieren. Zu dieser Zeit sind Geist und Körper oft sehr entspannt und aufnahmefähig. Auch kurze Entspannung und Visualisierung um die Mittagszeit lockert und erfrischt Sie, was dazu beiträgt, daß Ihr Tag glatter verläuft.
- Das Abspielen von Superlearning- oder 60-Schläge-Musik bei Visualisierungssitzungen erbrachte voll dokumentierte außergewöhnliche Ergebnisse, besonders beim Erreichen tiefer Gedächtnisebenen. Andere für Visualisierungen geschaffene Musik kann natürlich ebenfalls verwendet werden. Spielen Sie, damit Sie möglichst gute Ergebnisse erzielen, die Musik leise im Hintergrund.

Direkte Kontaktaufnahme zum Unterbewußten

Wenn Ihnen klar ist, welche Überzeugungen Ihr Unterbewußtes hat und welche Motivationen sie aufrechterhalten, können Sie Logik und Strategien der Alternativmotivation anwenden, um Änderungen herbeizuführen. Überzeugungen und Erinnerungen sind im Unterbewußten jedoch oft verborgen und unterdrückt. Die Furcht vor den Konsequenzen einer Änderung kann dafür sorgen, daß sie unterdrückt bleiben. Außerdem werden viele Dinge als Fakten aufgefaßt statt als bloße Überzeugungen oder Meinungen. Damit Sie sich ungehindert und voll entwickeln können, müssen Sie Ihr Unterbewußtes besser kennenlernen. Haben Sie erst einmal einige Ihrer Überzeugungen identifiziert, können Sie beginnen, Ihrem Unterbewußten bewußt Veränderungen einzuspeisen. Bleiben Ihnen Ihre unterbewußten Überzeugungen hingegen unbekannt, neigen Sie dazu, nach »alten Mustern« zu funktionieren, statt der Lenker Ihres Schicksals zu sein.

In Ihrer Phantasie können Sie jetzt gewissermaßen unter Verwendung der neuesten Telefontechnik Ihr Unterbewußtes »gebührenfrei« direkt anrufen. Wenn Sie wollen, können Sie ihm einen Namen geben, vielleicht Ihren zweiten Vornamen. Von alten Zeiten an haben die Menschen Ideen und Energien mit Namen bedacht, um eine persönliche Beziehung zu ihnen herzustellen. Dr. Don Schuster schlägt vor, es »George« zu nennen, wie in dem Satz: »Laß George das tun.« Achten Sie darauf, daß der Name kein Gefühl des Getrenntseins entstehen läßt. Besonders nützlich ist ein Name für das Unterbewußte, wenn man es anweist, Informationen zu liefern und Veränderungen herbeizuführen, oder wenn man es lehrt, wie es Instruktionen ausführen soll.

Sie können Ihr Unterbewußtes jetzt sofort besser kennenlernen. Sie können Überzeugungsblockierungen identifizieren und abbauen, Quellen des inneren Geistes anzapfen, um Informationen zu erhalten, Probleme kreativ zu lösen und Antworten auf Fragen zu bekommen. Vielleicht möchten Sie Ihr Verhältnis zum Geld erforschen: Warum Sie ständig das Gefühl finanzieller Unsicherheit haben oder warum bei Ihnen Blockierungen bestehen, die eine Superkarriere verhindern. Vielleicht möchten Sie Probleme Ihrer Selbstachtung ergründen oder Fragen über Beziehungen stellen, über den Umgang mit einem schwierigen Chef oder Angehörigen. Vielleicht möchten Sie Ihre Gesundheit untersuchen: Warum Sie bestimmte Allergien oder einen schwachen Rücken haben. Vielleicht möchten Sie Ängste ausloten: Warum Sie sich davor fürchten, gegen Autoritäten zu opponieren oder Verantwortung zu übernehmen. Sie können bei jedem »Direktanruf« ein anderes Thema wählen.

Nehmen Sie eine bequeme Stellung ein. Schließen Sie die Augen, und richten Sie sie leicht nach oben. Atmen Sie langsam und tief durch die Nase. Holen Sie nun tief Luft, und spüren Sie, während Sie langsam ausatmen, wie eine Welle warmer Entspannung nach und nach von Ihren Zehen über Ihren ganzen Körper zum Kopf fließt.
Wenden Sie Ihr bevorzugtes Verfahren zur Entspannung an. Stellen Sie sich, wenn Sie vollkommen entspannt sind, lebhaft vor, daß Sie Ihr Unterbewußtsein anwählen. Hören Sie das Telefon tuten. Warten Sie darauf, daß am anderen Ende abgehoben wird.
Der erste Schritt zu einer deutlichen Zweiwegekommunikation besteht darin, sicherzustellen, daß Sie und Ihr Unterbewußtes auf der gleichen Wellenlänge liegen. Dies kann geschehen, indem Sie sich für einen Dialog entscheiden, der die unterbewußten Überzeugungen klarer zutage treten läßt. Beginnen Sie mit den folgenden vier Aussagen, wiederholen Sie jede langsam mehrere Male, und machen Sie dazwischen eine Pause, die Raum läßt für den Empfang Ihrer inneren Antwort:

1. Ich habe die Fähigkeit...
2. Ich verdiene es...
3. Ich habe den Wunsch...
4. Ich bin entschlossen...

Wiederholen Sie diese Aussagen, und ergänzen Sie sie mit Ihrem Thema. Ein Beispiel: »Ich habe die Fähigkeit, erfolgreich zu sein, ich verdiene es, erfolgreich zu sein, ich habe den Wunsch, erfolgreich zu sein, ich bin entschlossen, erfolgreich zu sein.« Andere Themen könnten die Gesundheit, die Selbstachtung, Beziehungen usw. betreffen. Sie können, wie gesagt, bei jedem Anruf ein anderes Thema wählen.

Die Antworten kommen gewöhnlich in Form von Worten, manchmal jedoch erfolgen auch physische Antworten, oder es erscheinen Bilder, entweder zusammen mit Worten oder auch allein. Positive Antworten (ermutigende Worte, gute Gefühle oder positive Bilder) bedeuten, daß Sie bei dem, was Sie tun wollen, von Ihrem Unterbewußten massiv unterstützt werden. Negative Antworten (Kritik, Einwände, ungute Gefühle, Muskelspannung, negative Bilder oder keine definierbare Antwort) bedeuten, daß Blockierungen bestehen, die Sie überwinden müssen. Erfolgt die Antwort in Worten, verstehen Sie die betroffenen spezifischen Überzeugungen natürlich besser.

Auch in Form eines Dialogs kann die Antwort kommen. Ebensooft teilt sich das Unterbewußte sehr gut durch Symbole mit, und zwar häufig besser als in Worten. Bitten Sie Ihr Unterbewußtes um ein Bild oder ein Symbol für die Angelegenheit, über die Sie Fragen haben. Das erste Bild, das auf der geistigen Bildtelefonsicht-Scheibe erscheint, so bizarr oder abwegig es auch anmuten mag, ist eine symbolische Botschaft, die besagt, wie Ihr Unterbewußtes zu der Situation steht. Es ist an Ihnen, die Symbole zu deuten. Bitten Sie Ihr Unterbewußtes, wenn das erste Symbol nicht verständlich ist, Ihnen ein weiteres Bild zu liefern. Machen Sie eine Pause, und denken Sie über die Weisheit nach, die aus Ihrem Unterbewußten aufsteigt.

Stehen Sie mit Ihrem Unterbewußten erst einmal in klarer Verbindung, können Sie die Direktwahlübung anwenden, um eine Quelle vollkommener Informationen über Ihre Person zu erhalten – Informationen, die Ihnen die Möglichkeit geben, Fragen zu stellen oder Probleme zu lösen. Schildern Sie Ihr Problem, oder stellen Sie eine Frage. Geben Sie bei der Darlegung der Situation möglichst viele Details an. Bemühen Sie sich um Objektivität. Sie sind mit einer objektiven Aktion befaßt, nämlich der Schaffung eines Szenarios, in dem Sie nicht subjektiv engagiert sind. Folglich können Sie unbeteiligt bleiben und darum alles schärfer wahrnehmen. Wahren Sie emotionale Distanz, um eine Neuschaffung alter Ängste und negativer Gefühle zu vermeiden. Vergessen Sie nicht, Sie führen ein »Ferngespräch« über eine Leitung, die Hilfe vermittelt. Denken Sie über das Problem oder den Bereich Ihres Lebens nach, über das oder den Sie mehr wissen wollen.

Bekommen Sie bei dem Direktwahlanruf keine Antwort, sprechen Sie auf den Anrufbeantworter und hinterlassen Ihre Nachricht. Seien Sie überzeugt, daß sich Ihr Unterbewußtes so bald wie möglich mit einer angemessenen Antwort bei Ihnen melden wird. Die Antwort kann während des Schlafs in Form eines Traums kommen oder als plötzliche Inspiration bzw. Idee im Lauf des Tages.

Lassen Sie die imaginierte Szene aus Ihrer Phantasie verschwinden. Kehren Sie langsam in Ihre normale Umgebung und in ein bewußteres Selbst zurück. Öffnen Sie die Augen. Machen Sie mehrere tiefe Atemzüge. Strecken Sie sich, und fühlen Sie sich gekräftigt und ausgeruht.

Videos von Ihrem geistigen Zentrum

Diese Übung hilft Ihnen, Ihren Tag kritisch zu überprüfen und Ereignisse, bei denen Sie das Ergebnis gern anders hätten, zurechtzurücken oder zu korrigieren. Es handelt sich hier um eine Methode, die viele Sportler zur Verbesserung ihrer Leistung anwenden.

Nehmen Sie eine bequeme Stellung ein. Schließen Sie die Augen, und richten Sie sie leicht nach oben. Atmen Sie langsam und tief durch die Nase. Holen Sie nun tief Luft, und spüren Sie, während Sie langsam ausatmen, wie eine Welle warmer Entspannung nach und nach von Ihren Zehen über Ihren ganzen Körper zum Kopf fließt. Wenden Sie Ihr bevorzugtes Verfahren zur Entspannung an. Stellen Sie sich, wenn Sie vollkommen entspannt sind, lebhaft vor, daß Sie bequem vor Ihrem Fernseher und Ihrem Videogerät sitzen. In der Hand halten Sie eine Videokassette mit dem Titel: »Kaleidoskop der Farben«. Legen Sie die Kassette in Ihr Gerät ein. Schalten Sie den Fernseher an. Es ist der Bildschirm Ihres persönlichen Lebens. Er kann dazu benutzt werden, Vergangenheit, Gegenwart und Zukunft prüfend zu betrachten. Bedient wird er mittels einer imaginären Fernbedienung, die es ermöglicht, Ereignisse zu programmieren und aufzuzeichnen, zu speichern, zu löschen, Daten auszudrucken und zu ändern. Das Gerät ist so konstruiert, daß es Flexibilität in Ihre Fingerspitzen bringt. Stellen Sie die »Focus«-Taste so ein, daß die Wörter groß und deutlich werden. Wenn sie scharf sind, drücken Sie »Fade«, worauf die Wörter vom Bildschirm verschwinden und nur in der Mitte ein kleiner roter Kreis verbleibt.

Holen Sie tief Luft, beobachten Sie, während Sie langsam einatmen, wie der rote Kreis sich ausweitet und den ganzen Bildschirm mit leuchtendem rotem Licht bedeckt. Nehmen Sie, während Sie kurz den Atem anhalten, die Farbe in sich auf. Beobachten Sie beim Ausatmen, wie der rote Kreis schrumpft, bis er in der Mitte des Bildschirms verschwindet und durch einen kleinen orangefarbenen Kreis ersetzt wird.

Beobachten Sie, während Sie langsam einatmen, wie sich der orangefarbene Kreis ausweitet und den Bildschirm mit hellem, orangefarbenem Licht füllt. Nehmen Sie, während Sie kurz den Atem anhalten, die Farbe in sich auf. Beobachten Sie beim Ausatmen, wie der orangefarbene Kreis schrumpft, bis er in der Mitte des Bildschirms verschwindet und durch einen kleinen gelben Kreis ersetzt wird.

Beobachten Sie, während Sie langsam einatmen, wie sich der gelbe Keis ausweitet und den Bildschirm mit goldgelbem Licht überflutet. Nehmen Sie, während Sie kurz den Atem anhalten, die Farbe in sich auf. Beobachten Sie beim Ausatmen, wie der gelbe Kreis schrumpft, bis er in der Mitte des Bildschirms verschwindet und durch einen kleinen grünen Kreis ersetzt wird.

Beobachten Sie, während Sie langsam einatmen, wie sich der grüne Kreis ausweitet und den Bildschirm mit leuchtend smaragdgrünem Licht sättigt. Nehmen Sie, während Sie kurz den Atem anhalten, die Farbe in sich auf. Beobachten Sie beim Ausatmen, wie der grüne Kreis schrumpft, bis er in der Mitte des Bildschirms verschwindet und durch einen kleinen blauen Kreis ersetzt wird.

Beobachten Sie, während Sie langsam einatmen, wie sich der blaue Kreis ausweitet und den Bildschirm mit klarem blauem Licht füllt. Nehmen Sie, während Sie kurz den Atem anhalten, die Farbe in sich auf. Beobachten Sie beim Ausatmen, wie der blaue Kreis schrumpft, bis er in der Mitte des Bildschirms verschwindet und durch einen kleinen purpurfarbenen Kreis ersetzt wird.

Beobachten Sie, während Sie langsam einatmen, wie sich der purpurfarbene Kreis ausweitet und den Bildschirm in tiefem, sattem Purpur badet. Nehmen Sie, während Sie kurz den Atem anhalten, die Farbe in sich auf. Beobachten Sie beim Ausatmen, wie der purpurfarbene Kreis schrumpft, bis er in der Mitte des Bildschirms verschwindet und durch einen kleinen violett-rosafarbenen Kreis ersetzt wird.

Beobachten Sie, während Sie langsam einatmen, wie sich der violettrosafarbene Kreis ausweitet und den Bildschirm mit heilenden rosafarbenen Strahlen erleuchtet. Nehmen Sie, während Sie kurz den Atem anhalten, die Farbe in sich auf. Atmen Sie aus, während der violett-rosafarbene Kreis vom Bildschirm verschwindet. Sie sind jetzt entspannt und befinden sich auf einer tieferen und bedeutsameren Seinsebene.

Stellen Sie sich vor, daß Sie Ihren Tag auf Ihrem geistigen Camcorder aufgenommen haben.

Nehmen Sie das vorherige Videoband aus dem Gerät, und legen Sie die Kassette mit dem Etikett: »Ein Tag in meinem Leben« ein. Drücken Sie »Play«, und beginnen Sie damit, Ihren Tag in einer distanzierten, objektiven Weise zu überprüfen. Wenn Sie feststellen, daß Sie eine Situation gut gemeistert haben, verstärken Sie den Eindruck durch Selbstlob.

Wenn Sie ein Ereignis beobachten, bei dem andere Ihnen geholfen und Unterstützung angeboten haben, nehmen Sie sich einen Augenblick Zeit, um Dankbarkeit zu empfinden.

Sofern Sie ein Ereignis beobachten, das Sie als negativ empfinden, drücken Sie die »Pause«-Taste. Studieren Sie diesen in der Zeit erstarrten Moment. Versuchen Sie die gesamte Situation zu sehen, indem Sie über Ihre erste Reaktion hinausgehen und die Situation mit Verständnis für Ihre positiven sowie ihre negativen Aspekte betrachten. Denken Sie daran: Für jedes Problem gibt es in Ihrem Unterbewußten eine Lösung, die darauf wartet, aufgespürt zu werden.

Falls Sie zuließen, daß Worte oder Handlungen einer anderen Person Sie verletzten oder erzürnten, verzeihen Sie der Person, und befreien Sie sich von diesen kräftezehrenden Gefühlen des Grams.

Falls Ihre Worte oder Handlungen dazu beitrugen, daß andere Personen oder Sie selbst sich unbehaglich fühlten, verzeihen Sie sich, und befreien Sie sich von Schuldgefühlen und Gewissensbissen.

Tilgen Sie alle Gefühle der Selbstkritik und Selbstverurteilung sowie der Kritik und Verurteilung anderer Personen.

Wenn Sie bei den Aktivitäten des überprüften Tages in Ihrem Leben Fehler gemacht haben, sei es im Beruf, beim Sport oder an der häuslichen Front, akzeptieren Sie sie als wertvolle Lernerfahrungen, nehmen Sie sie als korrigiert wahr, und gehen Sie weiter. Falls es Ihnen nützlich erscheint, können Sie irgendeinen Teil Ihres Videobandes zurückspulen, um sich Informationen zu sichern oder Faktoren noch einmal anzusehen, die zu dem Problem beigetragen haben.

Immer wenn Sie auf dem Videoband eines Tages in Ihrem Leben Änderungen vornehmen wollen, halten Sie einfach das Band an und visualisieren eine Aktion oder einen Dialog entsprechend Ihrem Wunsch, danach auch das Ergebnis. Anschließend drücken Sie »Play« und machen weiter.

Lassen Sie, wenn Sie fertig sind, diese Szene aus Ihrer Phantasie verschwinden. Kehren Sie langsam in Ihre normale Umgebung und in ein bewußteres Selbst zurück. Öffnen Sie die Augen. Machen Sie mehrere tiefe Atemzüge. Strecken Sie sich, und fühlen Sie sich gekräftigt und ausgeruht.

Beseitigung einer Innenweltverschmutzung

Die Reinigung Ihrer *Innenwelt* gibt Ihnen eine zweite Chance in der Vergangenheit. Die Neutralisation einer durch festsitzende alte Erinnerungen verursachten inneren Toxizität setzt neue Energie frei, fördert die Gesundheit und hilft Ihnen, die Dinge klarer zu sehen. Das Mitschleppen von Erinnerungen an Vorkommnisse, die Sie extrem ärgerten, kann die Gefahr einer Herzkrankheit vergrößern. Studien, die Dr. C. Barr Taylor an der Stanford-Universität durchführte, zeigten auf, daß Erinnerungen an Ärger den Blutdruck in die Höhe jagten und die Pumpaktion des Herzens beeinträchtigten. Weitere Studien offenbarten eine Verbindung zwischen Arthritis sowie einigen anderen Krankheiten und lange andauerndem Ärger.

Weil Sie quasi ein Zeitreisender sind, haben Sie die Chance, angestaute alte Erinnerungen an Groll, Schuld, Angst, Tadel, Enttäuschung oder Feindseligkeit zu tilgen. Viele Menschen berichten eine Linderung physischer Probleme nach der Beseitigung toxischer Erinnerungen. Sind einige der Erinnerungen, die Vater, Mutter, einen Ehepartner oder eine andere wichtige Person betreffen, sehr tief verwurzelt, können mehrere Erinnerungssitzungen erforderlich sein, bis man eine spürbare Linderung oder gar völlige Befreiung erlebt. Je tiefer die Verletzung ist, desto länger dauert es, bis sie an die

Oberfläche kommt und verschwindet. Erinnerungen, die einen verfolgen oder die ständig wiederkehren, verlangen danach, überprüft und freigesetzt zu werden. Was das »innere Wetter« anbelangt, sind *Sie* der Wettermacher. Sie haben die Macht, die Wolken zu verjagen und die Sonne nach innen scheinen zu lassen.

Schalten Sie Ihr Tonbandgerät mit langsamer Superlearning-Musik oder anderer Visualisierungsmusik ein.
Nehmen Sie eine bequeme Stellung ein. Schließen Sie die Augen, und richten Sie sie leicht nach oben. Atmen Sie langsam und tief durch die Nase. Holen Sie nun tief Luft, und spüren Sie, während Sie langsam ausatmen, wie eine Welle warmer Entspannung nach und nach von Ihren Zehen über Ihren ganzen Körper zum Kopf fließt.
Wenden Sie Ihr bevorzugtes Verfahren zur Entspannung an. Stellen Sie sich, wenn Sie vollkommen entspannt sind, lebhaft vor, daß Sie bequem vor Ihrem Fernseher und Ihrem Videogerät sitzen. Drehen Sie langsam die Lichter dunkler, bis die einzigen Gegenstände, die Sie in Ihrer sicheren, vertrauten Umgebung bewußt wahrnehmen, der Fernsehbildschirm, ein Regal mit der Videoserie über Ihr »Persönliches Leben« und die warme Glut in einem Kamin sind. Nehmen Sie sich einen Moment Zeit, um den Kamin zu betrachten. Beachten Sie die gleichmäßige, rhythmische Bewegung der langsam brennenden Flammen. Genießen Sie den würzigen Geruch des Holzes. Spüren Sie die sanfte Wärme, die von der milden, orangegoldenen Glut ausgeht. Im Raum ist es still. Sie haben ein Gefühl vollkommener Abgeschiedenheit und tiefen inneren Friedens.
Holen Sie aus dem imaginären Regal Ihrer Videokassetten eine, auf deren Etikett steht: »Kaleidoskop der Farben«. Legen Sie die Kassette in Ihr Gerät ein. Schalten Sie den Fernseher an. Es ist wieder der Bildschirm Ihres persönlichen Lebens, der dazu benutzt werden kann, die Vergangenheit zu betrachten. Stellen Sie mit der Fernbedienung, die Sie in der Hand halten, die »Focus«-Taste so ein, daß die Wörter groß und deutlich werden. Wenn sie scharf sind, drücken Sie »Fade«, woraufhin die Wörter vom Bildschirm verschwinden und nur in der Mitte ein kleiner roter Kreis verbleibt.
Holen Sie tief Luft, beobachten Sie, während Sie langsam einat-

men, wie der rote Kreis sich ausweitet und den ganzen Bildschirm mit leuchtendem rotem Licht bedeckt. Nehmen Sie, während Sie kurz den Atem anhalten, die Farbe in sich auf. Beobachten Sie beim Ausatmen, wie der rote Kreis schrumpft, bis er in der Mitte des Bildschirms verschwindet und durch einen kleinen orangefarbenen Kreis ersetzt wird.

Beobachten Sie, während Sie langsam einatmen, wie sich der orangefarbene Kreis ausweitet und den Bildschirm mit hellem orangefarbenem Licht füllt. Nehmen Sie, während Sie kurz den Atem anhalten, die Farbe in sich auf. Beobachten Sie beim Ausatmen, wie der orangefarbene Kreis schrumpft, bis er in der Mitte des Bildschirms verschwindet und durch einen kleinen gelben Kreis ersetzt wird.

Beobachten Sie, während Sie langsam einatmen, wie sich der gelbe Kreis ausweitet und den Bildschirm mit goldgelbem Licht überflutet. Nehmen Sie, während Sie kurz den Atem anhalten, die Farbe in sich auf. Beobachten Sie beim Ausatmen, wie der gelbe Kreis schrumpft, bis er in der Mitte des Bildschirms verschwindet und durch einen kleinen grünen Kreis ersetzt wird.

Beobachten Sie, während Sie langsam einatmen, wie sich der grüne Kreis ausweitet und den Bildschirm mit leuchtend smaragdgrünem Licht sättigt. Nehmen Sie, während Sie kurz den Atem anhalten, die Farbe in sich auf. Beobachten Sie beim Ausatmen, wie der grüne Kreis schrumpft, bis er in der Mitte des Bildschirms verschwindet und durch einen kleinen blauen Kreis ersetzt wird.

Beobachten Sie, während Sie langsam einatmen, wie sich der blaue Kreis ausweitet und den Bildschirm mit klarem blauem Licht füllt. Nehmen Sie, während Sie kurz den Atem anhalten, die Farbe in sich auf. Beobachten Sie beim Ausatmen, wie der blaue Kreis schrumpft, bis er in der Mitte des Bildschirms verschwindet und durch einen kleinen purpurfarbenen Kreis ersetzt wird.

Beobachten Sie, während Sie langsam einatmen, wie sich der purpurfarbene Kreis ausweitet und den Bildschirm in tiefem, sattem Purpur badet. Nehmen Sie, während Sie kurz den Atem anhalten, die Farbe in sich auf. Beobachten Sie beim Ausatmen, wie der purpurfarbene Kreis schrumpft, bis er in der Mitte des Bildschirms verschwindet und durch einen kleinen violett-rosafarbenen Kreis ersetzt wird.

Beobachten Sie, während Sie langsam einatmen, wie sich der violett-rosafarbene Kreis ausweitet und den Bildschirm mit heilenden rosafarbenen Strahlen erleuchtet. Nehmen Sie, während Sie kurz den Atem anhalten, die Farbe in sich auf. Atmen Sie aus, während der violett-rosafarbene Kreis vom Bildschirm verschwindet. Sie sind jetzt entspannt und befinden sich auf einer tiefen und bedeutsamen Seinsebene.
Nun sind Sie bereit, Ihre Reise auf der Fahrbahn der Erinnerungen zu machen. Nehmen Sie das bisherige Videoband aus Ihrem mentalen Videogerät. Wählen Sie aus Ihrer Kassettenbibliothek ein Band aus der Abteilung »ungelöste Erinnerungen«, und legen Sie es in Ihr mentales Gerät ein. Sie können ganz bewußt eine Erinnerung wählen, die Sie kritisch überprüfen möchten, oder auch Ihr Unterbewußtes auffordern, für Sie eine Erinnerung zu wählen. Drücken Sie »Play«, und beobachten Sie, wie Ihre Erinnerung auf dem Bildschirm erscheint.
Fragen Sie Ihr Unterbewußtes, warum diese Erinnerung gewählt worden ist. Hat eine gegenwärtige Situation oder Bedingung, die Ihr emotionales oder physisches Wohlbefinden beeinflußt, sie ausgelöst? Überprüfen Sie diese Erinnerung in einer distanzierten, objektiven Weise. Rufen Sie sich möglichst viele Einzelheiten ins Gedächtnis zurück, und setzen Sie dabei alle Ihre Sinne ein. Beobachten Sie die physische Umgebung dieser Erinnerung. *Wo* fand sie statt? Stellen Sie sie in einen Zeitrahmen. *Wann* fand sie statt? Vor wie langer Zeit? Wie alt waren Sie? Welche Jahreszeit war gerade? Sehen Sie die Erinnerungen in Technicolor. Welche Farben fallen in der Szenerie auf? Waren Sie drinnen oder draußen? Was hatten Sie an? Wer war sonst noch anwesend? Wie sahen diese Personen aus? Achten Sie darauf, ob mit der Erinnerung ein bestimmter Duft oder Geruch, ein bestimmtes Aroma verknüpft ist. Ist mit der Erinnerung ein vertrauter Klang, ein Geräusch, ein Lied, eine spezifische Musik oder eine bestimmte Melodie verbunden?
Welche Emotionen waren beteiligt? Wie fühlten Sie sich? Empfanden Sie Verlegenheit, Scham, Schuldgefühle, Enttäuschung, Wut? Wie wirkten sich diese Gefühle auf Sie oder andere Beteiligte aus? Welche Emotionen wurden von dem oder den anderen Beteiligten zum Ausdruck gebracht? Nehmen Sie sich einen Moment Zeit, und wenden Sie Ihre Aufmerksamkeit nach innen. Wel-

che Gefühle haben Sie jetzt im Hinblick auf das Geschehnis? Sind Ihre Emotionen wieder die gleichen oder haben sie sich geändert? Sind sie so stark wie seinerzeit oder hat die Zeit sie abgeschwächt? Nehmen Sie das Geschehnis genauso wahr wie seinerzeit oder haben Zeit und Reife neue Erkenntnisse gebracht? Überprüfen Sie Ihren Körper. Haben Sie als Folge des Geschehnisses noch irgendwelche verbliebenen Verspannungen?

Durchforschen Sie Ihr Gedächtnis nach weiteren Informationen. Gehen Sie in der Zeit zurück, und holen Sie Daten oder vergangene Ereignisse hervor, die zu dieser Erinnerung führten und vielleicht zum Verständnis der Situation beitragen. Studieren Sie diesen in der Zeit erstarrten Augenblick. Versuchen Sie die gesamte Situation zu sehen, indem Sie über Ihre erste Reaktion hinausgehen und sie mit Verständnis für ihre positiven sowie ihre negativen Aspekte betrachten.

Sofern Sie eine Erinnerung überprüfen, in der Ihre Worte oder Taten einer anderen Person Schmerz zufügten oder Unbehagen bereiteten und Sie deswegen Gewissensbisse oder Schuldgefühle haben, stellen Sie sich vor, daß Sie mit der betreffenden Person sprechen. Sagen Sie ihr ruhig und offen, wie Sie sich damals fühlten und warum Sie so reagierten. Sehen Sie die betreffende Person, wie sie aufmerksam zuhört und Ihre Erklärungen versteht. Sagen Sie der anderen Person, daß es Ihnen leid tut, ihr Unbehagen bereitet zu haben. Sehen Sie die Reaktion der anderen Person auf Ihre aufrichtigen Worte. Sehen Sie sie lächeln, und erwidern Sie das Lächeln. Spüren Sie ein Band gegenseitiger Achtung zwischen Ihnen beiden. Hören Sie die andere Person sagen, daß Sie Ihre Entschuldigung annimmt und Ihnen verzeiht. Verzeihen Sie nun sich selbst, und befreien Sie sich von diesem kräftezehrenden Gefühl.

Falls Sie eine Erinnerung überprüfen, in der Worte oder Taten einer anderen Person oder anderer Personen bei Ihnen Gefühle wie Verletztheit, Zorn, Groll oder Verlangen nach Rache auslösten, geben Sie der anderen Person Gelegenheit, zu erklären, wie sie sich damals fühlte und warum sie damals so reagierte. Hören Sie, wie sich die andere Person für das Mißbehagen, das sie Ihnen bereitete, entschuldigt und um Verzeihung bittet. Empfinden Sie ein Gefühl des Mitleids für diese Person. Nehmen Sie ihre Entschuldigung an, verzeihen Sie ihr und wünschen Sie ihr alles Gute.

Lächeln Sie die Person an, und sehen Sie, wie sie Ihr Lächeln erwidert. Erkennen Sie, daß das Tadeln anderer wegen irgendeines Geschehnisses Ihnen nur Kräfte raubt. Empfinden Sie Erleichterung, während Sie alle diese kräftezehrenden Gefühle freigeben und sie durch Liebe und Akzeptanz ersetzen.

Vielleicht wollen Sie eine Erinnerung überprüfen, in der die Worte oder Taten anderer Sie verlegen machten oder demütigten. Es könnte sich um ein Vorkommnis handeln, wo jemand Sie auslachte und verspottete, obwohl Sie Ihr Bestes gaben. Ersetzen Sie das Gelächter durch beifälliges Lächeln. Sehen Sie die Person, wie sie Ihre Bemühungen mit Freude quittiert und Ihnen gratuliert. Ihre Verlegenheit oder Verletztheit löst sich auf, und Sie werden von einem Gefühl des Stolzes erfüllt. Falls Sie eine Erinnerung überprüfen, in der Ihre Worte oder Taten andere demütigten, stellen Sie sich vor, daß die anderen Ihnen verzeihen.

Empfinden Sie inneren Frieden oder Erleichterung, während Sie sich selbst verzeihen.

Vielleicht wollen Sie eine Erinnerung überprüfen, in der Sie eine Stellung verloren oder finanzielle Verluste erlitten, und zwar als Folge von Umständen, die nach Ihrer Wahrnehmung außerhalb Ihrer Kontrolle lagen – eine Erinnerung, die in Ihnen Gefühle der Enttäuschung, Bitterkeit, Machtlosigkeit, Wertlosigkeit und Angst sowie auch des Verrats hinterließen.

Stellen Sie sich vor, daß Sie mit Ihrem einstigen Arbeitgeber oder Vorgesetzten sprechen. Danken Sie dem Betreffenden dafür, daß er Sie von der Verpflichtung befreite, für diese Firma zu arbeiten, und Ihnen die Gelegenheit eröffnete, vorwärtszukommen, auf eine bessere, kreativere und lohnendere Berufserfahrung zuzugehen. Hören Sie, wie der Betreffende seine Anerkennung für Ihre wertvollen Dienste zum Ausdruck bringt und Ihnen alles Gute wünscht. Hören Sie, wie Ihr einstiger Arbeitgeber sich entschuldigt für den Schmerz und das Unbehagen, das er Ihnen zufügte, sowie für die mit der Veränderung verbundenen Unannehmlichkeiten. Verzeihen Sie Ihrem Arbeitgeber oder der an Ihrem finanziellen Verlust beteiligten Person, und geben Sie ihn bzw. sie frei. Vergeben Sie sich selbst, und befreien Sie sich. Empfinden Sie tiefe Erleichterung. Spüren Sie das Aufsteigen von Erregung, Begeisterung und neuem Optimismus, während Sie Ihre positive neue Zukunft vorausempfinden.

Sehen Sie, wenn Ihre Erinnerungsüberprüfung abgeschlossen ist, in der Mitte des Bildschirms einen kleinen rosaroten Fleck erscheinen, der sich langsam ausdehnt. Stellen Sie sich vor, daß Ihre Erinnerung sich in einer Spirale aus rosa Farbe auflöst, bis der ganze Bildschirm mit reinem rosarotem Licht übergossen ist. Spüren Sie, wie diese rosarote Glut vom Bildschirm in Ihr Zimmer strahlt, Sie umgibt und mit ihrer heilenden Energie einhüllt. Nehmen Sie die Videokassette aus Ihrem mentalen Videogerät. Lassen Sie das Video mit seiner negativen Erinnerung vorsichtig in das Kaminfeuer fallen. Sehen Sie, wie es schmilzt, in der Flammenglut schrumpft und langsam zu Asche zerfällt. Sehen Sie es mit einem »puff« im Kamin verschwinden.

Falls Sie sich von Ihrer geistigen Erinnerungsaufarbeitung ein wenig müde fühlen, wählen Sie in Ihrer Videobibliothek eine Kassette aus der Serie »Schönste Lebenserinnerungen«, und legen Sie sie in Ihr mentales Videogerät. Drücken Sie »Play«. Beleben und stärken Sie sich, indem Sie einen der schönsten Momente Ihres Lebens genießen. Lassen Sie, wenn Sie fertig sind, diese Szene aus Ihrer Phantasie verschwinden. Kehren Sie langsam in Ihre normale Umgebung und in ein bewußteres Selbst zurück. Öffnen Sie die Augen. Machen Sie mehrere tiefe Atemzüge. Strecken Sie sich, und fühlen Sie sich gekräftigt und ausgeruht.

Das mögliche Ich... JETZT

Diese Übung hilft, Erinnerungen von Ihrem »zukünftigen Sie« zu erschaffen. Die Methode half schon unzähligen Sportlern, Spitzenleistungen zu erzielen und Medaillen zu gewinnen. Und sie half Menschen, neue Fähigkeiten aufzubauen. Sie kann Ihnen helfen, ein Bild von sich selbst als erfolgreichem, glücklichem, gesundem Menschen mit hoher Selbstachtung zu erzeugen.

Nehmen Sie eine bequeme Stellung ein. Schließen Sie die Augen, und richten Sie sie leicht nach oben. Atmen Sie langsam und tief durch die Nase. Holen Sie nun tief Luft, und spüren Sie, während Sie langsam ausatmen, wie eine Welle warmer Entspannung nach und nach von Ihren Zehen über Ihren ganzen Körper zum Kopf fließt.

Wenden Sie Ihr bevorzugtes Verfahren zur Entspannung an. Stellen Sie sich, wenn Sie vollkommen entspannt sind, lebhaft vor, Sie seien an einem Naturschauplatz – in einem prächtigen Wald, Park oder Garten –, umgeben von der ganzen Schönheit der Natur. Erkennen Sie, daß es sich um Ihre innere natürliche Umgebung handelt, einen vertrauten Ort, an dem Sie sich sehr wohl, vollkommen sicher und geschützt fühlen. Es ist ein Ort, an dem ideale Wachstumsbedingungen herrschen. Dort gibt es einen Pfad oder Weg, auf dem Sie sich fortbewegen und der sich weit in die Ferne erstreckt, weiter als das Auge reicht. Es ist die Bahn Ihrer Lebensreise.

Sehen Sie sich auf diesem Weg stehen, mitten in einem großen Lichtkreis. Visualisieren Sie, daß Sie auf diesem Weg vorwärtsgehen, geführt von dem Kreis aus Licht, das Sie einhüllt und den Weg vor Ihnen beleuchtet. Ihr Bewußtsein weitet sich aus, setzt ganz natürlich alle Ihre Sinne ein und ermöglicht es Ihnen, alles rund um Sie mit genauen Einzelheiten zu visualisieren und alles mit einem Gefühl vollkommener Geschütztheit zu erleben.

Der Himmel ist klar und blau, die Luft sauber und rein, die Pflanzenwelt grün und üppig. Sie spüren die kühle Liebkosung der Brise und die sanfte Wärme der Sonnenstrahlen, die durchs Geäst der Bäume sickern. Sie sind sich der Farben, Gerüche und Klänge in Ihrer Umgebung bewußt. Die Blumen, Bäume, das Bachgeplätscher und Vogelgezwitscher, alles, was Sie sehen und hören, erfüllt Sie mit Freude. Stellen Sie sich jetzt vor, daß sich auf dem Weg vor Ihnen eine Person befindet, die dort geht, wo Sie noch nicht gegangen sind, die sieht, was Sie erst noch sehen werden, und erlebt, was Sie erst noch erleben werden.

Von dieser Person trennt Sie ein Wasserlauf. Als Sie sich ihm nähern, gewahren Sie einen Steg, der über das Wasser führt. Es ist ein solides, robustes Brückchen. Sie schreiten voll Sicherheit vorwärts. Ihnen ist der natürliche Rhythmus und der Einklang Ihrer Schritte mit Ihrer Atmung bewußt. Mit jedem Vorwärtsschritt erlangen Sie mehr Mut, Weisheit, Wissen, Selbstvertrauen, Kraft, Klarheit, Toleranz und Empathie, also die Fähigkeit, sich in andere hineinzuversetzen.

Mitten auf der Brücke treffen Sie die Person, die Sie auf dem Weg sahen. Halten Sie inne, und registrieren Sie möglichst viel an dieser Person. Beachten Sie, daß die Person in guter körperlicher

Verfassung ist und das ideale Gewicht hat, gesund und in jeder Weise attraktiv wirkt. Spüren Sie, daß die Person geistig wach, entwickelt, produktiv, voll Energie, stark und heiter ist – alles, was Sie gern sein möchten. Diese Person ist Ihr zukünftiges Selbst!

Sprechen Sie mit der Person. Führen Sie ein inneres Gespräch mit ihr. Lassen Sie sich von ihr raten, wie Sie alle gewünschten Eigenschaften erlangen können. Seien Sie sich klar darüber, daß diese Person in jeder Hinsicht mit Ihnen zusammenarbeiten wird, um Ihnen zu helfen, etwaige Probleme zu lösen und Herausforderungen zu meistern, daß sie Ihnen alle nötigen Informationen sowie jedwede erforderliche Führung und Unterstützung geben wird. Die Person wird als Ihr Ratgeber und Ihr zuverlässiger Führer in die Zukunft bei Ihnen bleiben. Sie können die Person jederzeit, wann Sie es wünschen, auf der imaginären Brücke wiedertreffen.

Stellen Sie sich vor, daß Sie und Ihr zukünftiges Selbst über das Brückengeländer ins Wasser blicken. Studieren Sie die Spiegelbilder, die auf dem kristallklaren Wasser zu sehen sind. Beachten Sie, daß die beiden Spiegelbilder, während Sie Ihre Aufmerksamkeit darauf konzentrieren, zu einem verschmelzen.

Halten Sie einen Augenblick inne, um diese Aspekte Ihres zukünftigen und Ihres gegenwärtigen Selbst zu integrieren und zu verinnerlichen. Gehen Sie dann weiter, über die Brücke, und setzten Sie Ihren Lebensweg mit einem sicheren Gefühl für die Richtung fort. Lassen Sie Spannung, Besorgnis, Schuld, Angst, Bangigkeit, Groll und alle anderen unerwünschten Gefühle, die Ihre Kräfte aufzehren, hinter sich.

Fühlen Sie sich zentriert und ruhig, gut vorbereitet, um voll innerem Wohlgefühl in Ihre Zukunft zu gehen.

Lassen Sie, wenn Sie fertig sind, diese Szene aus Ihrer Phantasie verschwinden. Kehren Sie langsam in Ihre normale Umgebung und in ein bewußtes Selbst zurück. Öffnen Sie die Augen. Machen Sie mehrere tiefe Atemzüge. Strecken Sie sich, und fühlen Sie sich gekräftigt und ausgeruht.

Geistes-Designs: ein Konzentrationsmuster

Diese Übung steigert die Konzentrationsfähigkeit und unterstützt die Entwicklung der Visualisierungsfertigkeit, denn sie überträgt äußere Muster auf das Auge Ihres inneren Geistes.

Falls Sie diese spezielle Geisteskonstruktion für eine Konzentrationsübung oder für die nachstehende Übung verwenden, muß sie mit Schall »geladen« werden, um wirksam zu sein. Laden kann man dieses Prosperitätsmuster, indem man das Wort »Aum« spricht, während man es betrachtet oder es sich visuell vorstellt.

Befestigen Sie das obige Muster an einer Wand. Es ist ein Lebensglücksmuster, das aus altindischen Schriften stammt. Wenn Sie Ihre innere Aufmerksamkeit darauf konzentrieren, führt es einen auf Lebensglück konzentrierten Bewußtseinszustand herbei. Während sich Ihre Konzentration steigert, werden kreative Ideen an die Oberfläche steigen, die Ihnen helfen, Ihre erstrebten Ziele zu verwirklichen.

1. Setzen Sie sich in etwa einem Meter Entfernung von dem Muster auf einen Stuhl.
2. Versetzen Sie sich mit Ihrem bevorzugten Verfahren in einen entspannten Zustand.
3. Schließen Sie die Augen, und stellen Sie sich im Geiste eine schwarze Projektionswand vor.
4. Betrachten Sie das Prosperitätsmuster. Blicken Sie es zwei Minuten lang an.

5. Bewegen Sie die Augen auf die Wand zu, und blicken Sie auf das Nachbild des Projektionsmusters.
6. Schließen Sie die Augen, und versuchen Sie das Muster auf Ihrer geistigen Projektionswand zu sehen.

Ähnliche Übungen zur Stärkung der Konzentration und zur Entwicklung einer fotografischen Erinnerung können mit anderen geometrischen Mustern durchgeführt werden, mit einem Stern, Quadrat oder Kreis. Schneiden Sie sich die Figuren aus weißem Karton aus, und befestigen Sie sie auf schwarzem Posterkarton von etwa 38 Zentimetern im Quadrat.

Nehmen Sie eine bequeme Stellung ein. Schließen Sie die Augen. Machen Sie einige langsame, tiefe, gleichmäßige Atemzüge. Spüren Sie, wie eine Welle der Entspannung über Sie hinwegrollt, vom Kopf bis zu den Zehen, und alle Sorgen und Spannungen abwäscht, so daß Sie sich physisch entspannt sowie geistig ruhig, klar und wach fühlen.
Stellen Sie sich vor, daß Sie auf einer ruhigen, von Bäumen gesäumten Straße gehen oder auf einem Weg in einem schönen Park oder Garten. Machen Sie sich den natürlichen Rhythmus und den Einklang Ihrer Körperbewegungen und Ihres Atems bewußt. Genießen Sie während des Dahinschlenderns alle die angenehmen Farben, Anblicke, Gerüche und Klänge der Natur. Besonders angezogen wird Ihre Aufmerksamkeit von einem buschigen Schattenbaum mit dichtem Blattwerk. Das Laub ist so dicht, daß sich die Zweige unter seinem Gewicht anmutig nach unten biegen, zum Boden hin.
Beachten Sie, daß die Sonnenstrahlen, die sich über die Blätter ergießen, diese mit schimmernder goldener Farbe überziehen. Als Sie sich dem ungewöhnlich schönen Baum nähern, gewahren Sie, daß die Zweige nicht von den Blättern nach unten gezogen werden, sondern von Goldmünzen. Sie treten nahe an den Baum heran und greifen nach den Münzen. Alle befinden sich in Ihrer Reichweite. Sie pflücken eine Münze ab. Sie schauen genauer hin. Jede Münze trägt ein deutliches eingraviertes Lebensglücksmuster. Sie streichen mit dem Finger über das eingravierte Muster, spüren seine Energie. Pflücken Sie nun weitere Münzen. Auch diese werden, wie die erste, sofort durch neue ersetzt. Gleichgül-

tig wie viele Münzen Sie von dem Glücksbaum pflücken, es erscheinen sofort neue. Ein unendlicher Vorrat an goldenen Gelegenheiten umgibt Sie. Je mehr Sie davon an sich nehmen, desto mehr werden für Sie verfügbar.

Wenden Sie sich nun um, gehen Sie langsam von dem Baum weg, in dem Wissen, daß dieser immerblühende Baum endlose Gelegenheiten für Sie bereithält. Sie können jederzeit zu ihm zurückkehren. Machen Sie, während Sie langsam weggehen, mehrere tiefe Atemzüge. Spüren Sie die kühle Luft, die Sie durchströmt.

Lassen Sie, wenn Sie fertig sind, diese Szene aus Ihrer Phantasie verschwinden. Kehren Sie langsam in Ihre normale Umgebung und in ein bewußteres Selbst zurück. Öffnen Sie die Augen. Machen Sie mehrere tiefe Atemzüge. Strecken Sie sich, und fühlen Sie sich gekräftigt und ausgeruht.

ANHANG

Adressen von Institutionen, Superlearning-Zentren, Lieferanten von Lernmaterial, Lehrern, Therapeuten

1. Die Institute der Autorinnen Sheila Ostrander und Lynn Schroeder in den USA und in Kanada:

Superlearning Inc., 450 Seventh Avenue, Suite 500, New York, NY 10123, USA. Tel. 00 12 12/2 79 84 50, Fax 00 12 12 /6 95 92 88

Ostrander & Associates, 1290 West Eleventh Avenue, Suite 105, Vancouver, B. C., V6H 1K5, Kanada, Tel. 00 16 04 / 7 36 52 87, Fax 00 16 04 / 7 34 69 09

(Kostenloser Katalog kann angefordert werden. Erhältlich sind u. a. Tonbänder mit Konzentrations- und Entspannungsübungen sowie spezieller Barockmusik zur Beschleunigung des Lernens.)

2. Deutsche Gesellschaft für Suggestopädagogisches Lehren und Lernen (DGSL) in der Bundesrepublik Deutschland:

DGSL-Geschäftsstelle, Eichenstraße 13, 85457 Hörlkofen, Tel. und Fax 0 81 22 / 1 34 02

Kreativ-Filialen der DGSL in

Berlin: Carola von Garnier, Geisbergerstraße 42, 10777 Berlin.
Tel. 0 30 / 2 13 82 67, Fax 0 30 /2 14 34 30. – Barbara Zuber, Falckensteinstraße 8, 10997 Berlin. Tel. und Fax 0 30 / 6 18 97 84

Franken: Peter Henke, Jan Künne, Lothar Lechler, Weiherwiesenstraße 19, 90475 Nürnberg, Tel. 09 11 / 83 18 76, Fax 09 11 / 83 18 76

Hessen / Rheinland-Pfalz: Rosemarie Funke, Kreuzbergweg 1, 64546 Mörfelden-Walldorf, Tel. 0 61 05 / 4 11 69, Fax 0 61 05 / 4 44 81

Nord: Johanna Dorn, Hauptstraße 39, 30916 Isernhagen,

Tel. 0 51 39 / 8 70 90. – Uschi Haber, Berkhofer Straße 20, 30900 Wedemark. Tel. 0 51 30 / 41 44

Nordrhein-Westfalen: Herta Meyer, Witteringstraße 83, 45130 Essen,
Tel. 02 01 / 78 49 10. – Eugen Siepmann, Giselastraße 20, 45131 Essen.
Tel. 02 01 /78 45 06. – Susanne Sirringhaus, Auf der Gethe 7,
45549 Spockhövel. Tel. 0 23 24 / 7 73 89

Oberbayern und DGSL-Ausbildungskommission: Breitensteinstraße 31,
85567 Gräfing. Tel. 0 80 92 / 3 24 02, Fax 0 80 92 / 65 30

Sachsen-Anhalt: Dr. Jens Heinecke, Waldmeisterstraße 7, 06120 Halle.
Tel. 03 45 / 5 50 21 53. – Dr. Mathias Graichen, Straße der Freundschaft 51,
06179 Zappendorf, Tel. 03 46 09 / 2 08

Kreativfiliale Österreich:

ÖVS, Pearl Nietsche, Max-Reinhardt-Gasse 10, A-1140 Wien. Tel.
0043 1/8944110

Kreativfiliale Schweiz:

Dr. Angelika Kieser, Redaktion am Römerhof, Sennhauser Weg 16,
CH-8032 Zürich. Tel. 0 04 11 /2 51 18 51, Fax 0 04 11 / 2 61 61 03. –
Heinz Dünner, Didactica, CH-8152 Zürich-Glattbrugg.
Tel. 0 04 11 / 8 11 02 44, Fax 0 04 11 / 8 11 02 13

3. Weitere Lehrinstitute und Firmen mit Media-Angeboten im deutschsprachigen Raum:

Delphin. Partner für das lernende Unternehmen und Delphin. Trainer
Akademie, Gail Heidenhain, Breitensteinstraße 31, 85567 Grafing.
Tel. 0 80 92 / 3 24 02, Fax 0 80 92 / 65 30
(Ausbildungs- und Seminarprogramm, Medienkatalog)

MB-Seminare, Maria Beyer, Fichtenstraße 21, 24118 Kiel.
Tel. 04 31 / 8 33 01 und 8 33 17, Fax 04 31 / 8 33 34
(Mind Mapping und NLP-Training)

Idyll-Seminare. Institut für Management und Zeitdesign, Klaus Marwitz,
Esmarchstraße 64, 24105 Kiel. Tel. 04 31 / 8 15 47, Fax 04 31 / 8 51 03

(Schulungsprogramme für Company Coaching, für PhotoLesen/Alpha-Lesen u. a.)

PD-Profi GmbH, Gerd Zöttlein, Schulstraße 13, 8666 Burgheim.
Tel. 0 84 32 / 12 96 sowie 01 71 / 6 12 59 57, Fax 0 84 32 / 86 74
(u. a. Software für Mind Mapping, MindMan)

RoBe-Institut für natürliche Lernmethoden, Amtsmannsbrücklein 1,
90475 Nürnberg. Tel. 09 11 / 83 10 66, Fax 09 11 / 83 06 65
(Sprachkurse, Weiterbildungsseminare, Betriebsinterne Beratungen,
Trainings- und Musikkassetten bzw. -CDs)

Schweizerische Gesellschaft für ganzheitliches Lernen (SGGL),
Jo Marty und Bonny Beuret, Münsterberg 1, CH-4001 Basel.
Tel. 00 41 61 / 2 72 77 88, Fax 00 41 61 / 2 72 42 41
(Sprachkurse u. a. Programme)

SKILL-Seminare für individuelles und kreatives Lehren und Lernen,
Schubertstraße 3, 69245 Bammental. Tel. 0 62 23 / 4 91 98,
Fax 0 62 23 / 4 92 01. – SKILL MEDIA, A. Hasselbacher Straße 3,
74924 Neckarbischofsheim, Tel. 0 72 63 / 6 47 62, Fax 0 72 63 / 6 02 55
(Katalog mit reichhaltigem Angebot von Kassetten, CDs, Büchern und
Materialien zum Lehren, Lernen und Entspannen)

4. Ausgewählte Superlearning-Institute in Belgien, England und Frankreich:

Relaxed Quick Learning (RQL), Donaat Vernieuwe, A. Vermaylanlaan 18,
B-8421 De Haan. Fax 00 32 59 / 23 48 21

The English Experience, Mark Fletcher, Brambletye, Woodland Road,
GB–Lyminge near Folkestone, Kent CT 18 8EP

Inner Track Learning, Michael Lawlor und June McOistrich, Forge House,
GB-Kemble, Gloucester GL76AD

The Language Centre, Geoffrey Pullen, Brighton Polytechnic, Falmer, GB-Brighton BN19PH

Jenny Vanderplank, Chalet de Sixt, Maison Neuve, F-74740 Sixt

5. Spezielle Institute zur Behandlung von Hörproblemen, Gedächtnisstörungen, Lernblockierungen u. a.:

Centre Tomatis, 68 Boulevard de Courvelles, F-75017 Paris

Collège Internationale de Sophrologie Médicale, Dr. Raymond Abrezol, 50 Avenue de la Gare, CH-1003 Lausanne

Institut National de Recherches sur la Prévention du Vieillissement Cérébral, Dr. Monique Le Poncin, Hôpital Bicêtre, 78 Rue Général Leclerc, F-94275 Le Kremlin-Bicêtre

Literaturverzeichnis

Abrezol, Raymond: *Bewußt heilen mit Sophrologie,* München 1985.
–: Sophrologie: *Der neue Weg zu gesundem Leben,* Altstätten/Schweiz 1988.
Alexander, Frederick Mathias: *Der Gebrauch des Selbst. Die Grundlagen der Alexander-Technik,* München 1993 (Goldmann Tb 13732).
Argüelles, José: *Der Maya-Faktor. Geheimnisse einer außerirdischen Kultur,* München 1990 (Goldmann Tb 11668).
Bachmann, Winfried: *Das neue Lernen. Eine systematische Einführung in das Konzept des Neurolinguistischen Programmierens,* Paderborn 1991 (Reihe »Pragmatismus und Tradition« 12).
Becker, Robert O.: *Der Funke des Lebens. Elektrizität und Lebensenergie,* Bern 1991, u. d. T.: *Heilkraft und Gefahren der Elektrizität,* Bern 1993.
Beitinger, Gabriele / Mandl, Heinz / Renkl, Alexander: *Suggestopädagogischer Unterricht. Eine empirische Untersuchung zu kognitiven, motivational-emotionalen und sozialen Auswirkungen,* München 1993 (Ludwig-Maximilians-Universität München, Institut für Pädagogische Psychologie und Empirische Pädagogik, Forschungsbericht 17).
Beyer, Maria: *Power Line – Fit for Power oder Die feine ART der Selbst-Creation,* Paderborn 1992.
–: *Brain Land. Mind Mapping in Aktion,* Paderborn 1993.
Birkenbihl, Vera F., u. a.: *NLP. Einstieg in die Neuro-Linguistische Programmierung,* Bremen 1992 (Grüne Reihe 24, 5. Aufl.).
Bochow, Peter / Wagner, Hardy (Hrsg.): *Suggestopädie – Superlearning, Grundlagen und Anwendungsberichte,* Speyer 1988 (GABAL-Schriftenreihe 13, 2. erweiterte Aufl.).
Bölts, Johann: *Qigong. Heilung durch Energie,* Freiburg/Brsg. 1994 (Herder Spektrum 4273).
Caine, Geoffrey u. Renate: *Making Connections. Teaching and the Human Brain,* Redding / MA 1991.
Chamberlain, David: *Woran Babys sich erinnern,* München 1994 (3. Aufl.).
Cleveland, Bernard F.: *Das Lernen lehren. Erfolgreiche NLP-Unterrichtstechniken,* Freiburg/Brsg. 1992.
Conrady, Ingrid / Hann-Just, Marianne / Meden-Saiger, Barbara von (Hrsg.): *Lernen ohne Grenzen. Suggestopädie – Stand und Perspektiven,* Bremen 1993.

Dhority, Lynn: *Moderne Suggestopädie. Der ACT-Ansatz des ganzheitlichen Lehrens und Lernens*, Bremen 1984.

Edelmann, Walter: *Suggestopädie / Superlearning. Ganzheitliches Lernen – das Lernen der Zukunft*, Heidelberg 1994 (2. Aufl.).

Eurich, Nell: *Corporate Classroom*, Princeton 1985.

–: *The Learning Industry*, Princeton 1990.

Gawain, Shakti: *Gesund denken, kreativ visualisieren*, München 1994 (Heyne Tb 9639).

Gelb, Michael: *Körperdynamik. Eine Einführung in die Alexander-Technik*, Berlin 1986 (Ullstein Tb 34355).

–: *Überzeugend reden, sicher auftreten. Mit Mind Mapping und Alexander-Technik*, Berlin 1989.

Grinder, Michael: *NLP für Lehrer. Ein praxisorientiertes Arbeitsbuch*, Freiburg/Brsg. 1991.

Griscom, Chris: *Die Frequenz der Ekstase. Bewußtseinsentwicklung durch die Kraft des Lichts*, München 1988.

–: *Die Heilung der Gefühle. Angst ist eine Lüge*, München 1991.

–: *Zeit ist eine Illusion*, München 1994.

Halpern, Steven: *Klang als heilende Kraft*, Freiburg/Brsg. 1985.

Hutchinson, Michael: *Megabrain. Geist und Maschine*, Basel 1990.

Hüttenrauch, Helmut: »Ein Feuerwerk aus Kreativität und Lernfreude, in *Q-magazin*, 1/1992.

Jaehrling, Dieter: »Suggestopädie und mentales Training in der betrieblichen Bildung bei Audi«, in *Personalführung*, 1/1989.

Jochims, Ink (Hrsg.): *Wer trainiert NLP? Die NLP-Trainer und -Trainerinnen im deutschsprachigen Raum*, Paderborn 1992 (Reihe »Pragmatismus und Tradition« 21).

Klein, Joachim: »Mit ganzheitlichen Methoden Spaß am Lernen erzeugt«, in *Congress & Seminar*, 11/1990.

Krusche, Helmut: *Der Frosch auf der Butter. Die Grundlagen des Neurolinguistischen Programmierens*, Düsseldorf 1994.

Lam Kam Chuen: *Energie und Lebenskraft durch Qigong*, München 1993.

Leibowitz, Judith / Connington, Bill: *Die Alexander-Technik, Körpertherapie für jedermann*, Bern 1991.

Le Poncin, Monique: *Brain Fitness*, New York 1990.

Leuninger, Helen: *Neurolinguistik. Probleme, Paradigmen, Perspektiven*, Wiesbaden 1989.

Lindemann, Hannes: *Anti-Streß-Programm zur optimalen Bewältigung von Alltag und Beruf*, München 1991.

–: *Allein über den Ozean*, Berlin 1993 (Ullstein Tb 23062).

–: *Überleben im Streß*, München 1994 (Heyne Lebenshilfe 116).

–: *Einfach entspannen*, München 1995 (Heyne Ratgeber 5010).

Lofland, Donald J.: *Power Learning*, Stanford / CT 1992.

MacLean, Paul: *The Triune Brain in Evolution*, New York 1990.

Maier, Christian / Weber, Marion: *Erfolg durch Superlearning*, München 1987 (Heyne-Kompaktwissen 22 193).

McGarey, William: *Edgar Cayces Offenbarung des Neuen Zeitalters*, München 1992.

Mohl, Alexa: *Der Zauberlehrling. Das NLP Lern- und Übungsbuch*, Paderborn 1993 (Reihe »Pragmatismus und Tradition« 22, 3. Aufl.).

–: *Auch ohne daß ein Prinz dich küßt. Wege zum Erfolg. Kommunikationsmethoden und NLP-Lernstrategien. Ein Lehrbuch für Frauen*, Paderborn 1994.

Nakamura, T.: *Das große Buch vom richtigen Atmen*, Bern 1992 (4. Aufl. der Sonderausgabe).

Nikol, Marisa: *Superlearning für Ingenieure und andere Führungskräfte*, Düsseldorf 1993.

Olvedi: *Das stille Qigong. Vitalisierung und Harmonisierung der Lebenskräfte durch meditative Energiearbeit*, Bern 1994.

Ostrander, Sheila / Schroeder, Lynn: *Superlearning. Leichter lernen ohne Streß*, München 1990 (Goldmann Tb 11318).

–: *SuperMemory. Der Weg zum optimalen Gedächtnis*, Bern 1992 und 1994 (überarb. Neuaufl.).

Page, Michael: *Die Kraft des Ch'i. Einführung in die chinesische Mystik und Philosophie*, Basel 1990.

Pongratz, Joachim: *Qigong. Altchinesische Übungen für Gesundheit und Vitalität*, München 1994 (Knaur Tb 86075).

Prichard, Allyn / Taylor, Jean: *Accelerating Learning. The Use of Suggestion in the Classroom*, Novato / Kalif. 1980.

Robbins, Anthony: *Grenzenlose Energie. Das Power-Prinzip. Wie Sie Ihre persönlichen Schwächen in positive Energie verwandeln. Das NLP-Handbuch für jedermann*, München 1993 (Heyne-Ratgeber 9626).

Rückert, Thomas / Stahl, Ties: *NLP-Lexikon*, Paderborn 1992.

Schiffler, Ludger: *Suggestopädie und Superlearning: empirisch geprüft*, Frankfurt/M. 1989.

Schott, Barbara: *Cool bleiben. Das Psycho-Power-Programm*, Reinbek 1994 (rororo 9603).

–: *Andere Wege wagen. Das Psycho-Power-Programm*, Reinbek 1994 (rororo 9605).

Schuster, Donald / Gritton, Charles: *Suggestive Accelerating Learning Techniques*, New York 1986.

Sheldrake, Rupert: *Das Gedächtnis der Natur*, Bern 1990 und 1992 (Sonderausg.).

Sinetar, Marsha: *Developing a 21st Century Mind*, New York 1991.

Spence, Jonathan: *The Memory Palace of Matteo Ricci*, New York 1984.

Stahl, Thies: *Neurolinguistisches Programmieren (NLP). Was es kann, wie es wirkt und wem es hilft,* Mannheim 1992.

Stehli, Annabel: *The Sound of a Miracle,* New York 1992.

Strobel, Charles F.: *Humanility. Operating and Instruction for Human Beings,* Andover / CT 1992.

Sunbeck, Deborah: *Infinity Walk. Preparing your Mind to Learn,* Rochester/ New York 1991.

Svantesson, Ingemar: *Mind Mapping und Gedächtnistraining,* Bremen 1994.

Takahashi, Masaru / Brown, Stephen: *Gesundheit durch Qigong,* Basel 1993.

Taylor, Eldon: *Die Subliminalmethode. Lernen mit dem Unterbewußtsein,* München 1990 (Goldmann Tb 13581).

Toffler, Alvin: *Der Zukunftsschock,* Bern 1970.

Tomatis, Alfred: *Klangwelt Mutterleib. Die Anfänge der Kommunikation zwischen Mutter und Kind,* München 1994.

–: *Das Ohr und das Leben,* Freiburg/Brsg. 1995.

Tompkins, Peter / Bird, Christopher: *Das geheime Leben der Pflanzen,* Bern 1974 (auch FiBü 1977).

Wade, John: *Super Study,* Melbourne 1990.

–: *Teaching without Textbooks. Accelerated Learning in the Language Classroom,* Carlton/Austr. 1992.

Wagner, Hartmut: »Auswertungsbericht über den Schulversuch ›Ganzheitliches Lernen‹ unter Verwendung der Suggestopädie am Gymnasium des Englischen Instituts / Heidelberg 1983/88«, in Peter Bochow / Hardy Wagner (Hrsg.): *Suggestopädie / Superlearning. Grundlagen und Anwendungsberichte,* Speyer 1988 (GABAL-Schriftenreihe 13, 2. erweiterte Aufl.), S. 95–106.

Wamos, Angelika M.: *Fremdsprachen erfolgreich lehren und lernen. Neue Wege mit NLP,* Paderborn 1993 (Reihe »Pragmatismus und Tradition« 27).

Weerth, Rupprecht: *Neurolinguistisches Programmieren (NLP) und Imagination. Grundannahmen, Methoden, Möglichkeiten und Grenzen,* Paderborn 1992.

–: *NLP und Imagination II,* Paderborn 1993.

Personen- und Sachregister

Abrezol, Raymond 16, 57, 63, 102 f., 247 ff., 266, 361, 400
Aburdene, Patricia 154
Accelerative Learning Society of Australia 54
Accelerative Tutoring Transformations Institute 256
»Achtergehen«-Übung 82
Acht-Perioden-Feld 223 f.
Acht-Sekunden-Zyklus 284 ff., 296, 298 f.
Adamson, Charles 28, 55, 74, 308
Adler, Rughlee 356
Aikido-Training 370, 373
»Aktives« Konzert 93, 129, 137 ff., 288 f., 294 f., 301, 304, 339
Akupunktur-Anwendung, auch ≙ Elektroakupunktur, ≙ Ohrakupunktur 79, 121, 215, 224 f., 290 f.
Albinoni, Tommaso 293
Alexander, Michael 328
Alexander-Technik 242
Altorfer, Otto 140 ff., 187, 191
Analphabeten 258 ff.
»Angeborene Weisheit« 83
Angelou, Maya 19 f., 267
Anti-Frantic Alternative Musik 136
APP ≙ Audi-Psycho-Phonologie
ARE ≙ Association for Research and Enlightenment
Aristoteles 168
Aromatherapie, Geruchstherapie 3, 158 ff., 171, 281

Arruda, Anne 96
Asher, James 96
Association for Research and Enlightenment (ARE) 224 f.
Atemtechnik beim Lernen 279 ff., 289, 298, 326, 331, 340, 344
Atemübungen 363 ff., 366 ff.
Audi, Superlearning-Aktivitäten 27, 234, 262, 336
Audi-Psycho-Phonologie (APP) 122 f.
Aufmerksamkeitsdefizit 230, 261, 347 ff.
Autismus 128 f., 219, 261, 347, 350 f.
Autogenes Training 71 ff., 83, 244, 247, 369 f.

Baar, Bruce 225
Bach, Johann Sebastian 31, 33, 86, 110, 115, 293
Bahr, Raymond 103
Bancroft, Jane 51, 97, 237 ff., 291, 303 ff.
Bandler, Richard 53
Bannister, Roger 188
Barley, Stephen 154 f.
Barockmusik, langsame, spezifische 31, 33, 41, 86 ff., 95 f., 97 ff., 103, 108, 115, 119, 122, 129, 134, 136 f., 288 ff., 297 f., 325 f., 332, 339, 344 f.
Barsakow, Iwan 17 f., 21, 42, 149, 288, 326, 338
Baumer, Hans 113

Personen- und Sachregister

Bay, Eli 69 f., 272, 303 f., 335, 368
Beauport, Elaine de 163 f.
Beck, Bob 214, 218
Becker, Robert 216, 222
Beethoven, Ludwig van 293, 294
Bekräftigung 99, 143 ff., 275 f., 289
Belanger, Bagriana 292
Bergqvist, Gote 330
Bernstein, Clair 197
Beschleunigte Einführungsmethode (AIM) 343 f.
Beschleunigtes Lehren und Lernen 22, 25 f., 237 ff., 271 ff., 277 f., 309 ff.
Besten Erinnerung, Herstellung der 278 f.
Bestzustand des Lernens 47 ff., 71, 90, 106
Bildvorstellungen ≙ Imagination
Biobatterie 224 ff.
Biofeedback, musikalisches 101
Biofeedback-Geräte 101
Bittman, Barry 227 f.
Blankenship, Powell 243
Blaugoldene Energieatmung 364
Balachanow, Alexander 242
Boone, Daniel 345 f.
Booth, Eric 164 f.
Boothby, Alfred 37 f., 49 f., 235
Borysenko, Joan 190
Böttcher, Roland 153
Bourne, Lyle 205
Bouvet, Didier 250
Boyer, Philippe 250
Brahms, Johannes 93, 103, 294
Brain Tuner 120, 218
Braun, Kristian 185
Brown, Les 188
Brownell, William 107
Bruch, Max 294
Bryant-Tucker, Rose 62
Burbank, Luther 118
Burke, Stanley 264

Caine, R. und G. 327
Callaway, Ragan 313 f., 315
Campbell, Don 127
Campbell, Joseph 264
Capel, Ifor 119 f., 217
Carlson, Dan 118
Carr, René van de 316
Carter, John 230, 354
Caruso, Enrico 124
Caskey, Owen 166
Cassone, Libyan 150, 194, 334
Cassone, Philip 150, 334
CAT-Scanner 108
Cathcart, Jamee 85, 96
Caudioso, Domenico 293
Cayce, Edgar 224
Caycedo, Alfonso 22, 73, 239, 247 f., 250 f., 357, 361
Chamberlain, David 316 f.
Chaostherapie 258 ff., 263 f.
Charkowskij, Igor 211 f.
Charles, Prinz 119
Ch'i-Energie 78 ff., 121, 224, 370 ff.
Ch'i-kung 73, 79, 370 ff.
Childs, Alan 230
Choi, Sung 220
Chopin, Frédéric 294
Chopra, Deepak 57, 121, 264
Clinton, Bill 19
Collingwood, G. 132
Collins, Marva 205
Comfort, Alex 254
Cone, Clarence 216
Cook, Lorne 185, 243, 324
Cooper, Lynn 92
Corelli, Arcangelo 293
Corti-Zellen 109, 116, 348
Coué, Emile 183
Cousto, Hans 114
Coward, Noel 52
Cureau, Jean 240
Curtis, Lisa 75 ff., 264

Personen- und Sachregister

Da Rocha, P. 250
Dalai Lama 247
Deal, Sheldon 223
Deehring, Walter 320 f.
DeMong, Lawrence 130 f.
Dempsey, Ellen 25
Depressionstherapie 218, 222 f., 361
Desrochers, Alain 166
Deutsche Gesellschaft für Suggestopädisches Lehren und Lernen 153, 232, 311, 397
DGSL ≙ Deutsche Gesellschaft für Suggestopädisches Lehren und Lernen
Dhority, Lynn 335 f.
Diamond, Marion 203
Doman, Bob 352
Dramatische Präsentation 288 f.
Drapeau, Christian 17, 23 f., 43, 45, 71, 73
Drucker, Peter 142
Dubey, Stuart 108
Dweck, Carol S. 195
Dyer, Wayne 199

Eccles, John 257
Edison, Thomas Alva 173, 188, 324
Edrington, Devon 105 f.
Edwards, Sally 171
Edwards, Sherry 352
Elektroakupunktur 218, 353
Elektronisches Ohr 117, 122, 125, 351
Ellis, Nancy 327 f.
Endorphingetriebenes Lernen 264 f.
ENF-Felder, elektrische 222 f.
Entspannungstraining 68 ff., 83 ff., 91, 99 f., 108, 137, 271 ff., 319 ff., 326, 337, 364 ff., 368 ff., 371 ff., 388 ff.
Erickson, Milton 59, 92, 206, 342
Erinnerungsübungen 374 f.

Ertl, J. P. 219
Esperanto 240 f.
Espinosa, Mariano 356 f.
Eurich, Nell 333
Evensen, Debbie 354

Faulkner, William 47
Fernandez, Louis 250 f.
Fetzer Energy Medicine Research Institute 225
Fickel, Larry 207
Fisher, Bill 148
Fletcher, Mark 176, 202, 309, 399
Fließende Bilder 172 ff.
Frankl, Viktor 54
Franklin, Benjamin 345 f.
Fremdsprachen-Unterricht 41 f., 48, 83, 94, 97, 232 ff., 239 ff., 296 ff., 305 ff.
Fuller, Richard Buckminster 188, 266

Game-Shows 161 ff., 329
Ganzhirn-Lernen 43, 328
Geary, David 314
Gedächtnis, unterschwelliges 59 ff.
Gedächtnis, zustandsabhängiges 48
Gedächtniskonzert 281 f.
»Gedächtnisverschmutzung« 222 ff.
Geistiges Heilen 57
Geistkörper-Theorie, -Training, -Wirkung 35, 78 f., 82, 90, 94, 98, 103, 114 f., 261, 369 ff., 374
Gesellschaft für beschleunigtes Lernen und Lehren (SALT) 22, 66, 150 f., 172, 203, 311
Gesellschaft für beschleunigtes und integratives Lernen (SAIL) 39
Gesellschaft für effektives gefühlsbetontes Lernen (SEAL) 22, 191, 235, 240, 242, 311, 330
Gigli, Beniamino 124

Ginn, Peter 161 ff., 329
Gisler, Tam 96
Goodyear, Superlearning-Aktivitäten 153, 336
Grady, Harvey 225
Graham, David 219 ff.
Graham-Potentializer 219 ff.
Gregorianische Gesänge 115, 295
Griggs, Dawn 330
Griscom, Chris 264, 321
Gritton, Charles 326, 355
Guthridge, George 40 f., 314 f., 319, 345 f.

Haldane, J. B. S. 263
Hallmark, C. L. 148 f.
Halpern, Steven 136, 277, 356
Hamilton, Brian 31 ff., 71, 208, 319, 338
Händel, Georg Friedrich 293
Harris, Mary 321 f.
Hartley, Dennis 156
Hartley, Robert 177 f.
Hay, Louise 145
Haydn, Joseph 295
Heidenhain, Gail 17, 153, 232, 398
Heinzerling, Hans 106
Hemi-Sync (Hemisphären-Synchronisation) 105
Henderson, Valanne L. 195
Hermes Trismegistos 119
Hermetische Philosophie 111 f.
Hewlett-Packard, Superlearning-Aktivitäten 139, 149, 153, 336
Hirn/Geist-Resonanz-Tonbänder 108
Hirnfitneß-Zentren 253 ff.
Hochfrequenzmusik 134, 295, 347, 351
Hochfrequenzschall-Wirkung 115, 118 ff., 125, 127, 136
Hochleistungssport und Superlearning 243 ff., 247 ff., 374

Hoffman, Janalea 100 f., 133
Hoffmann, Ray 155
Holmes, Hamilton 178
Homer, Winslow 25
Horn, Paul 104
Houston, Jean 92, 123, 342
Huey, John 156
Huna-Meditation 193
Hunter-Gault, Charlayne 41 f., 178
Hutchison, Michael 229
Hüttenrauch, Helmut 147 f., 151, 336
Huxley, Aldous 30
Hyperaktivität 127, 131 f., 222, 347, 352
Hypermnese, Hypermnesie 34, 88 f.
Hypnopädie 89, 94
Hypnoseanwendung 59, 182 f., 243
Hypoeffizienz des Gedächtnisses 252

IBM, Superlearning-Aktivitäten 15, 27, 153, 336 f.
Imaginationsübungen 37, 183 ff., 247 f., 340, 366, 374
Imlach, Maureen 133
Innenweltverschmutzung 382 ff.
Inner Track Learning 39, 310
Institute for Defense Analysis 155
Intonation beim Lernen 285, 296 ff., 330
Isaacs, Julian 107

Jackson, Jesse 178
Jacobson, George 237
Jaehrling, Dieter 152, 262
James, William 16
Jänicke, Klaus 235
Joudry, Patricia 117, 130 ff., 135, 314, 349, 352
Joudry, Rafaele 134

Personen- und Sachregister

Karstadt, Superlearning-Aktivitäten 336
Kawamura, Akihiro 341
Kettlewell, David 240
Key, Wilson 62
Keyserlingk, Graf 110
Kiechel, Walter 68
Ki-Energie ≙ Ch'i-Energie
Kinderunterricht mit Superlearning 312 ff.
King, Marilyn 48
King, Serge 193
Kitaigorodskaja, Galina 235 f.
Korsakow-Syndrom 215
Kourilsky, Marilyn 322
Krashen, Stephen 310
Kubitz, Donald 218
Kurzzeitgedächtnis 215, 218

Lang, Doe 197 ff.
Lang, Mary 159, 312 ff.
Lawlor, Michael 191, 235, 241 f., 309 f., 399
Le Poncin, Monique 36, 252, 400
Legasthenie-Therapie 127 f., 131, 133, 261, 347 ff.
Lehmann, Dieter 235
Leistungsblockierungen 36, 61, 66, 82, 121 f., 130 f., 187 ff., 191, 337
Leonard, George 16
Lernendes Unternehmen, lernende Industrie 18, 333 ff.
Levy, Jerre 202
Lewis, Jerry 53
Liebling, A. J. 160
Lincoln, Abraham 51, 110
Lindemann, Hannes 72
Lipscomb, David 116
Lofland, Don 40, 178, 329, 334 f.
Lorber, John 182 f.
Losanow, Georgi 18 f., 21, 22, 28, 34, 53, 59, 65, 90 f., 92 f., 110, 129 ff., 134, 138 f., 150, 183, 189, 238 ff., 295, 310, 327, 339, 341, 356 f.

Mahaney, Teri 61 ff., 100, 191, 199
Major, John 53
Mandl, Heinz 232
Mankind Research Unlimited, Washington, D. C. 239
Marc Aurel, Kaiser 175
Marresh, Nancy 343
Maslow, Abraham 15, 265
Masters, Robert 92, 342
May, Rollo 256
McDonald, Rebecca 156 f.
McGarey, William 225
McLean, Paul 212
McLuhan, Herbert Marshall 62
McOistrich, June 191, 241 f., 309 f., 399
Meier, David 166, 334
Menuhin, Yehudi 132
Metaphern, toxische 189 ff.
Migita, Lloyd 99, 244
Mind Mapping 150, 165 ff., 201
Mind-Maschinen 23, 52, 120, 204, 214, 227, 229 f., 278
Mindscope 227 ff.
Mnemotechnik 167 ff.
Monroe, Robert 104 f.
Mori, Majumi 17, 39, 59, 80, 260 f.
Morphische Felder 180
Morrow, Jennifer 327
Mossman, Tam 262
Mozart, Wolfgang Amadeus 93, 103, 115, 118, 122, 129, 134, 137, 293, 295, 331, 347 f.
Multiple Persönlichkeit 205 ff.
Multisensorisches Imaginieren 183 ff.
Munns, Richard 309
Musik ≙ Superlearning-Musik
Musik, japanische 112, 331

Naisbitt, John 154
NakaMats, Yoshiro 211
Nelson, Wally 354
Neuroakustik 107 f., 238
Neurolinguistische Programmierung (NLP) 45, 53, 56, 308, 330, 337
Neurotransmitter 120, 215, 217, 278
NLP ≙ Neurolinguistische Programmierung
Nowakow, Aleko 91 f.

Octacosanol 351
Odesskij, A. G. 369 f.
Ohrakupunktur 290, 306, 348, 352 f.
Olds, James 278
Olivetti, Superlearning-Aktivitäten 336
O'Neill, Michelle LeClaire 98
Opel, Superlearning-Aktivitäten 27, 153, 336
OptimaLearning 18, 39, 138, 149, 207, 337
Owens, Jo Dee 105

Pachelbel, Johann 294
Paivio, Alan 166
Palmer, Lyelle 204, 264
Patten, Terry 107
Payne, Vera 241 f.
Pemberton, Trevor 315
Perot, H. Ross 19
Pfeiffer, Trish 266
Philipps, William 79 ff.
Philips, Superlearning-Aktivitäten 27, 147, 336
Phonetikspiele 339 f.
PhotoLesen 341 f.
PhotoReading ≙ PhotoLesen
Pines, Maya 98
Pioneer LD-V 8000 228
Platon 28, 90, 168 f.
Plumb, Lois 133

Poe, Richard 175
Pollack, Cecilia 355
Positive Suggestionen 36 ff., 145 f., 191 f.
PowerLearning Systems, Santa Cruz 39, 329, 334
Prichard, Allyn 339, 343, 353
Primdahl, Niels 223
Prince, Phyllis 237
Progressive Entspannung 365 ff.
Project Renaissance 39
Puharich, André 224
Pullen, Geoffrey 83, 309, 399
Pythagoras 90, 168

Qi-Energie ≙ Ch'i-Energie
Qigong ≙ Ch'i-kung
Quelle, Superlearning-Aktivitäten 336
Quick'n'Easy Qwerty 241, 306, 330
Quittet, Claude 250

Radonjic-Matano, Tatiana 37, 66, 155 f., 165, 265
Raikow, Wladimir 179, 182, 342
Raja-Yoga 22, 90 f., 110
Rand, Pamela 18
Rank-Xerox, Superlearning-Aktivitäten 27, 336
Ravitz, Leonard 217
Reich, Robert 26, 262
Reinert, Charles 174 f.
Reinkarnation, künstliche 178 ff.
Relaxit-Erdenfeldgenerator 223
Relaxopädie 89
Reudy, Elizabeth 70
Rew, Mark 357 f.
Reynolds, Burt 51
Rhodes, Robert 132
Rhythmisches Atmen, auch ≙ Rhythmisierung des Lernens 279 ff., 326, 328 f., 331, 340, 344

Rhythmisierung des Lernens bzw. des Lernstoffes 11, 33, 104
Riley, Richard 258, 261
Rivera, Robert 363
Roberts, Tony 19, 53
Robinson, Mary Anne 95
Rose, Rolin 133
Rossi, Ernest 209
Routtenberg, Aryeh 217, 278
Ruiz, Victor 139
Russell, Harold 230
Russell, Peter 265
Russell, Walter 191
Rustigan, Carol 230

Sacks, Oliver 135
Saferis, Fanny 240
SAIL ≙ Gesellschaft für beschleunigtes und integratives Lernen
SALT ≙ Gesellschaft für beschleunigtes Lernen und Lehren
Salter, Robina 16
Sams, Marvin 221
SAMS-Potentializer 221
Sandroff, Ronnie 27
Sands, Karen 256
Scanning-Strategie 268 f.
Schallbadtherapie 364 f.
Schallgeburtsprogramm 350 f.
Schalltherapie 115 ff., 124 ff., 129 ff., 135 f., 305 f., 347 ff., 353
Scheele, Paul 342
Schiller, Friedrich von 56
Schleicher, Carl 149, 357 f.
Schmid, Charles 147, 335
Schultz, Johannes Heinrich 71
Schultz, Larry 221
Schuster, Donald 22, 42, 66, 186, 259, 289, 319, 355, 376
Schuster, Margaret 259
Schuytema, Paul 226

Schwaar, Pierre 361
Schweizerische Gesellschaft für ganzheitliches Lernen (SGGL) 309
Scramble-Verfahren 68
SEAL ≙ Gesellschaft für effektives gefühlsbetontes Lernen
Sechzig-Schläge-Musik 33, 91, 99 ff., 129, 136 f., 140, 238, 271, 282, 287, 290 f., 298 f., 375
Seki, Hideo 31 f., 330 ff., 341 f.
Seneca 168
SGGL ≙ Schweizerische Gesellschaft für ganzheitliches Lernen
Shankar, Ravi 112
Shannahoff-Khalsa, David 208
Sheldrake, Rupert 180 ff.
Shizuoka-Institut für Wissenschaft und Technik 28, 55
Siemens, Superlearning-Aktivitäten 27, 232 ff., 336
Signatur-Schall-Therapie 351 f.
Silverman, Lloyd 61
Silverman, Richard 42 f.
Sinatra, Frank 201
Sinetar, Marsha 30, 262
SKILL-Trainingsinstitut 27, 152 f., 336, 399
Skoglund, Karin 240
Smith, Ray 216
Sojanow, Iwan 338
Sokrates 28
Sonafon 353
Sophrologie 16, 22, 72 ff., 102 ff., 247 ff., 335, 356, 361
Sound Learning 39
Spino, Dyveke 135, 245 ff.
Spino, Mike 245 f.
Staub, Frank 159
Stefanischin, Wladimir 73, 182
Stehli, Annabel 128 f., 350 f.
Streßabbau, -bekämpfung, -vernich-

tung 36, 68 ff., 75 ff., 134, 149, 152, 361 ff.
Stroebel, Charles 78
Suggestologie 21, 63, 183
Suggestopädie 21, 93, 234 ff., 238 f., 300 ff.
Sunbeck, Deborah 81 f.
Superlearning für Behinderte 347 ff.
Superlearning und Computertechnik 324 ff., 357 f.
Superlearning und High-Tech 324 ff.
Superlearning-Lehrerausbildung 256
Superlearning und Lernunfähigkeit 353 ff., auch ≙ Superlearning für Behinderte
Superlearning-Leseprogramm 339 ff.
Superlearning und Mathematik 342 f.
Superlearning-Musik 11, 31, 35, 59, 64, 83, 85 ff., 137 ff., 148, 286 ff., 375
Superlearning-Musik, holophonetische 107
Superlearning-Musik, zeitgenössische 100 ff.
Superlearning-Programmanfertigung 283 ff.
Superlearning-Sprachschulung 339 ff., auch ≙ Fremdsprachenunterricht
Supermemory 31 ff., 88 ff., 94
Super Study 39, 306 ff.
Sylla, Richard 250
Synchronizer-Einsatz 106

Taekwondo 24
T'ai-chi 80 f., 306
Taylor, Bruce Tickell 17, 39, 138, 191, 255, 289, 323, 343 ff.
Taylor, C. Barr 382
Taylor, Jean 339, 353
Teacher, Brian 243
Teilhard de Chardin, Pierre 265

Telemann, Georg Philipp 86, 294
Teresa, Mutter 194
Tesla, Nikola 179, 188, 357
The Lind Institute 39
Thomas, Phil 225
Thomas von Aquin 167 f.
Thompson, Billie 126
»Tiefer Geist« 83
Toffler, Alvin 43, 323
Tomatis, Alfred 108, 115 ff., 121 ff., 124 ff., 135, 137, 220, 239, 295, 305 f., 347 ff., 356
Tomatis, Umberto 124
Toolan, David 258
Transzendentale Expansion der Persönlichkeit 250 f.
Tschaikowsky, Peter 295
Turning Sound 102 ff., 250

U. S. Foreign Service Institute (Arlington/Virginia) 236
Umgekehrter Unterricht 40 f., 345 f.
Unilever, Superlearning-Aktivitäten 336
Unterbewußtes 63 ff., 376 ff.
Unterwassertraining 210 ff.

Vanderplank, Jenny 158, 310, 399
Vannan, Donald 325
Veden, Weisheit der 90 f.
Venjamin, Gedächtniskünstler 34
Verny, Thomas 317
Vier-Schritte-Übung 271 ff.
Vigneron, Thierry 250
Virginia Merrill Bloedel Hearing Research Center, Seattle 347 f.
Virtuelle Realität 226 ff., 262, 315
Visualisierungsübungen 170 f., 244 ff., 271 ff., 276 f., 299 f., 327 ff., 364, 374 ff., 383, 391 f.
Vivaldi, Antonio 15, 27, 31, 103, 294

Wade, John 54 f., 78 f., 181, 236, 241, 260, 306 f., 330
Wagner, Hartmut 27, 153 f., 336 f.
Wallace, Rosella 159, 169 f., 261, 313, 317 f., 355
Weiss, Brian L. 182
Wenger, Win 25, 171 ff., 210 f., 258
Wexu, Mario 352 f.
Wholistic Stress Control Institute 69 f.
Wilson, Charles 107

Wood, Leo 42, 97, 291, 326 f.
Woodman, Marian 29, 190
Wosnessenskij, Andrej 49, 57

Yeats, William Butler 255
Yoga 90, 110, 238 f., 306

Zainal, Jafni 151
Zen 73, 193
Zuccarelli, Ugo 107
Zwölf-Sekunden-Zyklus 286 f., 299

ANLEITUNG ZUM BEWUSSTEN SEHEN – GRUNDLAGEN UND METHODEN EINER GANZHEITLICHEN AUGENTHERAPIE

320 Seiten, Pappband

Das umfassende Handbuch der Augenheilkunde: Libermans revolutionäre Erkenntnisse über die wahren Bedingungen unseres Sehvermögens helfen nicht nur, Sehstörungen zu beseitigen, sie erweitern auch unseren geistigen Blickwinkel.

GOLDMANN

Das Gesamtverzeichnis aller lieferbaren Titel erhalten Sie im Buchhandel oder direkt beim Verlag.

Taschenbuch-Bestseller zu Taschenbuchpreisen
– Monat für Monat interessante und fesselnde Titel –

✽

Literatur deutschsprachiger und internationaler Autoren

✽

Unterhaltung, Thriller, Historische Romane
und Anthologien

✽

Aktuelle Sachbücher, Ratgeber, Handbücher
und Nachschlagewerke

✽

Esoterik, Persönliches Wachstum und
Ganzheitliches Heilen

✽

Krimis, Science-Fiction und Fantasy-Literatur

✽

Klassiker mit Anmerkungen, Autoreneditionen
und Werkausgaben

✽

Kalender, Kriminalhörspielkassetten und
Popbiographien

Die ganze Welt des Taschenbuchs

Goldmann Verlag · Neumarkter Str. 18 · 81673 München

Bitte senden Sie mir das neue kostenlose Gesamtverzeichnis

Name: _____

Straße: _____

PLZ / Ort: _____